0 Kilometer   50

Lanzarote
Seiten 80 - 95

ISLA DE ALEGRANZA

ISLA DE MONTAÑA CLARA

ISLA GRACIOSA

LANZAROTE

• Arrecife

ATLANTISCHER OZEAN

ISLA DE LOS LOBOS

• Puerto del Rosario

FUERTEVENTURA

Las Palmas
de Gran Canaria

Arucas

GRAN CANARIA

Maspalomas

Fuerteventura
Seiten 66 - 79

Gran Canaria
Seiten 40 - 65

Vis-à-Vis

KANARISCHE INSELN

Vis-à-Vis

KANARISCHE INSELN

Hauptautoren:
Piotr Paszkiewicz,
Hanna Faryna-Paszkiewicz

DORLING KINDERSLEY

LONDON • NEW YORK • MÜNCHEN • MELBOURNE • DELHI

www.dorlingkindersley.de

Ein Dorling Kindersley Buch

www.dorlingkindersley.de

Produktion
Hachette Livre Polska Sp. z o.o., Warschau

Texte Piotr Paszkiewicz, Hanna Faryna-Paszkiewicz,
Małgorzata Wiśniewska, Barbara Sudnik, Eligiusz Nowakowski

Fotografien Paweł Wójcik, Bartłomiej Zaranek

Illustrationen Monika Sopińska, Bohdan Wróblewski

Kartografie Magdalena Polak, Dariusz Romanowski, Olaf Rodo-
wald, Uma Bhattacharya, Mohammed Hassan, Jasneer Kaur

Umschlaggestaltung Petra Kühner, München

Redaktion und Gestaltung
Hachette Livre Polska: Paweł Pasternak, Paweł Kamiński, Piotr
Kiedrowski, Ewa Roguska, Robert G. Pasieczny
Dorling Kindersley London: Douglas Amrine, Helen Townsend,
Kate Poole, Ian Midson, Jacky Jackson, Jason Little, Azeem Siddiqui

•

© 2003, 2014 Dorling Kindersley Limited, London
Titel der englischen Originalausgabe
Eyewitness Travel Guide *Canary Islands*
Zuerst erschienen 2003 in Großbritannien
bei Dorling Kindersley Ltd.
A Penguin Company

•

Für die deutsche Ausgabe
© 2003, 2014 Dorling Kindersley Verlag GmbH, München

Aktualisierte Neuauflage 2014 / 2015

Programmleitung Dr. Jörg Theilacker, Dorling Kindersley Verlag
Projektleitung Stefanie Franz, Dorling Kindersley Verlag
Übersetzung Brigitte Maier, Konzept & Text, München
Redaktion Dr. Elfi Ledig, München; Birgit Walter, Augsburg
Schlussredaktion Harald Grätz, München
Satz und Produktion Dorling Kindersley Verlag
Druck Vivar Printing Sdn Bhd, Malaysia

ISBN 978-3-8310-2060-7
6 7 8 9 10   16 15 14 13

Dieser Reiseführer wird regelmäßig aktualisiert. Angaben wie
Telefonnummern, Öffnungszeiten, Adressen, Preise und Fahrpläne
können sich jedoch ändern. Der Verlag kann für fehlerhafte oder
veraltete Angaben nicht haftbar gemacht werden. Für Hinweise,
Verbesserungsvorschläge und Korrekturen ist der Verlag dankbar.
Bitte richten Sie Ihr Schreiben an:

Dorling Kindersley Verlag GmbH
Redaktion Reiseführer
Arnulfstraße 124 • 80636 München
travel@dk-germany.de

Inhalt

Benutzer-
hinweise **6**

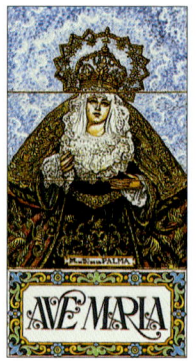

Madonna an einer Kirche
in Santiago del Teide *(siehe S. 116)*

Die Kanaren
stellen sich vor

Die Kanaren
entdecken **10**

Die Kanaren
auf der Karte **12**

Ein Porträt
der Kanaren **14**

Das Jahr auf den
Kanaren **24**

Die Geschichte
der Kanaren **28**

Kinder beim Karneval in Las Palmas
de Gran Canaria *(siehe S. 23)*

◁ Aussichtspunkt bei Los Roques im Parque Nacional del Teide, Teneriffa *(siehe S. 118f)*
◁◁ Umschlag: Pico del Teide auf Teneriffa *(siehe S. 118f)*, mit 3718 Metern höchster Berg Spaniens

Sandstrand bei Corralejo auf Fuerteventura *(siehe S. 70f)*

Die Kanarischen Inseln

Die Inseln
im Überblick **38**

Gran Canaria
40

Fuerteventura
66

Lanzarote **80**

Teneriffa **96**

Die Kirche von Vega de Rio Palmas
(siehe S. 75)

La Gomera
122

El Hierro
132

La Palma
140

Zu Gast auf den Kanaren

Auf den Kanarischen Inseln
gedeihen exotische Früchte

Hotels **154**

Restaurants
168

Shopping **182**

Unterhaltung
184

Sport und
Aktivurlaub **186**

Grundinformationen

Praktische
Hinweise **194**

Reise-
informationen **202**

Textregister **206**

Sprachführer **215**

Tonvase im traditionellen Stil
aus La Orotava *(siehe S. 108–111)*

Fährlinien
Hintere Umschlaginnenseiten

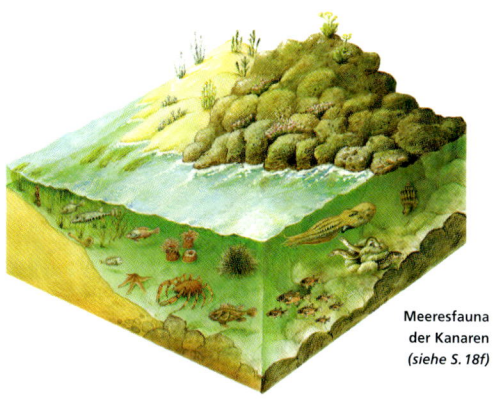

Meeresfauna
der Kanaren
(siehe S. 18f)

Benutzerhinweise

Dieser Reiseführer soll Ihren Urlaub auf den Kanarischen Inseln mit detaillierten Informationen und nützlichen Tipps zu einem Erlebnis machen. Das Kapitel *Die Kanaren stellen sich vor* befasst sich mit Geografie, Tier- und Pflanzenwelt sowie mit Geschichte und Kultur der Inselgruppe. Im Hauptteil wird jede der

sieben bewohnten Inseln detailliert mit all ihren Sehenswürdigkeiten und Besonderheiten beschrieben. Was Sie über Restaurants, Hotels, Shopping-Möglichkeiten, Unterhaltung und Unternehmungen wissen sollten, erfahren Sie im Kapitel *Zu Gast auf den Kanaren*. Die *Grundinformationen* liefern viele nützliche Tipps.

Kanarische Inseln

Jeder der sieben bewohnten Inseln ist ein eigenes Kapitel gewidmet. Die Orte und Sehenswürdigkeiten sind nummeriert. Sie finden sie jeweils zu Beginn eines Kapitels auf einer Karte.

Die Farbcodierung hilft Ihnen, jede Insel mit einem Griff zu finden.

1 Einführung
Auf dieser Seite bekommen Sie einen Überblick über die geografischen und kulturellen Besonderheiten der jeweiligen Insel. Außerdem werden Ihnen die Hauptattraktionen vorgestellt.

Eine Orientierungskarte zeigt, wo genau im Archipel die Insel liegt.

2 Inselkarte
Auf dieser Karte sehen Sie die wichtigen Straßen und topografischen Besonderheiten und finden alle Orte, die in dem Kapitel beschrieben werden.

Kästen informieren über Ereignisse und Persönlichkeiten der jeweiligen Insel.

3 Detaillierte Informationen
Alle Städte, größeren Orte, Sehenswürdigkeiten und interessanten Plätze werden im Detail beschrieben. Die Einträge sind nummeriert, damit Sie sich auf der Inselkarte leicht orientieren können.

4 Städte

Jeder wichtigen Stadt sind mindestens zwei Seiten gewidmet. Sie erfahren alles über historische Stätten und lokale Besonderheiten, die eine Besichtigung lohnen.

Die Infobox informiert über Fiestas, Markttage oder Sehenswürdigkeiten (und deren Öffnungszeiten) sowie über die örtlichen Transportmittel. Auch die Telefonnummer des Fremdenverkehrsamts ist hier zu finden.

Eine Zentrumskarte zeigt die genaue Lage der Hauptsehenswürdigkeiten im Ortszentrum sowie Parkplätze und Postamt.

5 Hauptsehenswürdigkeiten

Die Highlights der Kanarischen Inseln werden auf zwei Seiten gezeigt und beschrieben. Die Abbildungen vermitteln Ihnen einen ersten Eindruck von den Attraktionen.

Eine Detailkarte oder ein Grundriss erleichtert Ihnen die Orientierung.

In der Infobox finden Sie Hinweise zu den empfohlenen Touren.

6 Nationalparks

Eigene Doppelseiten gehen auf die Nationalparks der Inseln ein. Topografische Karten vermitteln einen guten Überblick und führen Sie zu den spannendsten und schönsten Plätzen.

Zahlreiche Fotografien zeigen Ihnen die landschaftlich schönsten Stellen in den Nationalparks.

Die Karten enthalten neben den Straßen auch Wanderwege, Aussichtspunkte und Infostellen.

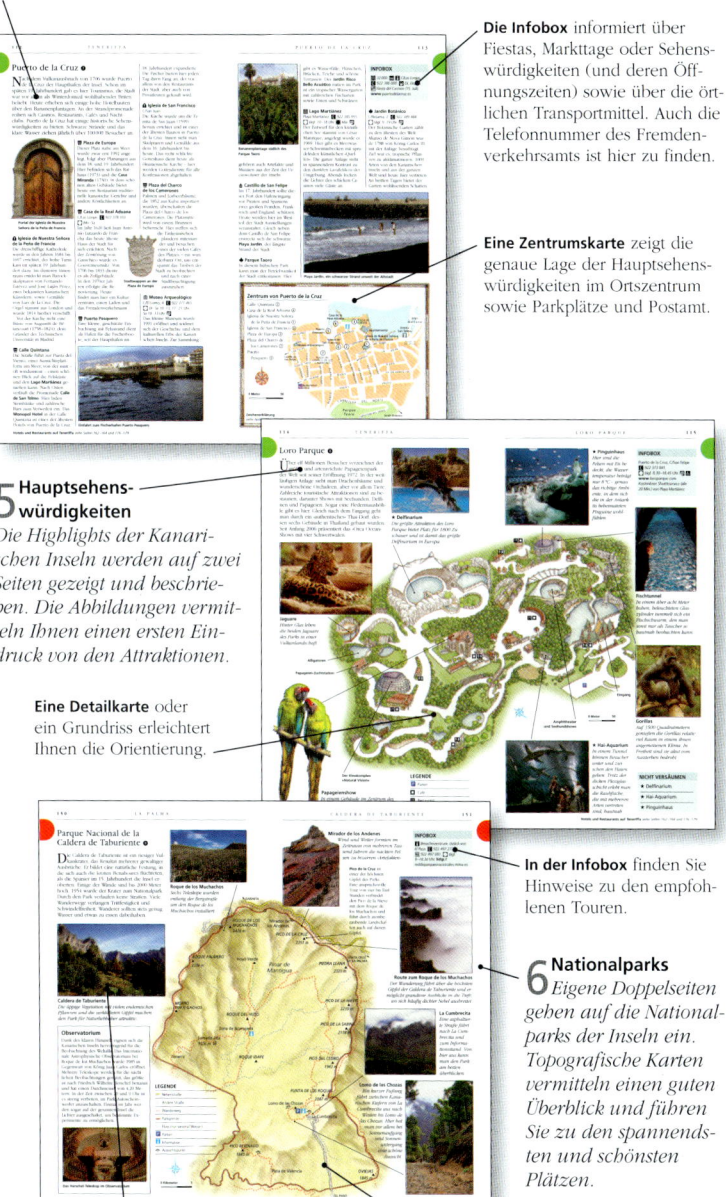

Die Kanaren stellen sich vor

Die Kanaren entdecken **10 – 11**

Die Kanaren
auf der Karte **12 – 13**

Ein Porträt der Kanaren **14 – 23**

Das Jahr auf den Kanaren **24 – 27**

Die Geschichte der Kanaren **28 – 35**

Die Kanaren entdecken

Der Archipel der Kanaren umfasst sieben Hauptinseln: Gran Canaria, Teneriffa, Lanzarote, Fuerteventura, La Gomera, La Palma und El Hierro. Jede Insel hat ihren eigenen Charakter: Goldene Felswüsten prägen Fuerteventura, La Palma bietet üp-

Kamelritt in den Montañas del Fuego

pige Vegetation, El Hierro besitzt schwarze Vulkansandstrände, rot schimmernde Mondlandschaften sind typisch für Lanzarote. Eroberer aus Nordafrika, Portugal, England und Spanien hinterließen auf den Inseln ihre Spuren und prägten deren einzigartige Kultur.

Gran Canaria

- Berge und Pinien
- Historisches Las Palmas
- Vergnügungsparks für die ganze Familie
- Pulsierendes Nachtleben

Die drittgrößte Insel der Kanaren ist seit Langem bei Urlaubern aus aller Welt beliebt. Manche locken das gesunde Klima und die wunderbaren Wanderwege, wie sie in der Gegend um **Roque Nublo** *(siehe S. 62)* zu finden sind. Andere begeistert die Geschichte der Insel, lässt es sich doch in **La Vegueta** *(siehe S. 47)*, der Altstadt von **Las Palmas** *(siehe S. 44–49)*, auf Kolumbus' Spuren wandeln. Die meisten suchen jedoch Erholung, oft in Verbindung mit einem Bummel durch Städte wie **Puerto de Mogán** *(siehe S. 58f)* oder mit dem Besuch eines Vergnügungsparks wie **Aqualand** in Maspalomas *(siehe S. 60)*. Nachts strömen die Menschen in die Bars und Clubs im Süden der Insel.

Der Hafen von Puerto de Mogán, Gran Canaria *(siehe S. 58f)*

Einer der sieben Papagayo-Strände, Lanzarote *(siehe S. 91)*

Fuerteventura

- Berühmte Strände
- Erstklassiger Wassersport
- Ausflugsziel: Los Lobos

Fuerteventura bietet mehr Strände als jede andere Insel der Kanaren. Die zwei größten Ferienorte, **Corralejo** *(siehe S. 70f)* im Norden und **Morro Jable** *(siehe S. 76)* an der Südküste, werden am meisten besucht. Hier finden Urlauber hervorragende Surfbedingungen und herrliche Gewässer zum Schnorcheln und Tauchen vor. Wenige Kilometer von Corralejo entfernt liegt die kleine Vulkaninsel **Los Lobos** *(siehe S. 71)*. Das gesamte Eiland ist als Naturschutzgebiet ausgewiesen und ein ideales Ziel für einen Tagesausflug.

Lanzarote

- Einzigartiges Vulkanland
- Magische Höhlenwelten
- Abgeschiedene Buchten

Lanzarote ist sehr abwechslungsreich, es bietet atemberaubende Vulkanlandschaf-

ten, reizende Dörfer und schöne Strände. Die landschaftlichen Attraktionen, darunter der **Nationalpark Timanfaya** *(siehe S. 92f)*, gehen auf den vulkanischen Ursprung der Insel zurück, der Erhalt ihrer Schönheit ist, wie in der **Fundación César Manrique** *(siehe S. 85)* dokumentiert, vor allem César Manrique zu verdanken. Die unterirdischen Höhlen bei **Jameos del Agua** *(siehe S. 86)* wurden von Manrique illuminiert. Die wenigen, gleichwohl bestens ausgestatteten Urlaubsorte der Insel liegen dicht beisammen. Abgelegene Strände wie jene bei **Papagayo** *(siehe S. 94)* sind bei Urlaubern sehr beliebt.

Teneriffa

- Pico del Teide – Spaniens höchster Berg
- Tierischer Spaß: Loro Parque
- Reizende Städtchen: Masca und La Orotava

Teile der bekanntesten Insel der Kanaren erscheinen wie ein tropisches Paradies. Eine Seilbahn bringt Besucher fast bis zum Gipfel des drittgrößten Inselvulkans der Erde hinauf. Die Wildnis des **Parque Nacional del Teide** *(siehe S. 118f)* ist atemberaubend. Sehenswert ist auch der weltbekannte **Loro Parque** *(siehe S. 114f)* mit seinen Tigern, Pinguinen, Gorillas und anderen Tieren. In der Inselhauptstadt **Santa Cruz** *(siehe S. 100–102)* lockt neben vielen Shoppingmöglichkeiten das **Museo Municipal de Bellas Artes** *(siehe S. 101)*. Der hübsche Ort **La Orotava** *(siehe S. 108–111)* bezaubert mit historischer Architektur. Das kleine Bergdorf **Masca** *(siehe S. 116)* besitzt eine beschauliche Atmosphäre.

Siedlung in den Bergen von Masca, Teneriffa *(siehe S. 116)*

La Gomera

- **Atemberaubende Wanderwege**
- **Uralte Wälder**
- **Idyllische Fischerdörfer**
- **Faszinierendes Brauchtum**

Die kleine Nachbarinsel von Teneriffa wird vor allem von Naturfreunden geschätzt. Das hügelige Hinterland von La Gomera ist von tiefen Schluchten und fruchtbaren Tälern durchsetzt. Die vielen Wanderwege machen die Insel zu einem Erholungsparadies. In den alten Lorbeerwäldern des **Parque Nacional de Garajonay** *(siehe S. 130f)* kann man mitunter die schrillen Laute der Pfeifsprache El Silbo vernehmen. Auf der vergleichsweise wenig erschlossenen Insel ist das **Valle Gran Rey** *(siehe S. 128)* der einzige große Urlaubsort mit einem Kiesstrand und mehreren, vornehmlich von Spaniern besuchten Bars. In der hübschen Inselhauptstadt, dem Hafenort **San Sebastián** *(siehe S. 126)*, informiert ein kleines Museum über die historische Beziehung zwischen La Gomera und Christoph Kolumbus.

El Hierro

- **Duftende Pinienwälder**
- **Wilde Küste**
- **Land der Riesenechsen**

»La Isla Chiquita«, die kleine Insel, ist die am wenigsten erschlossene des Archipels. Sie zählt auch die wenigsten Besucher. El Hierro gilt als Naturparadies, das weites fruchtbares Weideland, duftende Pinienwälder und die Wacholderbäume von **El Sabinar** *(siehe S. 137)* prägen. An Felsküsten wie den **Roques de Salmor** *(siehe S. 136)* brechen sich hohe Wellen. Die Insel ist auch Heimat einer besonderen Echsenart. Bei **Lagartario** *(siehe S. 137)* bemüht man sich, die allein auf El Hierro vorkommenden Riesenechsen zu schützen.

Häuser mit Holzbalkon in Santa Cruz de La Palma *(siehe S. 144f)*

La Palma

- **Schattige Bergpfade**
- **Blick ins Weltall**
- **Architektur der Kanaren**

Die grünste und fruchtbarste Insel der Kanaren ist vor allem bei Wanderern und Botanikern beliebt. Die **Caldera de Taburiente** *(siehe S. 150f)* ist einer der weltweit größten Vulkankrater. Besucher genießen von der Caldera aus einen atemberaubenden Ausblick. Die Atmosphäre über La Palma gilt als besonders rein, entsprechend gut sind die Bedingungen für die Himmelsbeobachtung. Die Hauptstadt **Santa Cruz de La Palma** *(siehe S. 144f)* bietet an jeder Ecke beeindruckende Architektur.

Die einsame, raue Küste im Norden von El Hierro *(siehe S. 132–139)*

Die Kanaren auf der Karte

Der Archipel der Kanarischen Inseln liegt im Atlantik auf der Höhe der Sahara westlich von Marokko. Gut zwei Millionen Menschen leben auf den sieben Hauptinseln, die meisten davon auf Teneriffa und Gran Canaria. Alle Vulkaninseln zusammen nehmen eine Fläche von 7492 Quadratkilometern ein und überraschen durch ihren Reichtum an Landschaftsformen, die von Stränden und wüstenartigen Ebenen bis zu beeindruckenden Gebirgen und grünen Wäldern reichen. Heiße Winde aus der Sahara und der Golfstrom garantieren, dass es auf den Inseln das ganze Jahr über angenehm warm ist. Die Durchschnittswerte liegen bei 17 °C im Winter und 24 °C im Sommer.

Teneriffa aus dem Weltall
Das Satellitenfoto zeigt, wie der Pico del Teide mit seinem Vulkankrater das Zentrum der felsigen Insel dominiert. Mit einer Höhe von 3718 Metern ist er nicht nur der höchste Berg der Kanaren, sondern ganz Spaniens.

LA PALMA

Los Llanos de Aridane
Santa Cruz de La Palma
Fuencaliente

La Laguna
Puerto de la Cruz
Santa Cruz de Tenerife
La Orotava

LA GOMERA

Agulo
San Sebastián de La Gomera
Los Cristianos

TENERIFE

Valverde
Puerto de la Estaca

EL HIERRO

0 Kilometer   40

LEGENDE

✈ Flughafen
━ Autobahn
━ Hauptstraße
⛴ Fährhafen
---- Fährlinie

Westküste von El Hierro
Die Insel besitzt zwar nur wenige Strände, bezaubert aber durch die Wildheit ihrer zerklüfteten Küste und durch das grüne Hinterland. El Hierro ist die kleinste Insel der Kanaren. Sie ist nur dünn besiedelt.

↑ *Cádiz*

Haría aus der Vogelperspektive

In einem schönen Tal auf Lanzarote liegt das typisch kanarische Dorf Haría. Die niedrigen weißen Häuser werden von malerischen, gleichwohl bedrohlich wirkenden Vulkanen überragt.

A t l a n t i s c h e r
O z e a n

ISLA DE ALEGRANZA

ISLA DE MONTAÑA CLARA

ISLA GRACIOSA

Tinajo
San Bartolomé

LANZAROTE
Arrecife

Playa Blanca

Corralejo
ISLA DE LOS LOBOS

FUERTEVENTURA

Puerto del Rosario

Betancuria

Tuineje

Gáldar
Las Palmas de Gran Canaria
gaete Arucas

Telde

a Lucía

Maspalomas

Morro Jable

GRAN CANARIA

Geografische Lage der Inseln

Die Kanarischen Inseln liegen nur 100 Kilometer vor der afrikanischen Küste, gehören aber politisch zum über 1100 Kilometer entfernten Spanien. Etwa 7,5 Millionen Besucher genießen hier jedes Jahr das gleichmäßig milde Klima.

Westeuropa und Nordafrika

IRLAND
GROSS-BRITANNIEN

FRANK-REICH

A t l a n t i s c h e r
O z e a n

Azoren

PORTUGAL

SPANIEN

Balearen

Madeira

Kanaren

MAROKKO

ALGERIEN

WEST-SAHARA
MAURETANIEN

Entstehung der Inseln

Wie viele andere Inseln im Atlantik, z. B. Madeira, die Azoren und die Kapverdischen Inseln, sind die Kanaren vulkanischen Ursprungs. Sie stiegen vor vielen Millionen Jahren aus dem Meer empor: Lanzarote und Fuerteventura sind mit etwa 16 bis 20 Millionen Jahren am ältesten, Gran Canaria, Teneriffa und La Gomera dürften etwa acht bis 13 Millionen Jahre alt sein. Die übrigen Inseln sind deutlich jünger. Fast alle Inseln werden von einem mächtigen Vulkankegel dominiert, um den sich kleinere Vulkane und Felder von erstarrter Lava anordnen.

Bei El Golfo (siehe S. 91) *auf Lanzarote ist Meerwasser in einen Vulkankrater eingedrungen. Schwarzer Sandstrand trennt das graugrüne Wasser des Beckens vom offenen Ozean.*

Die Weinstöcke *im Tal La Geria auf Lanzarote (siehe S. 94f) gedeihen auf fruchtbarem Vulkanboden. Halbkreisförmige Mauern schützen die Reben, aus denen der bernsteinfarbene* malvasía *gekeltert wird, vor Wind.*

Ursprung der Inseln

Die Inseln sind der sichtbare Teil gewaltiger Vulkane, die sich bei Bewegungen der Erdkruste auf dem Grund des Atlantiks bildeten. Entlang den Verwerfungslinien entstanden Bruchstellen, an denen Magma aufstieg.

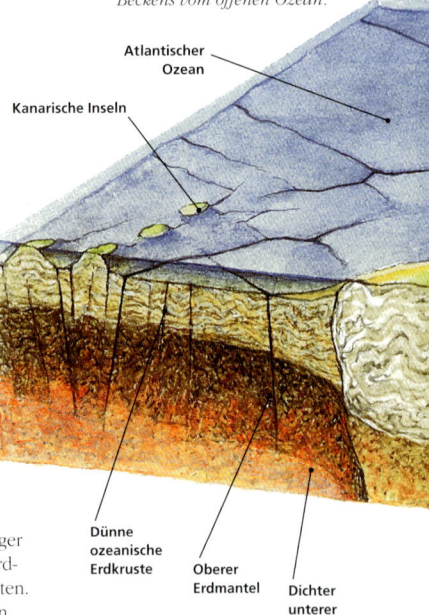

Atlantischer Ozean

Kanarische Inseln

Dünne ozeanische Erdkruste

Oberer Erdmantel

Dichter unterer Erdmantel

Los Azulejos *auf Gran Canaria zeigt die Schönheit und Farbenpracht des Vulkangesteins. Dank der unterschiedlichen chemischen Zusammensetzung (z. B. mit Kupfersalzen oder Eisenverbindungen) weisen die Areale eine erstaunliche Palette an Farbtönen auf, die von Grau und Braun, Ocker und Rot bis zu Blau und Grün reicht.*

Malpaís *bedeutet «Ödland» und ist der Name dieser fast ve-getationslosen Landschaft auf Fuerteventura (siehe S. 78f). Nur wüstenerprobte Pflanzen und Tiere überleben hier.*

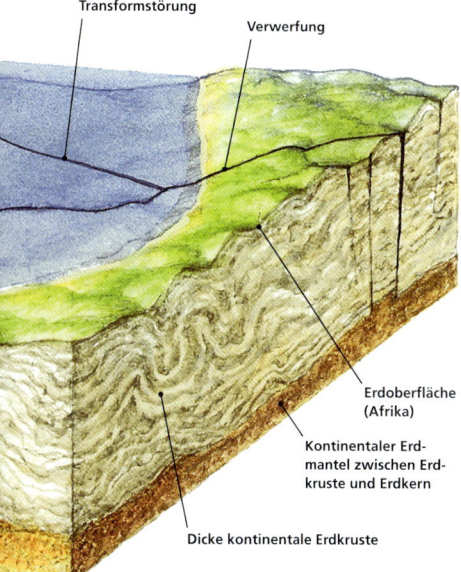

Transformstörung

Verwerfung

Erdoberfläche (Afrika)

Kontinentaler Erd-mantel zwischen Erd-kruste und Erdkern

Dicke kontinentale Erdkruste

Um La Restinga
auf El Hierro neh-men die Lavafelder fantastische For-men an. Die brei-ten Schlieren er-starrter Lava, die an Teer erinnern, entstehen bei vul-kanischen Eruptio-nen unter Wasser. Wenn sich die Masse dann rasch abkühlt, bilden sich großflächige «Magmanester».

Geologische Entwicklung

Die Inseln befinden sich in unterschiedlichen Stadien der geologischen Entwicklung. Teneriffa, El Hierro, Lanzarote und La Palma sind noch vulka-nisch aktiv, auf La Palma brach zuletzt 1971 ein Vulkan aus.

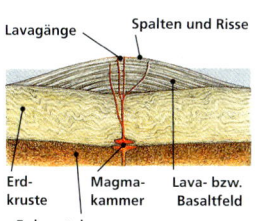

Lavagänge   Spalten und Risse

Erd-   Magma-   Lava- bzw.
kruste   kammer   Basaltfeld

Erdmantel

1 **Die Inseln** *sind die Spitzen von Vulkanen, die bis zum Grund des Meers hinabreichen. Sie bestehen aus Basaltgestein, also aus erstarrter Lava. In noch größerer Tiefe führt das Gewicht der Inseln zu Verformungen der Erdkruste.*

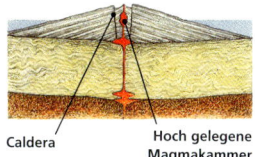

Caldera   Hoch gelegene
Magmakammer

2 **Wenn sich die Magmakammer** *bei der Eruption entleert, kann die Spitze des Vulkankegels in sich zusammenbrechen. Da-durch entsteht die Kraterform der Caldera (z. B. die Caldera de Taburiente auf La Palma). In diesem Stadium strömt eine gewaltige Menge Lava aus.*

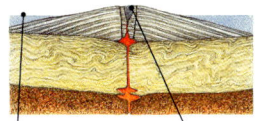

Meeres-   Verfestigte
spiegel   Magmakammer

3 **Sobald die Eruptionen** *auf-hören, setzt Erosion ein. Gran Canarias Berge sind in einem frühen Erosionsstadium, Fuerteventuras verfestigte Lava-felder hingegen typisch für einen späteren Zeitpunkt der Vulkangeschichte.*

Pflanzenwelt

Die Flora der Kanaren ist einzigartig. Auf La Gomera beispielsweise findet man seltenen, uralten Waldbestand, den die UNESCO zum Welterbe erklärte. Über die Hälfte der 1800 Arten der Inseln ist endemisch. Seit Langem interessiert sich die Wissenschaft für diese außergewöhnlichen Pflanzen. Man hält sie für Relikte einer alten mediterranen Flora, die in allen anderen Erdteilen wegen der Klimaveränderung ausgestorben ist. Die Arten auf den Kanaren überlebten dank des relativ stabilen und in den Nordteilen der Inseln auch feuchten Klimas. Sie werden durch zahlreiche eingeführte exotische Pflanzen ergänzt.

Die Kanarische Kiefer *gehört zu den einheimischen Arten. Ihre Nadeln werden bis zu 30 Zentimeter lang. Sie wächst in Höhen über 1000 Meter.*

Natternkopf
(Echium vulgare)

Kanarischer
Wacholder

Die Kanarische Dattelpalme (Phoenix canariensis) *ist endemisch. Sie besiedelt Buschland und Halbwüsten. Obwohl die Früchte essbar sind, dient sie nur als Zierpflanze.*

Die basaltischen Vulkanhänge *sind dem Pflanzenwachstum wenig förderlich. Die Arten, die hier gedeihen, haben die Fähigkeit, Wasser zu speichern.*

Diese Art aus
der Familie der
Zwergölbäume hat
silberne Blätter

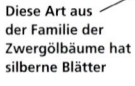

Drachenbaum

Eine der ungewöhnlichsten Pflanzen der Kanarischen Inseln ist der Drachenbaum (Dracaena draco). Seine verdickten Äste enden in Büscheln stachliger Blätter. Zu Zeiten der Römer wurden der rote Saft (das »Drachenblut«) und die Früchte zu einem Arzneimittel verarbeitet. Zudem dienten sie zum Färben und Glasieren. Ein Exemplar bei Icod de los Vinos auf Teneriffa, *Drago Milenario*, soll 1000 Jahre alt sein.

Die wohlriechende Wolfsmilch *wächst in Halbwüsten und wird als Zierpflanze geschätzt. Aus dem Milchsaft wird bisweilen Kaugummi hergestellt.*

Erysimum scoparium, *der Teide-Lack, ist ein einheimisches Gewächs mit lila Blüten. Er wächst in den Gipfelregionen.*

Pflanzenzonen

Küstenregionen *sind der Lebensraum für Pflanzen, die Salz und Temperaturschwankungen vertragen.*

In der Halbwüste *(über 400 m) gedeihende Pflanzen speichern Wasser in ihren fleischigen Blättern.*

Typisches Inselschema

Die Berge der Kanaren bieten je nach Höhenlage Lebensraum für ganz unterschiedliche Pflanzenarten. Am Fuß wachsen salzverträgliche Pflanzen und Halbwüstenpflanzen, darüber Lorbeer- und Kiefernwälder. Die Gipfelregion prägen Felspflanzen und hartblättrige Büsche.

Niedrige Sträucher *wachsen in Lagen über 500 Meter, vor allem in Gebieten mit wenig Niederschlag.*

Lorbeerwälder *gedeihen an den Nordhängen der Inseln wegen der konstant hohen Feuchtigkeit.*

Kanarenwolfsmilch (Euphorbia canariensis)

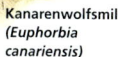

Kanarische Strohblume (Helichrysum gossypium)

Warziger Strandflieder (Limonium papillatum)

Kiefernwälder *kommen bis 2000 Meter vor. Ihr dichtes Unterholz bilden Schatten liebende Sträucher.*

Nymphendolden (Astydamia latifolia) *gedeihen überall an den felsigen Basaltküsten. Diese einheimische Art mit ihren ungewöhnlich fleischigen grünen Blättern blüht von Dezember bis April.*

Die Kanaren-Stechpalme *ist ein immergrüner Strauch. Lorbeerwälder bilden ihren bevorzugten Lebensraum. Ihre Rinde wird für Arzneimittel verwendet.*

In der Zone *über 2000 Meter dominiert polsterartiger Bewuchs. In höchsten Lagen wächst Felsgras.*

Unterwasserwelt

Die Kanarischen Inseln liegen zwar fast schon in den Tropen, die umliegenden Meeresgewässer sind jedoch relativ kalt. Anders als für diese Breiten zu erwarten, gibt es deshalb kaum Korallenriffe. Andere Meerestiere sind jedoch zahlreich anzutreffen. Die Kanarischen Inseln bieten Tauchern ein reiches maritimes Leben mit verschiedensten Fischen und Meeressäugern wie riesigen Krabben, farbenfrohen Papageifischen, mehreren Wal- und Delfinarten, Kardinalbarschen und winzigen Seepferdchen.

Die langflossigen Grindwale *gehören zur Familie der Delfine. In den Küstengewässern vor Teneriffa lebt die weltweit zweitgrößte Kolonie dieser Säugetiere.*

Leben im Meer

Der Meeresboden um die Kanarischen Inseln besteht hauptsächlich aus Fels mit nur wenigen sandigen Stellen. Die hier skizzierte Umgebung zeigt den Reichtum der einheimischen Fauna, die auch etwa 600 Arten von Seetang (Algen) umfasst.

Seepferdchen *findet man dort, wo es große Seegrasbüschel gibt. Sie hängen sich kopfüber an die Sprösslinge. Ihren Laich legen die Weibchen im Brutbeutel der Männchen ab.*

Der blau gepunktete Igelfisch *kann sich bei Gefahr aufblasen: Um größer zu erscheinen, pumpt er Luft in seinen Verdauungskanal.*

Geperlter Kugelfisch

Wurmschnecke

Schermesserfisch

Der Papageifisch *gehört zu den buntesten Meeresbewohnern. Sein schnabelartiges Maul verdankt er seinen auffälligen, ungewöhnlich langen Zähnen.*

Seestern

Koralle

Seeigel

Spinnenkrabben *verstecken sich in den Nischen des Meeresgrunds. Ihre Panzer sind über und über mit Stacheln besetzt.*

Der Braune Drachenkopf *passt sich durch Farbe und Zeichnung dem felsigen Meeresboden nahezu perfekt an. Er ist nachtaktiv und tötet seine Beute mit Gift, das aus den harten Stacheln seiner Rückenflosse kommt.*

Den Marokkanischen Oktopus *sieht man häufig auf dem felsigen Meeresboden um die Kanarischen Inseln. Er fängt seine Beute mit den saugnapfbewehrten Tentakeln.*

Die Purpurschnecke *(Murex trunculus)* wird seit 2000 Jahren zum Herstellen rotvioletter Farbe verwendet. Das Tier ernährt sich von Aas, z. B. von anderen toten Mollusken.

Napfschnecke

Käfer-schnecke

Tauchen und Schnorcheln

Die Kanaren bieten sehr attraktive Tauchgründe: Anfänger können hier trainieren und Erfahrung sammeln, Fortgeschrittene die Unterwasserhöhlen vor Gran Canaria, La Palma und El Hierro sowie die Korallenriffe bei Lanzarote erkunden. Das Wasser ist zwischen November und Februar am klarsten. Die Wassertemperatur liegt dann bei etwa 15 bis 20 °C. Eine Gefahr stellen allerdings die starken Strömungen dar, die vor allem in größerer Tiefe herrschen.

Der Meeraal (Conger conger) *hat einen schwärzlichen Körper mit hellerem Bauch und ein breites Maul. Er versteckt sich am Tag in Höhlen und Spalten.*

Die Muräne *mit ihrem langen, schlangenähnlichen Körper und den scharfen Zähnen ist eines der erfolgreichsten Raubtiere der Küstengewässer. Sie wird bis zu drei Meter lang und bewohnt Höhlen und Spalten im Felsgestein.*

Kardinalbarsche *sind kleine flinke Fische, die man meist vor dem Eingang von Unterwasserhöhlen sieht. Bei Gefahr sammelt das Männchen die Brut in seinem Maul.*

Kunsthandwerk

Die Bewohner der Kanarischen Inseln sind stolz auf die große Tradition ihrer Handwerkskünste: Sticken, Spitzenklöppeln, Korbflechten, Töpfern und Holzschnitzen werden hier noch lebendig gehalten. Die einzelnen Inseln haben sich dabei spezialisiert: La Gomera ist bekannt für Korbwaren sowie für Keramik, die ohne Töpferscheibe hergestellt wird. Auf Teneriffa findet man traditionelle Tonwaren im Stil der Guanchen, auf El Hierro Taschen und kunstvoll gewebte Teppiche. In Ingenio *(siehe S. 64)* auf Gran Canaria werden wundervolle Stickereien angefertigt.

Kerzenhalter aus Ton

Aus Ton wird Form – Töpferei in La Orotava, Teneriffa

Tonwaren

Dank archäologischer Funde ist bekannt, dass die Guanchen, die Ureinwohner der Kanarischen Inseln, die Kunst des Töpferns auf sehr hohem Niveau beherrschten. Sie benutzten den einheimischen Ton u. a. zur Herstellung von Kochtöpfen, Vorratsgefäßen und Wasserkrügen.

Keramik ist überall auf den Inseln zu finden. Es gibt jedoch einige Zentren, die für die besondere Qualität ihrer Produkte berühmt sind. Vor allem La Gomera, Teneriffa und La Palma sind für ihre traditionellen Tonwaren bekannt. Ausgangsmaterial ist ein dunkler Ton, der ohne Töpferscheibe verarbeitet wird. Auf diese Weise gefertigte Keramikwaren sind besonders beliebt. Sie stehen ganz in der Tradition des Guanchen-Stils. Dieser Stil wird auch auf anderen Inseln kopiert und die Tonwaren werden nach alter Methode gebrannt. Wie auf dem spanischen Festland erhält man in den Töpferläden der Kanaren außerdem bunte Kacheln, Teller und Vasen im maurisch beeinflussten Azulejo-Stil.

In vielen Dorfläden fallen die bunten Auslagen mit Tonwaren ins Auge, auf den meisten Märkten gibt es mindestens einen Stand mit Keramik. Auch die Töpfereien, in denen man bei der Herstellung der Produkte zuschauen kann, haben stets einen Verkaufsraum.

Dekoratives Wassergefäß

Stickereien

Stickereien werden vor allem von Frauen angefertigt, wobei Techniken und Muster von Mutter zu Tochter weitergegeben werden. In den entsprechenden Gegenden ist man auf diese Stickarbeiten sehr stolz. Dies gilt für ganz Gran Canaria, vor allem aber für die Orte Ingenio *(siehe S. 64)* und Agaete *(siehe S. 57)* sowie für La Orotava auf Teneriffa *(siehe S. 108–111)*. Handgearbeitete Stickereien auf Seiden- oder Leinenstoffen gehören zu den hochwertigen Souvenirs, die man auf den Kanarischen Inseln erwerben kann. Die beliebtesten Mitbringsel sind reich verzierte Bettdecken, Tischtücher und Servietten. Diese sind allerdings oft teuer, da die Herstellung äußerst zeitaufwendig ist.

Auch Kleidungsstücke, vor allem die traditionellen Trachten, werden meist mit Stickereien versehen. Zur Verzierung der weißen Hemden, Blusen und Schürzen dienen durchbrochene, mit Bändern durchzogene Rüschen. Gröbere Nachahmungen solcher Stücke findet man auf Märkten.

Traditionelle Stickarbeiten in Betancuria auf Fuerteventura

Klöppelspitze

Das Klöppeln von Spitze gehört zu den feinsten Handwerkskünsten auf den Kanarischen Inseln. In der Raffinesse von Mustern und Farben spiegeln sich alte europäische und mediterrane Traditionen wider.

Es gibt einige kleine, hoch spezialisierte Kooperativen auf den Inseln, die Tischtücher und Vorhänge aus Spitze herstellen. Diese sind bei Einheimischen genauso beliebt wie bei Urlaubern. Im Vergleich zu Stickereien sind diese Produkte übrigens deutlich günstiger.

Die herrlichen durchbrochenen Tischtücher und Platzdeckchen werden stets in Weiß und Beige angefertigt. Sie haben meist symmetrische Muster mit abstrakten Formen oder Blumenmotiven, mit Kreisen oder mit dem Sonnenmotiv.

Nach dem Urteil von Fachleuten ist die Spitze aus Vilaflor auf Teneriffa die qualitativ beste und schönste.

Spitzendeckchen aus San Bartolomé, Lanzarote

Webwaren

Weben ist ein weiteres traditionelles Handwerk, das auf den Kanarischen Inseln ausgeübt wird. Noch heute gibt es auf jeder Insel kleine Webereien, in denen wie in vergangenen Jahrhunderten auf einfachen Handwebstühlen Teppiche mit traditionellen Mustern hergestellt werden. Die bei Einheimischen sehr beliebten Teppiche sind lang und

Am Webstuhl entstehen Teppiche mit typischem Streifenmuster

schmal mit oft zufällig wirkenden Farbkombinationen. Daneben gibt es gemäß der jeweiligen regionalen Tradition auch Teppiche mit regelmäßigen Streifen oder aber mit ausgeklügelten Mustern. Handgewebte Stoffe werden zu Bettvorlegern oder Wandteppichen sowie zu Taschen verarbeitet. Bis vor Kurzem wurden auch noch Trachten gewebt.

Vor allem La Palma, El Hierro und La Gomera sind für ihre Webwaren bekannt.

Bunter handgewebter Läufer

Weiteres Handwerk

Bei Besuchern besonders beliebt sind aus Palmblättern oder Weidenruten geflochtene Gegenstände. Die Flechtwerke, etwa Körbe und Schalen, sind zwar nicht langlebig, dafür aber preisgünstig. Auch die traditionell von Bauern getragenen, breitkrempigen Hüte kann man erwerben.

An Feiertagen tragen auf den Kanarischen Inseln Frauen eine besondere Kopfbedeckung: kleine Strohhüte mit nach oben gebogener Krempe. Dank dieser Tradition entstand unter Urlaubern eine rege Nachfrage nach den leichten, luftigen Hüten.

In hohem Ansehen stehen auch das einheimische Zimmermannsgewerbe und die Holzschnitzerei. Die Tradition, Türen und Tore mit geschnitzten Motiven zu verschönern, lässt sich über einige Jahrhunderte zurückverfolgen. Alte Türen und Fensterläden, aber auch sakrale Objekte sind oft wahre Meisterwerke. Die typischen Holzbalkone und Erker mit den verzierten Geländern werden nach alten Entwürfen angefertigt. Auch viele Haushaltsgegenstände wie Schüsseln, Löffel und Schöpfkellen sind aus einheimischen Hölzern, etwa aus Kiefer, Walnuss oder Buche, geschnitzt.

Ein beliebtes Souvenir ist die *timple*, ein kleines, an eine Ukulele erinnerndes Holzinstrument mit fünf Saiten. Die besten Instrumente werden in Teguise auf Lanzarote angefertigt.

***Timple*-Schnitzer bei der Arbeit**

Karneval

Der Karneval von Santa Cruz de Tenerife wird häufig mit den entsprechenden Festivitäten in Rio de Janeiro oder New Orleans verglichen. Er findet jährlich in den letzten zehn bis 14 Tagen vor Aschermittwoch statt und gehört zu den größten Karnevalsveranstaltungen Europas. Auch die Fiestas auf Gran Canaria und den anderen Inseln sind beeindruckend, der Termin des großen Umzugs variiert je nach Insel ein wenig. Unter der Diktatur Francos waren öffentliche Karnevalsumzüge verboten, lebten aber als »Winterfeiern« weiter. Seit 1975 wird der Karneval wieder offiziell gefeiert. Er bietet lateinamerikanische Musik, bunte Kostüme und ausgelassene Stimmung.

Kandidatin für den Titel der Karnevalskönigin

Farbenfroher Umzug in den Straßen von Santa Cruz de Tenerife

Umzüge

Die Karnevalsfeiern stehen jeweils unter einem bestimmten, meist religiösen Motto, das den Charakter der Umzüge, der Kostüme und der Dekorationen bestimmt. Während des Karnevals gibt es täglich Umzüge. Wichtiger Bestandteil sind die Umzugswagen, auf denen allegorische oder historische Szenen dargestellt werden. Für die prächtigen Kostüme und die zahlreichen musikalischen Darbietungen wird im Vorfeld viel Arbeit aufgewendet.

Bühnen

Ein weiterer zentraler Bestandteil jedes Karnevals sind die Bühnen, die meist in den Stadtzentren errichtet werden. Auf den Bühnen werden jeden Abend spektakuläre Shows geboten. Die auftretenden Musikgruppen und Akrobaten werden von der großen Menge an Zuschauern bejubelt. Es sind hitzig ausgetragene Wettbewerbe zu sehen, z. B. in der Kategorie »Beste Tanzgruppe«. Außerdem finden auf den Bühnen Comedy-Shows und Konzerte mit klassischer Musik statt.

Karnevalskönigin

Der Karneval beginnt mit der Wahl der Regentin. Die hoffnungsfrohen Kandidatinnen präsentieren sich auf aufwendig geschmückten Wagen und unter dem Jubel der Karnevalsgemeinde der Jury.

Die Bewerberinnen sind meist einheimische Frauen, doch prinzipiell dürfen auch Besucherinnen teilnehmen. Die traumhaften Kostüme verfehlen ihre Wirkung nicht. Das Kleid der Königin muss einzigartig sein und wird von allen bewundert.

Die frisch gewählte Regentin darf dann in Begleitung vieler, ebenfalls wunderschöner Hofdamen allen weiteren Karnevalsaktivitäten präsidieren. Ihr Wagen hat bei allen Umzügen den Ehrenplatz inne. Die glückliche Königin winkt von ihrem Thron aus den jubelnden »Untertanen« zu.

Travestieshow auf der Bühne von Las Palmas de Gran Canaria

Kinder

Nicht nur die Erwachsenen haben ihren Spaß im Karneval, sondern auch die Kinder. Für sie werden spezielle Veranstaltungen organisiert. Sie haben auch ihre eigenen »kleinen« Umzüge, ihre eigenen Bühnenshows und Wettbewerbe. Die Mädchen wetteifern um den Titel der Karnevalsprinzessin.

Die Kostüme der Kinder, die nur für dieses Ereignis hergestellt werden, sind oft kleine Meisterwerke. Man sieht unter ihnen traditionelle spanische Trachten, brasilianische Sambakostüme, Märchen- und Zirkusmotive. Die kleinen Teilnehmer finden schnell und begeistert in ihre jeweiligen Rollen.

Tanzende Kinder in prächtigen Kostümen

Kostüme und Masken

Ebenso wie der Entwurf und die Herstellung der Umzugswagen nimmt auch die Anfertigung der extravaganten Kostüme und Masken oft mehrere Monate in Anspruch. Manche Teilnehmer beginnen gleich am Ende eines Karnevals mit den Vorbereitungen für den nächsten.

Oberstes Ziel ist immer Originalität, tatsächlich sind viele Karnevalskostüme einzigartig. Man kann Einflüsse aus vielen Kulturen erkennen. Ganz wichtig ist eine ungewöhnliche Frisur – je verrückter, desto besser.

Ein weiterer bedeutender Faktor ist die Schminke, ohne die das Kostümierung unvollständig wäre. Während der Karnevalsumzüge sieht man oft ausgefallene Formen von Körperbemalung.

Dragqueens

Ein besonderer Aspekt des Karnevals sind die Auftritte von Travestiekünstlern. In der maskierten Menge fallen sie durch ihre Größe auf, wenn sie auf High Heels oder Plateausohlen einherstöckeln. Nachts präsentieren die Dragqueens stolz ihre schrillen Kostüme, zeigen ihre Tanzkünste und wetteifern darum, die Königin der Nacht zu sein.

Zum Medusenkostüm passend: ein gespenstisches Make-up

Verkleidungsfieber

Ganz im Gegensatz zum Karneval von Rio de Janeiro, wo die großen Umzüge ausschließlich aus den Mitgliedern der Sambaschulen bestehen, trägt auf den Kanaren fast jeder Kostüm und Maske. Da das Verkleidungsfieber oft auch auf Urlauber überschwappt, wird aus jedem Umzug auch ein Kostümball mit Druiden, Piraten, Samuraikriegern, Charlie Chaplins und Figuren aus Walt Disneys Comics. Die Verkleidung führt zu euphorischer Stimmung.

Oft vergessen die Karnevalsteilnehmer dann alle Hemmungen und feiern den ganzen Tag über ausgelassen große Partys.

»Begräbnis der Sardine«

Der Karneval von Santa Cruz und von Las Palmas endet mit einer »El Entierro de la Sardina« genannten Prozession. Der Brauch stammt aus Zeiten, als der Karneval die einzige Gelegenheit bot, mächtige Institutionen wie die Kirche zu verspotten. Noch heute verkleiden sich viele Teilnehmer als Mitglieder des Klerus. An der Spitze der Prozession wird eine riesige Sardine aus Pappmaschee getragen. Die »Trauergäste« weinen und lachen, wenn sie sie zum Meer geleiten, wo sie angezündet wird und in einem Feuerwerk aufgeht.

Pirat beim Karnevalsumzug

Das Jahr auf den Kanaren

Wie vor allem an den vielen kirchlichen Festtagen, den Fiestas, zu erkennen ist, sind die Bewohner der Kanarischen Inseln noch tief in Traditionen verwurzelt. Einige dieser Traditionen gehen bis in die Zeit der Guanchen *(siehe S. 30f)* zurück. Fiestas werden meist zu Ehren eines Heiligen, oft eines Schutzpatrons, abgehalten. Romerías sind meist mit Prozessionen verbunden. Während der Fiesta lassen die Men-

Teneriffa 1996 – ein Karnevalsouvenir

schen die Arbeit ruhen. Sie beten, tanzen und versammeln sich zu feierlichen Umzügen. Fiestas dauern meist mehrere Tage lang, manche auch bis zu zwei oder drei Wochen. In größeren Städten finden gleichzeitig Musik-, Theater- oder Filmfestivals statt, einige davon mit internationalem Flair. Neben den Fiestas ziehen Sportereignisse, vor allem Fußballspiele oder der Kanarische Ringkampf *Lucha Canaria*, die meisten Zuschauer an.

Apfelblüte am Fuß des Roque Nublo, Gran Canaria

Frühling

Obwohl man beim milden Klima der Kanarischen Inseln den Eindruck von immerwährendem Frühjahr bekommen kann, ist die Zeit zwischen März und Mai der tatsächliche Frühling. Dann ist die Landschaft am grünsten, dann gibt es aber auch heftigen Regen, vor allem auf Teneriffa.

März

Fiesta del Almendro en Flor *(Anfang März)*, alle Inseln. Das Fest der Mandelblüte wird in großem Stil in Tejeda und Valsequillo auf Gran Canaria gefeiert. Neben

Volkstanzdarbietungen gibt es Mandeln, Weine und Süßigkeiten aus den verschiedenen Dörfern.
Rallye El Corte Inglés *(März/Apr)*, Gran Canaria. Rallye mit internationaler Beteiligung.
Semana Santa *(März/Apr)*, alle Inseln. Osterwoche mit Karfreitagsprozession.

April

Festival Internacional de Cine *(März/Apr)*, Las Palmas de Gran Canaria. Internationales Filmfestival.
Fiesta de los Pastores *(25. Apr)*, La Dehesa auf El Hierro. Jährliches Fest der Schäfer der Insel.
Fiesta de Ansite *(29. Apr)*, Gran Canaria. Mit Musik und

Tänzen wird an den letzten Aufstand der Guanchen gegen die Spanier und den Sieg der Spanier erinnert.

Mai

Frisch geerntete Bananen

Festival de Música y Danza *(Mai/Juni)*, Las Palmas de Gran Canaria. Konzerte und Tanzveranstaltungen.
Fiesta del Queso del Flor *(30. Apr – 7. Mai)*, Santa María de Guía auf Gran Canaria. Die Kleinstadt ist berühmt für ihren Käse, der auch im Mittelpunkt des Festes steht.
Feria del Caballo *(1. Mai)*, Valsequillo auf Gran Canaria. Jährlicher Pferdemarkt.
Romería de San Isidro *(15. Mai)*, Uga auf Lanzarote. Große Festprozession.

Traditioneller Festumzug auf El Hierro

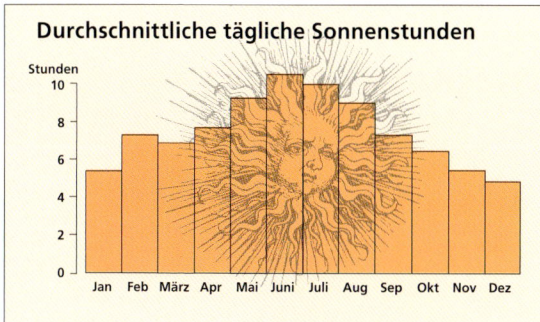

Durchschnittliche tägliche Sonnenstunden

Sonnenschein
*Die tägliche Sonnen-
scheindauer unter-
scheidet sich auf den
einzelnen Inseln
deutlich. Auf Lanza-
rote und Fuerteventu-
ra gibt es im August
12 Stunden pro Tag
Sonne. Im Norden
von Teneriffa und
Gran Canaria ist es
zuweilen wolkig, im
Süden herrscht dage-
gen Sonnenschein.*

Sommer

Die Temperaturen auf den Inseln können im Sommer bis auf 40 °C ansteigen. Im Juli und August fällt – außer in der Region von Las Palmas de Gran Canaria – fast kein Regen. Im August kommen zur großen Anzahl ausländischer Besucher noch die Urlauber vom spanischen Festland hinzu. Jetzt finden die meisten Fiestas statt.

Strand bei Puerto del Carmen auf Lanzarote

Koschenilleschildläuse werden von Feigenkakteen »geerntet«

Juni

Fiestas de San Antonio El Chico *(Anfang – Mitte Juni)*, Mogán, Gran Canaria. Lebhafte Prozession mit Gesang.
Corpus Christi *(Juni)*, alle Inseln. Vor allem in Las Palmas de Gran Canaria sowie in La Laguna und Laorotava auf Teneriffa beeindrucken die Fronleichnamsprozessionen.
Día de San Juan *(24. Juni)*, Las Palmas de Gran Canaria. Stadtgründungsfest.

Bajada de la Virgen de las Nieves *(alle 5 Jahre: 2015, 2020…; Juni–Aug)*, Santa Cruz de La Palma/Las Nieves. Prächtige Prozessionen.
Día de San Pedro y San Pablo *(29. Juni)*, regionale Feiern zu Peter und Paul.

Juli

Fiesta de San Marcial del Rubicón *(Anfang Juli)*, Femés und Yaiza auf Lanzarote. Fiestas zu Ehren des Schutzheiligen der Insel.
Fiesta del Carmen *(Anfang–Mitte Juli)*, Gáldar auf Gran Canaria. Die Fiesta ehrt den Schutzpatron der Fischer.
Bajada de la Virgen de los Reyes *(alle 4 Jahre: 2017, 2021…, Anfang Juli)*, Valverde, El Hierro. Prozession und Fiesta.
Festival Internacional Canarias Jazz *(Mitte Juli)*, alle Inseln. Jazzkonzerte mit internationalen Musikern.
Fiesta de San Marcial del Rubicón *(1 Woche im Juli)*, Femés und Yaiza. Fest des Schutzpatrons von Lanzarote.
Día de San Buenaventura *(14. Juli)*, Betancuria, Fuer-

teventura. Fiesta zu Ehren des Schutzpatrons der Stadt.
Día de Santiago Apóstol *(25. Juli)*, Santa Cruz auf Teneriffa. Feier des Siegs über die Engländer und des Schutzpatrons der Insel.

August

Bajada de la Rama *(4. Aug)*, Agaete auf Gran Canaria. Das Fest geht auf den Regentanz der Guanchen zurück.
Fiesta de San Ginés *(Mitte–Ende Aug)*, Arrecife auf Lanzarote. Fest zu Ehren des Schutzheiligen der Stadt.
Día de San Bartolomé *(24. Aug)*, San Bartolomé auf Lanzarote. Prozessionen.

Farbenprächtig: Bajada de la Virgen de las Nieves, La Palma *(Juli)*

Durchschnittliche monatliche Niederschläge

mm											
Jan	Feb	März	Apr	Mai	Juni	Juli	Aug	Sep	Okt	Nov	Dez

Niederschläge

Der monatliche Niederschlag übersteigt auf den Kanaren selten 50 Millimeter. La Palma und La Gomera verzeichnen die größten Regenmengen, Lanzarote und Fuerteventura die geringsten. Auf Teneriffa und Gran Canaria sind vor allem auf der Nordseite der Inseln Regenfälle häufiger.

Prozession zu Ehren des Erzengels Michael in Tuineje, Fuerteventura *(Sep)*

Herbst

Der Herbst unterscheidet sich nicht wesentlich vom Sommer, nur die Nächte werden etwas kühler. Stärkere Temperaturunterschiede kann man in den höheren Lagen von Teneriffa oder Gran Canaria feststellen, wo man sich unvermittelt in dichtem Nebel bei deutlichem Temperaturrückgang wiederfinden kann.

September

Semana Colombina *(1.–6. Sep)*, San Sebastián auf La Gomera. Shows und Prozessionen zu Ehren von Christoph Kolumbus.
Fiesta de la Virgen del Pino *(6.–8. Sep)*, Teror auf Gran Canaria. Die wichtigste Fiesta der Insel ehrt mit Prozession und Opfergaben die Schutzpatronin von Gran Canaria.
Fiesta del Charco *(7.–11. Sep)*, La Aldea de San Nicolás auf La Palma. Die Teilnehmer springen in einen Pool, um Fische zu fangen.

Romería de Nuestra Señora de Los Dolores *(Mitte Sep)*, Lanzarote. Wallfahrt zum Heiligtum von Los Dolores in Mancha Blanca.
Fiesta del Santísimo Cristo *(Mitte Sep)*, La Laguna auf Teneriffa. Das spektakuläre Volksfest beinhaltet einen Umzug, Feuerwerk, eine Oldtimer-Rallye und den traditionellen Kanarischen Ringkampf *Lucha-Canaria*.

Auf den Kanaren kann man das ganze Jahr über angeln

Fiesta de la Virgen de la Peña *(3. Sa im Sep)*, Fuerteventura. Die Fiesta ehrt den Schutzheiligen der Insel.
Fiesta de San Mateo *(21. Sep)*, San Mateo auf Gran Canaria. Wallfahrt für den Schutzpatron der Stadt.

Oktober

Bajada de la Virgen de Guadalupe *(Anfang Okt, alle 5 Jahre, 2018, 2023…)*, La Gomera. Fischer bringen eine Statue der Jungfrau Maria auf geschmückten Booten von Puntallana nach San Sebastián de La Gomera.
Fiesta de la Naval *(6. Okt)*, Las Palmas de Gran Canaria. Feier des Siegs der Insulaner über Sir Francis Drake.
Romería de Nuestra Señora de la Luz *(Mitte Okt)*, Las Palmas de Gran Canaria. Schiffsprozession zu Ehren der Heiligen Jungfrau.
Festival MASDANCA *(Ende Okt)*, Maspalomas auf Gran Canaria. Internationale Tanzveranstaltungen.

November

Fiestas Patronales en Honor a San Gregorio Taumaturgo *(Anfang–Mitte Nov)*, Telde auf Gran Canaria. Der Heilige, der vor Flut und Erdbeben schützt, wird geehrt.
Fiesta de San Andrés *(Ende Nov)* Guía de Isora auf Teneriffa. Zur Fiesta liefern Weinkeller jüngste Abfüllungen.
Atlantic Rally for Cruisers *(letzter So im Nov)*, Gran Canaria. Yacht-Rallye von Las Palmas de Gran Canaria über den Atlantik in die Karibik.

Durchschnittliche monatliche Temperaturen

°C
30
25
20
15
10
5
0

Jan Feb März Apr Mai Juni Juli Aug Sep Okt Nov Dez

Temperaturen
Das milde Klima führt zu Durchschnittstemperaturen von 18 °C im Winter und 24 °C im Sommer. Das Klima von Fuerteventura und Lanzarote ist etwas extremer als das von Teneriffa und Gran Canaria. Auf El Hierro, der westlichsten Insel, ist es häufiger kühl und feucht.

Winter

Da viele Menschen wegen des gleichmäßig milden Klimas den Winter auf den Kanaren verbringen, ist auf allen Inseln von Dezember bis Februar Hauptsaison. Auch wenn der Gipfel des Pico del Teide manchmal von Schnee bedeckt ist, bleiben die Küstenregionen warm und sonnig.

Dezember

Día de Santa Lucía *(13. Dez)*, Gran Canaria. Bei den Feiern werden Kirchen und Dörfer beleuchtet.
Carrera Atletica de San Silvestre *(Mitte Dez)*, Maspalomas auf Gran Canaria. Der 10-Kilometer-Lauf wird alljährlich veranstaltet.
Santos Inocentes *(28. Dez)*, alle Inseln. An diesem Tag darf man in Spanien Leute hereinlegen, wie bei uns am 1. April.
Noche Vieja *(31. Dez)* heißt in Spanien die Silvesternacht.

Sturmschaden: angeschlagenes Schiff am Strand von Lanzarote

Januar

Festival de Música de Canarias *(Jan/Feb)*, auf den meisten Inseln. Internationales Klassikfestival.
Noche de los Reyes *(5. Jan)*, alle Inseln. Prozessionen vor dem Dreikönigstag, bei denen Kindern Süßigkeiten zugeworfen werden.
Festividad de San Sebastián *(20. Jan)*, Adeje auf Teneriffa. Bauern treiben ihre Tiere zur symbolischen Reinigung ins Meer.

Februar

Carnavales *(Feb/März)*, alle Inseln. Die mehrwöchigen Feiern und Maskenumzüge beginnen mit der Wahl der Karnevalskönigin.
Romería de la Virgen de Candelaria *(1. und 2. Feb)*, Candelaria auf Teneriffa. Die Feiern an Lichtmess zu Ehren der Schutzpatronin der Kanaren beinhalten eine Lichterprozession durch die Straßen der Stadt.
Fiesta del Almendro en Flor *(Anfang Feb)*, Valsequillo, Gran Canaria. Die Fiesta wird anlässlich der Blüte der über 2000 Mandelbäume in der Region gefeiert.

Feiertage

Año Nuevo Neujahr *(1. Jan)*
Día de los Reyes Hl. Drei Könige *(6. Jan)*
Jueves Santo Gründonnerstag *(März/Apr)*
Viernes Santo Karfreitag *(März/Apr)*
Día de Pascua Ostersonntag *(März/Apr)*
Fiesta del Trabajo Tag der Arbeit *(1. Mai)*
Día de las Islas Canarias Tag der Kanarischen Inseln *(30. Mai)*
Corpus Christi Fronleichnam *(Anfang Juni)*
La Asunción Mariä Himmelfahrt *(15. Aug)*
Día de la Hispanidad Kolumbus-Tag *(12. Okt)*
Día de Todos los Santos Allerheiligen *(1. Nov)*
Día de la Constitución Verfassungstag *(6. Dez)*
Día de la Inmaculada Concepción Mariä Empfängnis *(8. Dez)*
Día de Navidad Weihnachten *(25. Dez)*

Dragqueen auf einem Karnevalsumzug *(Feb/März)*

Die Geschichte der Kanaren

Die früheste Geschichte der Kanarischen Inseln liegt hinter Mythen und Sagen verborgen. Manche glaubten, die Inseln seien das legendäre Atlantis, das laut Platon untergegangen ist. Für andere stellten sie die »Glücklichen Inseln« am Rand der Welt dar, deren Einwohner keinerlei Sorgen kannten.

Wahrscheinlich kamen die ersten Bewohner der Kanaren aus Nordafrika und landeten um 3000 v. Chr. auf den Inseln. Die Historiker streiten sich über die Zuordnung der ersten Siedler. Eine der Thesen besagt, dass es sich dabei um Cro-Magnon-Menschen aus dem Neolithikum handelte. Diese waren groß und kräftig und hatten einen auffallend schmalen Schädel.

Statuette von Tara aus der Zeit der Guanchen

Um das 2. Jahrhundert v. Chr. kamen mit der nächsten Einwanderungswelle die Guanchen auf die Inseln. Auch ihre Ursprünge liegen im Dunkeln. Man nimmt an, dass vor der Eroberung der Inseln durch die Spanier im 15. Jahrhundert etwa 30 000 Guanchen auf Teneriffa und Gran Canaria lebten, über 4000 auf La Palma, über 1000 auf El Hierro und ein paar Hundert auf Fuerteventura und Lanzarote.

In der Antike waren die Kanaren bereits bekannt und wurden regelmäßig von Schiffen angelaufen. Informationen über den Archipel findet man bei römischen Historikern. Auf einer sehr genauen Karte des alexandrinischen Geografen Ptole-mäus von 150 n. Chr. sind die Kanaren am Ende der damals bekannten Welt verzeichnet. Nach dem Untergang des römischen Imperiums wurden sie von den Europäern über 1000 Jahre lang vergessen.

Spanische Eroberung

Die Kanarischen Inseln wurden von den Seefahrern des Mittelmeers wiederentdeckt. Kapitän Lancelotto Malocello, ein gebürtiger Genuese, erreichte 1312 die nordöstlichste Insel, wo er den Guanchen begegnete. Die Insel wurde in der Folge nach ihrem »Entdecker« Lanzarote genannt.

Im gesamten 14. Jahrhundert steuerten Italiener, Portugiesen und Katalanen die Inseln an und kehrten mit Sklaven und Fellen zurück.

Die eigentliche Eroberung der Inseln begann 1402 mit der Landung des normannischen Ritters Jean de Béthencourt auf Lanzarote, der zwei Jahre später mit Rückendeckung durch die Krone Kastiliens zurückkehrte. Die Konquistadoren stießen auf wenig Widerstand und eroberten die dünn besiedelten Inseln El Hierro, La Gomera und Fuerteventura.

ZEITSKALA

2.–1. Jh. v. Chr. Ankunft der Guanchen

24 n. Chr. Feldzug des maurischen Königs Juba II.

1402–1405 Jean de Béthencourt erobert La Gomera, Fuerteventura und El Hierro

| 3350 v. Chr. | 1 n. Chr. | 350 | 700 | 1050 | 1400 |

3000 v. Chr. Ankunft afrikanischer Einwanderer

150 n. Chr. Ptolemäus zeichnet die Kanarischen Inseln auf seiner Weltkarte ein

1312 Lancelotto Malocello landet auf der nordöstlichsten Insel des Archipels

Anaterue – ein Anführer der Guanchen

◁ Christoph Kolumbus, der Entdecker Amerikas (siehe S. 32 und 126)

Guanchen

Guanchen-Tonkrug

Die Ureinwohner der Kanarischen Inseln werden als Guanchen bezeichnet. »Guanche« setzt sich aus »Guan« (Mensch) und »che« (weißer Berg) zusammen. Mit diesem Berg ist der schneebedeckte Pico del Teide auf Teneriffa gemeint. Nach Berichten der Spanier waren die Guanchen groß und kräftig, blauäugig und blond. Ihre Herkunft und der Zeitpunkt ihrer Ankunft auf den Inseln sind nicht restlos geklärt. Auch ihre Sprache ist unbekannt. Sicher ist, dass sie im Stammesverband mit einem Anführer (oder König) lebten. Sie beteten Abor (auch Aborac) an, einen mächtigen Regengott, der Lava stoppen konnte. Ihre Werkzeuge und Waffen waren aus Stein, Holz und Knochen gefertigt.

Petroglyphen
Einige der Felsgravuren, die die von Guanchen bewohnten Höhlen schmückten, sind bis heute erhalten.

Guanchen-Familie in ihrer Höhle

Felsmalereien
Höhlenmalereien zeugen von der Kunstfertigkeit der Guanchen. Die Cueva Pintada bei Gáldar auf Gran Canaria ist mit beeindruckenden roten, weißen und schwarzen Mustern bemalt.

Handmühlen
Mit Mahlsteinen aus Lava verarbeiteten die Guanchen Gerste zu Mehl, Daraus bereiteten sie einen Brei (gofio) zu.

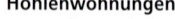

Alltag bei den Guanchen
Eines von drei kleinen Mosaiken im Stadtpark von Santa Cruz de Tenerife zeigt das Leben eines Stamms in Friedenszeiten. Landschaft und Klima waren ähnlich wie heute, die Guanchen betrieben Ackerbau und Viehzucht.

Höhlenwohnungen
Die Guanchen wohnten in natürlichen Höhlen wie der Cueva de Belmaco auf La Palma oder in aus dem Fels gehauen Grotten. Höhlen dienten auch als Vorratslager sowie als Kult- und Grabstätten.

Haustiere

Ziegen und Schafe sind die einzigen Tiere, die im gebirgigen Gelände der Kanarischen Inseln Futter finden können. Die Guanchen brauchten die Tiere, um sich mit Fellen, Milch und Fleisch zu versorgen.

Die Schäfer kämpften gegeneinander um bessere Weidegründe für ihre Schaf- und Ziegenherden. Bei einer Bedrohung von außen schlossen sie sich aber zusammen.

Anführer der Guanchen

In den Krieg zogen die Guanchen unter Führung ihrer Stammeskönige, die auf Gran Canaria »Guanarteme«, auf Teneriffa und La Palma »Menceyes« hießen.

Lange Stangen oder Speere wurden im Krieg als Waffen benutzt, waren aber auch beim Überqueren von gebirgigem Terrain nützlich.

Funde der Guanchen-Kultur

Außer in Höhlen wohnte die Urbevölkerung in eher primitiven niedrigen Steinhütten, wie sie teilweise im ethnografischen Themenpark Mundo Aborigen auf Gran Canaria rekonstruiert wurden. Die Leichen der Stammesältesten wurden mumifiziert. Sie sind in den Museen der Inseln zusammen mit Stein- und Knochenornamenten, Keramik und Webarbeiten zu besichtigen.

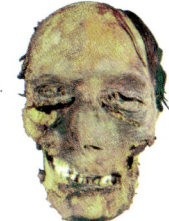

Der mumifizierte Schädel *eines Guanchen ist eines von vielen interessanten Exponaten des Museo de la Naturaleza y el Hombre auf Teneriffa.*

Die runden Guanchen-Gräber von Mundo Aborigen, Gran Canaria

Die Gründung von Santa Cruz de Tenerife

15. Jahrhundert

Mitte des 15. Jahrhunderts traten die Portugiesen in die Fußstapfen der spanischen Konquistadoren. Die Rivalität der beiden Seefahrermächte sollte bis zum Vertrag von Alcáçovas (1479) bestehen, der die Kanarischen Inseln den Spaniern zusprach. Im Gegenzug überließen die Spanier den Portugiesen die Azoren, die Kapverdischen Inseln und Madeira.

Mosaik mit dem Schiff von Christoph Kolumbus

In den nächsten Jahren folgte eine weitere Welle blutiger Eroberungen: 1483 fiel Gran Canaria, fünf Jahre später La Gomera und 1496 La Palma. 1496 kam auch Teneriffa, nach drei Jahren heftigsten Widerstands, zu Spanien. Die Guanchen wurden ihres Landes beraubt und in die Sklaverei getrieben. Bald waren sie fast ausgerottet. Die Überlebenden wurden gezwungen, zum Christentum überzutreten und sich zu assimilieren.

Der italienische Historiker Girolamo Benzoni, der 1541 die Inseln besuchte, berichtete, dass die Guanchen »nahezu ausgestorben« seien und dass ihre Sprache das Jahrhundert nach ihrer Unterwerfung durch Spanien nicht überlebt hätte.

Ära des Zuckers

Im 16. Jahrhundert bevölkerten europäische Siedler vor allem Gran Canaria und Teneriffa. Sie importierten Zuckerrohr aus Madeira und verarbeiteten es zu Zucker für den Export. Auf jeder Insel entstanden Zuckerrohrplantagen mit europäischen Arbeitern und afrikanischen Sklaven – trotz des Verbots des Sklavenhandels durch Spanien im Jahr 1537. Die Zuckerproduktion führte zur Veränderung des Ökosystems. Es wurden zahllose Bäume gefällt, anstelle der Wälder entstanden Zuckerrohrfelder, die kahlen Berghänge erodierten. Die Blütezeit der Zuckerindustrie endete erst mit der Kolonisierung Südamerikas und der Karibik, da Zucker dort weitaus billiger produziert werden konnte.

Das Castillo San Miguel sollte Garachico vor Piraten schützen

ZEITSKALA

1478–1483 Spanier unter der Führung von Juan Rejón und Pedro de Vera besetzen Gran Canaria

1479 Der Vertrag von Alcáçovas teilt die Kanarischen Inseln Spanien zu

1494–1496 Alonso Fernández de Lugo unterwirft Teneriffa und nimmt es als letzte Insel für Spanien in Besitz

1537 Spanien verbietet den Sklavenhandel, doch die Kanarischen Inseln widersetzen sich diesem Gesetz

1590 *Descripción de las Islas Canarias* von Leonardo Torriani

1450	1500	1550	1600

Christoph Kolumbus versorgte sich auf den Kanarischen Inseln mit frischem Proviant

Weinhandel

Die Wirtschaft der Kanarischen Inseln konsolidierte sich aufgrund der steigenden Nachfrage nach Weinen aus Teneriffa und Gran Canaria. Der *malvasía* wurde so berühmt, dass ihm sogar Falstaff, die lebensfrohe Figur in William Shakespeares Drama *Heinrich IV.*, Lob zollt. 1665 wurde in London die Canary Islands' Company gegründet, die bald das Monopol auf den Weinhandel mit Großbritannien hatte.

Landkarte von ca. 1600, auf der die Kanarischen Inseln vor der Westküste Afrikas eingetragen sind

Ende des 17. Jahrhunderts sanken die Erlöse aus dem Weinhandel drastisch. Einer der Gründe war eine Heuschreckenplage, die vielerorts die Weinreben vernichtete. Außerdem wurde die Nachfrage durch das Aufkommen neuer Weinsorten aus Madeira und Málaga sowie durch den Spanischen Erbfolgekrieg reduziert.

Der weitere Niedergang des Weinexports führte Ende des 18. Jahrhunderts fast zum völligen Bankrott der Inseln. Zu dieser Zeit wurde Karminrot, ein natürlicher Farbstoff, der aus Koschenilleschildläusen gewonnen wird, zum wichtigsten Exportgut. Bis heute sind die Kanarischen Inseln Hauptexporteur dieses roten Farbstoffs, der in der Nahrungsmittel- und Textilindustrie eingesetzt wird.

Ziel von Angriffen

Die spanische Herrschaft über die Kanarischen Inseln war von Beginn an bedroht. Im 16. und 17. Jahrhundert überfielen Piraten und Sklavenhändler aus Europa und dem Nordwesten Afrikas regelmäßig die Inseln. In dieser unsicheren Zeit wurden zahlreiche Festungsanlagen errichtet, um die Hafeneinfahrten gegen jederzeit mögliche Angriffe französischer, britischer und holländischer Flotten zu sichern und der Bevölkerung Schutz zu bieten.

Den letzten Versuch, die Kanarischen Inseln zu erobern, unternahm 1797 Admiral Horatio Nelson. Er griff Santa Cruz de Tenerife an, scheiterte aber und verlor zudem einen Arm in der Schlacht. Der Gouverneur von Santa Cruz beschenkte den besiegten Feind in einer edelmütigen Geste mit Wein von der Insel.

Barockaltar der Iglesia de Nuestra Señora de la Regla in Pájara, Fuerteventura

5 Gründung der Canary Islands' [Com]pany in London

Die britische Flotte beim Angriff auf San Sebastián de La Gomera

1797 Die britische Flotte unter Admiral Horatio Nelson greift Santa Cruz de Tenerife an

| 1650 | 1700 | 1750 | 1800 |

1666 Bauern zerstören englische *bodegas* in Garachico

1706 Garachico wird beim Ausbruch des Volcán Negra zerstört

1744 Benedikt XIV. gestattet einem Augustinerorden, in La Laguna eine Universität zu gründen

Die Kanone El Tigre in Santa Cruz de Tenerife

Rivalität der Inseln

1821 wurden die Kanarischen Inseln spanische Provinz mit Santa Cruz de Tenerife als Hauptstadt. Diese Entscheidung führte zur Verschärfung der Rivalität zwischen den beiden größten Inseln, Teneriffa und Gran Canaria. 1852 verlieh Königin Isabella II. den Kanarischen Inseln den Status eines zollfreien Gebiets.

Casa de los Coroneles, Sitz der regierenden Militärs auf Fuerteventura

Angesichts der wachsenden Dominanz von Teneriffa verstärkten die einzelnen Inseln 1911 ihre Unabhängigkeitsbestrebungen. Die Oberhoheit von Santa Cruz über den Archipel wurde dadurch geschwächt. Im Jahr 1927 führte die Rivalität zwischen Santa Cruz de Tenerife und Las Palmas de Gran Canaria zur Teilung der Inselgruppe in zwei Provinzen: die westliche Provinz (mit Teneriffa, La Gome-

Manuel Velázquez Cabrera – kanarischer Freiheitskämpfer

ra, La Palma und El Hierro) und die östliche Provinz (mit Gran Canaria, Fuerteventura und Lanzarote). Diese Trennung gilt bis heute.

Bananenhandel

Der Zusammenbruch der Produktion des Karminfarbstoffs führte in den 1870er Jahren zur ersten Auswanderungswelle nach Lateinamerika. Die Wirtschaft wurde erst durch den Anbau und Export von Bananen wieder saniert. Mit dem Bananenanbau im großen Stil hatte der französische Konsul Berthelot 1855 begonnen. 1913 führten Teneriffa, Gran Canaria und La Palma über drei Millionen Bananenstauden aus. Der Ausbruch des Ersten Weltkriegs brachte den internationalen Handel zum Erliegen, die Bananenexporte gingen um über 80 Prozent zurück. Die harten wirtschaftlichen Bedingungen führten zur zweiten großen Emigrationswelle.

Franco-Regime

Die Ausrufung der Zweiten Republik in Spanien im Jahr 1931 zog starke Spannungen nach sich. Aus Angst vor einem Staatsstreich schickte die republikanische Regierung General Francisco Franco 1936 nach Teneriffa ins

Mitglieder der ersten Provinzregierung von Teneriffa im Jahr 1912

ZEITSKALA

1852 Königin Isabella II. erklärt die Kanarischen Inseln zur Freihandelszone

1882 Beginn des Hafenausbaus von Las Palmas (Puerto de la Luz)

1927 Teilung der Kanarischen Inseln in zwei Provinzen

| 1850 | 1870 | 1890 | 1910 | 19 |

1821 Die Kanarischen Inseln werden spanische Provinz, Hauptstadt wird Santa Cruz de Tenerife

Emigrationsdenkmal

1888 Erste dampfbetriebene Fähre zwischen den Inseln

1912 Bildung der ersten Inselprovinzregierung

1930 Bau des Flughafens von Gran Canaria

»Exil«. Im Juli 1936 ergriff Franco die Macht auf den Kanarischen Inseln und löste damit den Spanischen Bürgerkrieg aus, der bis 1939 andauerte. Francos Spanien wurde international geächtet, was auch die wirtschaftliche Entwicklung auf den Kanarischen Inseln lähmte und in den 1950er Jahren zur weiteren Auswanderung führte.

In den 1960er Jahren wurden zwar die Grenzen für Urlauber geöffnet, doch dies führte zu keiner Verbesserung. Der Widerstand gegen Franco wuchs. Er wurzelte in einem wiedererstarkten kanarischen Nationalismus. Die 1963 gegründete separatistische MPAIC wurde zum Motor der Unabhängigkeitsbewegung. In den späten 1970er Jahren waren Firmen und militärische Einrichtungen auf dem Festland Ziele für Terrorangriffe der kanarischen Nationalisten.

**General Francisco Franco,
bis 1975 Spaniens Staatschef**

Die Kanaren heute

Die Veränderungen in Spanien nach Francos Tod 1975 zeigten sich auch in einer Regionalisierung: 1982 erlangten die Kanarischen Inseln die Autonomie. Die kanarischen Behörden bestimmen über Bildung, Gesundheit und Verkehr, Außen-, Finanz- und Verteidigungspolitik sind in den Händen der spanischen Zentralregierung. 1986 trat Spanien der EU bei.

Der Archipel lebt zu 80 Prozent vom Fremdenverkehr. Landwirtschaft und Fischerei sind auf den kleineren Inseln wichtig. Hohe Arbeitslosigkeit und niedrige Löhne sind nach wie vor Anlass zur Sorge. Seit einigen Jahren wird der Archipel zudem vermehrt von Flüchtlingen aus Afrika angesteuert. Die Lösung dieser Probleme und eine Förderung des Umweltschutzes gehören zu den vordringlichen Aufgaben der Behörden.

Bei Urlaubern beliebt: die Sandstrände von Maspalomas

Der Tourismus blüht in den 1960er Jahren auf

1986 EU-Beitritt Spaniens

2007 Paulino Rivero Baute wird Präsident (Wiederwahl 2011)

2007 Der Gran Telescopio Canarias wird in Betrieb genommen

| **1950** | **1970** | **1990** | **2010** | **2030** |

1936 General Franco ergreift die Macht auf den Inseln; Ausbruch des Spanischen Bürgerkriegs

1982 Die Kanarischen Inseln werden eine autonome Region Spaniens

1992 César Manrique stirbt bei einem Verkehrsunfall *(siehe S. 85)*

2012 Waldbrände auf den Inseln, besonders heftig auf La Gomera

Karneval wird auf allen Inseln gefeiert

Die Kanarischen Inseln

Die Inseln im Überblick **38–39**

Gran Canaria **40–65**

Fuerteventura **66–79**

Lanzarote **80–95**

Teneriffa **96–121**

La Gomera **122–131**

El Hierro **132–139**

La Palma **140–151**

Die Inseln im Überblick

Die Vielfalt der Kanarischen Inseln garantiert, dass jeder – vom Individualreisenden bis zum Pauschalurlauber – etwas nach seinem Geschmack findet. Besucher, denen die Ferienorte von Teneriffa und Gran Canaria zu trubelig sind, finden im Inneren der Inseln Ruhe. Fuerteventura ist für die windumtosten Strände bekannt. Lanzarote prägen karge, von Kratern durchzogene Landschaften sowie von dem Künstler César Manrique geschaffene Bauwerke und Artefakte. Das wilde La Gomera und das grüne La Palma sind Wanderparadiese. El Hierro bietet unberührte Natur und ist für traditionelles Kunsthandwerk bekannt.

Pico del Teide (siehe S. 118f), *Spaniens höchster Berg, ist zugleich ein aktiver Vulkan. Dies ist das einzige Gebiet der Kanarischen Inseln, in dem es schneit und der Schnee auf dem Gipfel liegen bleibt.*

In Santa Cruz de La Palma (siehe S. 144f) *steht ein Nachbau der* Santa María, *des Schiffs, mit dem Christoph Kolumbus Amerika entdeckte.*

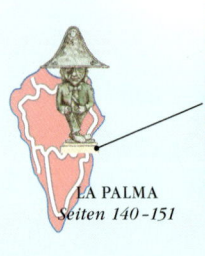

LA PALMA
Seiten 140–151

LA GOMERA
Seiten 122–131

TENERIFFA
Seiten 96–121

EL HIERRO
Seiten 132–139

Hermigua (siehe S. 126f) *liegt idyllisch im grünen Tal des Río del Cedro. An den terrassierten Hängen gedeihen u. a. Bananen und Papayas.*

El Sabinar (siehe S. 137) *an der Westseite von El Hierro hat seinen Namen von den Wacholderbäumen, die dem Wind trotzen und bizarre Formen annehmen.*

0 Kilometer   30

◁ Yachten im Hafen von Puerto Rico, Gran Canaria *(siehe S. 60)*

Haria
(siehe S. 88),
*ein winziges
Städtchen auf
Lanzarote,
erinnert mit
seinen weiß ge-
tünchten Häu-
sern sowie den
vielen Palmen
und Akazien
an eine Oase in
der Sahara.*

Ziegen *begegnet man überall auf
Fuerteventura. Es ist daher kein
Wunder, dass sie zum Wahr-
zeichen der Insel wurden.*

LANZAROTE
Seiten 80–95

Orchideen *in den
prächtigsten Far-
ben, viele exotische
Vogelarten und Schmet-
terlinge aus der gan-
zen Welt erfreuen Be-
sucher im Palmitos Park*
(siehe S. 61).

FUERTEVENTURA
Seiten 66–79

**GRAN
CANARIA**
Seiten 40–65

Der Ibis, *ein
Schreitvogel mit
langem, gebogenem
Schnabel, ist eine der
Attraktionen im Guinate
Tropical Park* (siehe
S. 88). *Themenparks
findet man auf
jeder größe-
ren Insel.*

Puerto Rico (siehe S. 60), *der moderne Ferienort an
der Südküste von Gran Canaria, bietet zahlreiche
Freizeit- und Sportaktivitäten rund ums Wasser.*

Gran Canaria

*G*ran *Canaria ist mit einer Fläche von 1560 Quadratkilometern die drittgrößte Insel des Archipels. Sie liegt im Zentrum der Inselgruppe. Die etwa 830 000 Einwohner machen ein Drittel der Bevölkerung der Kanaren aus. Auch in Sachen Tourismus steht Gran Canaria ganz oben: Rund 2,8 Millionen sonnenhungrige Besucher kommen pro Jahr hierher, die meisten als Pauschalurlauber.*

Gran Canarias Zentrum wird vom Vulkankegel des Pico de las Nieves *(siehe S.62f)* beherrscht. Tiefe Cañóns durchziehen die Berghänge fast bis zum Meer hinab. Der Gebirgszug teilt die Insel in zwei unterschiedliche Klimazonen: Im Süden ist es trocken und heiß, im feuchteren und damit fruchtbareren Norden erstrecken sich große Bananenplantagen entlang der Küste.

Bauer mit Esel – ein häufiges Bild

Das Landschaftsbild der Insel präsentiert sich äußerst vielfältig: An der nördlichen und westlichen Küste fallen Felsklippen steil zum Meer hin ab, im Osten und Süden dagegen laufen die Berghänge sanft zu den Stränden hin aus. Mit gewissem Recht wird Gran Canaria deshalb als »Miniaturkontinent« bezeichnet.

Das Klima auf Gran Canaria ist ganzjährig ausgeglichen. Die durchschnittliche Lufttemperatur liegt bei 21 °C. Durch den kühlen Kanarenstrom sind die Wassertemperaturen allerdings etwas niedriger, als in diesen Breiten zu erwarten.

Die Insel wurde zwischen 1478 und 1483 von den Spaniern unter Pedro de Vera erobert und in den 1520er Jahren voll besiedelt. Heute bietet sie Urlaubern eine Vielzahl von Attraktionen. Las Palmas fasziniert mit Museen und historischen Gebäuden, an dem Strand Playa de las Canteras reihen sich Clubs, Cafés und Läden. In den Gebirgsregionen gibt es noch Spuren der Guanchen zu entdecken.

Kulturpavillon auf einem Platz in Puerto de Mogán

◁ **Beeindruckende Dünenlandschaft bei Maspalomas** *(siehe S. 60f)*

Überblick: Gran Canaria

Gran Canaria ist die nach Teneriffa meistbesuchte Insel der Kanaren. Das milde Klima, die weiten Sandstrände und die zahlreichen touristischen Einrichtungen ziehen pro Jahr rund 2,8 Millionen Besucher an. Die Hauptstadt Las Palmas de Gran Canaria im Nordosten weist eine faszinierende Geschichte *(siehe S. 28–35)* auf. Spuren der bewegten Vergangenheit entdeckt man in der schönen Altstadt und in vielen Museen. Wer vor allem Sonne und Strand sucht, für den ist der wärmere Süden der Insel ideal. Hier kann man dem nasskalten Wetter Nordeuropas am besten entkommen. Maspalomas ist einer der größten planmäßig angelegten Ferienorte Spaniens. An der Playa del Inglés reihen sich Hotels, Restaurants, Bars und Discos.

Anreise

Aus vielen europäischen Städten gibt es zahlreiche Charterflüge direkt nach Gran Canaria. Zudem verbinden Linienflüge die Insel mit anderen des Archipels und mit dem spanischen Festland. Fähren verkehren von Gran Canaria nach Teneriffa, Lanzarote und Fuerteventura. Das Busnetz auf der Insel ist dicht und verlässlich, nur wenige Dörfer, vor allem im Inselinneren, sind ausschließlich mit dem Auto erreichbar. Alle wichtigen Straßen und selbst kleinere Nebenstrecken sind gut ausgebaut.

SIEHE AUCH

- **Hotels** S. 156–158
- **Restaurants** S. 171–173

Zur Orientierung

Wanderweg in der Region von Presa de los Hornos in der Nähe des Pico de las Nieves

LEGENDE

━━━ Autobahn
━━━ Hauptstraße
═══ Nebenstraße
━━━ Panoramastraße
△ Gipfel

Sardina del Norte an der Küste bei Gáldar

Sehenswürdigkeiten auf einen Blick

Agaete ⑫
Agüimes ⑳
Arucas ⑦
Barranco de Guayadeque ㉒
Caldera de Bandama ③
Firgas ⑧
Gáldar ⑪
Ingenio ㉑
La Aldea de San Nicolás ⑬
Las Palmas de Gran Canaria
   S. 44–51 ①
Maspalomas ⑯
Moya ⑨
Puerto de Mogán ⑭
Puerto Rico ⑮
San Bartolomé de Tirajana ⑰
Santa Brígida ④
Santa Lucía ⑲
Santa María de Guía
   de Gran Canaria ⑩
Tafira Alta ②
Telde ㉓
Teror ⑥
Vega de San Mateo ⑤

Tour
Um den Pico de las Nieves
S. 62f ⑱

Orchidee im Palmitos Park
bei Maspalomas

Las Palmas de Gran Canaria ❶

Wappen von Las Palmas

Die mit rund 382 000 Einwohnern größte Stadt der Kanaren wurde 1478 von spanischen Konquistadoren gegründet. Bald war sie ein wichtiger Hafen für Schiffe, die um Afrika segelten oder nach Amerika aufbrachen. Nach der Gründung der Gran Canaria Coal Company durch Sir Alfred Lewis Jones im späten 19. Jahrhundert erlebte die Stadt einen Aufschwung. Sie war Zwischenstopp auf der Transatlantikroute, um den Hafen entwickelte sich ein neues Viertel. 1927 wurde Las Palmas Hauptstadt der östlichen Kanarenprovinz, die aus Gran Canaria, Fuerteventura und Lanzarote besteht.

Der beschauliche Yachthafen von Las Palmas

Überblick: La Isleta und Playa de las Canteras

Die kleine runde Halbinsel La Isleta beherbergt ein Wohnviertel, das auf steilem Gelände entstand. In den engen Straßen findet man viele kleine Läden, Bars und Stände, die Fisch anbieten. Mit Las Palmas ist die Halbinsel durch einen schmalen Streifen Land verbunden.

Playa de las Canteras besteht vor allem aus Hotels und Bürogebäuden. Die Hauptpromenade, den Paseo de las Canteras, säumen Hotels und Läden sowie zahlreiche Bars und Restaurants. Mit Las Arenas beherbergt das Viertel außerdem eines der größten Shoppingcenter der Stadt.

♟ Castillo de la Luz

C/Juan Rejón, s/n. ☎ 928 464 757. ◯ Mo–Fr 10–13, 18–21 Uhr, Sa, So 10–14 Uhr. ● zwischen den Ausstellungen.

Das Castillo de la Luz erhebt sich an der Südküste von La Isleta. Die gut erhaltene Burg aus dem 16. Jahrhundert wurde ursprünglich zum Schutz der Stadt vor Piraten erbaut. 1990 wurde die Anlage restauriert, heute kann man in den Räumen interessante Kunstausstellungen sehen.

⚓ Hafen

Der Hafen von Las Palmas besitzt eine lange, ruhmreiche Geschichte. Er trug wesentlich zum Wohlstand Gran Canarias bei. Rund 1000 Schiffe legen pro Monat hier an. Allerdings sind das weitaus weniger als zu der Zeit, als die Kanarischen Inseln noch den Status einer Freihandelszone hatten. Damals war der Hafen einer der wichtigsten der Welt. Vom Yachthafen aus startet alljährlich eine Segelregatta nach Santa Lucia.

⛱ Playa de las Canteras

Der 100 Meter breite Sandstrand erstreckt sich rund drei Kilometer lang vor Las Palmas, an der Straße hinter dem Stand liegen Cafés und Restaurants. Es gibt Liegestühle und Sonnenschirme zu mieten. Da La Barra, eine natürliche Felsenbarriere vor dem Strand, gegen hohe Wellen schützt, kann man sogar bei rauer See schwimmen.

Playa de las Canteras – der längste Strand von Las Palmas

Zentrum von Las Palmas de Gran Canaria

CAAM ⑮
Casa de Colón ⑬
Casa-Museo Pérez Galdós ⑪
Castillo de la Luz ①
Catedral de Santa Ana ⑭
Hafen ②
Hotel Santa Catalina ⑧
Muelle de Santa Catalina ⑤
Museo Canario ⑯
Museo Néstor ⑨
Parque Doramas ⑦
Parque San Telmo ⑩
Parque Santa Catalina ④
Playa de las Alcaravaneras ⑥
Playa de las Canteras ③
Teatro Pérez Galdós ⑫

0 Meter   800

Farbenfrohes Spektakel beim Karneval im Parque Santa Catalina

INFOBOX

382 000. ✈ 25 km südlich.
☎ 928 579 130. 🚌 Estación de Guaguas. ☎ 902 381 110.
ℹ Parque de San Telmo.
☎ 928 446 824. ⚓ So.
🎭 Karneval (Feb/März), Festival Internacional de Cine de Las Palmas (März/April), Día de San Juan (24. Juni).
www.laspalmasgc.es
www.grancanaria.com

Überblick: Santa Catalina

Die schmalen Straßen in diesem Viertel säumen Läden, in denen vor allem indische Händler Elektronikartikel, Spirituosen, Tabak, Schmuck und Kleidung verkaufen. Als die Kanaren Freihandelszone waren, blühten die Geschäfte in diesem Stadtteil. Heute sind die Produkte nicht mehr ganz so preiswert, doch man kann handeln und immer wieder Schnäppchen machen. Die vielen Hotels in Santa Catalina weisen meist nach Norden mit Blick auf den Sandstrand von Las Canteras.

🌺 Parque Santa Catalina

Der im Zentrum des Viertels gelegene Parque Santa Catalina zählt seit Langem zu den bedeutendsten Plätzen der Stadt. Wegen seiner Nähe zum Hafen ist er für Besucher, die mit dem Schiff ankommen, erste Anlaufstelle. Er bietet viele Bars und Restaurants, Schuhputzer erwecken das historische Ambiente zum Leben. Am Parque Santa Catalina befindet sich auch eine Touristeninformation.

Während des Karnevals wird auf dem Platz eine große Bühne aufgebaut und der Parque Santa Catalina wird zum Zentrum der Festivitäten in Las Palmas.

⚓ Muelle de Santa Catalina

Südlich der Avenida Marítima del Norte liegt der Fährterminal, von dem aus Fähren und Tragflächenboote nach Teneriffa und zu anderen Inseln ablegen. Das moderne Gebäude ist schon von Weitem zu sehen.

🏖 Playa de las Alcaravaneras

Südlich des Fährhafens erstreckt sich im Viertel Alcaravaneras der ein Kilometer lange gleichnamige Strand. Dieser ist nach der Playa de las Canteras der zweitlängste Strand von Las Palmas. Im Yachthafen **Real Club Náutico**, der sich südlich des Strands befindet, ankern eindrucksvolle Yachten.

Badegäste am langen Sandstrand Playa de las Alcaravaneras

Zeichenerklärung
siehe hintere Umschlagklappe

Das elegante Hotel Santa Catalina in Ciudad Jardín

Überblick: Ciudad Jardín

Im recht lebhaften Las Palmas stellt die »Gartenstadt« eine willkommene Oase der Ruhe dar. Der grüne Wohnbezirk wurde im frühen 20. Jahrhundert von den Briten geschaffen, die zu dieser Zeit das wirtschaftliche Leben der Stadt bestimmten. Ciudad Jardín hat eine regelmäßige Struktur. Heute findet man hier viele Botschaften und – inmitten kleiner Gärten – schöne Villen in allen erdenklichen Baustilen. Im großen Parque Doramas stehen zahlreiche interessante Statuen.

Parque Doramas

Der schön gestaltete Park birgt Wasserfälle und ein Schwimmbad. Er ist nach dem Guanchen-Anführer Doramas benannt, der im ausgehenden 15. Jahrhundert den spanischen Invasoren Widerstand bot. Ein Denkmal erinnert daran: Es zeigt Guanchen, die sich von einer Klippe stürzen, um der Gefangenschaft zu entgehen.

🏨 Hotel Santa Catalina

C/León y Castillo, 227.
📞 928 243 040.
www.hotelsantacatalina.com

Die Errichtung des inmitten des subtropischen Grüns des Parque Doramas gelegenen Hotels im Jahr 1890 wurde von den Briten finanziert. Zwischen 1947 und 1952 gestaltete der Architekt Miguel Martín-Fernández de la Torre das Gebäude um. Die Bar mit hübscher Aussicht auf den Park steht nicht nur Hotelgästen offen.

🏛 Museo Néstor

Pueblo Canario. 📞 928 245 135.
🕐 Di–Sa 10–20, So, Feiertage 10.30–14.30 Uhr. 📷
www.laspalmasgc.es/mnestor

Das 1958 eröffnete Museum zeigt Werke von Néstor Martín-Fernández de la Torre, darunter Skizzen sowie erotische und symbolistische Gemälde. In der Kuppel der Rotunde illustrieren acht Wandbilder de la Torres Gedicht *Poema del Mar*.

Überblick: Triana

Das Geschäftsviertel Triana liegt nördlich der Autobahn, die am Rand von Vegueta verläuft. Im Norden von Triana führt die Straße **Bravo Murillo** entlang der alten Stadtmauer zu den Ruinen des **Castillo de Mata**. Zentrum des planmäßig angelegten Viertels ist der von Modernismo-Gebäuden gesäumte Boulevard **Calle Mayor de Triana**, der viele Läden bietet. Die Kirche San Francisco wurde 1599 bei einem Piratenangriff zerstört und im 17. Jahrhundert wiederaufgebaut. Gegenüber der Kirche befindet sich eine Büste von Christoph Kolumbus. Sie wurde 1892 enthüllt und belegt die Verbundenheit der Stadt mit dem Entdecker der Neuen Welt.

Café im Modernismo-Stil im Parque San Telmo

🌿 Parque San Telmo

Der Zugang zum Park erfolgt durch eine Passage in der Calle Mayor de Triana. Die kleine **Kapelle San Telmo** (17. Jh.) am Rand des Areals ist dem Schutzheiligen der Fischer geweiht. Auf der gegenüberliegenden Seite steht ein Modernismo-Pavillon von 1923 mit schönen Fliesenarbeiten. Neben dem Park befindet sich das **Gobierno Militar**, in dem Franco am 18. Juli 1936 den Putsch gegen die republikanische Regierung ausrief und damit den Spanischen Bürgerkrieg auslöste.

Néstor Martín-Fernández de la Torre

Néstor Martín-Fernández de la Torre (1887–1938) war einer der kreativsten Künstler der Kanarischen Inseln. Er wurde

in Las Palmas geboren, studierte in Paris und lernte dort die Werke der Präraffaeliten, Symbolisten und des Jugendstils kennen. 1910 vertrat er Spanien bei der Weltausstellung in Brüssel. Néstor schuf Gemälde und entwarf Bühnenbilder und Kostüme für Theater und Oper, berühmt wurde er jedoch durch seine Wandbilder. 1934 ließ er sich dauerhaft auf Gran Canaria nieder und widmete seine letzten Jahre der Beschäftigung mit den Kunstformen der Kanaren.

Gemälde des Künstlers im Museo Néstor

Hotels und Restaurants auf Gran Canaria *siehe Seiten 156–158 und 171–173*

🏛 Casa-Museo Pérez Galdós

C/Cano, 2 und 6. 📞 928 366 976.
⬤ *tägl. 10–14 Uhr*
(Di–Fr auch 16–20 Uhr).
www.casamuseoperezgaldos.com
Das 1964 eröffnete Museum befindet sich in dem Haus, in dem der Schriftsteller Benito Pérez Galdós (1843–1920) geboren wurde und bis 1862 lebte. Im Hof steht eine Statue von Galdós. Die Innenräume zeigen originale Einrichtungsgegenstände sowie persönliche Gegenstände des Autors und viele Fotografien von Schauspielern, die in den Stücken von Pérez Galdós auftraten.

Hof der Casa-Museo Pérez Galdós mit einer Statue des Schriftstellers

🎭 Teatro Pérez Galdós

Plaza Stagno, 1. 📞 928 433 334.
Das im Süden Trianas fast gegenüber dem Mercado Municipal de Vegueta gelegene Theater ist nach dem bedeutenden spanischen Autor Benito Pérez Galdós benannt. Der Bau wurde 1925 von Miguel Martín-Fernández de la Torre entworfen. Die opulente Innenausstattung und der Zuschauerraum, der 1400 Besuchern Platz bietet, sind das Werk seines Bruders, Néstor Martín-Fernández de la Torre. Das Haus gilt als das beste Theater in Las Palmas und als eines der berühmtesten auf den Kanarischen Inseln.

Überblick: Vegueta

Vegueta, das älteste Viertel von Las Palmas, wird von einem Labyrinth schmaler Straßen durchzogen. Es birgt viele historische Häuser mit Holzbalkonen und Innenhöfen. Besonders charmant sind die alten Plätze, etwa die **Plaza de Santo Domingo**.

An der Grenze des Viertels befindet sich eine Markthalle, in der Erzeugnisse aus der Region – von frischen Lebensmitteln bis zu Kunsthandwerk – angeboten werden.

🔒 Catedral de Santa Ana

Plaza Santa Ana.
Da nach dem Baubeginn 1497 400 Jahre bis zur Fertigstellung vergingen, weist die Kathedrale verschiedenste Baustile auf.

Hinter der klassizistischen Fassade verbergen sich gotische Gewölbe mit schlanken Säulen. Altaraufsätze, Kanzeln und Skulpturen (von José Luján Pérez) sind barock. In der Krypta befindet sich das Grab von José de Viera y Clavijo, einem Historiker der Aufklärung, der die Kanarischen Inseln bereiste und *Noticias de la Historia General de las Islas Canarias* verfasste. Das Grab von Fernando de León y Castillo *(siehe S. 65)* liegt in einer Kapelle.

Ein Lift im Südturm bringt Besucher zu einer Plattform mit herrlichem Ausblick.

🏛 Centro Atlántico de Arte Moderno (CAAM)

Los Balcones, 11. 📞 928 311 800.
⬤ *Di–Sa 10–21, So 10–14 Uhr.* ♿
www.caam.net
Die ständige Ausstellung des CAAM zeigt zeitgenössische Künstler, die die kanarische Kunst beeinflusst haben. Daneben werden Wechselausstellungen präsentiert und Symposien zum Thema «Moderne Kunst» veranstaltet. Die von Francisco Sainz de Oiza und Martín Chirino gestalteten hellen Innenräume stehen in schönem Kontrast zur Fassade aus dem 18. Jahrhundert.

🏛 Museo Canario

C/Dr. Verneau, 2. 📞 928 336 800.
⬤ *Mo–Fr 10–20, Sa, So 10–14 Uhr.*
♿ **www**.elmuseocanario.com
Das Museum der Kanarischen Inseln wurde 1879 eröffnet, Mitte der 1980er Jahre wurde es renoviert und modernisiert. Zur Sammlung gehören archäologische Funde wie Statuetten von Göttern, Tongefäße, Schmuck und Werkzeuge der Guanchen, aber auch Schädel (mit Trepanationen) und Skelette sowie Mumien. Modelle historischer Häuser sind ebenso zu bewundern wie Kopien der Höhlenmalereien, die in der Cueva Pintada de Gáldar entdeckt wurden. Außerdem sind *pintaderas*, Terrakottastempel, mit denen Stoffe bedruckt wurden, ausgestellt.

Fassade der Catedral de Santa Ana

Casa de Colón

Das älteste Viertel von Las Palmas birgt den Palast des ersten Gouverneurs der Insel. Der Name Casa de Colón (Kolumbus-Haus) entstand, da Christoph Kolumbus 1492 in dem Haus mit den schönen Holzbalkonen weilte, während eines seiner Schiffe repariert wurde. 1777 wurde das Gebäude umgestaltet. Seit 1951 dient es als Museum, das Schiffsmodelle und Artefakte rund um die Entdeckungsreisen des großen Seefahrers ausstellt.

Schiffsbauch
Ein Teil des Innenraums von La Niña, einer der Karavellen, die bei Kolumbus' Entdeckungsfahrt beteiligt waren, ist in Originalgröße rekonstruiert. Besucher können nachvollziehen, wie die Seeleute auf der Überfahrt lebten.

Erdgeschoss

Haupteingang

Santa María
Modelle von drei Schiffen (Santa María, La Niña, La Pinta) aus der Kolumbus-Flotte und Navigationsinstrumente zeigen die technischen Möglichkeiten der Seefahrt im 15./16. Jahrhundert.

Astrolabium
Dieses Navigationsinstrument wurde schon im 2. Jahrhundert v. Chr. entwickelt. Es ermöglicht die Messung der Höhe von Himmelskörpern über dem Horizont. Zur Sammlung des Museums gehört ein bronzenes Astrolabium aus dem 16. Jahrhundert.

LEGENDE

- 🟩 Kunst aus Ecuador
- 🟦 Mexikanische Kultur
- 🟥 Kultur der Yanomami
- 🟧 Kartografie und Navigationsinstrumente
- 🟩 Kolumbus und seine Reisen
- ⬜ Die Kanarischen Inseln und die Entdeckung der Neuen Welt
- 🟩 Las Palmas de Gran Canaria
- 🟨 Gran Canaria
- 🟪 Malerei 16.–20. Jahrhundert

Kurzführer
Die Exponate werden auf drei Etagen und in zwölf Sälen, die um zwei Innenhöfe angeordnet sind, präsentiert. In den Kellergewölben sieht man präkolumbische Kunst, das Erdgeschoss widmet sich den Reisen von Kolumbus, der Entwicklung der Kartografie und der Bedeutung der Kanarischen Inseln als Zwischenstopp auf dem Weg zur Neuen Welt. Im Obergeschoss bekommt man einen Überblick über die Geschichte von Las Palmas vom 15. bis zum 19. Jahrhundert. Es werden auch Leihgaben aus dem Madrider Prado gezeigt.

★ St. Lucia

Das Gemälde stammt von Guamart de Amberes und gehört zu einer Sammlung von niederländischen und italienischen Meistern des 16. Jahrhunderts. Unter den Werken sind Bilder von Guido Reni, Guercino und den Brüdern Carracci.

Obergeschoss

INFOBOX

Colón, 1. 📞 928 312 373.
FAX 928 331 156.
@ casacolon@grancanaria.com
◯ Mo–Sa 10–18, So 10–15 Uhr.
● 1. Jan, 24. Dez, 25. Dez,
31. Dez. 🖼️ 🚫
www.casadecolon.com

★ Portal

Das prächtige Portal mit dem Tudorbogen weist Pflanzen- und Tiermotive auf. Zwei Löwen tragen das Stadtwappen.

Innenhof

Im Zentrum des Innenhofs steht ein alter Brunnen. Arkaden und Galerien schützen das Gebäude vor der Sonne und halten die Räume kühl.

Kellergewölbe

★ Präkolumbische Kunst

Die umfangreiche Sammlung von mittel- und südamerikanischen Artefakten aus der Zeit vor Kolumbus beinhaltet Originale und Kopien. Sie erzählt von der Welt, die durch die Ankunft der Entdecker zerstört wurde.

NICHT VERSÄUMEN

★ Portal

★ Präkolumbische Kunst

★ St. Lucia

Jardín Botánico Viera y Clavijo bei Tafira Alta

war. Auf den Terrassen gedeihen Pflanzen von allen Kanarischen Inseln, darunter endemische Arten wie die Kanarische Kiefer und die Kanarische Palme, in ihrer natürlichen Umgebung. Darüber hinaus beherbergt der Botanische Garten Pflanzen von den Azoren, von Madeira und den Kapverdischen Inseln sowie 2000 Kakteenarten aus der ganzen Welt.

🌿 **Jardín Botánico Viera y Clavijo**
⬛ *tägl. 9–18 Uhr.*

Tafira Alta ➋

🚶 *2350.* ℹ️ *Jardín Canario.* 📞 *928 219 580.* 🎭 *San Francisco (Okt.).*

Das zwischen Hügeln gelegene Städtchen ist für die beeindruckenden Herrenhäuser bekannt. Die Villen zeigen eine Fülle architektonischer Stile, viele Details tragen dazu bei, die Atmosphäre der Kolonialzeit aufrechtzuerhalten. Neben Gebäuden mit maurischen Elementen sind in Tafira Alta auch Bauwerke im Bauhausstil zu sehen. Angesichts des architektonischen Reizes verwundert es nicht, dass in dem Ort viele wohlhabende Einwohner von Las Palmas de Gran Canaria und vermögende Ausländer Wohnsitze haben.

Anfang des 20. Jahrhunderts errichteten die Briten einige elegante Hotels wie das **Los Frailes**, in dem die Anhänger General Francos wohnten, als sie 1936 den Putsch gegen die demokratische Regierung Spaniens planten.

Umgebung: Der **Jardín Botánico Viera y Clavijo** am Stadtrand ist nach José de Viera y Clavijo (1731–1813) benannt, dem Verfasser des *Lexikons der kanarischen Pflanzen*. Der Botanische Garten wurde im Jahr 1952 von dem Schweden Eric Sventenius (1910–1973) angelegt, der bis zu seinem Tod Direktor der Anlage

Caldera de Bandama ➌

Die Caldera de Bandama liegt fünf Kilometer von Tafira Alta entfernt, die Hälfte der Strecke bildet eine schmale Bergstraße. Der Ausflug zum Gipfel des Pico de Bandama lohnt: Der Vulkan ist mit 570 Metern zwar nicht allzu hoch, aber er ist einer der besten Aussichtspunkte auf Gran Canaria. Vom **Mirador de Bandama** blickt man über ganz Las Palmas und das Gebirgsmassiv der Insel.

Unterhalb des Gipfels liegt die Caldera de Bandama mit 1000 Metern Durchmesser und 200 Metern Tiefe. Sie ist nach dem flämischen Kaufmann Daniel von Damme benannt. Im 16. Jahrhundert pflanzte von Damme zusammen mit seiner Frau Juana

Vera, einer gebürtigen Kanarierin, im Krater Weinstöcke an. Heute stehen hier Palmen, Orangen- und Feigenbäume, an den Hängen gedeihen Eukalyptus und Agaven.

Der 1891 von englischen Inselbewohnern südlich des Pico de Bandama angelegte Golfplatz ist der älteste in ganz Spanien.

Santa Brígida ➍

🚶 *19100.* 🚌 🚈 *Sa, So.* 🎭 *Fronleichnam (Juni).*

Die wohlhabende alte Stadt liegt an den Hängen eines Flusstals, in dem viele Zypressen und hohe Palmen wachsen. Die schmalen Straßen sind von Eukalyptusbäumen gesäumt, die Balkone mit Blumen geschmückt. Aufgrund der Nähe zu Las Palmas ist die Stadt beliebtes Ausflugsziel der Hauptstadtbewohner. In den Weinbergen der Umgebung wächst der *vino del monte*, laut Kennern der beste Rotwein der Insel.

Die Terrasse vor der Kirche **Santa Brígida** bietet schöne Aussicht auf die umliegenden Palmenhaine. Die dreischiffige neugotische Basilika wurde 1904 an der Stelle errichtet, an der Isabel Guerra bereits 1520 eine Kapelle erbauen ließ. Isabel war die Enkelin des Konquistadoren Pedro Guerra – eines Eroberers von Gran Canaria. Die Kapelle wurde 1580 durch eine Kirche ersetzt, die allerdings im späten 19. Jahrhundert fast gänzlich abbrannte. Nur der Turm von 1756 blieb erhalten.

Die Caldera de Bandama mit rund einem Kilometer Durchmesser

◁ **Las Palmas de Gran Canaria** *(siehe S. 44–49)*

Teilnehmer an der Fiesta de la Virgen del Pino, Teror

Vega de San Mateo ❺

🏘 7700. 🚌 Sa, So.
🎊 San Mateo (21. Sep).

Das Städtchen liegt in einem fruchtbaren grünen Tal 16 Kilometer südwestlich von Las Palmas. Es ist für den großen Wochenendmarkt bekannt, auf dem Bauern aus der Umgebung Obst, Gemüse und Käse, aber auch Ziegen und Kühe verkaufen. San Mateo ist zudem ein traditionelles Handwerkszentrum, in dem Korbwaren, Messer, Holzarbeiten und Lederwaren hergestellt werden. Diese und andere Kunsthandwerksprodukte sind ebenfalls auf dem Markt erhältlich.

Die Kirche San Mateo in der Calle Principal präsentiert sich in einer für die Inseln typischen Mischung von Baustilen. Über dem zweischiffigen Gebäude thront eine Glocke aus Kuba, die von Emigranten gestiftet wurde. Im Inneren befindet sich eine Statue des hl. Matthäus, des Schutzpatrons des Städtchens.

Teror ❻

🏘 13 000. 🚌 🛈 C/Casa Huerta, 1.
☎ 928 613 808. 🚌 So. 🎊 Fiesta del Agua (letzter So im Juli), Virgen del Pino (6.–8. Sep).

Seit sie sich 1481 zum ersten Mal über einem Kiefernbaum zeigte, spielt Nuestra Señora del Pino eine wichtige Rolle in der Geschichte und im Alltagsleben von Gran Canaria. 1941 erklärte Papst Pius XII. sie zur Schutzheiligen der Insel, Teror wurde religiöses Zentrum. Jedes Jahr am 8. September findet eine große Wallfahrt statt, bei der Gläubige aus allen Teilen der Insel nach Teror pilgern.

Am Hauptplatz der Stadt, der **Plaza de Nuestra Señora del Pino**, stehen schöne historische Gebäude, ebenso in der **Calle Real de la Plaza**. Manche stammen noch aus dem 16. Jahrhundert, viele haben üppig verzierte Holz- oder Steinbalkone.

Die 1767 geweihte Basilika **Nuestra Señora del Pino** ist die dritte Kirche, die an dieser Stelle errichtet wurde. Von dem vormaligen Bauwerk blieb nur der Turm von 1708, ein Wahrzeichen der Region, erhalten. Den achteckigen Turm kennzeichnet eine auffällige Kombination barocker und maurischer Stilelemente.

Die dreischiffige Kirche wird von einem großen Barockaltar mit einer Marienstatue aus dem 15. Jahrhundert dominiert. Die Jungfrau ist als »Virgen de las Nieves« ebenso bekannt wie als »Nuestra Señora del Pino«. Die Schutzheilige von Gran Canaria wird mit einem der größten Feste der Insel *(siehe S. 26)* geehrt. Der Kirchenschatz enthält wertvolle Gaben, die der Heiligen von den Pilgern dargebracht wurden.

Nahe der Kirche liegt die **Plaza Doña María Teresa de Bolívar**, die nach María Teresa, der Ehefrau von Simón Bolívar, einem südamerikanischen Freiheitskämpfer, benannt ist. Marías Familie stammte aus Teror, ihr Wappen ziert den Platz. Die **Casa-Museo de los Patrones de la Virgen** im einstigen Wohnhaus der Familie zeigt alte Fotos, Waffen und Möbel, u. a. das Bett, in dem König Alfonso XIII. 1906 bei einem Besuch schlief.

Fassade der Kirche von Teror

🏛 **Casa-Museo de los Patrones de la Virgen**
Plaza Nuestra Señora del Pino, 8.
☎ 928 630 239. 🕙 Mo–Fr 11–16, Sa, So 10–14 Uhr.

Salon in der Casa-Museo de los Patrones de la Virgen in Teror

Hotels und Restaurants auf Gran Canaria *siehe Seiten 156–158 und 171–173*

Arucas 🅐

🚶 36800. 🚌 ℹ C/León y Castillo, 10. 📞 928 623 136. 🛍 Mo–Sa. 🎉 Fronleichnam (Juni).

Inselansichten auf Keramikfliesen am Paseo de Gran Canaria, Firgas

W enn man sich Arucas nähert, sieht man zuerst die Türme der neugotischen Gemeindekirche **San Juan**. Das von Manuel Vega i March entworfene Bauwerk wurde 1909 errichtet. Im Inneren sind die Buntglasfenster sowie die von dem einheimischen Bildhauer Manuel Ramos geschaffene Skulptur *Cristo Yacente* (ruhender Christus) bemerkenswert.

Das von José A. López de Echegarret 1875 erbaute alte **Rathaus** an der Plaza de la Constitución wurde 1932 umgestaltet. Auf der gegenüberliegenden Seite des Platzes gibt es im **Stadtpark** viele seltene tropische Baumarten zu bestaunen. Eines davon ist der Seifenrindenbaum *(Quillaja saponaria Molina)*.

An der **Calle de la Heredad**, die den Park umringt, befindet sich eines der schönsten Gebäude der Stadt: Der **Heredad de Aguas de Arucas y Firgas** wurde 1908 errichtet und ist heute Sitz des Wasseramts. Im späten 19. Jahrhundert initiierte dieses Amt den Bau eines Bewässerungssystems. Im Zuge dieser Errungenschaft nahm die Stadt ihr heutiges Erscheinungsbild an.

1884 entstand in Arucas die größte **Rumfabrik** der Kanaren. Der Fabrik ist heute ein Museum angeschlossen, das über die Herstellung des Getränks informiert. In der Nähe der Fabrik steht **La Ermita de San Pedro,** eine Kapelle aus dem frühen 18. Jahrhundert.

Umgebung: Rund 2 Kilometer nördlich von Arucas erhebt sich der Kegelberg **Montaña de Arucas**. Von der Aussichtsterrasse des Restaurants eröffnet sich ein fantastischer Blick auf die Stadt und die ganze Insel.

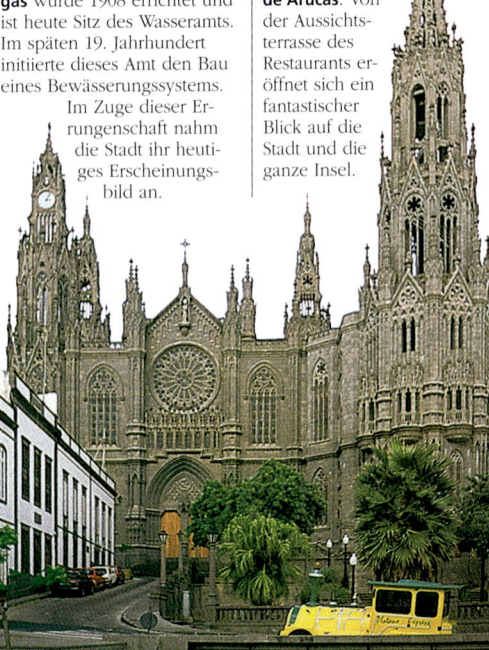

Weithin sichtbar: die neugotische Kirche San Juan in Arucas

Firgas 🅑

🚶 7500. 🚌 🎉 San Luis (21. Juni).

F irgas ist wegen des Mineralwassers bekannt. In dem sechs Kilometer außerhalb der Stadt gelegenen Barranco de la Virgen werden pro Tag 200000 Flaschen abgefüllt. Wasser aus Firgas ist überall auf den Inseln erhältlich.

Am Paseo de Gran Canaria von Firgas, das 1988 seinen 500. Geburtstag feierte, fließen Wasserkaskaden am 1995 gestalteten Gehweg entlang. Die Rückenlehnen der Bänke zeigen die historischen Symbole von Gran Canaria und auch die Häuser am Paseo sind mit den farbenfrohen Stadtwappen geschmückt. Der Abschnitt des Paseo oberhalb der **Plaza de San Roque** wurde mit breiten Stufen angelegt. Hier befinden sich großflächige Keramikarbeiten, die Karten und Ansichten der einzelnen Inseln zeigen. Auf diese Weise erhalten Besucher beim Spaziergang am kühlenden Wasser eine ungewöhnliche Lehrstunde in kanarischer Geografie. Weiter entfernt am Paseo kann man die Flaggen aller Inseln im Wind flattern sehen.

Zum runden Geburtstag der Stadt wurden auch die Mühle aus dem 15. Jahrhundert **Molino de Gofio** sowie ein Brunnen aus dem 19. Jahrhundert restauriert. Zudem findet man überall in der Stadt moderne Skulpturen, z.B. die eines Bauern mit einer pinkfarbenen Kuh.

Hotels und Restaurants auf Gran Canaria *siehe Seiten 156–158 und 171–173*

Moya ❾

🏘 9500. 🚌 So. ⚑ Virgen
de la Candelaria (2. Feb), San Antonio
(13. Juni).

A bseits der großen Attraktionen windet sich die
Straße, die zur Ortschaft Moya
führt, mit unzähligen Kurven
und Kehren durch eine faszinierende Vulkanlandschaft. In
Moya erwartet Besucher eine
große neuromanische Kirche
aus der ersten Hälfte des
20. Jahrhunderts. Sie besitzt
zwei Türme und steht am
Rand der wildromantischen
Schlucht **Barranco de Moya**.
Wenn Sonnenlicht in einem
bestimmten Winkel in die
Schlucht fällt, schimmert das
Basaltgestein der Felsen in
unzähligen Farben.

Berühmtester Sohn der
Stadt ist der Dichter Tomás
Morales (1884–1921), dessen
Geburtshaus 1976 in ein Mu-
seum, **Casa-Museo Tomás
Morales**, umgestaltet wurde.
Unter den Exponaten sind Fo-
tografien, Manuskripte und
Erstausgaben. Daneben fin-
den Wechselausstellungen mit
zeitgenössischer Kunst statt.

Am Eingang zum nahe ge-
legenen Friedhof, einem für
die Kanaren typischen Kata-
kombenfriedhof, steht im
Gedenken an die Opfer des
Spanischen Bürgerkriegs ein
großes Steinkreuz.

🏛 **Casa-Museo
Tomás Morales**
Plaza de Tomás Morales, s/n. 📞 928
620 217. 🕐 Di–So 10–18 Uhr.
www.tomasmorales.com

Tomás Morales (1884–1921)

Tomás Morales gilt als einer der ungewöhn-
lichsten Dichter der Kanarischen Inseln. Im
Jahr 1909 schloss er sein Medizinstudium ab
und praktizierte als Arzt in Agaete und Las
Palmas, doch seine Leidenschaft galt dem
Schreiben. Schon mit 15 Jahren verfasste er
Gedichte, sein erstes erschien 1902 in der
Zeitschrift *El Telégrafo*. 1908 wurde sein erstes
Buch, *Poemas de la Gloria, del Amor y del
Mar*, veröffentlicht. Zwei Jahre später wurde
ein dramatisches Gedicht von einer Theater-
gruppe in Las Palmas uraufgeführt. Das Werk
von Morales ist geprägt von einer starken
Identifikation mit seiner Heimat und einer Vor-
liebe für die Themen Meer und Einsamkeit.

Büste von Morales vor dem Museum in Moya

Santa María de Guía de Gran Canaria ❿

🏘 14 300. 🚌 ⚑ Fiesta del Queso
de Flor (Apr/Mai), Nuestra Señora de
Guía (15. Aug), La Rama de las Marías
(3. So im Sep).

D as einzige bemerkens-
werte historische Gebäu-
de des Städtchens ist die dreischiffige Kirche **Santa María
de Guía**. An dem Platz wurde
bereits in den Jahren 1483 bis
1509 eine Kapelle errichtet.
Der heutige Bau stammt teilweise aus dem 17. Jahrhundert, die Fassade wurde im
18. Jahrhundert vollendet.
Guía ist der Geburtsort von
José Luján Pérez (1756–1815),
zu seinen Lebzeiten der beliebteste kanarische Bildhauer.
Einige seiner Werke, z. B. die
Statuen *Nuestra Señora de las
Mercedes* und *San Sebastián*,
schmücken die Kirche.

Bekannt ist Guía jedoch
wegen des in der Stadt pro-
duzierten Käses. Der *queso
de flor* wird aus Kuh- und
Schafsmilch unter Zugabe
von Distelsaft hergestellt.

Umgebung: Fünf Kilometer
östlich von Guía liegt **Cenobio
de Valerón**, eine altkanarische
Höhlenanlage. 300 Einzelkam-
mern sind in den Tuffstein
gehauen. Die Nutzung war
lange Zeit ungeklärt. Zunächst
hielt sich das Gerücht, dass
die Anlage ein Kloster war, in
dem *harimaguadas* (Priester-
jungfrauen) den Gott Abor
um Schutz für die Insel an-
flehten. Mittlerweile haben
Forschungen ergeben, dass
die Höhlen der Lagerung von
Getreide dienten.

🏛 **Cenobio de Valerón**
🕐 Di–So 10–18 Uhr (Okt–März bis
17 Uhr). ⬤ 1.–6. Jan, 1. Mai, 25. Dez.

Faszinierendes Farbenspiel des Vulkangesteins: Blick auf die Schlucht Barranco de Moya

Rumherstellung

Rum, ursprünglich ein Nebenprodukt der Zuckerherstellung, wird normalerweise mit mit Jamaika, Kuba, Barbados oder Venezuela assoziiert. Auf den Kanarischen Inseln brachten die ausgedehnten Zuckerrohrplantagen jedoch ebenfalls eine respektable Rumproduktion hervor *(siehe S. 32)*. Kanarischer Rum wird wegen seines besonderen

Etwas Besonderes: Rum von den Kanaren

Geschmacks geschätzt. Sein Alkoholgehalt beträgt zwischen 40 und 75 Prozent. Er wird oft als starker Grog (mit 50 Prozent Rumanteil) getrunken, aber auch als Zutat für viele köstliche Rumcocktails, etwa Cuba Libre oder Daiquiri, ist er unentbehrlich. Eine Spezialität der Kanarischen Inseln ist *ron miel*, ein mit Honig versetzter Rum.

1 Zuckerrohr bildet die Basis für die Destillation von Rum – genauer gesagt werden die Nebenprodukte der Zuckerherstellung, etwa Melasse, dazu verwendet. Da es heute auf den Inseln keine größeren Zuckerrohrplantagen mehr gibt, wird Melasse zum größten Teil importiert.

2 In großen Kesseln wird Melasse, die als nicht auskristallisierendes Nebenprodukt bei der Herstellung und Verarbeitung von Zucker anfällt, erhitzt. Für Rumverschnitt verwendet man auch ein Gemisch aus dem Schaum, der beim Erhitzen anfällt. Das Ergebnis der Destillation ist eine weiße oder strohfarbene Flüssigkeit, die 40 bis 75 Volumenprozent Alkohol enthält.

3 Seinen besonderen Geschmack erhält Rum durch die Lagerung in Eichenfässern. Dieser Reifungsprozess kann drei bis zehn Jahre lang dauern. Die Eichenfässer müssen bei bestimmter Temperatur und Luftfeuchtigkeit gelagert werden.

5 Kanarischer Rum ist auch außerhalb der Inselgruppe bekannt. Besonders geschätzt wird der Rum aus La Palma, als beste Marke gilt Ron de la Aldea. Bei der kanarischen Spezialität *ron miel* wird gut abgelagerter Rum mit Honig versetzt. Das orangebraune Mixgetränk enthält weniger Alkohol, weist dafür aber einen ganz besonderen Geschmack auf.

4 Die Abfüllung erfolgt als voll automatisierter Prozess unter möglichst keimfreien Bedingungen. Auf dem Etikett eines echten Rums sollten neben der Marke und dem Alkoholgehalt auch Herkunft und Abfülldatum stehen.

Große Bananenplantage bei Gáldar

Gáldar ⓫

👥 24 000. 🚌 📷 *San Isidro (15. Mai), La Rama (20. Aug).*

Die am Fuß des Vulkans Pico del Gáldar gelegene Stadt war einst das Zentrum der Guanchen. Von den Bauten des Herrschers *(Guanarteme)* des Volkes gibt es keine Spuren mehr. Sie wurden – zusammen mit einem kleinen spanischen Fort – zerstört, um die Kirche **Santiago de los Caballeros** zu errichten. Der riesige, von Antonio José Eduard gestaltete klassizistische Bau ist dreischiffig. Die Bauarbeiten begannen 1778 und dauerten bis zur Mitte des 19. Jahrhunderts an.

Im Inneren der Kirche ist die *pila verde* bemerkenswert. Das grüne Becken wurde im späten 15. Jahrhundert aus Andalusien hierher gebracht. Seither dient es als Taufbecken. Eine Christus- und eine Marienstatue in der Kirche sind Werke von Luján Pérez.

Auf dem Platz gegenüber dem Rathaus steht der älteste Drachenbaum von Gran Canaria: Der *Árbol Sagrado* wurde 1719 gepflanzt.

Internationale Bedeutung erhielt Gáldar wegen der **Cueva Pintada**. Die »bemalte Höhle« wurde 1873 entdeckt. Sie enthält Felsmalereien mit polychromen geometrischen Mustern. Von 1970 bis 1974 erfolgten Konservierungsarbeiten. Um die Malereien zu erhalten, blieben die Höhlen danach für die Öffentlichkeit geschlossen. Kopien der Malereien sind im Museo Canario in Las Palmas de Gran Canaria *(siehe S. 47)* zu sehen.

Seit 2006 werden die Funde im **Parque Arqueológico Cueva Pintada de Gáldar** an ihrem ursprünglichen Ort gezeigt. Die Anlage beinhaltet ein informatives Museum.

Umgebung: Rund zwei Kilometer nördlich von Gáldar befindet sich der **Túmulo de la Guancha**. Der Guanchen-Friedhof aus dem 11. Jahrhundert wurde 1936 von Bauern entdeckt. 30 Rundgräber aus Lavablöcken, jeweils mit einem Durchmesser von 20 Metern, waren vermutlich die letzte Ruhestätte von Edelleuten des Stamms.

Sechs Kilometer westlich von Gáldar liegt zwischen Klippen **Sardina del Norte**, ein lebendiges Fischerdorf und Taucherzentrum mit herrlichem Sandstrand. Neben dem kristallklaren Wasser locken exzellente Seafood-Restaurants.

Agaete ⓬

👥 5700. 🚌 ℹ️ *C/Nuestra Señora de las Nieves.* 📞 928 554 382. 📷 *Bajada de las Ramas (4.–7. Aug).*

Agaete liegt an der Nordwestküste Gran Canarias am Ausgang einer tiefen Schlucht, dem **Barranco de Agaete**. An den steilen Hängen liegen Plantagen mit Bananen, Papayas, Avocados und Mangos. Der Ort selbst bezaubert mit engen Gassen und weiß getünchten Häusern zwischen üppigem Grün. Viele Künstler und Kunstliebhaber nutzen Häuser und Garagen als Galerien.

Der Leuchtturm Punta Sardina

Obwohl Agaete 1981 den 500. Jahrestag seiner Gründung feierte, besitzt der Ort wenige historische Gebäude. Das älteste ist die Gemeindekirche aus der zweiten Hälfte des 19. Jahrhunderts. Der reizende kleine Botanische Garten, **Huerto de las Flores**, birgt über 100 einheimische und andere subtropische Pflanzen.

Umgebung: Etwa zwei Kilometer westlich liegt der kleine Hafen **Puerto de las Nieves**, wo man vom Ufer oder von einem Café aus die Fähren nach Santa Cruz de Tenerife ablegen sehen kann. Der Ort selbst bietet viele nette Galerien sowie Läden mit Kunsthandwerk und Fischrestaurants.

Die malerische Lage vor hohen Klippen macht das einstige Fischerdorf zu einem beliebten Fotomotiv. Beim Hafen entstanden Apartmentanlagen.

Von den reichen Geschichte des Orts zeugt die Innenausstattung der **Ermita La Virgen de las Nieves**, einer Kapelle aus dem 16. Jahrhundert. Das Gotteshaus birgt Schiffsmodelle sowie ein Triptychon der Madonna mit Kind, das der flämische Maler Joos van Cleve (1485–1540) schuf. Während der Bajada de las Ramas (Fest der Zweige, jedes Jahr im August) wird der Altar der Kapelle in einer feierlichen Prozession in die Kirche von Agaete getragen.

🌿 **Huerto de las Flores**
C/Huertes. 🕐 *Di–Fr 11–14, Sa 11–13.30 Uhr.*

Die weiße Fassade der Ermita La Virgen de las Nieves

Cactualdea – der Kakteenpark von San Nicolás de Tolentino

und Guatemala eingeführt. Daneben stehen Palmen, Drachenbäume *(siehe S. 16)* und Aloe-Gewächse. Im Rundtheater finden Kanarische Ringkämpfe statt. Eine Guanchen-Höhle ist auch zu besichtigen.

Umgebung: Neun Kilometer nördlich erhebt sich 500 Meter über dem Meer der **Mirador del Balcón**, von dem aus der nordöstliche Teil Gran Canarias zu sehen ist.

⚓ **Cactualdea**
☎ 928 891 228.
⊙ tägl. 10–18 Uhr. 🖳

La Aldea de San Nicolás ⓭

🚶 8600. 🚌 🎿 *Bajada de la Rama (10. Sep), El Charco (11. Sep).*

L a Aldea de San Nicolás liegt in einem fruchtbaren grünen Tal, das viele Schluchten durchziehen. Um die Stadt erstrecken sich Obstplantagen. Neben Bananen-, Orangen-, Avocado-, Papaya- und Mangobäumen fallen die vielen Bambuspflanzen und Kakteen ins Auge. Einen Besuch lohnt die Kirche **San Nicolás**, die 1972 an der Stelle einer alten Kapelle im traditionellen Stil der Inseln erbaut wurde. Die Skulpturen der Kirche schuf Luján Pérez.

Eine beliebte Attraktion ist der Park **Cactualdea**, in dem Tausende Kakteen gedeihen. Die Pflanzen wurden aus Madagaskar, Mexiko, Bolivien

Puerto de Mogán ⓮

🚶 1200. 🚩 *C/General Franco.*
☎ 928 158 804. 🚌 ⛴ *Fr.*
🎿 *Virgen del Carmen (16. Juli).*

B esucher, denen die beliebten Ferienorte Playa del Inglés und Maspalomas zu hektisch sind, die aber dennoch eine gewisse touristische Infrastruktur suchen, finden in

Gran Canarias Strände

A n der 236 Kilometer langen Küstenlinie Gran Canarias liegen 160 Strände. Diese sind im Norden eher felsig, im Süden herrschen Sandstrände vor. Orte wie Playa del Inglés und das bei FKK-Urlaubern beliebte Maspalomas *(siehe S. 187)* besitzen kilometerlange, von Hotels, Restaurants und Clubs gesäumte Strände.

Taurito ②
Der Sandstrand in einer Bucht kann mit Playa del Cura und Arguineguín durchaus mithalten.

Puerto de Mogán ①
Dieser Sandstrand liegt zwischen hohen Klippen nahe Puerto de Mogán. Der Strand zählt oft sehr viele Besucher.

Playa de los Amadores ③
Palmen säumen die gepflegte Promenade hinter dem langen Sandstrand in der Nähe von Puerto Rico.

Puerto de Mogán das ideale Urlaubsziel. Der malerische Ort liegt am Ausgang des grünen Mogán-Tals am Fuß eines Felsplateaus. Neben dem einfachen alten Fischerhafen und dem Ortskern befinden sich ein Yachthafen und ein Resort. Den dorfähnlichen Komplex mit Apartments in kleinen, farbenfroh mit Blumen geschmückten Häusern durchziehen vekehrsberuhigte Straßen. Am Wasser liegen viele gute Restaurants, Bars und Läden.

Der Sandstrand südlich des Orts wurde künstlich angelegt: Hinter einer Steinmole und zwischen Felsen wurden mehrere Schichten afrikanischen Sands aufgeschüttet. Wassersportler können bei den Felsen und Grotten schnorcheln.

Es werden eine Reihe von Ausflügen angeboten: Ein kleines Tauchboot bietet Passagieren Einblick in die Unterwasserwelt des Atlantiks. Nachbauten historischer Segelschiffe bringen mehrmals am Tag Gäste zu den Stränden von Puerto Rico oder Maspalomas. Auch Angelausflüge können gebucht werden. Jedes Jahr im Juli findet wird der Angelwettbewerb »Blue Marlin« veranstaltet.

Umgebung: Etwa acht Kilometer nördlich von Puerto de Mogán befindet sich der ursprüngliche Ort **Mogán**. Der Hauptort der Region liegt malerisch zwischen Obstplantagen. Er bietet ausgezeichnete Restaurants wie das am Ortsrand gelegene Acayamo, das zu den besten auf Gran Canaria zählt.

Gelbes Tauchboot im Hafen von Puerto de Mogán

Playa del Cura ④
Nahe dem kleinen Sandstrand Playa del Cura liegt einer der wenigen Campingplätze von Gran Canaria.

Maspalomas ⑦
Goldener Sand und große, vom Wind geformte Dünen – wer dem blauen Meer den Rücken zukehrt, mag sich in der Sahara wähnen. Dagegen sprechen nur die vielen Menschen am Strand.

San Agustín ⑧
Hier gibt es dunklen Sand. Zusammen mit Maspalomas und Playa del Inglés bildet San Agustín die »Costa Canaria«.

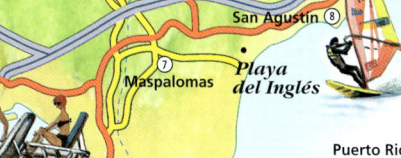

0 Kilometer 5

Arguineguín ⑥
Der Ferienort liegt am Rand eines alten Fischerdorfs. Seafood ist hier also stets frisch zu haben.

Puerto Rico ⑤
Der goldfarbene Sandstrand ist stets gut besucht. Er lockt nicht nur zum Schwimmen und Sonnenbaden, sondern auch zum Wassersport.

Puerto Rico – eines der beliebtesten Urlaubsziele auf Gran Canaria

Puerto Rico ⓯

🏠 2560. 🛈 Avda. de Mogán.
📞 928 158 804.
🎉 Maria de Auxiliadora (Mai).

Der im Süden der Insel am Ausgang eines weiten, grünen Tals gelegene ehemalige Fischerhafen hat sich zu einem beliebten Ferienort entwickelt – kein Wunder, soll Puerto Rico doch der sonnigste Ort ganz Spaniens sein. An den Berghängen wurden zahlreiche Hotel- und Apartmentanlagen errichtet.

Der Strand von Puerto Rico ist nicht besonders groß und daher stets mit Besuchern gefüllt. Er ist jedoch schön gelegen und wurde mit Sand aus der Sahara aufgeschüttet. Der Ort verfügt über Golfplätze und einen Wasserpark mit zahlreichen Attraktionen. Wassersport wird in Puerto Rico großgeschrieben: Von Wasserskifahren über Segeln, Tauchen und Windsurfen bis hin zu Fahrten mit Glasbodenbooten oder Ausflügen zur Delfinbeobachtung aufs offene Meer hinaus wird alles angeboten.

Wem der Sinn nach einem Abenteuer à la Hemingway steht, der kann zum Hochseefischen starten. Es werden Dorsche, Aale, Rochen und Haie gefischt – mit guten Erfolgsquoten. Puerto Rico hält in dieser Hinsicht auch einen Rekord: 1997 wurde in den angrenzenden Gewässern der größte Blaue Marlin der Welt mit einem Gewicht von 488 Kilogramm gefangen.

Maspalomas ⓰

🏠 36 000. 🚉 🛈 Avda. Touroperador Tui. 📞 928 769 585. 🕒 Mi, Sa.
🎉 San Bartolomé (24. Aug).

Der größte Ferienort Gran Canarias besitzt mehr als 500 Hotels, Chalets und Apartmentanlagen, die rund 300 000 Gäste aufnehmen können. In der Stadt tobt Tag und Nacht das Leben, Hunderte Restaurants, Bars, Discos und Läden sorgen dafür, dass nach dem Strandaufenthalt genügend Unterhaltung zur Verfügung steht.

Der Sandstrand von Maspalomas ist kilometerlang. Wellenreiter und Windsurfer finden gute Bedingungen vor, für Taucher gibt es verschiedene Angebote und auch zum Hochseefischen kann man auslaufen. **Aqualand**, der größte Wasserpark der Kanarischen Inseln, sorgt mit mehr als 20 Rutschen für Spaß.

Ebenso beliebt ist **Holiday World**, ein Vergnügungspark mit Fahrgeschäften, zu denen ein großes Riesenrad gehört. Maspalomas bietet den größten Golfplatz Gran Canarias. Um geistliche Belange kümmert sich die ökumenische Kirche **Templo Ecuménico**.

Auch wenn Maspalomas als Einheit erscheint, setzt es sich doch aus drei einzelnen Orten zusammen, die eigene Autobahnausfahrten haben.

San Agustín liegt am weitesten östlich. Der ruhige, grüne Ort mit dunklen Sandstränden lockt eine gehobene Klientel an. Die Hotels zählen zur oberen Kategorie. Exklusive Clubs und ein Casino sorgen für Unterhaltung. Die Promenade am Wasser wirkt gediegen.

Im Zentrum von Maspalomas liegt **Playa del Inglés**, der trubeligste Teil des Ferienorts. Das Shoppingcenter Yumbo mit vielen Gastronomiebetrieben bildet das Herzstück.

Südlich von Playa del Inglés erstrecken sich die **Dunas de Maspalomas** über 400 Hektar. Da das Dünengebiet mit Salzwassersee und Palmenhain zum Nationalpark erklärt worden ist, kann es nur noch zu Fuß oder im Rahmen von vor Ort angebotenen Kamelritten erkundet werden. Zwischen den imposanten Dünen trifft man auf Eidechsen und Kaninchen – und auf FKK-Fans (manche Gebiete sind auch Schwulentreffs). An der nahen Lagune machen regelmäßig Zugvögel auf ihrem Weg zwischen Nordeuropa und Afrika halt.

Die einzigartige Dünenlandschaft von Maspalomas

Hotels und Restaurants auf Gran Canaria siehe Seiten 156–158 und 171–173

Papageien in Palmitos Park

Umgebung: Rund 15 Kilometer nördlich von Maspalomas liegt **Palmitos Park** in einem Gebirgstal. In der üppigen tropischen Vegetation leben 1500 Vögel – darunter Paradiesvögel aus Neuguinea, winzige Kolibris sowie Tukane mit großen, bunten Schnäbeln. Bei Vogelschauen können sich Besucher an den Kunststückchen von trainierten Papageien, Adlern und Falken erfreuen. In der Casa de las Orquideas blühen rund 1000 Orchideen. In großen Aquarien werden Fische aus aller Welt gehalten. Das Schmetterlingshaus ist das größte Europas. Stolz des Palamitos Park sind die Weißhand-Gibbons, die nur auf der Malaiischen Halbinsel und in Myanmar (Birma) vorkommen. Auf dem Gelände des Parks werden die Tiere zum ersten Mal erfolgreich in Gefangenschaft gezüchtet.

Weiter nördlich befindet sich **Mundo Aborigen**, die Rekonstruktion eines antiken kanarischen Dorfs. An den Hängen eines Hügels mit Blick auf den Barranco de Fataga wurden mehrere kleine Bauernhöfe errichtet. Lebensgroße Guanchen-Figuren und vom Band eingespielte Tiergeräusche vermitteln Besuchern eine realistische Atmosphäre. Rekonstruierte Szenen zeigen, wie ein Metzger eine Ziege schlachtet, ein Heilkundiger einen Patienten operiert oder wie Ringer miteinander kämpfen. In der Nähe eines säenden Bauern erschlägt ein Aufseher einen Gefangenen mit einem Stein. Und über allem steht ein Späher und bewacht das Dorf.

Im Osten, am Ende eines von Felsen umringten Tals, befindet sich der Themenpark **Sioux City**. Besucher des Parks werden mit einem Sammelsurium amerikanischer Klischees konfrontiert. Am Eingang steht ein Planwagen mit Figuren der ersten Siedler, vor dem Cadillac Café parkt eine Limousine aus den 1960er Jahren.

Wer im Saloon einkehrt, kann eine (inszenierte) Schlägerei erleben. In den Straßen von Sioux City blüht der »Wilde Westen« richtig auf: Banküberfälle, Schusswechsel (mit Platzpatronen) und Schaukämpfe werden zu allgegenwärtiger Country- und Westernmusik ausgetragen. Neben Vorführungen von Cowboykünsten und Rodeos sind – zur Freude der Kinder – auch Indianer mit einer »Regentanz«-Vorführung zu sehen. Die »traditionellen« Wildwest-Vergnügungen werden in der Disco des Parks durch »Schaumpartys« als modernere Form der Unterhaltung ergänzt.

✈ Palmitos Park
Barranco de los Palmitos. ☎ 928 797 070. ◷ tägl. 10–18 Uhr. ⏏

⛏ Mundo Aborigen
Macizo de Amurga. ☎ 928 172 295. ◷ tägl. 9–18 Uhr. ⏏

⛏ Sioux City
Cañon del Águila. ☎ 928 762 982. ◷ Di–So 9–17 Uhr. ⏏

San Bartolomé de Tirajana ⑰

🏘 54 000. 🚌 🎭 Karneval (Feb), Santiago (25. Juli).

D as im 16. Jahrhundert von den Spaniern gegründete San Bartolomé war lange Zeit eine Schäfersiedlung. Heute ist die Stadt im grünen Tirajana-Tal vor allem wegen der vielen Obstplantagen bekannt. Man sieht Mandel-, Pflaumen-, Pfirsich- und Kirschbäume. Die Früchte werden im Umland verkauft oder zur Herstellung von Likören verwendet. Eine örtliche Spezialität ist *guindilla*, ein Kirschlikör.

Schon im 16. Jahrhundert wurde in San Bartolomé eine Kapelle erbaut. Die 1690 an der gleichen Stelle errichtete dreischiffige Kirche wurde erst 1922 geweiht. Sehenswert sind die Holzdecke im Mudéjar-Stil und einige Heiligenstatuen. Der auf dem Hügel gelegene alte Friedhof ist ungewöhnlich: Auf dem Gelände wurden die Toten in der Erde bestattet und nicht – wie ansonsten in Spanien üblich – in steinernen Grabstätten beigesetzt.

Indianerstatue in Sioux City

Umgebung: Sieben Kilometer südlich von San Bartolomé liegt das Bergdorf **Fataga** zwischen hohen Klippen. Es besitzt malerische alte Häuser. Die Kirche San José stammt von 1880. Zwei Stauseen, Embalse de Tirajana und Embalse de Fataga, laden zu Wanderungen am Ufer ein.

Rutschen im Wasserpark Aqualand, Maspalomas

Tour: Um den Pico de las Nieves ⑱

Die Tagestour durch die Berge von Gran Canaria kann man von jeder Seite der Insel aus beginnen. Die Landschaft ist sehr abwechslungsreich. Kurvige Straßen führen durch bezaubernde Dörfer oder tiefe Schluchten. Üppige subtropische Vegetation mit exotischen Gewächsen wechselt mit terrassierten Feldern. Besonders spektakulär sind die vielen Aussichtspunkte auf dieser Tour. Es lohnt sich, überall zu halten, wo sich die Gelegenheit bietet. Von manchen Stellen kann man sogar den Pico del Teide auf Teneriffa sehen. Die Hauptroute ist gut ausgebaut, nur die Nebenstraßen sind teilweise nicht asphaltiert.

Artenara ⑦
Eine Höhle des Dorfs birgt eine kleine Kapelle, eine andere das außergewöhnliche Restaurant Mesón de la Silla.

Caldera Pinos de Gáldar ⑥
Von der Straße nach Artenara, mitten im Pinienwald Pinos de Gáldar, genießt man herrliche Aussicht. Der Blick reicht über die gesamte Nordküste von Gran Canaria.

Tejeda ⑧
Der ruhige Ort ist wunderschön am oberen Berghang gelegen. Er eignet sich hervorragend für eine Kaffee- oder Mittagspause.

Roque Bentayga ⑨
Gemeinsam mit dem nahen Roque Nublo war dieser 1412 Meter hohe Gipfel ein heiliger Ort der Guanchen. In der Region wurden Felsgravuren, Kornspeicher und Kultstätten des Volkes entdeckt.

Roque Nublo ⑩
Auf dem 1813 Meter hohen Gipfel des Roque Nublo steht ein 80 Meter hoher Basaltmonolith. Die »Fingerform« entstand durch Erosion. Roque Nublo war eine heilige Stätte der Guanchen.

Cál
Pino
Gá

GC 75

Artenara
⑦

Fue
de I

GC 210

Guarc

Teje
Cuevas del Huert

Roque
Bentayga
⑨

LA ALDEA DE
SAN NICOLÁS

GC 60

Monta
del Asen

Montaña
del Humo

La Cand

MOGÁN

0 Kilometer   2

MASPALOMAS

LEGENDE

▮ Routenempfehlung

▮ Panoramastraße

═ Andere Straße

✳ Aussichtspunkt

Cruz de Tejeda ⑤

Die geografische Mitte Gran Canarias markiert ein Steinkreuz. Der Schriftsteller Miguel de Unamuno beschrieb die Aussicht von diesem 1490 Meter hohen Pass sehr bildkräftig als »Stein gewordenen Sturm«.

TEROR

GC 21

Montañón Negro

● **Ariñez**

de Tejeda
⑤

GC 400

Galas

La Degollada de Becerra
④

GC 15

LAS PALMAS DE GRAN CANARIA

GC 150

Mirador de Becerra

Montaña del Andén del Toro

Cruz Llanos de la Paz

GC 130

El Salado

Pico de las Nieves
③

②
Presa de los Hornos

GC 600

acata **Los Tabuquillos**

Los Caideros

GC 60

Paso de la Herradura

San Bartolomé de Tirajana ①

Obstgärten umgeben die in einem grünen Tal gelegene Stadt. Pflaumen, Kirschen und Pfirsiche werden zu Likören verarbeitet.

①
San Bartolomé de Tirajana

SANTA LUCÍA

MASPALOMAS

ROUTENINFOS

Start: San Bartolomé de Tirajana oder jeder andere Ort.
Länge: 80 km.
Rasten: Am besten kann man im ausgezeichneten Restaurant des Parador von Cruz de Tejeda essen. Es gibt aber auch gute Restaurants in Artenara und in San Bartolomé de Tirajana.

La Degollada de Becerra ④
Von diesem Aussichtspunkt überblickt man den Westen der Insel und den Gipfel des Roque Bentayga.

Pico de las Nieves ③

Der höchste Berg von Gran Canaria wird auch Pozo de las Nieves (Brunnen des Schnees) genannt. In 1949 Metern Höhe ist es oft kalt und wolkenverhangen. Im Winter kann hier Schnee liegen. Auf dem Gipfel steht eine militärische Sendeanlage.

Presa de los Hornos ②
Den besten Blick auf den höchsten Wasserspeicher der Insel hat man in der Nähe des Roque Nublo *(siehe S. 62)*.

Santa Lucía ⑲

🚌 📷 *Fiesta de Ansite (29. Apr), Santa Lucía (13. Dez).*

Das Dorf liegt auf einer Höhe von 700 Metern in den Ausläufern des fruchtbaren, mit Palmen bewachsenen Tals von Santa Lucía de Tirajana. Die 1898 erbaute Kirche **Santa Lucía** steht auf einem Platz, an dem sich bereits im 17. Jahrhundert eine Kapelle befand.

Das **Museo del Castillo de la Fortaleza** zeigt archäologische Funde aus der Gegend, die meisten stammen aus der Zeit der Guanchen. Die Ausstellungsräume befinden sich in der modernen Rekonstruktion einer Burg mit Türmchen und Zinnen. Ebenfalls zu besichtigen sind ein nachgebildetes, typisch kanarisches Schlafzimmer aus dem 17. Jahrhundert, viele Tonwaren (darunter eine Amphore aus dem 3. Jahrhundert), Leder- und Korbwaren sowie einige Skelette.

Umgebung: Eine landschaftlich überaus reizvolle Straße führt fünf Kilometer in Richtung Süden zum Aussichtspunkt **Mirador de Guriete**.

🏛 **Museo del Castillo de la Fortaleza**
☎ 928 798 310. ⏱ Mo–Fr 10.30–17.30, Sa, So 11.30–17.30 Uhr. 📷

Agüimes ⑳

🏃 29.700. 🚗 🚌 📷 *Nuestra Señora del Rosario (Anfang–Mitte Okt).*

Der historische Teil der Stadt mit engen Gassen und schönen Häusern wird von den beiden riesigen Türmen der Kirche **San Sebastián** an der Plaza del Rosario überragt. Mit drei Schiffen und einer Gewölbedecke ist die in den Jahren 1796 bis 1808 entstandene Kirche – neben der Kathedrale von Las Palmas de Gran Canaria – ein hervorragendes Beispiel für den klassizistischen Baustil auf den Kanarischen Inseln. Die große Kuppel verleiht dem Gebäude

Gasse im alten Teil von Agüimes

orientalisches Flair. Die Heiligenfiguren im Inneren schuf der kanarische Bildhauer José Luján Pérez (1756–1815).

Nach der Besichtigung der Kirche bietet der hübsche **Parque de los Cocodrilos** eine reizvolle Abwechslung. Im Minizoo führen dressierte Krokodile und Papageien kleine Kunststücke vor.

Richtig zum Leben erwacht die Stadt jedes Jahr im September während des internationalen Theaterfestivals **Encuentro Internacional Tres Continentes**. Gruppen aus Europa, Afrika und Lateinamerika nehmen daran teil und sorgen für Trubel.

🦎 **Parque de los Cocodrilos**
Carretera Gral Los Corralillos, Agüimes. ☎ 928 784 725.
⏱ So–Fr 10–17 Uhr. 📷

Ingenio ㉑

🏃 29.800. 🚌 📷 *Virgen de la Candelaria (Jan/Feb), Bajada del Macho (2. Sa im Okt).*

Nahe der Schlucht Barranco de Guayadeque liegt eine der ältesten Städte Gran Canarias. Sie war 17. Jahrhundert Zentrum der Zuckerrohrverarbeitung – daher auch ihr Name: *ingenio de azúcar* heißt Zuckerfabrik. Später blühte die Rumproduktion in der Gegend auf. Heute werden hauptsächlich Tomaten

angebaut. Bekannt ist Ingenio allerdings vor allem für Stickereien. Im **Museo de Piedras y Artesanía**, einem von Bougainvillea umwucherten Gebäude mit Türmchen, ist eine Schule für Stickkunst ansässig. Außerdem werden in dem Gebäude Steine, Mineralien, landwirtschaftliche Geräte sowie Ton- und Korbwaren ausgestellt. Die beeindruckende Kirche **Nuestra Señora de la Candelaria** überragt einen Platz, der von hübschen Häusern mit Holzbalkonen umringt ist.

Umgebung: Auf halber Strecke zwischen Ingenio und Telde liegt an einem Berghang eine archäologische Stätte, die im 19. Jahrhundert entdeckt wurde. Sie besteht aus vier Höhlen. Die Höhle **Cuatro Puertas** mit ihren vier Eingängen (daher der Name) war möglicherweise der Sitz der Telde-Herrscher oder ein Heiligtum. Die anderen drei Höhlen haben Eingänge zur Meeresseite hin. Sie dienten den Guanchen als Begräbnisstätten für ihre einbalsamierten Toten.

🏛 **Museo de Piedras y Artesanía**
Camino Real de Gando, 1.
☎ 928 781 124. ⏱ Mo–Sa 9.30–18.15 Uhr. 📷

Eingang zum Museo de Piedras y Artesanía in Ingenio

Blick auf die Plaza de San Juan im historischen Zentrum von Telde

Barranco de Guayadeque ㉒

2 km nördlich von Ingenio.

Eine wildromantische Straße windet sich sieben Kilometer den Barranco de Guayadeque (in der Sprache der Guanchen »Platz des fließenden Wassers«) hinauf. Bis heute versorgt das Wasser die benachbarten Städte Ingenio und Agüimes.

Kakteen, Agaven, Palmen und Eukalyptus bestimmen das Landschaftsbild dieser Schlucht. Zudem kann man über 80 endemische Pflanzenarten entdecken. Im Frühling setzen rosa blühende Mandelbäume Farbakzente im felsigen Terrain.

Die Schlucht ist eine der bedeutendsten prähistorischen Bestattungsstätten. Die Verstorbenen wurden – oft in Tierhäute gehüllt – in unzugänglichen Höhlen beigesetzt, wo sie mumifizierten. Viele dieser Grabstätten wurden im 19. Jahrhundert geplündert, die Mumien wurden an das Museo Canario in Las Palmas de Gran Canaria verkauft. Einige der Höhlen dienten den Guanchen auch als Wohnungen, als Lagerräume oder als Kultstätten.

In den Höhlen des Barranco de Guayadeque leben auch heute noch Menschen. Es gibt zwei **Höhlendörfer**, eine Höhlenkirche sowie ein Höhlenrestaurant und diverse Bars, in denen man den starken regionalen Wein mit Brot und Oliven in grüner *mojo*-Sauce kosten kann. Ein Höhlenmuseum mit Ausstellungsräumen für kanarisches Kunsthandwerk ist im Entstehen.

Der Barranco de Guayadeque ist auch ein beliebtes Ausflugsziel für sonntägliche Familienpicknicks. Die Straße in der Schlucht endet beim Restaurant Tagoros und geht dann in einen schmalen Fußweg über. Im Sommer zaubern die Sonnenstrahlen oft faszinierende Farben an die Felswände. Im Winter hängen oft Wolken über den Wänden der Schlucht.

Wolkenverhüllte Gipfel über dem Barranco de Guayadeque

Telde ㉓

 101 300. San Juan (24. Juni).

Vor der Kolonialisierung war Telde Sitz der Anführer der Guanchen, nach der Eroberung Gran Canarias wurde vom Hafen der Stadt aus Zuckerrohr verschifft.

Ende des 15. Jahrhunderts errichteten die Spanier in Telde eine Kapelle, 1519 wurde an derselben Stelle mit dem Bau der Kirche **San Juan Bautista** begonnen. Die Basilika birgt einen manieristischen Altar und ein flämisches Triptychon aus der ersten Hälfte des 16. Jahrhunderts.

Von der **Plaza de San Juan**, an der die Kirche steht, führt die Straße **Inés Chemida** zu dem historischen Stadtteil San Francisco. Bei einem Spaziergang durch die Gassen bezaubern die hübschen Häuser, die alle weiß getüncht sind und grün gestrichene Fensterrahmen sowie Balkone aus Schmiedeeisen oder Holz besitzen.

Fernando de León y Castillo (1842–1918)

Der in Telde geborene Fernando de León y Castillo spielt in der Geschichte der Kanaren eine bedeutende Rolle. Er setzte sich als Patriot gegen die Vorherrschaft Teneriffas und für die Teilung in zwei Provinzen ein. 1881 wurde er zum Außenminister berufen, später war er spanischer Botschafter in Frankreich. Für seine Verdienste erhielt er den Titel Marqués del Muni. Sein Bruder Juan machte sich als Ingenieur für seine Heimatinsel verdient. Das Geburtshaus der beiden ist heute ein kleines Museum.

Büste von Fernando de León y Castillo

Fuerteventura

Fuerteventura bietet Besuchern vor allem Sonne, Sand und Strände. Das Inselinnere besteht großteils aus Dünen und trockenen Felswüsten, es erinnert ein wenig an die Westsahara, die nur gut hundert Kilometer östlich liegt. Die meisten Urlauber bleiben an den Stränden und genießen Sonne und Meer. Günstige Windverhältnisse schaffen ideale Bedingungen zum Surfen.

Zwischen Punta de la Tinosa im Norden und Punta de Jandía im Süden liegen 97 Kilometer. Damit ist Fuerteventura die längste Insel der Kanaren, mit 1660 Quadratkilometern Fläche aber nur die zweitgrößte Insel des Archipels. Mit rund 104000 Einwohnern ist sie recht dünn besiedelt – die Anzahl der Ziegen ist deutlich höher. Der Pico de Jandía (auch: Pico de la Zarza) ist mit 812 Metern die höchste Erhebung.

Die Ziege – Wahrzeichen der Insel und Teil der Landschaft

Eine Insel namens Forte Ventura ist erstmals 1339 auf einer Karte des Kartografen Angelino Dulcert verzeichnet. Von 1402 bis 1405 nahmen die Konquistadoren unter Jean de Béthencourt und Gadifer de la Salle die Insel ein. Um das Lager Béthencourts entstand das Dorf Betancuria, das in der Folgezeit Hauptstadt wurde. Mitte des 17. Jahrhunderts dehnte sich sich die Besiedelung bis nach El Cotillo aus und schloss das antike Königreich Maxorata ein. Vulkanausbrüche, Dürreperioden und Sandanwehungen aus der Sahara zogen im 18. und 19. Jahrhundert den nahezu vollständigen Zusammenbruch der Landwirtschaft nach sich. Heute ist der Fremdenverkehr der wichtigste Wirtschaftsfaktor Fuerteventuras.

Trotz des Sonnenscheins ist es auf Fuerteventura etwas kühler als auf den anderen Inseln. Der vorherrschende Wind, *gota fría* genannt, sorgt dafür, dass die Durchschnittstemperatur bei 25 °C liegt. Wegen der geringen Niederschläge ist die Vegetation auf der Insel eher karg, das Trinkwasser ist knapp. Süßwasser wird in Entsalzungsanlagen gewonnen oder per Schiff vom Festland auf die Insel transportiert.

Der helle Sandstrand südlich von Corralejo ist kilometerlang

◁ Steilküste in der Bucht von Ajuy *(siehe S. 74)*

Überblick: Fuerteventura

Der Tourismus setzte auf Fuerteventura später als auf den anderen großen Inseln ein, die Zahl der Besucher wächst noch immer. Vor allem die endlosen hellen Strände locken Sonnenhungrige an. Die zugänglicheren Strände erstrecken sich im Nordteil der Insel bei Corralejo, die wilderen im Süden bei Cofete. Die Küstenabschnitte um Jandía bieten perfekte Bedingungen zum Wellenreiten und Windsurfen. Taucher finden an vielen Stellen eine reiche Unterwasserwelt vor. Doch auch das Inselinnere bietet einiges: In karger, aber faszinierend schöner Landschaft kann man wandern und Rad fahren. In verträumten kleinen Ortschaften findet man Ruhe und Entspannung. Wer sich für die Geschichte der Insel interessiert, wird vor allem in Betancuria und Pájara auf viele interessante Plätze und Bauwerke stoßen.

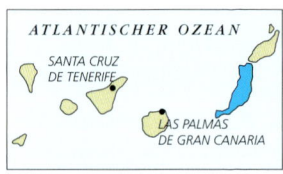

Zur Orientierung

Berglandschaft zwischen Pájara und La Pared

Sehenswürdigkeiten auf einen Blick

Ajuy ❿
Antigua ❽
Betancuria ❾
Caleta de Fuste ⓳
Cofete ⓰
Corralejo ❸
Costa Calma ⓭
El Cotillo ❺
Gran Tarajal ⓱
Isla de los Lobos ❹
La Oliva ❻

La Pared ⓬
Malpaís Chico
   und Malpaís Grande ⓲
Morro Jable ⓮
Pájara ⓫
Parque Natural de las Dunas
   de Corralejo ❷
Península de Jandía ⓯
Puerto del Rosario ❶
Tefía ❼

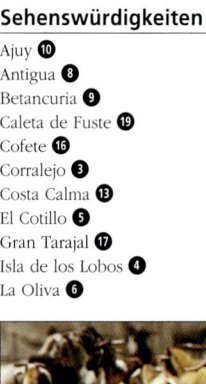

Ziegenherden sieht man überall auf Fuerteventura

Punta Penón Blan

AJU

Playa de Garcey

Playa de la Pared ⓬ LA PARE

La Lají

⓭ COSTA CALMA

Playa de Barlovento

Playa de Cofete   ⓰ COFETE

Playa de Sotavento

PENÍNSULA DE JANDÍA   FV2

Puerto de la Cruz

Punta de Jandía   *Playa de las Pilas*   ⓯

MORRO JABLE   ⓮   Casas del Matorral

Punta de la Tiñosa

ISLA DE LOS LOBOS ④

CORRALEJO ③

El Río

Punta la Barra

playas de Corralejo

②
PARQUE NATURAL DE LAS DUNAS DE CORRALEJO

EL COTILLO ⑤

Lajares

nta Paso Chico

Montaña Roja
312 m

Montaña de Escantraga
529 m

LA OLIVA ⑥

FV10

FV1

Monumento a Miguel de Unamuno

Tindaya

Tetir

FV10

Punta de la Tiñosa

os
os

⑦ **TEFÍA**

Casillas del Ángel

FV20

FV30

La Ampuyenta

①
PUERTO DEL ROSARIO

Playa Blanca

Triquivijate

Playa de las Caletillas

⑨ **BETANCURIA**

e
an

⑧ **ANTIGUA**

FV2

⑲ **CALETA DE FUSTE**

Vega de Río Palmas

FV20

FV50

Tiscamanita

Casas de las Salinas

JARA

⑱

MALPAÍS CHICO & MALPAÍS GRANDE

Tuineje

FV2

Casas de Pozo Negro

ejerague

FV20

Punta Gorda

FV2

Playa de los James

N TARAJAL ⑰

Las Playitas

ejo

0 Kilometer   10

Im gepflegten Garten der Casa de Santa María, Betancuria

Anreise

Direkte Flugverbindungen gibt es zwischen Fuerteventura und Lanzarote, Gran Canaria und Teneriffa sowie zum spanischen Festland. Von fast jeder größeren Stadt in Europa fliegen Charterlinien Fuerteventura an. Regelmäßig verkehren Fähren zwischen Puerto del Rosario und Arrecife (Lanzarote) sowie Las Palmas de Gran Canaria, ebenso zwischen Corralejo und Playa Blanca (Lanzarote). Zwischen Morro Jable und Las Palmas de Gran Canaria kreuzt ein Tragflächenboot. Auf der Insel gibt es nur wenige öffentliche Buslinien.

SIEHE AUCH

- **Hotels** S. 158–160
- **Restaurants** S. 174

LEGENDE

▬	Autobahn
▬	Hauptstraße
▭	Nebenstraße
▬	Panoramastraße
△	Gipfel

Am Ortseingang von La Pared

Salon in der Casa Museo de Unamuno, Puerto del Rosario

Puerto del Rosario ❶

🏃 35600. ✈ 🚌 ⛴ ℹ *Avda. Maritima, 37.* ☎ *928 850 110.* 🎭 *Nuestra Señora del Rosario (7. Okt).*

Puerto del Rosario, die Hauptstadt von Fuerteventura, wurde 1797 als Hafen für den Getreide- und Soda-Export gegründet. Mitte des 19. Jahrhunderts blühte der Ort auf, 1860 wurde er als »Puerto de Cabras« (Hafen der Ziegen – der Name verweist auf eine Wasserstelle im nahen Tal) zur Haupstadt der Insel. 1975 wurde die Stadt in Puerto del Rosario (Hafen des Rosenkranzes) umbenannt. Ein Drittel der Einwohner von Fuerteventura lebt in Puerto del Rosario.

Im Hafen, der 2007 zum offiziellen Schengenhafen wurde, herrscht stets Betrieb: Frachtverkehr wird abgewickelt, die Fähren nach Gran Canaria und Lanzarote laufen aus, in der Marina tummeln sich die Eigner der Yachten. Der internationale Flughafen ist wenige Kilometer entfernt.

Auffällig sind in Puerto del Rosario die Kasernen der spanischen Fremdenlegion. 1975, als sich Spanien aus der West-sahara zurückzog, waren hier 3000 Legionäre stationiert, heute sind es unter 1000.

Gegenüber der Kirche **Nuestra Señora del Rosario** mit klassizistischer Fassade befindet sich die **Casa Museo de Unamuno**. Das Haus, in dem der spanische Philosoph und Schriftsteller Miguel de Unamuno während seiner Verbannung lebte, ist heute Museum. Neben dem Schreib-tisch des Literaten sind auch die im Stil der Zeit möblierten Räume zu besichtigen. Sie geben Einblick in den bür-gerlichen Lebensstil Anfang des 20. Jahrhunderts.

🏛 **Casa Museo de Unamuno**
C/Virgen del Rosario, 11. ☎ *928 862 376.* ☐ *Mo–Fr 9–14, Sa 10–13 Uhr.*

Umgebung: Zwölf Kilometer nördlich von Puerto del Rosa-rio liegt das Dorf **Casillas del Ángel** mit reizenden Häusern. Die Kirche Santa Ana (1781) weist eine Fassade aus schwar-zem Vulkangestein auf.

Parque Natural de las Dunas de Corralejo ❷

Am Fuß des Vulkans Mon-taña Roja im Nordosten der Insel liegt auf 312 Metern Höhe der Parque Natural de las Dunas de Corralejo, der 1987 zum Nationalpark erklärt

Ziegen auf Futtersuche im kargen Parque Natural de las Dunas

wurde. An der Straße zwi-schen Puerto del Rosario und Corralejo erstreckt sich auf einer Fläche von 2668 Hektar eine riesige Dünenlandschaft, die einen reizvollen Kontrast zum Blau des Himmels und zum Türkisblau des kristall-klaren Meers bildet.

Besucher fühlen sich in die Sahara versetzt: Selbst in der Hochsaison ist es kein Pro-blem, Stille und Einsamkeit fern von Besucheransamm-lungen zu erleben und die überwältigende Atmosphäre zu spüren. Die einzigen An-zeichen von Zivilisation, auf die man trifft, sind die Stein-mauern, die als Windschutz auf den Sandbergen errichtet wurden.

Kunst aus Sand: Drachenskulptur am Strand von Corralejo

Corralejo ❸

🏃 14400. ⛴ ℹ *Avda. Maritima.* ☎ *928 866 235.* ⛴ *Mo, Fr, So.* 🎭 *Karneval (März), Nuestra Señora del Carmen (16. Juli).*

An der Nordspitze von Fuer-teventura liegt ein Fähr-hafen, von dem mehrmals am Tag Schiffe nach Playa Blanca auf Lanzarote auslaufen. Von hier legen auch die kleineren Boote auf die winzige Insel Los Lobos ab. Alte Kähne liegen am Kai, ein paar Fisch-restaurants verleihen dem Ort zusätzlichen Charme.

Corralejo hat sich zum zweitwichtigsten Ferienort (nach der Halbinsel Jandía) auf Fuerteventura entwickelt. Hierher kommt man nicht wegen kanarischer Traditio-nen, sondern wegen der wei-ten, weißen Strände, von denen man einen schönen Blick auf Lanzarote und Los Lobos genießt. Außerdem herrschen hier vor der Küste perfekte Bedingungen zum Wellenreiten und Windsurfen. Der Wind und die Strömungs-verhältnisse in der Straße von

Hotels und Restaurants auf Fuerteventura *siehe Seiten 158–160 und 174*

Jetski-Verleih und Segelschule im Hafen von Corralejo

Miguel de Unamuno (1864–1936)

Miguel de Unamuno, der »Philosoph aus Salamanca«, übte zu Beginn des 20. Jahrhunderts entscheidenden Einfluss auf die spanische Literatur und das intellektuelle Leben aus.

Unamuno war von 1900 bis 1924 sowie von 1930 bis zu seinem Tod Rektor der Universität von Salamanca. Wegen seiner Angriffe auf die Diktatur von Miguel Primo de Rivera y Orbaneja musste er auf die Kanarischen Inseln emigrieren. Während der Regierung General Francos lebte er eine Zeit lang unter Hausarrest. Unamuno war Romancier, Dramatiker und Literaturkritiker und vertrat das Postulat des »reinen Spanisch«. Seine *Andanzas y visiones españolas* (1922) zeugen von seiner Heimatverbundenheit.

Miguel de Unamuno, der skeptische Denker

El Río (zwischen Corralejo und Lanzarote) sind das ganze Jahr über nahezu gleichmäßig gut – kein Wunder also, dass man hier allen erdenklichen Arten von Wassersport frönt. Zudem bieten das klare Wasser und der Fischreichtum ideale Bedingungen zum Tauchen, Angeln und für Fahrten mit dem Glasbodenboot.

An der **Plaza de la Iglesia** findet man eine moderne Kirche. Spannender sind die Sandskulpturen an einem Strand in Hafennähe. Hier entstehen und zerfallen die Werke vieler Hobbybildhauer.

Isla de los Lobos ❹

Die Vulkaninsel im Norden Fuerteventuras ist winzig und sehr jung: Erst vor rund 8000 bis 6000 Jahren erhob

sie sich aus dem Meer. Ihren Namen bekam sie wegen der Seehunde *(lobos marinos)*, die hier früher häufig am Strand lagen.

Wenn man den Geschichtsbüchern glauben darf, ankerte der französische Abenteurer Gadifer de la Salle 1402 bei der Insel. Robbenfleisch rettete ihn und seine Mannschaft vor dem Verhungern. In der Folgezeit baute Jean de Béthencourt eine Einsiedelei auf der Insel. Danach wurde die Insel Stützpunkt für Piraten, die von hier aus die anderen Inseln überfielen, später war sie ein Zentrum des verbotenen Sklavenhandels.

Bis 1968 waren der Leuchtturmwärter und seine Familie die einzigen Bewohner der Isla de los Lobos. Aus diesem Grund konnte die Insel ihr

gewachsenes Ökosystem bewahren. Bis heute nutzen viele Zugvögel den natürlichen »botanischen Garten« an den Hängen der Montaña Lobos als Rastplatz.

Heute ist die ganze Insel Naturschutzgebiet. Es gibt zwar eine Handvoll kleiner Pensionen, aber deren Gäste sind sensibel im Umgang mit der Natur, auch die Tagesausflügler richten nicht viel Schaden an. Selbst das Angeln ist auf wenige Stellen beschränkt. Unbegrenzt sind dagegen die Möglichkeiten, sich an den Sandstränden zu erholen und zu schwimmen. Als Abwechslung zum Strandleben bietet sich eine Wanderung rund um die Insel an: Der Wanderweg beginnt und endet in Casas del Puertito, einem Dorf mit Hafen.

Isla de los Lobos – ein lohnendes Ausflugsziel zum Schwimmen und Wandern

Der Fischerhafen von El Cotillo vor dem Verteidigungsturm Fortaleza del Tostón

El Cotillo ❺

🚌 ℹ 609 207 967. 🎉 *Nuestra
Señora del Buen Viaje (Mitte–Ende
Aug).*

Die Anfänge dieses Fi-
scherorts sind eng mit
den Guanchen verbunden,
denn hier lag der Sitz der Anführer des alten nördlichen
Königreichs Maxorata.

Der runde Verteidigungs-
turm **Fortaleza del Tostón** ist
jüngeren Datums: Er wurde
1797 wegen drohender An-
griffe britischer und arabi-
scher Piraten errichtet. Die
zweistöckige Anlage ist gut
erhalten. Man betritt sie über
eine Zugbrücke. Ursprünglich
enthielt sie im Obergeschoss
einen Wassertank, unten
schliefen die Wachsoldaten.

Geprägt wird das Bild des
Hafens von einem großen
Felsen, der aus dem Wasser
ragt. Was Urlaubern fotogen
erscheint, erschwert das Ein-
und Auslaufen der Fischerboote bei rauer See erheblich.
In der Nähe von El Cotillo
gibt es schöne Buchten und
Sandstrände.

La Oliva ❻

🏛 23 000. 🚌 ℹ 928 866 235.
🎉 *Nuestra Señora de la Candelaria
(2. Feb), Nuestra Señora del Rosario
(Mitte Okt).*

Eine der schönsten
Städte im nördli-
chen Teil von Fuerte-
ventura ist La Oliva,
ein beliebtes Aus-
flugsziel am Fuß
der 527 Meter hohen
Montaña de Escantraga.
Die ersten europäischen
Siedler ließen sich
hier im frühen
14. Jahrhundert
nieder, 1709 mach-
te der neu einge-
setzte Gouverneur
(der «Colonel») La
Oliva zu seinem Sitz. Der Ort
wurde militärisches Zentrum
und – neben Betancuria –
auch ein wichtiger Verwal-
tungssitz.

Als militärisches Hauptquar-
tier wurde im
18. Jahrhun-
dert die
**Casa de los
Coroneles**

Figur im Centro de
Arte Canario

(Haus der Kommandanten)
errichtet, ein großes Gebäude
mit zwei Türmen und zahlreichen Fenstern. Gern wird erzählt, es habe einst ein Fenster für jeden Tag des Jahres
gegeben – doch das ist
übertrieben. In der
Nähe steht die **Casa
del Capellán** (Haus
des Kaplans), ein
einfaches einstöcki-
ges Haus mit einem
schönen Portal.

Die dreischiffige
**Iglesia de Nuestra Seño-
ra de la Candelaria** im
Ortszentrum datiert
von 1711. Ihre
weiß getünchten
Außenwände kon-
trastieren mit dem
Glockenturm aus
schwarzem Vulkangestein,
der schon von Weitem ins
Auge sticht. Der Innenraum
der Kirche weist zahlreiche
interessante Details auf, darunter die Mudéjar-Decke, ein
Gemälde mit dem *Jüngsten
Gericht*, ein barockes Altarge-
mälde sowie einige schöne
Skulpturen und Gemälde von
Juan de Miranda (1614–1685).

Im **Museo del Grano La
Cilla**, das in einem Kornspeicher aus dem frühen 19. Jahrhundert untergebracht ist, er-
fährt man allerlei über den
Getreideanbau auf der Insel,
denn La Oliva war früher
nicht nur von Olivenbäumen,
sondern auch von Weizen-
feldern umgeben.

🏛 **Museo del Grano La Cilla**
📞 928 868 729. ⏰ *Di–Sa 10–
18 Uhr.*

Iglesia de Nuestra Señora de la Candelaria, La Oliva

Hotels und Restaurants auf Fuerteventura *siehe Seiten 158–160 und 174*

Tefía ❼

🏛 230.

Rekonstruierter alter Bauernhof im Ecomuseo de la Alcogida, Tefía

An der Straße zwischen La Oliva und Betancuria liegt bei Tefía das Freilichtmuseum **Ecomuseo de la Alcogida**. Sieben rekonstruierte Häuser zeigen die typische traditionelle Architektur von Fuerteventura, die Ausstellung erzählt davon, wie die Insulaner früher lebten und Landwirtschaft betrieben. Auch über Handwerk und Bauweisen erfahren Besucher einiges.

🏛 **Ecomuseo de la Alcogida**
☎ 928 858 998.
🕐 Di–Sa 10–18 Uhr.

Umgebung: Zwölf Kilometer nordöstlich kann man durch das Dorf **Tetir** schlendern und die nach traditioneller Weise gebauten Häuser mit Balkonen betrachten. Die Kirche Santo Domingo de Guzmán stammt von 1745. Auf dem Kirchplatz steht die Büste von Juán Rodríguez y González (1825–1893). Der Gründer der Banco de Canarias wurde in Tetir geboren.

Acht Kilometer weiter nördlich steht an den Hängen der **Montaña Quemada** ein Denkmal des Dichters Miguel de Unamuno. Juan Borges Lineres schuf das über zwei Meter hohe Monument im Jahr 1970 aus Sandstein.

Antigua ❽

🏛 3000. 🚌 🎭 Nuestra Señora del Pino (8. Sep).

Antigua im geografischen Zentrum von Fuerteventura ist – wie der Name sagt – einer der ältesten Orte der Insel. Siedler aus Andalusien und der Normandie gründeten ihn 1485. Sie bauten Windmühlen, um die Felder zu bewässern. 1812 bekam Antigua Stadtrechte, 1835 wurde der Ort für ein Jahr Hauptstadt der Insel.

Zu den sehenswerten Gebäuden zählt die Kirche **Nuestra Señora de Antigua** (1785) mit einer Holzdecke und einem mit Volkskunstmotiven verzierten Hauptaltar.

Das **Centro de Artesanía Molinos de Antigua** am Ortsrand ist ein Museumsdorf, das unter Mitwirkung von César Manrique entstand. Hier kann man u. a. eine rekonstruierte Windmühle sehen. Der alte Kornspeicher wurde zum Restaurant umgebaut. In den jüngeren Gebäuden befinden sich ein Kunsthandwerks-

Nuestra Señora de Antigua, im 18. Jahrhundert erbaut

zentrum, eine Kunstgalerie sowie ethnografische und archäologische Sammlungen.

🏛 **Centro de Artesanía Molinos de Antigua**
☎ 928 878 041.
🕐 Di–Fr, So 9.30–17.30 Uhr. 🖼

Umgebung: Rund fünf Kilometer nördlich liegt das Dorf **La Ampuyenta** mit der Kapelle San Pedro de Alcántara aus dem 17. Jahrhundert. Die Anlage ist von einer Mauer umgeben, die normannische Siedler errichteten.

Etwa 14 Kilometer südlich in **Tiscamanita** ist die Kapelle San Marcos zu besichtigen. Im **Centro de Interpretación de los Molinos** kann man sich über die Funktionsweise der vielen, heute leider oft verfallenen Windmühlen auf der Insel informieren.

🏛 **Centro de Interpretación de los Molinos**
🕐 Di–Fr, So 9.30–17.30 Uhr. 🖼

Jean de Béthencourt (1362–1425)

Am 1. Mai 1402 setzten Jean de Béthencourt und Gadifer de la Salle die Segel in La Rochelle, Nordfrankreich, um die die Kanarischen Inseln zu »erobern«. Béthencourt ließ einen Teil der Mannschaft auf Lanzarote zurück und segelte nach Spanien, um Hilfe zu erhalten. Er kehrte mit Schiffen, Soldaten, Geld und dem neuen Titel als Herrscher über Fuerteventura, Lanzarote, El Hierro und La Gomera zurück. De la Salle machte sich wütend nach Frankreich auf. Bevor Béthencourt die Inseln 1406 verließ, übertrug er alle Machtbefugnisse auf seinen Neffen Maciot de Béthencourt. Béthencourt starb 1425 in seinem Schloss in der Normandie.

Jean de Béthencourt, normannischer Eroberer

Als grüne Oase liegt Betancuria unterhalb von kargen Vulkankegeln

Betancuria ❾

🏯 840. 🚌 ℹ️ C/Juan Béthencourt,
6. 📞 928 878 233. 🎉 San Buenaventura (14. Juli).

Betancuria ist eine der
Hauptattraktionen Fuer-
teventuras. Der Ort liegt im
Schutz eines Vulkankraters.
Hier, mitten im Parque Natural de Betancuria, sieht man
ringsum ein eindrucksvolles
Panorama von erloschenen
Vulkankegeln. Das weite Tal,
ein ausgetrocknetes Flusstal,
ist die einzige grüne Oase inmitten der kargen Umgebung.
   Der geschichtsträchtige Ort
wurde 1405 von Jean de Béthencourt gegründet und bekam damals seinen wohlklin-
genden vollen Namen: Villa
de Santa María de Betancuria.
Der normannische Eroberer
erklärte Betancuria zur Inselhauptstadt, diesen Status hatte
sie bis 1834 inne. Trotz der
geschützten Lage wurde Betancuria 1593 von dem Piraten Xabán de Arráez überfal-
len. Er ließ die Stadt zerstören
und 600 Einwohner gefangen
nehmen.
   Der ausgesprochen hübsche
Ortskern steht heute unter
Denkmalschutz. Bereits 1405
errichtete man eine Kirche,
1425 wurde sie ausgebaut.
Papst Martin III. verlieh ihr
den Status eines Bischofssit-
zes. (Kurioserweise hat der
Bischof die Insel nie besucht
und seine Kathedrale nie gesehen.) 1593 wurde sie von
Arráez niedergebrannt und
ab 1620 wieder aufgebaut. In
der heutigen **Iglesia de Santa
María** ist nebem dem Barockaltar der originale Steinboden
mit dem Holzrahmen bemer-
kenswert. Auch das Chorge-
stühl und die Kassettendecke
sind beeindruckend. Das
große Gemälde hinter dem
Chor, *Nava de La Iglesia*
(1730), stammt von Nicolas
Medina und stellt die Kirche
als Schiff dar.
   Am nördlichen Ortsrand
liegt die Franziskanerabtei
San Buenaventura, die älteste
der Insel. Das Dach brach
Mitte des 19. Jahrhunderts
ein, heute sieht man nur noch
die malerischen Ruinen. Ganz
in der Nähe erhebt sich der
Fels **Pozo del Diablo**. Der Legende nach wurde Satan hier
angekettet und gezwungen,
Steine für den Bau der Abtei
zu schlagen.
   Betancuria bietet zwei kleine Museen: Das **Museo de
Arte Sacro** im ehemaligen Ge-
meindehaus zeigt eine Sammlung sakraler Kunst. Außerdem präsentiert es Fotos von
fast jeder Kirche der Insel. Im
Museo Arqueológico sind
Guanchen-Exponate zu
sehen. In der Casa de Santa
María (16. Jh.) kann man
Kunsthandwerk erstehen.

🏛 **Museo de Arte Sacro**
Alcalde Carmelo Silvera, s/n.
📞 928 878 003. ⏰ Mo–Sa
11–16 Uhr.

🏛 **Museo Arqueológico**
Roberto Roldán, 12–14.
📞 928 878 241. ⏰ Di–Sa 10–
18 Uhr.

Umgebung: Zwei Kilometer
nördlich von Betancuria bietet
der Mirador de Morro Velosa
einen grandiosen Blick über
die Umgebung, die an eine
Mondlandschaft denken lässt.

Ajuy ❿

30 km südwestlich von Betancuria.

Ajuy ist ein kleines Fischerdorf, das an einer Bucht
zwischen steilen Klippen
liegt. Hier sollen Jean de Béthencourt und Gadifer de la
Salle 1402 geankert und das
erste Mal die Insel betreten
haben. Viele Jahre lang blieb
der natürliche Hafen, Puerto
de la Peña genannt, die be-
vorzugte Anlegestelle für die
Siedler.
   Die Fischfangsaison dauert
von Mai bis Oktober. In dieser Zeit servieren die Strand-
restaurants den Tagesfang.
Eine Attraktion ist der tief-
schwarze, zum Teil steinige
Sandstrand. Vorsicht: Die
Brandung ist hier oft stark.
   In der Nähe gibt es zahlreiche Höhlen, darunter **Arco
de Jurado**, zu besichtigen. Für
Taucher sind die großen Unterwasserhöhlen und der reiche Fischbestand ganz besonders reizvoll.

Die steilen Klippen bei Ajuy in der Brandung der Wellen

Hotels und Restaurants auf Fuerteventura *siehe Seiten 158–160 und 174*

Alte Bewässerungsanlage in Pájara

Pájara ⓫

 Virgen del Carmen (16. Juli).

Eine landschaftlich überaus reizvolle Straße verbindet Betancuria mit dem Dorf Pájara. Pájara ist eine der ältesten Siedlungen von Fuerteventura. An dem Ort ließen sich im 16. Jahrhundert Fischer und Ziegenhirten nieder.

Die Kirche **Nuestra Señora de la Regla** von 1684 besitzt auffallende lateinamerikanische Elemente. Das Steinrelief über dem Hauptportal zeigt stilisierte Fische, Löwen, Vögel und Schlangen, die sich selbst in den Schwanz beißen – Motive, die sich auch in der Kunst der Azteken finden. Das Kircheninnere beherbergt zwei Holzaltäre und zwei Marienfiguren: eine lächelnde Madonna mit Kind und eine Figur der Nuestra Señora de los Dolores, der Schutzheiligen der Insel.

Portal der Kirche in Pájara

Umgebung: Etwa elf Kilometer nordöstlich von Pájara befindet sich bei **Vega de Río Palmas** die Einsiedelei Nuestra Señora de la Peña, die ein weiteres Bildnis der Schutzpatronin Nuestra Señora de los Dolores besitzt. Jedes Jahr am dritten Sonntag im Mai wird hier, in einer Schlucht zwischen hohen, kargen Felsen, das Fest der Schutzheiligen gefeiert. In der 1666 erbauten Kirche stehen Heiligenfiguren, die Jean de Béthencourt für die erste Kirche in Betancuria mitgebracht haben soll.

La Pared ⓬

Rund 21 km südlich von Pájara.

Der kleine Ferienort hat sich gut entwickelt und verfügt über ein elegantes Hotel. La Pared besitzt eine durchaus interessante Geschichte: Vor der spanischen Eroberung verlief hier eine Mauer – *la pared* –, die die Grenze zwischen Maxorata und Jandía markierte, den zwei Reichen der Guanchen. Von der Mauer sind keine Relikte erhalten, da die Steine vermutlich abgetragen und als Baumaterial verwendet wurden. Bei La Pared befinden sich die größten Dünen Fuerteventuras. Sie trennen die Halbinsel Jandía vom restlichen Fuerteventura. Außerdem bilden die Dünen eine natürliche Grenze zwischen zwei Badebuchten, die völlig unterschiedlichen Sand aufweisen: Playa del Vejo Rey im Süden ist golden, Playa de la Pared im Norden schwarz.

Wanderer können eine schöne Tour von einigen Stunden Dauer unternehmen. Die Strecke führt an interes-santen Vulkanformationen vorbei und stößt am Fuß des Risco del Pasco wieder auf die Straße, die nach Morro Jable führt.

Costa Calma ⓭

🏠 5500. 🚌

Costa Calma ist ein gehobener moderner Ferienort, der sich durch seine geschmackvolle Architektur auszeichnet. Südlich des Orts erstreckt sich die Playa del Sotavento, der längste und schönste Strand der Insel, der zum Windsurfen ideal ist.

Die ersten Privathäuser entstanden in den späten 1960er Jahren, das erste Hotel wurde 1977 gebaut. Costa Calma wuchs schnell, bald wurde die Straße zwischen Puerto del Rosario und Morro Jable ausgebaut. 1986 folgte der Bau einer Meerwasserentsalzungsanlage, Mitte der 1990er Jahre entstanden zahlreiche Ferienanlagen. Entlang der Hauptstraße wurde eine Grünzone mit Palmen und Kanarischen Kiefern angelegt.

Umgebung: Etwa acht Kilometer nördlich von Costa Calma beim kleinen Dorf **La Lajita** präsentiert der **Oasis Park** exotische Vogelarten und Säugetiere aus aller Welt. Neben Seehund-, Reptilien- und Papageienschauen werden Kamelritte angeboten. In Läden kann man Souvenirs sowie einheimische und subtropische Pflanzen für zu Hause erwerben.

🦎 **Oasis Park**
📞 902 400 434.
🕐 tägl. 9.30–18 Uhr. 🖥
www.fuerteventuraoasispark.com

Die Berge nördlich von La Pared erinnern an eine Mondlandschaft

Unwirtlich und unbewohnt: die Nordwestküste der Península de Jandía

Morro Jable ⑭

🚶 7800. ⛴ 🏖

Morro Jable liegt zwischen langen Sandstränden im äußersten Süden von Fuerteventura. Einst war es ein verschlafenes Fischerdorf. Heute bieten überall in den engen Gassen Läden ihre Waren feil, Tavernen offerieren frische Fischgerichte. Morro Jable ist der größte Ferienort von Fuerteventura geworden.

Der moderne Ortsteil umfasst Hotel- und Apartmentanlagen, Shoppingcenter und Bars. Fähren verkehren zwischen dem Hafen von Morro Jable und Las Palmas de Gran Canaria, in der Marina liegen zahllose Yachten. Morro Jable ist auch ein hervorragender Ausgangspunkt für Wanderungen auf der Península de Jandía.

Península de Jandía ⑮

Kilometerlange weiße Sandstrände umringen die Halbinsel. Der Wellengang ist oft hoch – Windsurfer kommen in diesen Gebieten auf ihre Kosten. Der abgeschiedene Strand von Barlovento an der nordwestlichen Seite der Insel wird vor allem von Tauchern geschätzt.

Die Gegend um Puerto de la Cruz in der Nähe von Punta de Jandía, der Südspitze der Insel, weist Felsküste auf und birgt einen abgeschieden stehenden Leuchtturm. Das Gebiet ist in den letzten Jahren insbesondere bei Campingurlaubern beliebt geworden, die auf der Halbinsel der Betriebsamkeit der Ferienorte entfliehen.

Einen großen Teil der Halbinsel mit den kargen, rauen Hügeln nimmt das Schutzgebiet **Parque Natural de Jandía** ein, in dem zahlreiche endemische Pflanzenarten gedeihen. In abgelegenen Tälern treffen Wanderer oft auf wild lebende Ziegen und Esel.

Während des Zweiten Weltkriegs waren weite Bereiche der Halbinsel mit Stacheldraht abgesperrt, der deutsche Offizier Gustav Winter hatte das Land gepachtet. Es wird gemunkelt, dass Winter im Auftrag von Hermann Göring und mit Zustimmung von General Franco einen Stützpunkt für deutsche U-Boote betrieb. Winter starb 1971 auf Fuerteventura.

Cofete ⑯

🚶 20.

Wer sich dem vom Wind umtosten Weiler an der Westseite Fuerteventuras nähert, erhält den Eindruck, die Insel sei unbewohnt. Eine unbefestigte Straße verbindet Morro Jable mit Cofete. Auf der Höhe der Playa de Juan Gómez gabelt sich die Straße: Eine Route führt zur Südwestspitze der Insel, die andere windet sich nach Cofete hinauf. Hier beginnen Wanderwege, die am Rand des Gran Valle verlaufen und zum Pass zwischen Pico de la Zarza und Pico de Fraile führen.

Hinter dem Dorf, am Fuß des Degollada de Cofete, liegt die dem Verfall preisgegebene Villa Gustav Winters. In Cofete findet man das einzige Restaurant der Gegend. Ein zwei Kilometer langer Pfad führt zu einem Strand und weiter nach Barlovento.

Bis heute ranken sich Gerüchte um Gustav Winter und seine Villa

Hotels und Restaurants auf Fuerteventura siehe Seiten 158–160 und 174

Windmühlen

Windmühlen aller Art prägen vielerorts das Bild auf den Inseln – vor allem von Fuerteventura sind sie nicht wegzudenken. Die ersten wurden im 17. Jahrhundert gebaut und ersetzten damals jene Mühlen, die von Eseln betrieben und *tahonas* genannt wurden. Der älteste Windmühlentyp ist der *molino*. Der massive runde Steinbau mit konischem Dach besitzt vier bis sechs Flügel. Im 19. Jahrhundert begann man einen anderen Mühlentyp mit veränderter Mechanik zu bauen: die *molina*. Für die Meerwasserentsalzungsanlagen des 20. Jahrhunderts kamen Turbinen zum Einsatz. Inzwischen gibt es zahlreiche Windparks auf Fuerteventura, die einen Großteil des Strombedarfs decken.

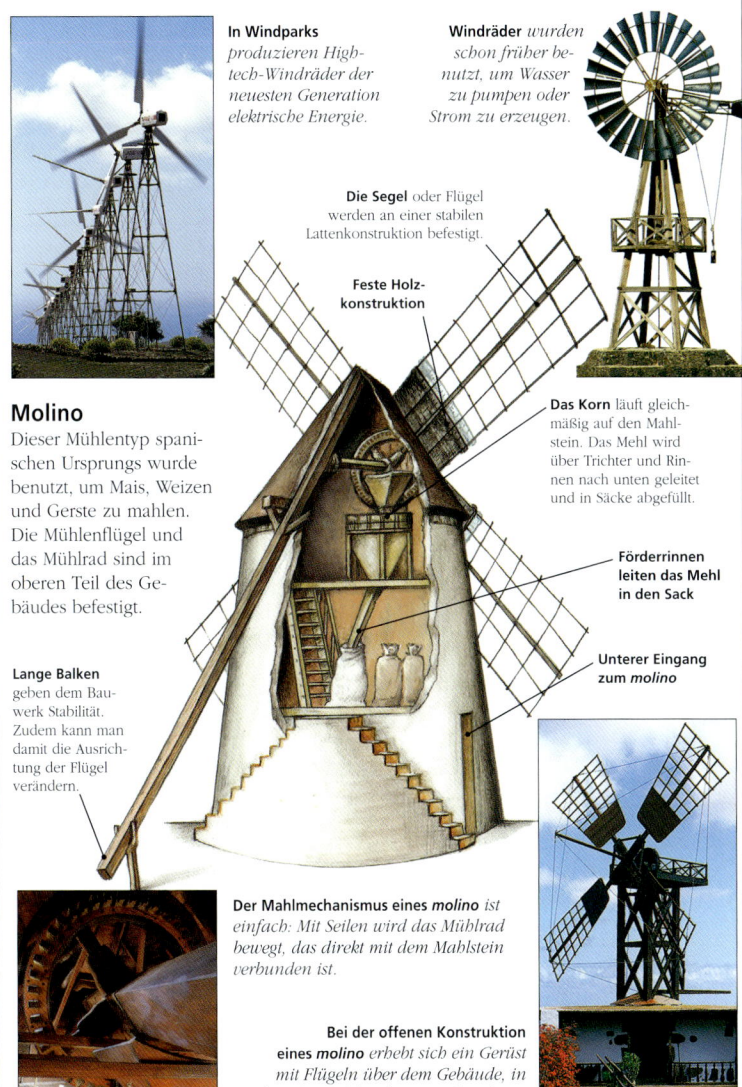

In Windparks *produzieren High-tech-Windräder der neuesten Generation elektrische Energie.*

Windräder *wurden schon früher benutzt, um Wasser zu pumpen oder Strom zu erzeugen.*

Die Segel oder Flügel werden an einer stabilen Lattenkonstruktion befestigt.

Feste Holz-konstruktion

Das Korn läuft gleichmäßig auf den Mahlstein. Das Mehl wird über Trichter und Rinnen nach unten geleitet und in Säcke abgefüllt.

Förderrinnen leiten das Mehl in den Sack

Unterer Eingang zum *molino*

Molino

Dieser Mühlentyp spanischen Ursprungs wurde benutzt, um Mais, Weizen und Gerste zu mahlen. Die Mühlenflügel und das Mühlrad sind im oberen Teil des Gebäudes befestigt.

Lange Balken geben dem Bauwerk Stabilität. Zudem kann man damit die Ausrichtung der Flügel verändern.

Der Mahlmechanismus eines *molino ist einfach: Mit Seilen wird das Mühlrad bewegt, das direkt mit dem Mahlstein verbunden ist.*

Bei der offenen Konstruktion eines *molino erhebt sich ein Gerüst mit Flügeln über dem Gebäude, in dem das Mahlwerk untergebracht ist.*

Gran Tarajal ⑰

7300. 🚌 ℹ️ 928 162 723.
*Fiesta de San Diego de Alcalá
(13. Nov).*

Gran Tarajal, ein wichtiges Geschäftszentrum, ist vom Fremdenverkehr wenig beeinflusst. Schon in der Zeit Jean de Béthencourts wurde die strategisch günstige Lage des Orts an der Ostküste erkannt, es wurde ein Fort errichtet.

Im frühen 20. Jahrhundert war der Hafen von Gran Tarajal bedeutender als derjenige der Hauptstadt Puerto del Rosario. Noch heute werden in diesem Hafen die landwirtschaftlichen Produkte der Península de Jandía – Tomaten, Fisch und Vieh – verladen. Gran Tarajal besitzt auch einen Strand. Das Meer ist hier ruhig, der Sand allerdings düstergrau.

Historische Sehenswürdigkeiten sucht man in Gran Tarajal vergeblich. Zu besichti-

Der Hafen von Las Playitas in der Nähe von Gran Tarajal

gen ist nur die einschiffige Kirche **Nuestra Señora de Candelaria**, die 1900 erbaut wurde.

Umgebung: Sechs Kilometer Fahrt in Richtung Osten führen zum ruhigen Fischerdorf **Las Playitas**, das einen schönen Kontrast zu den umtriebigen Urlaubsorten darstellt. Statt in großen Hotelanlagen

kann man hier in alten Fischerhütten sitzen und zwischen Bougainvillea hindurch aufs Meer sehen. In den Bars und Restaurants wird köstlicher frischer Fisch serviert. Der Strand, der sich neben dem Hafen erstreckt, ist allerdings klein und steinig.

Eine kurvenreiche Straße führt zu dem rund sechs Kilometer weiter östlich gelegenen **Punta de la Entallada**. Hier ist die Distanz zwischen Fuerteventura und Afrika am kürzesten. Auf den Klippen steht ein 300 Meter hoher burgähnlicher Leuchtturm, der grandiose Aussicht bietet.

Malpaís Chico und Malpaís Grande ⑱

Das Gebirge von Malpaís Chico und Malpaís Grande stellt eine faszinierende einsame Vulkanlandschaft dar. Durch das abgeschiedene Gebiet im Zentrum Fuerteventuras führt nur eine einzi-

---

Fuerteventuras Strände

Fuerteventura ist zwar am dünnsten besiedelt, hat aber die meisten Strände. Die schönsten findet man auf der Península de Jandía. Kilometerlang dehnt sich hier der helle Sandstreifen aus – es ist also in der Regel kein Problem, Ruhe und Einsamkeit zu finden, wenn man nur weit genug läuft. Manche der kleineren Strände sind fest in der Hand von FKK-Freunden *(siehe S. 187).*

Cofete ②
Dieser abgelegene, windumtoste Strand bei Cofete ist nicht leicht zu erreichen. Die Belohnung für die Wegstrecke ist wunderbarer weißer Sand.

Puerto de la Cruz ③
Das vor allem bei Windsurfern beliebte winzige Fischerdorf an der Südwestspitze der Insel liegt äußerst abgeschieden. Es gibt einige wenige Restaurants, die frischen Fisch servieren.

Punta Pesebre
Punta del Corralito
Roque de Moro
Cofet
Degollada de Cofete
Puerto de la Luz ③
Playa de las Pilas ④

Playa de las Pilas ④
Der kleine, aber schöne Strand liegt in unberührter Landschaft. Das Meer ist relativ ruhig, der Wind sanfter als an anderen Orten.

0 Kilometer　3

Hotels und Restaurants auf Fuerteventura *siehe Seiten 158–160 und 174*

ge Straße, andere Spuren menschlicher Zivilisation sucht man vergeblich. Zwei Wanderwege durchkreuzen die Gegend: Einer führt um den Vulkan Malpaís Chico herum, der von einem Lavastrom der Caldera de Gaíra geformt wurde, der andere Weg verläuft durch ein zum Nationalpark erklärtes Schutzgebiet zum Malpaís Grande. In diesem Bereich sind einzigartige geologische Formationen zu sehen. Tiere sind kaum anzutreffen – die einzige Art, die in dieser unwirtlichen Landschaft lebt, ist der Schmutzgeier.

Caleta de Fuste ⑲

🏛 1460. 🚌 🛈 Caleta Dorada, El Castillo. 📞 928 163 576. 🎏 Nuestra Señora del Carmen (16. Juli).

Caleta de Fuste gehört zu den größten Ferienzentren der Insel. Der Ort selbst ist wenig attraktiv, doch er liegt in der Nähe des Flughafens und verfügt über einen geschützten Sandstrand, was ihn bei Familien beliebt macht. Caleta de Fuste eignet sich hervorragend als Basis für Ausflüge zu allen anderen Punkten der Insel.

Niedrig gebaute Apartmentanlagen säumen die hufeisenförmige Bucht. Im Zentrum liegt **Pueblo Majorero**, ein Komplex mit Läden, Bars und Restaurants. Eine der Bungalowanlagen, Barceló Club El Castillo, erstreckt sich um den Wachturm **El Castillo** am Hafen. Das 1741 errichtete Bauwerk zeugt von der strategischen Bedeutung des Orts. Am Strand können Urlauber allen möglichen Arten von Wassersport nachgehen. Caleta de Fuste bietet zudem den ältesten Golfplatz auf Fuerteventura.

El Castillo, der Wachturm in Caleta de Fuste

Playa de Barlovento ①
Den Strand erreicht man nur per Jeep. Er ist bei Tauchern beliebt.

Alto de Agua Oveja

Costa Calma ⑦

Morro del Rinconcillo

Playa de Barlovento ①

FV 2

Playa de Sotavento ⑥

PARQUE NATURAL DE JANDÍA

Jandía Playa

Morro Jable ⑤

Costa Calma ⑦
Der Ferienort wird immer beliebter. Sein langer Strand geht direkt in die fast endlose Playa de Sotavento über.

Playa de Sotavento ⑥
Der 22 Kilometer lange helle Sandstrand mit kristallklarem, azurblauem Wasser erhielt den Beinamen »Rhapsody in Blue«.

Morro Jable ⑤
Am Südende des Strands von Sotavento liegt Morro Jable mit seinen vielen Restaurants, Bars und Cafés. Hinter dem kleinen Strand im Ort verläuft die Uferpromenade.

Lanzarote

*L*anzarote *ist Vulkanland. Die Einheimischen nennen ihre Insel »Isla del Fuego« (Feuerinsel), und tatsächlich sind die meisten der 845 Quadratkilometer blanke Lava. Fast 300 Vulkankegel erheben sich über einer Mondlandschaft, deren Gesteinsformationen zwischen schwarzen, pinkfarbenen, purpurroten und ockerfarbenen Farbnuancen changieren.*

Die Architektur auf Lanzarote harmoniert großteils mit der einzigartigen Landschaft. Die Einwohner Lanzarotes – derzeit rund 142 000 – achten sehr auf einen traditionellen Baustil. Die strengen Vorschriften haben bisher größere Bausünden verhindert. Dieses Bewusstsein ist großteils dem Künstler César Manrique zu verdanken, der mit vielen Bauwerken das architektonische Gesicht der Insel prägte. Im Jahr 1993 erklärte die UNESCO Lanzarote als erste Insel zum Biosphärenreservat.

Manriques Teufelchen als Logo des Nationalparks

Ihren Namen bekam die Insel von dem Genueser Seemann Lancelotto (lateinisch: Lanzarotus) Malocello, der hier im Jahr 1312 an Land ging. 1402 nahm der Normanne Jean de Béthencourt Lanzarote ein.

Die Nähe zu Afrika führte dazu, dass Lanzarote oft Angriffen von algerischen und marokkanischen Piraten ausgesetzt war. Diese plünderten die damalige Hauptstadt Teguise. Im 16. und 17. Jahrhundert fielen englische und französische Piraten ein. Die Überfälle, lange Trockenperioden und verheerende Vulkanausbrüche führten dazu, dass sich die Insel fast entvölkerte.

Die wenigen Einwohner, die zurückblieben, lebten von Landwirtschaft und Fischerei. Bis heute gibt es Obstanlagen und sorgsam mit Mauern angelegte Weingärten. Auch Tomaten und Süßkartoffeln werden angebaut. Mittlerweile ist der Fremdenverkehr Lanzarotes Lebensader. Sein Anteil am Bruttosozialprodukt beträgt 80 Prozent.

Trinkwasser ist auf der Insel ein kostbares Gut und musste lange mit Schiffen hertransportiert werden. Im Jahr 1964 ging die erste Meerwasserentsalzungsanlage in Betrieb. Heute hat fast jedes größere Hotel seine eigene Entsalzungsanlage.

Kamel- bzw. Dromedarausritt im Parque Nacional de Timanfaya

◁ **Auf fruchtbarem Lavaboden und vor Wind geschützt – Weinanbau bei La Geria** *(siehe S. 94f)*

Überblick: Lanzarote

Die Vegetation auf Lanzarote ist extrem spärlich, dennoch halten viele die Insel für die faszinierendste der Kanaren. Statt grüner Pflanzen sieht man hier blankes Vulkangestein in allen erdenklichen Farbtönen. Ebenso gehören Kamele (bzw. Dromedare) zur Landschaft – und zur Landwirtschaft. Die faszinierende Architektur von César Manrique fügt sich gut in das Bild der Insel ein. Viele Besucher kommen allein wegen der Strände nach Lanzarote. Vor allem die Nordküste, speziell in dem Gebiet um La Santa, eignet sich zum Wellenreiten.

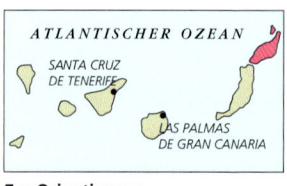

Zur Orientierung

Sehenswürdigkeiten auf einen Blick

Arrecife **1**
Costa Teguise **2**
Cueva de los Verdes **6**
El Golfo **19**
Femés **22**
Guatiza **4**
Guinate **11**
Haría **12**
Isla Graciosa **9**
Jameos del Agua **5**
La Caleta de Famara **14**
La Geria **23**
Malpaís de la Corona **7**

Mirador del Río **10**
Órzola **8**
*Parque Nacional
  de Timanfaya S. 92f* **17**
Playa Blanca **21**
Puerto del Carmen **24**
Salinas de Janubio **20**
San Bartolomé **16**
Tahiche **3**
Teguise **13**
Tiagua **15**
Yaiza **18**

**Brunnen und Kirche am
Hauptplatz von San Bartolomé**

Mosaik in der Fundación César Manrique in Tahiche

Anreise

Lanzarote hat Flugverbindungen zu den anderen Kanarischen Inseln und zum spanischen Festland. Von ganz Europa bringen Charterflüge Besucher auf die Vulkaninsel. Fähren verkehren häufig nach Fuerteventura und Gran Canaria. Zwischen den größeren Städten pendeln regelmäßig Busse. Viele Orte, darunter auch besonders sehenswerte Plätze, sind allerdings ohne Anschluss an öffentliche Verkehrsmittel. Wer kein Auto mieten möchte, kann abgelegenere Orte meist auch im Rahmen organisierter Bustouren erreichen. Die Straßen sind in der Regel gut ausgebaut, nur für wenige abgelegene Strände ist ein Wagen mit Allradantrieb ratsam.

Punta Gavio

**PARQUE NACIONAL
DE TIMANFAYA** **1**
EL GOLFO **19**

Los Hervideros

YAIZA **18**

**SALINAS
DE JANUBIO** **20**

FEMÉS **22**

L22

PLAYA BLANCA **21**   *Castillo de
las Coloradas*

*Playa de las
Mujeres*

*Punta del
Papagayo*

Weitere Zeichenerklärungen *siehe hintere Umschlagklappe*

Die weiße Playa Papagayo bei Playa Blanca

SIEHE AUCH

- **Hotels** S. 160f
- **Restaurants** S. 175f

Roque del Este

Montaña
Clara

Playa de
las Conchas

Playa Lambra

**ISLA
GRACIOSA** 🏛 **9**

Caleta del Sebo

Playa de la
Cantería

🏛 **8** **ÓRZOLA**

MIRADOR DEL RÍO **10**

**MALPAÍS
DE LA CORONA**

7

GUINATE **11**

Monte Corona
609 m

LZ1

**CUEVA DE LOS
VERDES** **6**

Máguez

5 **JAMEOS
DEL AGUA**

HARÍA **12**

Punta de Mujeres

Arrieta

Playa de
Famara

🏛 **LA CALETA
DE FAMARA** **14**

Famara

Mirador de
Haría

La Isleta

Mala

La Santa

LZ767

Tinajo

LZ10

🏛 **4** **GUATIZA**

TIAGUA **15**
🏛

TEGUISE **13**

LZ1

LZ20

LZ30

Tao

Mozaga

Monumento
al Campesino

🏛 🏛 **3** **TAHICHE**

16 **SAN BARTOLOMÉ**

Madasche

LZ1

2 **COSTA
TEGUISE**

23 **LA GERÍA**

Argana

LZ20

🏛 **1** **ARRECIFE**

LZ2

Tías

✈ Playa
Honda

LZ740

Punta
Montañosa

24

**PUERTO DEL
CARMEN**

Playa
Blanca

LEGENDE

━━	Autobahn
━━	Hauptstraße
═══	Nebenstraße
━━	Panoramastraße
△	Gipfel

0 Kilometer   5

**Eigenwillig gestaltetes Haus
an der Küste von Arrieta**

Der Stadtteil Charco de San Ginés in Arrecife birgt viele kleine Fischerhäuser

Arrecife ❶

🏛 57 300. ✈ 6 km westlich von Arrecife. 🚌 ℹ Muelle de los Marmoles, s/n. 📞 928 844 690. ⛴ Sa. 🎭 Karneval (Feb), San Ginés (Aug). **www**.arrecife.es

Mit meist modernen Häusern und einer von Palmen gesäumten Promenade erscheint Arrecife als typisch spanische Stadt. Seit 1852 ist sie die Hauptstadt von Lanzarote, ein wichtiger Hafen und ein Handelszentrum.

Arrecife ist weniger pittoresk als andere Orte auf der Insel, der traditionelle Baustil mit einstöckigen Häusern wurde jedoch gewahrt. In der Haupteinkaufsstraße, der Calle León y Castillo, liegen viele Cafés und Restaurants, Läden bieten ihre Waren zu teilweise deutlich niedrigeren Preisen als in den Urlauberzentren an.

Der erste Hafen entstand bereits im 15. Jahrhundert. Zwei Forts, **Castillo de San Gabriel** (16. Jh.) und **Castillo de San José** (18. Jh.), zeugen bis heute von der Wehrhaftigkeit der Insel. Das auf einer kleinen Insel gelegene Castillo de San Gabriel ist nur über eine Zugbrücke, den Puente de las Bolas, zugänglich. 1586 wurde es von Piraten zerstört und von dem italienischen Ingenieur Leonardo Torriani wieder aufgebaut. Früher

barg es ein archäologisches Museum, heute ist es nur von außen zu besichtigen.

Das Castillo de San José wurde von César Manrique restauriert und 1979 in eine moderne Kunstgalerie umgewandelt. Vier der Räume des **Museo Internacional de Arte Contemporáneo** werden für Wechselausstellungen genutzt, die schon Werke von Künstlern wie Pablo Picasso und Joan Miró sowie Arbeiten von Manrique zeigten. In der Konzerthalle finden Kammermusikabende und Konzerte moderner Musik statt. Auch das Restaurant wurde nach Entwürfen Manriques gestaltet.

Die sehenswerte **Casa de la Cultura Augustín de la Hoz** ist heute ein Club. Die **Casa de Los Arroyo** von 1749 besitzt einen Innenhof mit schönen Holzgalerien und einem Brun-

nen. Sie beherbergt das **Centro Científico Cultural Blas Cabrera**, das sich den Forschungen und Experimenten des herausragenden Physikers Blas Cabrera Felipe (1878–1945) widmet. Eine Bronzestatue des in Arrecife geborenen Forschers steht am Paseo Marítimo.

Von der restlichen modernen, geschäftigen Stadt hebt sich das Viertel **Charco de San Ginés** ab, in dem hübsche Fischerhäuser die kleine Bucht säumen. Die 1665 errichtete **Iglesia de San Ginés** ist dem Schutzheiligen von Arrecife gewidmet. Die dreischiffige Kirche besitzt eine Gewölbedecke aus Holz. Außerdem sind in dem Gotteshaus spätbarocke Statuen von San Ginés und der Virgen del Rosario zu besichtigen, die aus Kuba stammen.

🏛 **Museo Internacional de Arte Contemporáneo**
Castillo de San José, Carretera de Naos. 📞 928 812 321. 🕙 tägl. 10–20 Uhr. 🅿 🚫

Costa Teguise ❷

🏛 6300. 🚌 ℹ Avenida Islas Canarias, s/n. 📞 928 827 130.

Der nach Puerto del Carmen und Playa Blanca drittgrößte Ferienort der Insel liegt neun Kilometer nordöstlich von Arrecife. Er ist relativ jung – das erste Hotel (mit fünf Sternen), das Gran Meliá Salinas, wurde 1977 erbaut. César Manrique fungierte dabei als Berater. Die Gebäu-

Iglesia de San Ginés in Arrecife

Hotels und Restaurants auf Lanzarote siehe Seiten 160f und 175f

de und Hotelanlagen in Costa Teguise sind ansprechend in niedriger Bauweise gestaltet. Der Ort besitzt einen Golfplatz, einen Yachthafen und ein Shoppingcenter. Unter den Sandstränden ist Playa de las Cucharas der schönste. Costa Teguise lockte lange Zeit ein vornehmes Publikum an (König Juan Carlos von Spanien besitzt hier eine Villa). Heute gleicht es anderen Ferienorten auf der Insel.

Wegen der beständigen Brise ist die Küste von Costa Teguise bei Windsurfern beliebt. Eine Alternative zum Baden im Meer bietet der am Ortsrand gelegene Wasserpark.

Blick auf die Playa de las Cucharas, Costa Teguise

Tahiche ❸

5 km nördlich von Arrecife.
🚶 3700. 🚌

Am Ortseingang befindet sich die **Taro de Tahiche**. Auf einem Lavafeld, das sich bei den Vulkanausbrüchen der Jahre 1730 bis 1736 bildete, errichtete César Manrique 1968 ein Gebäude, in dem er bis 1988 lebte. Vor seinem Umzug nach Haría vermachte er die Taro de Tahiche der **Fundación César Manrique**, einer Stiftung, die er zusammen mit Freunden gegründet hatte. Diese soll dafür Sorge tragen, dass die Architektur der Insel mit der natürlichen Umgebung harmoniert.

Manrique entwarf sein Haus auf der blauschwarzen Lava entsprechend der von ihm formulierten Grundsätze. Die oberirdischen, würfelförmigen Gebäude entsprechen von außen der traditionellen Bauweise auf Lanzarote, öffnen sich jedoch auf moderne Art mit großen Fenstern und breiten Terrassen. Vor allem der unterirdische Teil des Gebäudes ist verblüffend: Fünf vulkanische »Blasen« im Lavagestein von jeweils etwa fünf Metern Durchmesser sind miteinander durch Tunnel verbunden, aber auch einzeln über Basalttreppen vom oberen Stockwerk aus zugänglich. Einer der unterirdischen Räume wird durch einen Feigenbaum, der durch die Decke wächst, mit dem oberen Wohnzimmer verbunden.

Das ganze Haus verkörpert die Vision des Künstlers, mit der Natur und ihren Besonderheiten weitgehend in Einklang zu leben. Taro de Tahiche ist nun ein Museum, in dem man Manriques Werke, seine Skizzen und Projektstudien sehen kann. Auch Werke von Pablo Picasso, Antoni Tàpies, Joan Miró und Jesús Soto sind ausgestellt.

Die großen Terrassen und der Garten sind wichtiger Bestandteil der gesamten Anlage. Mitten im Garten in der Nähe des Cafés befindet sich ein riesiges Wandbild, das César Manrique 1992 aus Vulkangestein und bunten Keramikfliesen schuf.

Taro de Tahiche, Manriques Wohnhaus

🏛 **Fundación César Manrique**
Taro de Tahiche. 📞 928 843 138.
🕐 Nov–Juni: Mo–Sa 10–18,
So 10–15 Uhr; Juli–Okt: tägl.
10–19 Uhr. 🖱
www.fcmanrique.org

César Manrique (1919–1992)

César Manrique war Maler, Bildhauer, Architekt, Stadtplaner, Kunstrestaurator und Umweltschützer in einem. Er wurde in Arrecife geboren. Nachdem er als Freiwilliger unter Franco im Bürgerkrieg gedient hatte, widmete er sich ganz der Kunst. Seine abstrakten Werke wurden in Europa, in Japan und in den USA ausgestellt, er erlangte internationale Anerkennung. 1968 kehrte Manrique nach Lanzarote zurück und setzte sich dafür ein, dass Natur und Landschaftsbild der Insel vor unkontrollierten touristischen Baumaßnahmen geschützt wurden. Seine Bemühungen hatten Erfolg. Es wurden strenge Bauvorschriften erlassen, die Höhe, Stil, Gestaltung und Farbe von neuen Gebäuden regelten. Manrique selbst entwarf für die Insel viele einzigartige Bauten, die er in die jeweilige Vulkanlandschaft integrierte. Der Künstler starb 1992 bei einem Autounfall. Sein künstlerisches Vermächtnis ist von Lanzarote nicht mehr wegzudenken.

César Manrique vor einem gewaltigen Lavafeld

Der Metallkaktus am Eingang zum Jardín de Cactus von Guatiza

Guatiza ❹

17 km nordöstlich von Arrecife.
🚌 840.

Rings um den kleinen Ort Guatiza mit der Kapelle **Santa Margarita** aus dem 19. Jahrhundert erstrecken sich große Plantagen mit Feigenkakteen. Auf den stachligen Pflanzen werden Koschenilleschildläuse gezüchtet, deren roter Farbstoff Karmin in der Nahrungsmittelindustrie Verwendung findet.

Inmitten der Kakteenplantagen liegt der **Jardín de Cactus**, der 1990 nach Entwürfen von César Manrique angelegt wurde. Vor dem Eingang steht ein beeindruckender, acht Meter hoher Metallkaktus. Der botanische Garten liegt wie ein großes Amphitheater in einer Senke, die entstand, indem die Inselbewohner vulkanische Asche abtrugen, um damit ihre Felder zu düngen. Auf den künstlich angelegten Terrassen gedeihen etwa

10 000 Kakteen, die rund 1000 verschiedenen Arten angehören. Eine weiße Windmühle überragt die Anlage, die auch ein Restaurant birgt.

🌵 **Jardín de Cactus**
📞 928 529 397.
🕐 tägl. 10–17.45 Uhr. ♿

Jameos del Agua ❺

Carretera de Órzola. 🚌 📞 928 848 024. 🕐 tägl. 10–18.30 Uhr (Fr, Sa auch 19–24 Uhr). ♿

César Manrique baute in den späten 1960er Jahren natürliche Höhlen, die sich in einem Lavafeld gebildet hatten, zu einem Komplex aus, der verschiedene »Unterhaltungsräume« umfasst.

Die Jameos del Agua im Nordosten der Insel liegen ganz nah am Meer. Eine Treppe führt zu einem unterirdischen Restaurant und in eine Höhle, die 62 Meter lang, 19 Meter breit und

21 Meter hoch ist. Darin liegt ein See, der unterirdisch mit dem Meer verbunden ist und deshalb dem Wechsel der Gezeiten unterliegt. In diesem Gewässer lebt eine seltene blinde Krabbenart.

Über den Höhlen befindet sich im Jameo Grande ein schön geformter Swimmingpool, der von weißem Sand und kunstvoll angelegten tropischen Pflanzen umgeben ist. Etwas Besonderes ist der unterirdische Konzertsaal, der Platz für 600 Zuschauer bietet und für seine einzigartige Akustik berühmt ist. Außerdem gibt es eine interessante Ausstellung über Vulkane zu sehen. Eine der Höhlen verwandelt sich nachts in einen Tanzclub mit berauschender Lightshow.

Künstlicher Kraterpool mit Palmen in Jameos del Agua

Cueva de los Verdes ❻

26 km nördlich von Arrecife.
📞 928 848 484. 🕐 tägl. 10–18 Uhr (im Sommer bis 19 Uhr). ♿ 🚻 📷

Cueva de los Verdes ist ein sieben Kilometer langer natürlicher Tunnel im Vulkangestein, der vor mehr als 5000 Jahren beim Ausbruch des nahen Monte Corona entstand. Er ist einer der längsten unterirdischen Gänge der Welt. Der Name der Höhle hat nichts mit grüner Farbe zu tun (die Lava hier ist graubraun), sondern stammt von einer Hirtenfamilie, die im 18. und 19. Jahrhundert in der Höhle wohnte.

Nichts für Menschen mit Klaustrophobie: die Cueva de los Verdes

Hotels und Restaurants auf Lanzarote *siehe Seiten 160f und 175f*

Schon ab dem 17. Jahrhundert wurde dieser natürliche Zufluchtsort von Einheimischen aufgesucht, wenn sie Schutz vor Piraten oder Sklavenhändlern suchten.

1964 wurden zwei Kilometer für Besucher zugänglich gemacht und mit elektrischem Licht versehen. Die Tour dauert rund eine Stunde. Sie führt an einem kleinen unterirdischen See vorbei, der zwar nur 20 Zentimeter Wasserstand hat, aber wegen der Spiegelung tiefer wirkt. Eine zweite Höhle wurde zu einem Konzertsaal ausgebaut.

Flechtenbewuchs auf den Lavafeldern von Malpaís de la Corona

Malpaís de la Corona ❼

Große Lavafelder zeugen bis heute von den heftigen Vulkanausbrüchen, die vor rund 5000 Jahren die Insel erschütterten. Im Norden Lanzarotes erstreckt sich zwischen dem Dorf Órzola und der Punta de Mujeres bei Arrieta über 30 Quadratkilometer ein wildes, unwirtliches Gebiet aus Lavabrocken, auf denen sich nur langsam eine spärliche Vegetation ansiedelt.

Am Westende von Malpaís, dem »schlechten Land«, erhebt sich weithin sichtbar der Vulkan Monte Corona 609 Meter hoch. Am Fuß besitzt der Vulkan einen Durchmesser von 1100 Metern, der obere Krater hat immerhin noch einen Durchmesser von 450 Metern. All die bizarren Lavaformationen im Norden der Insel gehen auf die Aktivität dieses Vulkans zurück.

Órzola ❽

🏔 300. 🚌 ⚓

Das abgelegene Fischerdorf an der Nordspitze von Lanzarote mag wie »das Ende der Welt« erscheinen, ein hervorragendes, direkt am Meer gelegenes Fischrestaurant lockt jedoch viele Besucher an. Ein weiterer Anziehungspunkt der Gegend ist die **Playa de la Cantería** westlich von Órzola. Wegen der starken Strömungen kann man an dem Strand zwar selten schwimmen, dafür aber die wildromantische Umgebung genießen.

Vor allem durch die häufige Fährverbindung zur benachbarten Insel **La Graciosa** wird Órzola aus seiner ruhigen Abgeschiedenheit gerissen. Von La Graciosa aus kann man mit Fischerbooten an die Inseln **Montaña Clara** und **Alegranza** heranfahren. Diese Felsen im Meer sind unbewohnt und wurden 1986 zum Schutzgebiet erklärt. Besucher dürfen sie nicht mehr betreten.

Blick vom Mirador de Guinate auf Isla Graciosa

Isla Graciosa ❾

🏔 700. ⚓

Die mit 27 Quadratkilometern Fläche kleinste bewohnte Insel des Archipels ist von Lanzarote nur durch den einen Kilometer breiten Meeresarm El Río getrennt. Viele Einheimische und Besucher machen daher gern einen Tagesausflug auf die »anmutige Insel«. Wer Ruhe und Abgeschiedenheit sucht, sollte über Nacht auf der Insel bleiben.

La Graciosa ist ein idealer Ort zum Tauchen, Angeln und Wandern. Im Inneren der Insel erheben sich mehrere Vulkankrater – der höchste davon ist Agujas Grandes mit 266 Metern. Rings um die Insel verlaufen lange Strände mit goldfarbenen Sanddünen. Der schönste Strand ist die kilometerlange **Playa de las Conchas** an der Nordküste. Hier hat man die vorgelagerten, unbewohnten Inseln Montaña Clara, Roque del Este und Alegranza, die zum sogenannten Archipiélago Chinijo gehören, vor Augen.

Der Tourismus wird auf La Graciosa bewusst in sehr begrenztem Rahmen gehalten. Es gibt kein großes Hotel, aber im Hafenort **Caleta del Sebo** findet man Pensionen und einige Restaurants.

Inmitten der unwirtlichen Natur: Órzola am Nordende des Malpaís de la Corona

Mirador del Río

📞 928 526 548. ⬜ tägl. 10–18 Uhr (im Sommer bis 16.45 Uhr). 🈺

Der Aussichtspunkt Mirador del Río erhebt sich im Norden von Lanzarote 474 Meter über dem Meeresspiegel. Der Felsen bietet eine atemberaubende Aussicht über die Klippen und auf die nahe gelegenen kleinen Inseln La Graciosa, Montaña Clara und Alegranza.

Während des Spanisch-Amerikanischen Kriegs 1898, der zur Loslösung Kubas von Spanien führte, wurde hier ein Artillerieposten errichtet, um die Meerenge El Río zu bewachen. 1973 gestaltete César Manrique das Gelände um und schuf ein Gebäude der besonderen Art.

Das Café-Restaurant mit riesigem Panoramafenster ist in den Felsen gebaut und von außen kaum als architektonisches Gebilde zu erkennen. Die Innenräume sind schlicht: Holz und nackte, weiße Wände bestimmen den Gesamteindruck. Von der Aussicht aufs Meer lenken nur einige große Mobiles ab, die ebenfalls Werke von César Manrique sind. Die Mobiles sind nicht nur überaus dekorativ, sondern dämpfen auch den Schall – ein wohltuender Effekt, da die Raumakustik nicht die beste ist.

Schild am Mirador del Río

Die Aussicht vom Mirador del Río ist von innen und außen grandios

Harías Zentrum mit schön restaurierten weißen Häusern

Guinate ⑪

🚶 50. 🚌

Am Fuß des Vulkans Monte Corona liegt das kleine Bergdorf Guinate, das vor allem Vogelliebhaber anzieht.

Der auf Terrassen angelegte **Guinate Tropical Park** birgt Wasserfälle, Teiche und interessante Pflanzen. In Freigehegen leben 1300 Exemplare von 300 exotischen Vogelarten sowie einige kleine Affen. Im Rahmen einer Show zeigen die Vögel allerlei Kunststücke: Der Roller fahrende Papagei ist vor allem bei Kindern beliebt.

🦜 **Guinate Tropical Park**
📞 928 835 500. ⬜ tägl. 10–17 Uhr. 🈺

Umgebung: Vom **Mirador la Graciosa**, der ganz in der Nähe des Dorfs liegt, hat man einen wundervollen Blick auf die benachbarten Inseln.

Haría ⑫

🚶 5250. 🚌 ℹ️ Plaza de la Constitución. 📞 928 835 251. 🎉 San Juan (23. Juni); San Pedro (24. Juni).

Mit seinen würfelförmigen, weiß getünchten Häusern, die stark an die Architektur Nordafrikas erinnern, vermittelt Haría einen exotischen Eindruck. Die Stadt liegt in einem Tal, in dem traditionell Landwirtschaft betrieben wird. Die Fauna wird aber vor allem durch Palmen geprägt, zu Recht ist deshalb der Beiname »Tal der tausend Palmen« entstanden. Früher standen hier noch mehr dieser Bäume, doch viele verbrannten bei einem Piratenangriff im Jahr 1856.

Die hübsche **Plaza León y Castillo** umringen Schatten spendende Bäume und schön restaurierte Häuser. An einer Seite des Platzes befindet sich die Kirche **Nuestra Señora de la Encarnación**.

Umgebung: Den schönsten Blick auf Haría, das Tal und die umliegenden Vulkane hat man vom **Mirador de Haría**.

Teguise ⑬

🚶 1600. 🚌 ℹ️ Plaza de la Constitución, s/n. 📞 928 845 398. 🚢 So. 🎉 Nuestra Señora del Carmen (16. Juli); Virgen de las Nieves (5. Aug).

Teguise ist eine der ältesten Städte auf Lanzarote. Sie wurde 1418 von Maciot, dem Neffen und Nachfolger von Jean de Béthencourt, gegründet, der mit Prinzessin Teguise, der Tochter des Guanchen-Königs Guadarfía, an dem Ort gelebt haben soll.

Kopfsteingepflasterte Straßen verbinden große Plätze, die schöne Häuser säumen – Teguise sieht man seinen einstigen Wohlstand an. Sonntags findet ein großer Handwerksmarkt statt, bei dem Dutzende von Ständen die

Hotels und Restaurants auf Lanzarote siehe Seiten 160f und 175f

Straßen füllen. An den anderen Tagen ist es ruhiger. Einige gepflegte Lokale und Läden laden zum Besuch ein.

Jahrhundertelang blieb Teguise die größte und reichste Stadt der Insel, bis 1852 war es Hauptstadt mit dem offiziellen Namen La Villa Real (Königsstadt) de Teguise. Wie alle wohlhabenden Städte war auch Teguise wiederholt Ziel von Piratenangriffen. Der Callejón de la Sangre (Straße des Bluts) verdankt seinen Namen einem der schlimmsten Überfälle und erinnert an die Opfer von 1596.

Am Hauptplatz steht die Kirche **Nuestra Señora de Guadalupe**, die seit ihrem Bau im 15. Jahrhundert so viele Umbauten erfuhr, dass man Merkmale aus allen Epochen findet. Das Innere ist vor allem neugotisch und zeigt eine Figur der Schutzheiligen. Die 1730 bis 1780 erbaute **Casa-Museo del Timple Palacio Spínola** auf der gegenüberliegenden Seite des Platzes ist eine schöne Residenz mit kleinem Brunnenhof. Sie beherbergt ein Museum, ist aber auch offizieller Sitz der Provinzverwaltung der Insel. César Manrique überwachte die Restaurationsarbeiten. Das Museum widmet sich dem typisch kanarischen Instrument *timple*. Teguise besitzt zwei Klosterkirchen. Im **Convento de Miraflores** (16. Jh.), besser bekannt als La Madre de Mi-

Das Castillo de Santa Bárbara liegt hoch über Teguise

raflores, wurden einst berühmte Einwohner Lanzarotes bestattet. Heute finden hier Kulturveranstaltungen statt. Das **Convento de Santo Domingo** (17. Jh.) birgt noch den originalen Hauptaltar. In der Abtei ist das Centro Arte untergebracht.

Auf dem 452 Meter hohen Guanapay ragt das im frühen 16. Jahrhundert erbaute **Castillo de Santa Bárbara** auf. Ein Besuch lohnt wegen der Aussicht und des interessanten **Museo del Emigrante Canario**, das die Geschichte der kanarischen Emigranten, die nach Süd- und Mittelamerika auswanderten, dokumentiert.

Löwe am Palacio Spínola von Teguise

🏛 **Casa-Museo del Timple Palacio Spínola**
Plaza de la Constitución, s/n.
📞 928 845 181. ⏰ tägl.
10–15 Uhr. 🌐

🏛 **Museo del Emigrante Canario**
Montaña de Guanapay. 📞 928 845 913. ⏰ Mo–Fr 10–17, Sa, So 10–16 Uhr. 🌐

La Caleta de Famara ⑭

35 km nördlich von Arrecife.
🚶 650. 🚌

Das kleine Fischerdorf im Nordwesten Lanzarotes bietet einige Restaurants. Die **Urbanización Famara** östlich des Dorfs ist eine Ansammlung von Ferienbungalows – die älteste der Insel.

Hauptattraktion ist die **Playa de Famara**, ein drei Kilometer langer Sandstrand mit Dünen, einer der schönsten auf Lanzarote. Er erstreckt sich unterhalb hoher Klippen, die beim letzten Vulkanausbruch 1824 entstanden. Allerdings ist die See auf dieser Seite der Insel oft rau und starke Strömungen machen das Schwimmen gefährlich. Nur geübte Surfer sollten sich hinauswagen. Die Steilküste ist ein Anziehungspunkt für Drachenflieger.

Im Dorf selbst haben sich Künstler niedergelassen. Die herbe, faszinierende Gegend mit den steilen Klippen und der einzigartigen Flora steht heute unter Naturschutz.

Herber Charme: Playa de Famara, einer der schönsten Strände von Lanzarote

Dromedar, Esel und Windmühle beim Museo Agrícola El Patio, Tiagua

Tiagua ⑮

🚶 500. 🚌

Das Dorf ist von der Landwirtschaft geprägt und vermittelt Einblick in die Geschichte und die Tradition der Insel.

Mitte des 19. Jahrhunderts begannen hier verarmte Bauern, das Land zu bewässern und zu bewirtschaften. Sie bauten 1854 einen Hof, der ein Jahrhundert später zu den besten Betrieben der Insel zählte. In diesem Gebäude ist heute das **Museo Agrícola El Patio** zu Hause. Dieses präsentiert eine Reihe intakter Windmühlen, landwirtschaftliche Geräte, Trachten, einen Webstuhl sowie eine Sammlung alter Fotografien. und bekommt einen Eindruck von den Lebensbedingungen auf dem Land.

🏛 **Museo Agrícola El Patio**
☎ 928 529 134. ⏰ Mo–Fr 10–17, Sa 10–14.30 Uhr.

San Bartolomé ⑯

🚶 18500. 🚌
🎭 San Bartolomé (15. Aug).

Die Guanchen nannten den Ort Ajei. Das heutige San Bartolomé ist wenig spektakulär, es beherbergt jedoch einige auffallende Häuser im typischen Architekturstil der Kanaren, darunter die **Casa Perdomo** aus dem 18. Jahrhundert mit einem schönen Hof und der kleinen Kapelle Nuestra Señora del Pino. Hier

zeigt heute das **Museo Etnográfico Tanit** Musikinstrumente, landwirtschaftliche Geräte und Möbel. Am Platz im Zentrum steht die Kirche **San Bartolomé** (1789).

🏛 **Museo Etnográfico Tanit**
C/Constitución, 1. ☎ 928 520 655. ⏰ tägl. 10–14 Uhr.

Umgebung: Nördlich von San Bartolomé steht das in seiner eigentümlichen Art bezaubernde **Monumento al Campesino** (Denkmal für den Bauern), eine 15 Meter hohe Plastik, entworfen von César Manrique und 1968 von Jesús Soto ausgeführt. Sie ist aus alten Wasserbehältern zusammengesetzt, die früher auf Fischerbooten verwendet wurden. César Manrique widmete das Denkmal all den »namenlosen Bauern«, die »mit harter Arbeit die ein-

Manriques Plastik Monumento al Campesino

zigartige Landschaft der Insel prägten«.

Neben dem Denkmal sind in der **Casa-Museo Monumento al Campesino** mehrere Werkstätten zu besichtigen, die Handwerk und Landleben früherer Zeiten präsentieren. Das hauseigene Lokal lädt zum Mittagessen ein.

🏛 **Casa-Museo Monumento al Campesino**
Carretera Arrecife–Tinajo. ☎ 928 520 136. ⏰ tägl. 10–18 Uhr.

Parque Nacional de Timanfaya ⑰

Siehe S. 92f.

Yaiza ⑱

🚶 14850. 🚌 ℹ Departamento de Turismo. ☎ 928 518 150. 🎭 San Marcial (Juni), Nuestra Señora de los Remedios (1. Woche in Sep).

Am Fuß der Montañas del Fuego (Feuerberge) präsentiert sich die Gemeinde Yaiza als einer der schönsten Orte von Lanzarote. Im 19. Jahrhundert ließen sich reiche Händler in der fruchtbaren Gegend nieder. Noch heute zeugen die vielen Palmen und die prächtigen Häuserfassaden vom einstigen Wohlstand Yaizas. Die dreischiffige, asymmetrisch angelegte Kirche **Nuestra Señora de los Remedios** stammt aus dem 18. Jahrhundert und

Ehemaliges Privathaus im reichen Yaiza, heute ein Hotel

Los Hervideros, die bizarren Höhlen südlich von El Golfo

besitzt einige schöne Gemälde aus jener Zeit. Der barocke Deckenschmuck zeigt viele Elemente der Volkskunst. Die zahlreichen Läden an der Hauptstraße von Yaiza bieten Stickereien, Keramik und anderes Kunsthandwerk an.

Umgebung: Zwei Kilometer östlich von Yaiza starten in der Nähe von **Uga** die Dromedarausritte durch die Vulkanlandschaft am Rand des Parque Nacional de Timanfaya.

El Golfo ⓳

7 km nordwestlich von Yaiza.
🚶 170.

Bei dem Weiler El Golfo befindet sich ein Krater, in dem sich ein tiefer See, der **Lago Verde**, gebildet hat. Algen geben dem Wasser eine smaragdgrüne Farbe. Der Krater entstand durch unterirdische vulkanische Aktivitäten im 18. Jahrhundert. Einen hier vorkommenden olivgrünen Halbedelstein kann man zu Schmuck verarbeitet kaufen.

Von El Golfo gelangt man auf einem Pfad zu Fuß an die Stelle, die den besten Ausblick auf den See bietet. Beeindruckende Lavaformationen erstrecken sich bis zum Meer. Ein schmaler Streifen mit schwarzem Sand bildet einen winzigen Strand.

Umgebung: Südlich von El Golfo »brodelt« die Brandung in **Los Hervideros** (die Kessel) – in großen Höhlen, die sich in den 15 Meter hohen Klippen befinden.

Salinas de Janubio ⓴

9 km nördlich von Playa Blanca.

An der flachen natürlichen Bucht an der Westküste erstrecken sich die Salinas de Janubio – Salinen, in denen durch Verdunstung Salz gewonnen wird. Ein Teil der immer noch größten Anlage dieser Art auf den Kanarischen Inseln wurde stillgelegt, es werden pro Jahr nur noch rund 2000 Tonnen Meersalz produziert. Früher wurde das Meerwasser mittels Windkraft in die Salinen transportiert, heute arbeiten elektrische Pumpen. Salzgewinnung war bis in die 1960er Jahre ein wichtiger Wirtschaftsfaktor für Lanzarote. Lebensmittel und vor allem Fische wurden mit Salz konserviert, bis heute sind Fischer die Hauptabnehmer. Für die Fronleichnamsprozession fertigen Bewohner der Region aus gefärbtem Salz prächtige Kunstwerke.

Sonnenuntergang über den Salinas de Janubio

Playa Blanca ㉑

🚶 11.300. 🚌 🛈 C/Limones, 1.
📞 928 518 150. 🛒 Mi, Sa.
🎉 Nuestra Señora del Carmen (Juli).

Das ehemalige Fischerdorf ist heute einer der größten Ferienorte auf Lanzarote. Es bestehen regelmäßige Fährverbindungen nach Fuerteventura. An der Hafenbucht reihen sich Restaurants, Bars und Läden. Der Rest des Orts ist relativ ruhig geblieben; die Hotelanlagen liegen am Ortsrand.

Playa Blanca besitzt mehrere Strände, einer erstreckt sich nahe dem Ort und ist vor allem bei Familien beliebt. Er bietet Blick auf Fuerteventura und Los Lobos. Die **Playas de Papagayo** liegen vier Kilometer südöstlich von Playa Blanca. Dank ihrer geschützten Lage werden diese Strände gern zum Schwimmen und Sonnenbaden besucht.

Castillo de las Coloradas, eine der Wachanlagen von Playa Blanca

Umgebung: Der Wachturm **Castillo de las Coloradas** in Punta del Águila wurde Mitte des 18. Jahrhunderts errichtet. Zwischen dem Bauwerk und Punta de Papagayo liegen zahlreiche kleine Buchten mit Sandstränden, darunter **Playa de las Mujeres**, **El Pozo** und **Papagayo**. Manche der winzigen Buchten haben keinen Namen und verkleinern sich bei Flut beträchtlich. Der Sand ist fein und fast weiß, das Wasser kristallklar, ruhig und warm. Die Gegend gehört zum Schutzgebiet **Los Ajaches**, das 1994 eingerichtet wurde. Seither muss man für den Besuch Eintritt zahlen. Wer weiterfährt, gelangt zu einer Klippe mit den Überresten der ersten normannischen Siedlung **San Marcial del Rubicón**, die 1402 von Jean de Béthencourt gegründet wurde.

Parque Nacional de Timanfaya ⑰

Zwischen 1730 und 1736 quollen Rauch und flüssige Lava aus den Montañas del Fuego, den »Feuerbergen«. Die Lavaströme begruben ganze Dörfer und verwandelten weite Teile des fruchtbaren Landes in ein starres Meer aus grauem Vulkangestein und kupferfarbenem Sand. Im Zeitalter des Fremdenverkehrs ist diese Landschaft Lanzarotes größte Attraktion. 1974 wurde das Herzstück des Areals mit dem 517 Meter hohen Pico Partido Nationalpark. Auch wenn die Vulkane zurzeit ruhig erscheinen, sind sie noch immer aktiv. Schwefelgeruch hängt in der Luft.

Das Logo des Parks
Der kleine Teufel, den César Manrique entwarf, weist auf den Nationalpark hin und steht auch am Eingang.

Montañas del Fuego
Femés bietet den besten Blick auf die »Feuerberge«. Nur ein kleiner Teil der geschützten Landschaft kann auf eigene Faust erkundet werden. Neben geführten Touren gibt es Busverbindungen, die Besucher zu interessanten Plätzen bringen.

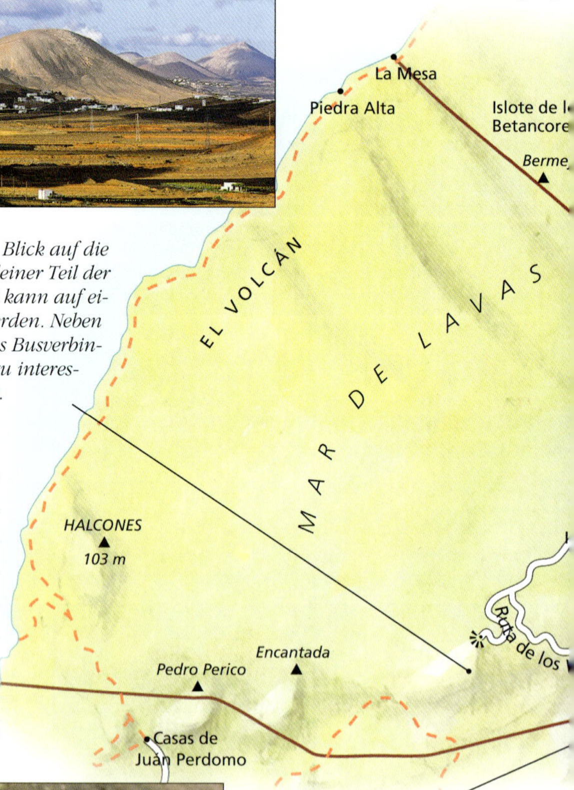

LEGENDE

▬	Nebenstraße
═	Ruta de los Volcanes
···	Wanderweg
▬	Parkgrenze
🚌	Start der Bustour
ℹ	Information
🍴	Restaurant
☼	Aussichtspunkt

(Map labels:)
La Mesa
Piedra Alta
Islote de l. Betancore
Berme
EL VOLCAN
MAR DE LAVAS
HALCONES ▲ 103 m
Ruta de los
Encantada ▲
Pedro Perico ▲
Casas de Juan Perdomo

Echadero de los Camellos
Auf dem Rücken eines Dromedars kann man sich eine halbe Stunde lang durch die Randgebiete von Timanfaya schaukeln lassen. Eine kleine Ausstellung informiert über die Tiere.

Hotels und Restaurants auf Lanzarote *siehe Seiten 160f und 175f*

Vulkanshow

Wenn man trockene Flechten in eine kleine Vertiefung im Felsen wirft, entzünden sie sich sofort. Parkaufseher demonstrieren dieses Phänomen der Vulkanaktivität.

INFOBOX

i *Centro de Visitantes e Interpretación, Mancha Blanca, Ctra. Yaiza–Tinajo (LZ-67), km 9,6. Tinajo.* **☎** *928 118 042.* **○** *tägl. 9–16.30 Uhr.* 🖼 🚗 **P** 🍴
http://reddeparquesnacionales.mma.es

Geysir

Innerhalb von Sekunden wird Wasser, das man in eine Felsspalte gießt, als Wasserdampf wieder ausgestoßen. Auf dem Islote de Hilario herrschen bereits in zwölf Meter Tiefe Temperaturen von 600 °C.

CALDERA BLANCA
▲
149 m

TINAJO

CALDERA ROJA
▲
427 m

PICO PARTIDO
▲
517 m

LZ-67

CALDERA DE
LOS CUERVOS
▲
502 m

YAIZA

0 Kilometer   2

★ Vulkangrill

Knapp unter der Erdkruste herrschen 300 °C. Im Restaurant El Diablo nutzt man die Hitze, um auf einem großen Grill Fleisch und Fisch zu braten.

★ Ruta de los Volcanes

Busse fahren Besucher an den beeindruckendsten Formationen vorbei. Man kann aussteigen und fotografieren oder einfach den einmaligen Anblick genießen.

NICHT VERSÄUMEN

★ Ruta de los Volcanes

★ Vulkangrill

Femés ㉒

🏠 250. 🎉 San Marcial (7. Juli).

In dem am Fuß des 608 Meter hohen Vulkankegels Atalaya de Femés gelegenen Dorf entstand mit der **Ermita San Marcial del Rubicón** einer der ältesten Kirchenbauten der Insel. Das dem Schutzpatron Lanzarotes geweihte Gotteshaus wurde im 16. Jahrhundert von Piraten zerstört. Die heutige Kirche geht auf das Jahr 1733 zurück und ist dem Schutzpatron der Fischer geweiht. Die Wände im Inneren der Kirche schmücken viele kleine Modelle von Segelschiffen. Die Ermita San Marcial del Rubicón ist nur für Gottesdienste geöffnet. Alljährlich wird im Juli ein großes Fest zu Ehren von San Marcial veranstaltet.

Vom Zentrum des Orts hat man eine schöne Sicht auf die Montaña Roja und das Meer. Vom Ortsrand aus kann man das Panorama der Montañas del Fuego genießen.

Ermita San Marcial del Rubicón, Femés

La Geria ㉓

Nordöstlich von Uga.

Das Tal La Geria, die größte Weinbauregion Lanzarotes, erstreckt sich zwischen Masdache und Uga. Rechts und links der Straße sieht man schwarze Lavafelder, von denen sich die grünen Blätter der Weinstöcke abheben. Nur selten durchbricht eine einzelne Palme das homogene, fast unwirkliche Bild in diesem Naturschutzgebiet.

Für jeden Weinstock wurde an den Vulkanhängen eine kraterförmige Vertiefung von etwa einem Meter Durchmesser ausgegraben, damit die Setzlinge im Boden wurzeln können. Kleine Mäuerchen schützen die Pflanzen vor dem kalten Passatwind. Die Rebstöcke werden vor dem Austrocknen bewahrt, indem man den Boden mit nussgroßen Vulkansteinen *(gería)* bedeckt. Das poröse Material nimmt nachts Tau auf und bewahrt die Feuchtigkeit.

Lanzarotes Strände

Trotz der 250 Kilometer langen Küstenlinie bietet Lanzarote insgesamt nur 30 Kilometer Sandstrände. Im Gegensatz zu den scheinbar endlosen Dünenlandschaften von Fuerteventura sind Lanzarotes Strände eher schmal und klein. Mehr als 30 Prozent wurden künstlich angelegt. Die schönsten liegen nördlich von Arrecife und auf der Insel La Graciosa.

Puerto del Carmen ③
Der Ort besitzt einige Strände, die fast alle künstlich angelegt wurden. Die größten sind Playa Blanca und Playa de los Pocillos. Bei beiden erstreckt sich goldfarbener Sand über einen Kilometer.

0 Kilometer　　3

Playas de Papagayo ①
Eine Piste führt im Süden zu einigen wunderschönen kleinen Stränden, die zum Land hin zu hellen Klippen und Felsen begrenzt werden. Feiner Sand und klares Wasser sind der Lohn für die Fahrt.

Hotels und Restaurants auf Lanzarote siehe Seiten 160f und 175f

Die über 10 000 mühevoll angelegten Vertiefungen ergeben eine fotogen gegliederte Fläche. Aus den Weintrauben wird der süße, aromatische Malvasier *(malvasía)* gekeltert, für den Lanzarote berühmt ist. Besucher können den Wein in einer der kleinen *bodegas* kosten oder aber in den *fincas*, die ihn zum Teil direkt verkaufen.

Für die eher kleinen Weinberge ist El Grifo am Nordrand von La Geria ein gutes Beispiel. Im sehenswerten **Museo del Vino de Lanzarote**, das in einer *bodega* von 1775 untergebracht ist, werden die Anbaumethoden vorgestellt. Neben einer Sammlung alter Gerätschaften beinhaltet das Museum eine Bibliothek mit über 1000 Büchern sowie Handschriften aus dem 17. und 18. Jahrhundert zum Thema Weinbau.

Museo del Vino de Lanzarote
928 524 951. □ tägl. 10.30–18 Uhr. **www**.elgrifo.com

Puerto del Carmen 24

11 000. 🚌 🚏 ℹ *Avda. de las Playas.* 928 513 351. 🎏 *Nuestra Señora del Carmen (Aug).*

Das ehemalige Fischerdorf hat sich zu dem bedeutendsten Ferienort der Insel entwickelt. Die Strände an der Avenida de las Playas zählen zu den schönsten auf Lanzarote.

In Puerto del Carmen reihen sich Hotels, Pensionen, Läden, Restaurants, Clubs und Banken aneinander. Zahlreiche Firmen bieten (sportliche) Unternehmungen an – von Windsurfen oder Tauchen bis hin zu Angelexkursionen oder Katamaranfahrten nach Fuerteventura und zur Isla de los Lobos.

Umgebung: Das neun Kilometer nördlich gelegene **Puerto Calero** besitzt den schönsten Yachthafen der Insel. Hier starten Glasbodenboote zum Bestaunen der Unterwasserwelt und Ausflugsboote zu den Playas de Papagayo.

Der Hafen mit dem ältesten Viertel von Puerto del Carmen

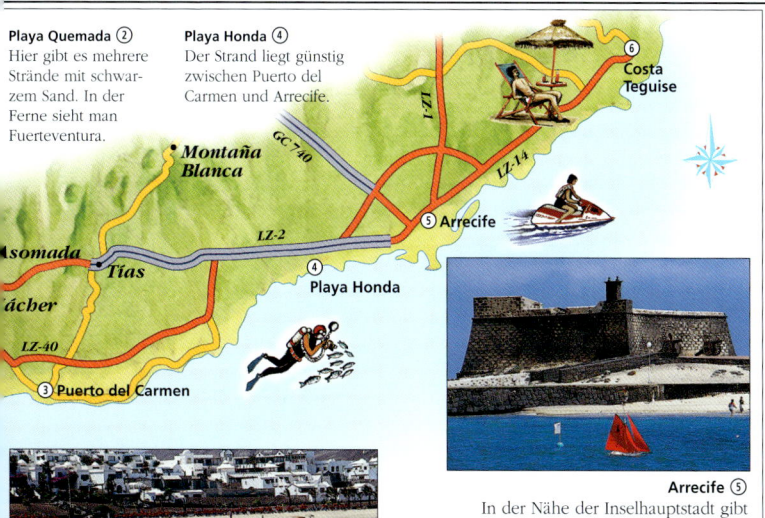

Playa Quemada ②
Hier gibt es mehrere Strände mit schwarzem Sand. In der Ferne sieht man Fuerteventura.

Playa Honda ④
Der Strand liegt günstig zwischen Puerto del Carmen und Arrecife.

Arrecife ⑤
In der Nähe der Inselhauptstadt gibt es einige Sandstrände. Die meisten weisen eine blaue Flagge auf, die anzeigt, dass man gefahrlos baden kann.

Costa Teguise ⑥
Der Sandstrand Las Cucharas ist hübsch zum Sonnenbaden und Schwimmen. Hier kann man auch Windsurfen lernen und ein nahe gelegenes Schiffswrack beim Tauchen erkunden.

Teneriffa

Der spanische Name Tenerife, der in der Sprache der Guanchen »weißer Berg« bedeutete, bezieht sich auf den im Zentrum der Insel gelegenen Pico del Teide, den höchsten Berg Spaniens. Der 3718 Meter hohe Vulkan und seine Caldera sind großteils Nationalpark. Je nach Jahreszeit ist der Gipfel in Wolken oder in Schwefeldunst gehüllt. Oft ist er schneebedeckt und stets faszinierend.

Teneriffa liegt zwischen La Gomera und Gran Canaria. Es ist mit einer Fläche von 2034 Quadratkilometern die größte Insel der Kanaren. Von den rund 908 000 Bewohnern leben die meisten im Norden der Insel in der Hauptstadt Santa Cruz de Tenerife sowie in deren Einzugsbereich.

Balkon an einem Haus in La Orotava

Aufgrund des gewaltigen Gebirgszugs, der den Pico del Teide beinhaltet, und wegen des Einflusses des Nordostpassats weist die Insel zwei unterschiedliche Klimazonen auf: Im feuchten Norden und Nordwesten herrscht üppige tropische Vegetation mit immergrünen Weinstöcken vor. Im heißeren, trockeneren Süden und Südosten ist die Landschaft karg und steinig. Wie auch Gran Canaria wird Teneriffa deshalb oft als »Miniaturkontinent« bezeichnet.

Der Fremdenverkehr setzte auf der Insel schon Ende des 19. Jahrhunderts ein. Inzwischen ist er der wichtigste Wirtschaftsfaktor. Das erste Hotel der Insel, das Grandhotel Taoro in Puerto de la Cruz, wurde 1889 eröffnet. Es zählte zu jener Zeit zu den größten Spaniens.

In den späten 1960er Jahren boomte der Fremdenverkehr. Zunächst lockte Besucher vor allem das tropische Klima des Nordens, bald aber erwies sich das trockene Klima im Süden als attraktiver. Dort wurden weite felsige Küstenabschnitte mit Sand aus der Sahara aufgeschüttet, Hotelanlagen errichtet und bewässerte Gärten angelegt. Die Investitionen haben sich gelohnt – heute sind im Süden gelegene Ferienorte wie Playa de las Américas oder Los Cristianos Zentren des Fremdenverkehrs.

Ferienanlage an der Küste von Playa de las Américas

◁ Der Pico del Teide *(siehe S. 118f)*, das Wahrzeichen Teneriffas, ist von fast jedem Punkt der Insel aus zu sehen

Überblick: Teneriffa

Das milde Klima Teneriffas – mit einer Durchschnittstemperatur von 21 °C an der Küste – zieht viele Urlauber an. Die meisten bleiben in den großen Ferienorten, genießen Sonne und Meer und nutzen die Wassersportangebote. Der Parque Nacional del Teide mit seinem felsigen Vulkangestein ist ein Wanderparadies, ebenso der Parque Rural de Anaga mit schroffen Felsen und faszinierender Fauna. Im Februar/März wird auf der ganzen Insel Karneval gefeiert, vor allem in Santa Cruz finden dann prächtige Umzüge und ausgelassene Feste statt, die durchaus an den Karneval in Rio de Janeiro erinnern.

ATLANTISCHER OZEAN

SANTA CRUZ DE TENERIFE

LAS PALMAS DE GRAN CANARIA

Zur Orientierung

PUERTO DE LA CRUZ

San Juan de la Rambla

LORO PARQUE **8**

GARACHICO **11**

Buenavista

Los Silos

ICOD DE LOS VINOS **10**

La Guancha

LOS REALEJOS **9**

Punta del Cassado

El Palmar

TF82

Erjos

Punta de Teno

MASCA **12**

SANTIAGO DEL TEIDE **13**

El Portillo

Pico del Teide 3718 m △ **17**

TF21

Acantilados de los Gigantes

Pico Viejo 3134 m

TF36

PARQUE NACIONAL DEL TEIDE

Las Cañadas

LOS GIGANTES **14**

Puerto de Santiago

Los Roques de Garcia

Alcalá

Guia de Isora

San Juan

Tejina

TF21

TF47

VILAFLOR **18**

TF82

Barranco del Infierno

Granadilla de Abona

Adeje

Arona

San Miguel

SIAM PARK **16**

San Isidro

PLAYA DE LAS AMÉRICAS **15**

Los Cristianos

TF1

EL MÉD

El Palmar

Los Abrigos

Las Galletas

Costa del Silencio

0 Kilometer   10

Masca: einst ein Piratennest, heute eines der schönsten Bergdörfer Teneriffas *(siehe S. 116)*

Anreise

Teneriffa hat zwei Flughäfen: Reina Sofía im Süden und Tenerife Norte im Norden. Beide wickeln internationale Flüge und regionale Verbindungen zu den anderen Kanarischen Inseln ab. Fähren fahren von Teneriffa nach Cádiz und zu allen Inseln des Archipels. Für den Busverkehr ist die Gesellschaft TITSA zuständig, doch nicht in alle Teile der Insel fahren Busse. Einige Orte sind mit organisierten Bustouren zu erreichen, andere nur mit Mietwagen.

Punta del Hidalgo

BAJAMAR 4

Punta del Hidalgo

Taganana

Chamorga

Faro de Anaga

El Bailadero

TF12

3

PARQUE RURAL
DE ANAGA

Tegueste

TF13

San Andrés

2 LA LAGUNA

RONTE 5

TF5

al

La Esperanza

TF24

Taco

1 SANTA CRUZ
DE TENERIFE

La Matanza

a Victoria

OTAVA

TF1

Santa María del Mar

Tabaiba

Las Caletillas

Arafo

20 CANDELARIA

GÜIMAR 21

Astrophysical
atory

Puerto de Güimar

Fasnia

TF28

rico

de Arico

TF1

San Miguel de Tajao

Die Bucht von El Médano ist
bei Windsurfern beliebt

SIEHE AUCH

- **Hotels** S. 162–164
- **Restaurants** S. 176–179

LEGENDE

▬	Autobahn
▬	Hauptstraße
═	Nebenstraße
▬	Panoramastraße
△	Gipfel

Sandstrand am Küstenstreifen von Playa de las Américas

Sehenswürdigkeiten auf einen Blick

Bajamar 4
Candelaria 20
El Médano 19
Garachico 11
Güimar 21
Icod de los Vinos 10
La Laguna 2
La Orotava S. 108–111 6
Loro Parque S. 114f 8

Los Gigantes und Puerto
  de Santiago 14
Los Realejos 9
Masca 12
*Parque Nacional del Teide
  S. 118f* 17
Playa de las Américas
  und Los Cristianos 15
Puerto de la Cruz S. 112f 7

*Santa Cruz
  de Tenerife S. 100–102* 1
Santiago del Teide 13
Siam Park 16
Tacoronte 5
Vilaflor 18

Tour
Parque Rural de Anaga S. 104f 3

Santa Cruz de Tenerife ❶

Die Stadt erhielt ihren Namen vom Heiligen Kreuz der Konquistadoren, das Alonso Fernández de Lugo 1494 aufstellte, als er bei Añaza an Land ging. Im 16. Jahrhundert entwickelte sich das ursprüngliche Fischerdorf zum wichtigen Hafen für das im Landesinneren gelegene La Laguna. Seit 1723 ist Santa Cruz de Tenerife das Verwaltungszentrum der Insel, von 1822 bis 1927 war es Hauptstadt des gesamten Archipels. Heute kann man im Hafen viele große Schiffe beobachten – von Tankern aus Venezuela und dem Mittleren Osten über Containerschiffe, die Bananen und Tomaten verladen, bis hin zu Luxusdampfern.

Der imposante Glockenturm von Nuestra Señora de la Concepción

Überblick:
Santa Cruz de Tenerife

Die Architektur der Hauptstadt ist vom Kolonialstil des 19. Jahrhunderts geprägt. Es gibt zwar wenige historische Sehenswürdigkeiten, dafür aber eine Vielzahl von Läden sowie Museen und Sammlungen. Das Teatro Guimerá bietet ein breites Repertoire. Jährlich wird ein Festival klassischer Musik veranstaltet. Im Februar/März wird in der Stadt ausgelassen der Karneval gefeiert.

🏛 Museo de la Naturaleza y el Hombre

C/Fuente Morales, s/n. ☎ 922 535 816. 🕐 Di–So 9–19 Uhr. ⬤ 1. Jan, 6. Jan, 24., 25., 31. Dez. 🖼

Das Naturhistorische Museum hat seinen Sitz in einem klassizistischen Gebäude, dem ehemaligen Militärhospital. Eine farbenfrohe Multimedia-Show geht auf Geologie, Frühzeit, Flora und Fauna der Kanarischen Inseln ein. Neben Mumien- und Schädelfunden aus der Zeit der Guanchen sind eine Sammlung mit Artefakten (u. a. Keramik, afrikanische Schnitzereien, präkolumbische Kunst) sowie Fossilienfunde aus der ganzen Welt zu sehen.

⛪ Iglesia de Nuestra Señora de la Concepción

C/Domínguez Alfonso.

Die Kirche stammt aus dem Jahr 1498, ihr heutiges Aussehen geht jedoch auf eine Umgestaltung in der ersten Hälfte des 18. Jahrhunderts zurück.

Das reich ausgestattete Innere zieren Gemälde und Skulpturen. Den Hauptaltar schuf José Luján Pérez. Bemerkenswert sind einige Objekte aus der Geschichte Teneriffas, darunter das silberne Kreuz (Santa Cruz) der Konquistadoren sowie britische Flaggen, die während Nelsons Angriff 1797 in Besitz genommen wurden.

Madonna an der Plaza de la Candelaria

🏛 Plaza de España

Auf der Plaza de España, die sich im Stadtzentrum nahe dem Hafen befindet, ragt ein riesiges Denkmal, das **Monumento de los Caídos**, auf. Die von Enrique César Zadivar angefertigten Bronzefiguren erinnern an die Opfer des Spanischen Bürgerkriegs. Die Südseite des Platzes nimmt das von José Enrique Marrero entworfene **Cabildo Insular** ein. Das Gebäude ist ein Beispiel für die faschistische Architektur der 1930er Jahre. Es ist heute Sitz der Regierung von Teneriffa und des Fremdenverkehrsamts der Stadt.

🏛 Plaza de la Candelaria

Westlich der Plaza de España erstreckt sich die 1701 angelegte Plaza de la Candelaria (offizieller Name: Plaza de la Constitución), ein beliebter Treffpunkt, der vor allem abends viele Spaziergänger anlockt. Das Marmordenkmal in der Mitte, **El Triunfo de la Candelaria**, stellt die Schutzheilige der Insel dar. Das von dem italienischen Bildhauer Pasquale Bocciardo geschaffene Werk wurde 1778 enthüllt. Das auffallendste Gebäude an der Plaza de la Candelaria ist der **Palacio de Carta** (1742). Er beherbergte einst die Präfektur, heute eine Zweigstelle der Banco Español de Crédito. Sehenswert ist der typisch kanarische Patio.

Plaza de España, ein markanter Orientierungspunkt in der Stadt

Hotels und Restaurants auf Teneriffa *siehe Seiten 162–164 und 176–179*

Calle Castillo, die Haupteinkaufs-straße der Hauptstadt

⛪ Calle Castillo

In der kleinen, reizenden Fußgängerzone, die die Calle Castillo mit einigen Neben-straßen bildet, reihen sich hübsche kleine Läden. Während der Siesta zwischen 13 und 16.30 Uhr scheint das Leben hier stillzustehen, ansonsten ist die Straße belebt. Die Läden bieten alles von Designerkleidung bis zu Uhren und elektronischen Geräten an. Es lassen sich viele Schnäppchen machen. In großen Kunsthandwerks-läden kann man typische Stickereien sowie Korb- und Tonwaren erstehen.

🔒 Iglesia San Francisco

C/Villalba.
Die Franziskanerabtei gegen-über dem Museo Municipal de Bellas Artes wurde um 1680 gegründet. Im 18. Jahr-hundert wurde sie ausgebaut und um die Kapelle Capilla de la Orden Tercera erweitert. Der Altar (17. Jh.) und die Kanzel im Inneren beeindru-cken. Die Kapelle dient seit 1869 als Gemeindekirche.

🏛 Museo Municipal de Bellas Artes

C/José Murphy, 12. 📞 922 274 786. ⏱ Di–Fr 10–20, Sa, So 10–15 Uhr. 📷
Das 1898 gegründete Kunst-museum stellt u. a. Leihgaben aus dem Madrider Prado aus, darunter Werke Alter Meister wie Jan Brueghel und José de Ribera sowie anonyme spa-nische Gemälde aus dem 17. und 18. Jahrhundert. Neben einer Münz- und Waffensamm-lung wird auch kanarische Kunst präsentiert. Viele Bilder, wie z. B. *Der Hafen von Santa Cruz* und *Landschaft um La Laguna* von Valentín Sanza

Barockes Portal der Iglesia San Francisco

INFOBOX

🚶 222400. 🚌 ⚓
ℹ Plaza de España, s/n. 📞 922 281 287 oder 922 239 592.
✉ tägl. 🎭 Karneval (Feb/März), Día de la Cruz (3. Mai), Nuestra Señora del Carmen (16. Juli).
www.santacruzmas.com

y Carta (1849–1898) beschäf-tigen sich mit Ereignissen und Schauplätzen der Lokalge-schichte.

⛪ TEA (Tenerife Espacio de las Artes)

Avenida de San Sebastián, 10.
📞 922 849 057. ⏱ Di–So 10–20 Uhr. **www**.teatenerife.es
Das moderne Gebäude bietet Raum für Wechselausstellun-gen sowie eine Daueraus-stellung zeitgenössischer Kunst und Fotografie.

⛪ Mercado de Nuestra Señora de África

Avenida de San Se-bastián. ⏱ Mo–Sa 8–14, So 7–14 Uhr.
Die 1943 in Anleh-nung an die nord-afrikanische Archi-tektur gebaute Markthalle bietet alles von Obst über Gewürze bis zu Fisch.

Zentrum von Santa Cruz de Tenerife

Calle Castillo ⑤
Iglesia de Nuestra Señora de la Concepción ②
Iglesia San Francisco ⑥
Mercado de Nuestra Señora de África ⑨
Museo Municipal de Bellas Artes ⑦
Museo de la Naturaleza y el Hombre ①
Plaza de la Candelaria ④
Plaza de España ③
TEA ⑧

0 Meter   100

Zeichenerklärung
siehe hintere Umschlagklappe

Die palmenbestandene Plaza del 25 de Julio

♣ Parque Marítimo

Der 1995 eröffnete Park wurde nach dem Entwurf des kanarischen Künstlers César Manrique *(siehe S. 85)* gestaltet. Mit drei Salzwasserpools, einem Solarium und Gärten bietet das 22 000 Quadratmeter große Areal Besuchern jeden Alters Spaß und Erholung. Man kann Hängematten und Sonnenschirme mieten. Es gibt ein Jacuzzi, Umkleideräume und Duschen.

♣ Castillo de San Juan

Das am Wasser gelegene Fort wurde im Jahr 1641 als Schutzanlage für den Hafen errichtet. Am Kai Los Llanos legten einst Schiffe mit afrikanischen Sklaven an, der Sklavenhandel wurde hier abgewickelt. Auch die Kapelle **Nuestra Señora de Regla** wurde im 17. Jahrhundert erbaut. Heute dominiert das Areal jedoch das kolossale **Auditorio de Tenerife**, Teneriffas wichtigstes Veranstaltungszentrum für Tanz und Theater.

Am 25. Juli jedes Jahres wird durch eine Nachstellung des Angriffs auf Santa Cruz de Tenerife an den erfolglosen Versuch Admiral Nelsons, die Stadt einzunehmen, erinnert.

♣ La Rambla de Santa Cruz

Die Straße, eine der elegantesten von Santa Cruz, säumen beeindruckende Häuser sowie zahlreiche Restaurants und Cafés. La Rambla de Santa Cruz zieht sich halbkreisförmig durch einen Großteil der Stadt. Im mittleren Bereich trennt eine breite Fußgängerzone zwei viel befahrene Spuren. Spaziergänger können in dem von Palmen und Lorbeerbäumen beschatteten Areal an vielen modernen Kunstwerken vorbeischlendern. Die Bäume werden nachts beleuchtet. Sie tragen Schilder mit den Namen berühmter Künstler, von Michelangelo bis Warhol. Jeden Sonntag wird in der Fußgängerzone ein gut besuchter Antiquitäten- und Flohmarkt abgehalten.

Im grünen Schatten – Weg im Parque García Sanabria

♣ Plaza del 25 de Julio

Die Plaza del 25 de Julio bildet eine Oase der Ruhe im Zentrum der betriebsamen Stadt. Der große Brunnen in der Mitte, Palmen und andere Schatten spendende Bäume verleihen dem Platz Charme. Bänke, die aus Stein gefertigt wurden, der aus Sevilla importiert wurde, laden zum Verweilen ein. Die Rückenlehnen sind mit Kacheln verziert, die historische Werbeanzeigen darstellen.

♣ Parque García Sanabria

Der in den 1920er Jahren angelegte Park wurde nach dem Bürgermeister von Santa Cruz benannt. Er bietet üppige tropische Vegetation und allerlei fremdartige Bäume. Auch ein Brunnen und einige moderne Skulpturen befinden sich auf dem reizenden Areal. An der Geschichte Teneriffas interessierte Besucher sollten die Lehnen dreier Bänke betrachten: Sie zeigen die Ankunft der Konquistadoren, das Alltagsleben der Guanchen und die Niederlage dieses Volkes in der Schlacht von Acentejo.

♣ Museo Militar de Canarias

C/San Isidro, 2. ☎ 922 843 500.
☐ Di–Sa 10–14 Uhr.

Das 1988 eröffnete Militärmuseum befindet sich in den Räumen des 1884 erbauten Forts Cuartel de Almeida. Zu sehen sind historische Waffen von den Kanarischen Inseln, spanische Militaria aus dem 17. Jahrhundert und Waffen aus dem 19. Jahrhundert. Den größten Teil der Ausstellung nehmen Flaggen, Uniformen und persönliche Besitztümer der Soldaten und Offiziere ein. Eine eigene Abteilung ist der Schlacht von 1797 gegen die britische Flotte unter Admiral Nelson gewidmet. Vor allem britische Besucher bestaunen gern El Tigre, die Kanone, die die Kugel abfeuerte, durch die Nelson beim Angriff auf Santa Cruz seinen Arm verlor.

Skulptur von Henry Moore an der Rambla de Santa Cruz

Hotels und Restaurants auf Teneriffa *siehe Seiten 162–164 und 176–179*

La Laguna ❷

🏛 151400. 🚌 🏠 Plaza del Adelantado. 📞 922 631 194. 🗓 täglich.
📅 San Benito Abad (1. So im Juli), Santisimo Cristo (7.–15. Sep).
www.aytolaguna.com

Der offizielle Name der zweitgrößten Stadt Teneriffas lautet Ciudad de San Cristóbal de La Laguna. Die Stadt erstreckt sich mitten im fruchtbaren Tal von Aguerre. Das Gewässer (La Laguna), an dem sie ursprünglich lag, wurde 1837 trockengelegt.

La Laguna wurde 1496 von dem Konquistadoren Alonso Fernández de Lugo gegründet. Der Ort war einst Sitz der Adelantados, der Militärgouverneure der Insel. Bis 1723 war La Laguna Hauptstadt von Teneriffa. Dieser Status ging zwar an Santa Cruz über, doch La Laguna verlor nicht an Bedeutung. La Laguna ist Universitätsstadt, im Jahr 1817 eröffnete die **Universidad de San Fernando**. 1818 wurde La Laguna Bischofssitz.

Sankt Christophorus, der Schutzheilige der Stadt

Trotz der bis heute andauernden dynamischen Entwicklung (einige Vororte von La Laguna verschmelzen fast mit Santa Cruz), ist die Altstadt gut erhalten. Schmale Straßen und winzige Gassen durchziehen sie wie ein Schachbrett. Die Häuser weisen zum Teil schöne Balkone und prächtig gestaltete Wappen auf. Besonders auffallend sind **Casa del Corregidor** und **Casa de la Alhondiga** aus dem 16. Jahrhundert, **Casa Alvaro Bragamonte** aus dem 17. Jahrhundert sowie **Casa Mesa** und **Casa de los Capitanes**, beide aus dem 18. Jahrhundert.

Die 1593 von genuesischen Händlern erbaute **Casa Lercaro** birgt seit 1993 das **Museo de Historia y Antropologia de Tenerife**, dessen von der spanischen Eroberung bis ins 20. Jahrhundert reichende Exponate Dokumente, Werkzeuge, Gemälde (16. Jh.) sowie einige der ältesten Karten der Kanarischen Inseln umfassen.

Ein kleiner Spaziergang führt vom Museum zum Bischofspalast, dem **Palacio Episcopal**. Die prunkvolle Steinfassade des Gebäudes datiert aus dem Jahr 1681. Das **Casino de la Laguna** wurde 1899 nach französischen Entwürfen erbaut, das **Ayuntamiento**, das alte Rathaus, stammt von 1829. Im Ayuntamiento ist die Fahne zu besichtigen, unter der de Lugo bei der Eroberung Teneriffas *(siehe S. 32)* kämpfte.

Das heutige Rathaus steht an der **Plaza del Adelantado**. In den Innenräumen illustrieren Fresken die Geschichte der Insel. Die benachbarte Kirche **San Miguel** (1507) wurde von de Lugo gegründet. Der Kreuzgang des **Convento de Santa Catalina de Siena** an dem von Bäumen beschatteten Platz ist original erhalten.

Der **Palacio de Nava** ist ein schönes Beispiel für die spanische Kolonialarchitektur. Hinter dem Platz befindet sich eine größere Markthalle, in der Wurst, Obst, Käse und Blumen verkauft werden.

An der Ostseite der Plaza del Adelantado steht die **Kathedrale** mit ihren Zwillingstürmen und der 1825 gestalteten Fassade. Die Kirche wurde im frühen 20. Jahrhundert restauriert. Sie besitzt

Portal der Iglesia de Nuestra Señora de la Concepción

einen prächtigen Altaraufsatz, der aus der ersten Hälfte des 18. Jahrhunderts stammt. Hinter dem Hauptaltar befindet sich das schlichte Grabmal von Alonso de Lugo.

An der Plaza de la Concepción verdeutlicht die **Iglesia de Nuestra Señora de la Concepción** (1502) den vor der spanischen Eroberung typischen Baustil der Kanarischen Inseln, der zwischen Gotik und Renaissance angesiedelt ist. Die dreischiffige Kirche weist eine hervorragend restaurierte Holzdecke im Mudéjar-Stil auf.

Jedes Jahr im August versammeln sich Tausende Pilger im **Santuario del Cristo**, einer kleinen Kirche am Nordende der Altstadt. Ziel dieser Wallfahrt ist eine kleine Christusstatue, die aus dem späten 15. Jahrhundert stammt. Alonso de Lugo brachte die schöne gotische Holzfigur eines unbekannten Künstlers 1520 nach Teneriffa.

Eine Bahnlinie verbindet Santa Cruz de Tenerife mit La Laguna und führt weiter nach Tacoronte *(siehe S. 106)* an der Westküste.

🏛 **Museo de Historia y Antropologia de Tenerife**
C/San Augustín, 22.
📞 922 825 949. 🕐 Di–So 9–19 Uhr. 🔴 1., 6. Jan, 24., 25., 31. Dez. 🈺

Patio des Palacio Episcopal

Tour: Parque Rural de Anaga ❸

Die Vulkanberge im Norden Teneriffas – seit 1987 besteht hier ein Naturpark – sind grün bewachsen. In dem Gebiet ist mit kühlem Wetter, auch mit Nebel oder Regen, zu rechnen. Schmale Pfade führen durch schroffe Täler und dichte Wälder. Besucher, die Natur und Abgeschiedenheit schätzen, erleben eine faszinierende Flora und Fauna und genießen atemberaubende Ausblicke auf die schroffe Küstenlinie.

Klippen ⑩

Hohe Klippen prägen die Küste westlich von Taganana. Das Meer brandet mit Wucht dagegen an und hat viele kleine Buchten geschaffen. Diese sind schwer zu erreichen, am besten sieht man sie bei einer Ausflugsfahrt mit dem Schiff.

Taganana ⑨

Das kleine Dorf liegt malerisch zwischen Palmen am Fuß steiler Felsen. Nähert man sich Taganana auf der Straße, kommt man am Roque de las Animas, dem Geisterfelsen, vorbei.

Straße nach La Laguna ⑪

Über den Mirador Pico del Inglés und das Plateau Las Mercedes führt die Straße durch die Bergwelt nach La Laguna.

Vegetation

In der beeindruckend grünen, oft feuchten Region gedeihen vor allem Wälder mit Lorbeer- und Wacholderbäumen sowie zahlreiche Heidegewächse und Farne. Vielerlei Kräuter sorgen für die herbwürzige Luft, die man hier überall atmet. Die schmale, kurvenreiche Straße, die das Gebiet durchzieht, ist über weite Strecken von dichtem Buschwerk gesäumt, das vor dem Wind schützt, für Wanderer aber oft schwer zu durchdringen ist.

Heidesträucher und Farne an der Straße bei Chinobre

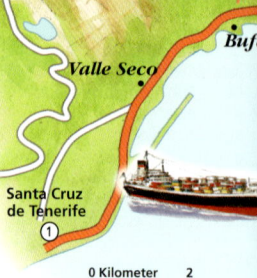

Klippen ⑩

Tagan

Taborno

Las Casas de Afur

TF 12

Ermita Cruz del Carmen

⑪ Straße nach La Laguna

Las Mercedes

LA LAGUNA

Buf

Valle Seco

Santa Cruz de Tenerife ①

0 Kilometer 2

Santa Cruz de Tenerife ①

Von der Hauptstadt aus kann man eine Tour durch den Parque Rural de Anaga starten. Zweiter Startpunkt ist La Laguna.

Roque de las Bodegas ⑧

Für Surfer ist die Bucht mit dem steinigen Strand ideal. Östlich davon findet man in Almaciga und Benijo, zwei hoch auf den Klippen gelegenen Fischerdörfern, einige Restaurants.

ROUTENINFOS

Länge: *ca. 65 km.*
Rasten: *In allen Orten entlang der Strecke findet man eine Bar oder ein Restaurant vor.*
🛈 *Centro de Visitantes, Cruz del Carmen, Ctra. Las Mercedes km 6, La Laguna.* 📞 *922 633 576. (An der Straße zwischen La Laguna und San Andrés gibt es keine Tankstelle.)*

Faro de Anaga ⑦

Von Chamorga, einem der bezaubernendsten Dörfer auf Teneriffa, führt ein knapp zwei Kilometer langer Pfad nach Nordosten zum auf einem Gipfel gelegenen Leuchtturm.

Chinobre ⑥

Zwischen dem Pass El Bailadero und Chinobre passiert man eine Stelle, an der der Sage nach Hexen zusammenkamen. 13 Kilometer westlich bietet der Mirador Pico del Inglés unterhalb des Gipfels Taborno eine schöne Aussicht.

Igueste de San Andrés ④

Das Bauerndorf liegt am Ausgang einer Schlucht. Mango-, Avocado- und Bananenplantagen erstrecken sich bis zum Meer hinab.

Barranco de las Hubertas ⑤

Die Straße zwischen San Andrés und El Bailadero verläuft in einer Schlucht. An beiden Seiten sieht man einzeln stehende Bauernhöfe an den terrassierten Hängen. Palmen geben dem Tal einen exotischen Touch.

San Andrés ②

Das Fischerdorf mit den schmalen Gassen hat sich zum Ferienort entwickelt. Es bietet hervorragende kleine Fischrestaurants.

Playa de las Teresitas ③

Fast zwei Kilometer lang erstreckt sich der Sandstrand mit den schönen Palmen in einer geschützten Bucht zwischen Felsen. Der feine, helle Sand wurde aus der Sahara hierhergebracht.

LEGENDE

🟧 Routenempfehlung
= Andere Straße
••• Wanderweg
🔆 Aussichtspunkt

Die Felsenbäder von Bajamar

Bajamar ❹

🏛 2000. 🚌

Früher bestritten die Einwohner von Bajamar ihren Lebensunterhalt mit Fischfang und Zuckerrohranbau. Dann entwickelte sich auch an der Nordküste der Fremdenverkehr, Bajamar wurde zu einem beliebten Ferienort. Die hohen Klippen und die Gipfel des **Monte de las Mercedes** schaffen einen reizvollen Hintergrund für Hotels und Bungalowanlagen, Restaurants und Cafés. Baden kann man in einem großen Komplex aus teilweise natürlichen, teilweise mit Beton ausgebauten Felsbecken mit Salzwasser.

Umgebung: Rund 2,5 Kilometer nordöstlich bietet **Punta del Hidalgo** einen fantastischen Blick auf die Felsküste und die Bananenplantagen. Für geübte Windsurfer sind die starken Winde attraktiv (Achtung: Strömungen!). Punta del Hidalgo ist Ausgangspunkt eines markierten Wanderwegs zu den Höhlenwohnungen von Chinamada.

Tacoronte ❺

🏛 23 600. 🚌 🅿 Sa, So. 🎭 Cristo de los Dolores (1. So nach dem 23. Sep).

Der Küstenort Tacoronte liegt 450 Meter über dem Meer, seine Umgebung ist berühmt für die exzellenten Weine mit der Herkunftsbezeichnung »Tacoronte-Acantejo«. Wenn Sie in der Gegend sind, sollten Sie unbedingt eine der Kellereien besichtigen und an einer Weinprobe teilnehmen.

Tacoronte hat zwei Kirchen: In der **Iglesia del Cristo de los Dolores** steht eine Christusstatue (17. Jh.), die während der Erntedankfeiern durch die Straßen getragen wird. Außerdem sind die barocken Schnitzarbeiten bemerkenswert. Die **Iglesia de Santa Catalina** (1664) besitzt eine schöne Holzdecke und eine opulente Ausstattung.

Umgebung: Südlich von Tacoronte ist in **El Sauzal** die Casa del Vino La Baranda zu besichtigen. Der Komplex beherbergt ein Weinmuseum. Man kann Weine kosten und kaufen sowie in dem hervorragenden Restaurant speisen.

La Orotava ❻

Siehe S. 108–111.

Puerto de la Cruz ❼

Siehe S. 112f.

Loro Parque ❽

Siehe S. 114f.

Los Realejos ❾

🏛 38 000. 🚌
🎭 San Sebastián (22. Jan).

Unterhalb des Gipfels des Tigaiga durchziehen steile, kurvenreiche Straßen die beiden Teile von Los Realejos: Realejo Bajo (Unterstadt) und Realejo Alto (Oberstadt). Die Stadt spielte eine wichtige Rolle in der Geschichte von Teneriffa: Hier ergaben sich 1496 die letzten freien Anführer der Guanchen den spanischen Invasoren.

In Realejo Alto steht die **Iglesia de Santiago Apóstol** (1498), die älteste Kirche der Insel, mit einer schönen Mudéjar-Holzdecke. Auf dem Weg von Puerto de la Cruz sieht man das 1862 erbaute **Castillo de los Realejos** am Ortseingang. Die quadratische Anlage mit vier runden Ecktürmen ist von einem wunderschönen Park umgeben. Im Gegensatz zu anderen Wehranlagen auf den Kanaren, die im 16. und 17. Jahrhundert errichtet wurden, diente dieses Bauwerk nie Verteidigungszwecken.

Tacoronte liegt hoch über dem Meer inmitten von Weinbergen

Das von hohen Palmen umgebene Castillo de Los Realejos

Icod de los Vinos ❿

🏠 24 000. 🚉 C/San Sebastián, 6.
📞 922 812 123. 🚌 🎉 San Antonio Abad (22. Jan), San Marcos (März), Fiestas del Cristo del Drago (1. So nach 17. Sep).

Schon der Name besagt, dass die Stadt in einer fruchtbaren Weinbauregion liegt. Für Besucher ist der Ort allerdings vor allem wegen des Wahrzeichens der Insel interessant. Von dem Drachenbaum, **Drago Milenario**, wird erzählt, er sei mehr als 1000 Jahre alt. Sein tatsächliches Alter beträgt zwar vermutlich nur 500 Jahre, dennoch ist das größte Exemplar seiner Art auf den Kanaren beeindruckend. Am besten ist der Baum von der Plaza de la Iglesia aus zu betrachten.

Die dreischiffige Kirche **San Marcos** wurde im 15. und 16. Jahrhundert errichtet. Sie besitzt eine schöne Kassettendecke und einen silbernen Hochaltar. Beachtenswert sind auch ein Gemälde der hl. Anna, das dem großen Barockmaler Bartolomé Esteban Murillo zugeschrieben wird, sowie ein Taufbecken aus Marmor von 1696. Eine der Kapellen birgt das **Museo de Arte Sacro** mit einem 2,45 Meter hohen silbernen Kreuz mit Filigranarbeiten, das 1663 von Jeronimo de Espellosa y Vallabridge in Kuba angefertigt wurde und 48,3 Kilogramm wiegt. Es gilt als größtes in Filigrantechnik gefertigtes Kreuz der Welt.

In der Nähe des Drachenbaums fliegen im **Mariposario del Drago** viele tropische Schmetterlinge frei zwischen Wasseranlagen und Dschungelpflanzen umher. Tafeln informieren über die Tiere.

🏛 **Museo de Arte Sacro**
Iglesia San Marco. 📞 922 810 695.
🕐 tägl. 9–13.30, 14–20 Uhr.

🏛 **Mariposario del Drago**
Avenida de Canarias, s/n. 📞 922 815 167. 🕐 tägl. 10–19 Uhr (im Winter bis 18 Uhr). 🎫

Garachico ⓫

🏠 5300. 🚌 🎉 San Sebastián (20. Jan), Romería de San Roque (16. Aug).

Das Städtchen an der Nordwestküste wurde im 16. Jahrhundert von Händlern aus Genua gegründet. Bis heute hat es sich mit seinen traditionellen Häusern eine seltene architektonische Einheit bewahrt. Garachico war einst der wichtigste Hafen von Teneriffa, später wurde es Zentrum der Zuckerproduktion. 1706 setzte ein Ausbruch des Volcán Negro dem Wohlstand ein jähes Ende. Ganze Stadtteile und der größte Teil des Hafens wurden unter der Lava begraben. Nur eine Handvoll Gebäude,

Drachenbaum in
Icod de los Vinos

darunter das **Castillo de San Miguel** (1577) an der Bucht, blieb verschont. Auch von der Kirche **Santa Ana** ist nur noch die Fassade (16. Jh.) erhalten. Im restaurierten Inneren sind das barocke Taufbecken und das Kruzifix von Martín de Andujar beachtenswert.

Weitere Relikte der einstigen Größe der Stadt sind der **Palacio de Los Condes de la Gomera**, der sich an der Plaza de la Libertad befindet, sowie einige ehemalige Klöster: Das aus dem 17. Jahrhundert stammende **Santo Domingo** beherbergt das **Museo de Arte Contemporáneo**, im **Convento de San Francisco,** das im 18. Jahrhundert errichtet wurde, ist heute die **Casa de la Cultura** untergebracht. An der Plaza de la Libertad ehrt ein Denkmal Simón Bolívar, den Befreier Südamerikas.

Im Winter toben oft heftige Stürme über Garachico hinweg. Dann bieten Brandung und Wellen einen spektakulären Anblick – vor allem bei niedrigem Wasserstand, wenn der **Roque de Garachico** freiliegt und von Gischt umtost wird. Im Sommer kann man in befestigten Felsenbecken schwimmen und bei Sonnenuntergang von einer Bar aus das Farbenspiel des Wassers betrachten.

🏛 **Museo de Arte Contemporáneo**
Plaza de Santo Domingo.
📞 922 830 000. 🕐 Mo–Sa 10–13, 15–18, So 10–13 Uhr. 🎫

Castillo de San Miguel, Garachico

La Orotava

Wasserspeier

Vor der spanischen Eroberung gehörte die Stadt zu Taoro, dem bedeutendsten Königreich der Guanchen auf Teneriffa. Nach der Übernahme siedelten sich schnell Einwanderer aus Andalusien in dem Tal an. Im 16. Jahrhundert wurden die ersten Kirchen, Palais und Residenzen errichtet. Die kunstvollen Holzschnitzarbeiten an und in diesen Gebäuden erinnern an arabische Bauten in Südspanien. Nachdem die Stadt 1648 von La Laguna unabhängig wurde, blühte sie schnell auf. Bis heute gehört La Orotava zu den bezauberndsten Städten auf den Kanarischen Inseln.

Überblick: La Orotava

La Orotava zählt zu den besterhaltenen historischen Städten auf Teneriffa. Die steilen kopfsteingepflasterten Straßen bezaubern Besucher ebenso wie die reizvollen Häuser aus dem 17. und 18. Jahrhundert. Die mit Schnitzarbeiten verzierten Balkone aus dunklem Holz sind typisch für die Kanarischen Inseln. Die schönsten Gebäude befinden sich in der Altstadt. Die Sehenswürdigkeiten sind gut beschildert, ein Stadtbummel führt an fast allen Attraktionen vorbei.

🔒 Iglesia de la Concepción

Plaza Casañas. 922 326 924. tägl.

In der Iglesia de la Concepción (Kirche der Unbefleckten Empfängnis) erwartet den Besucher eine ganz besondere Atmosphäre. Musik von Mozart ertönt fast den ganzen Tag über und verleiht dem prächtigen Innenraum mit Figuren einheimischer Künstler wie Fernando Estévez und José Luján Pérez die richtige Atmosphäre.

Die ursprüngliche Kirche aus dem 16. Jahrhundert wurde durch Erdbeben in den Jahren 1704 und 1705 zerstört. Der heutige dreischiffige Bau ist das Ergebnis von Restaurierungsarbeiten, die zwischen 1768 und 1788 erfolgten. Die Baumeister Diego Nicolás und Ventury Rodríguez schufen im Zuge des Wiederaufbaus ein schönes Beispiel für den typischen Barockstil der Kanaren, der sich an die Sakralbauten Lateinamerikas anlehnt. Im Jahr 1948 wurde die Kirche zum Nationalmonument erklärt.

🏛 Calle Carrera Escultor Estévez

Ein besonderes Merkmal der Stadt sind die Straßen, die im Halbkreis durch die Altstadt führen und an der Plaza del Ayuntamiento enden. Die wichtigsten Straßen sind Doctor Domingo González García, San Francisco und Calle Carrera Escultor Estévez.

Calle Carrera Escultor Estévez, die Hauptstraße von La Orotava

Diese Straße säumen bezaubernde Häuser, die überwiegend aus der ersten Hälfte des 19. Jahrhunderts stammen. Im Informationsbüro in der Calle Carrera Escultor Estévz Nr. 2 erhält man einen kostenlosen Stadtplan und viele Informationen über die Stadt.

Ein interessanter Haltepunkt ist El Pueblo Guanche, ein ethnografisches Museum mit einem Laden, in dem Kunsthandwerk und Lebensmittel verkauft werden, sowie mit einem Restaurant.

🏛 Plaza del Ayuntamiento

An Fronleichnam ist dieser reizvolle Platz im Herzen der Altstadt Zentrum der religiösen Feierlichkeiten. Für dieses Ereignis wird das Pflaster vor dem klassizistischen Rathaus mit einem farbenprächtigen Teppich aus Vulkanasche, Sand und Erde bedeckt. Die Einwohner der Stadt sind stolz auf die von ihnen geschaffenen Kunstwerke. Zahlreiche Motive auf Postkarten, die man das ganze Jahr über in der Stadt kaufen kann, halten die schönsten Muster dieser vergänglichen Kreationen fest.

Kanarischer Barock: Fassade der Iglesia de la Concepción

Hotels und Restaurants auf Teneriffa siehe Seiten 162–164 und 176–179

Die baumbestandene Plaza de la Constitución

INFOBOX

🏠 41 700. 🚌 ℹ️ Calle Calvario, 2. ☎ 922 323 041. 🎭 Karneval (Feb), Fronleichnam (Juni). **www**.villadelaorotava.org

🏛 Palacio Municipal

Das klassizistische Rathaus *(ayuntamiento)* entstand zwischen 1871 und 1891. Hinter der schlichten Fassade verbirgt sich ein Gewölbe, das mit dem Wappen der Städte Teneriffas verziert ist. Allegorische Relieffiguren an den Wänden stellen Landwirtschaft, Geschichte, Tugend und Gesetz dar.

Im Innenhof stand einst der älteste und größte Drachenbaum der Kanarischen Inseln. Er wurde durch einen Sturm im Jahr 1868 zerstört.

🌿 Hijuela del Botánico

C/Tomás Pérez. ⭕ tägl. 9–14 Uhr. La Orotavas Botanischer Garten wurde 1923 angelegt. Damals pflanzte man Ableger und Setzlinge aus dem berühmten Jardín Botánico in Puerto de la Cruz an. Der Name »Hijuela del Botánico« (Tochter des botanischen Gartens) bezieht sich auf diese Verbindung. Heute gedeihen in der kleinen, gepflegten Anlage über 3000 verschiedene tropische und subtropische Pflanzenarten.

🏛 Plaza de la Constitución

An diesem Platz laden zahlreiche Bars und Cafés dazu ein, gemütlich dem Treiben zuzusehen. Vor allem am Abend flanieren die Einwohner von La Orotava über den Platz. Auf der Plaza de la Constitución, einem Relikt aus der Vergangenheit der Stadt als wichtiges Handelszentrum bietet eine von Bäumen gesäumte Terrasse einen schönen Blick auf die unterhalb liegenden Gebäude. Die vielfarbigen Dachziegel und die schlanken Kirchtürme ergeben ein Bild, das an Florenz erinnert.

⛪ Iglesia de San Agustín

An der Nordseite der Plaza de la Constitución stehen die Kirche und die Abtei San Agustín. Beide Gebäude stammen aus dem 17. Jahrhundert. Die Fassade weist ein schönes Portal auf, das Elemente des Barock und der Renaissance vereint. In der Kirche fasziniert vor allem die getäfelte Decke. Die Abtei beherbergt heute eine Musikschule.

Fassadenelemente der Iglesia de San Agustín

Zentrum von La Orotava

Calle Carrera Escultor Estévez ②
Calle Tomás Zerolo ⑧
Hijuela del Botánico ⑤
Iglesia de la Concepción ①
Iglesia de San Agustín ⑦
Palacio Municipal ④
Plaza de la Constitución ⑥
Plaza del Ayuntamiento ③

0 Meter   100

Zeichenerklärung
siehe hintere Umschlagklappe

⚑ Calle Tomás Zerolo

Fast jede Straße und Gasse in La Orotava hat historisch Interessantes zu bieten. In der Calle Tomás Zerolo im unteren Teil der Altstadt kann man im **Convento de Santo Domingo** ein kleines Museum mit lateinamerikanischem Kunsthandwerk besichtigen. Gegenüber liegt die **Casa Torrehermosa**, ein Haus, das die Familie Hermosa im 17. Jahrhundert im Kolonialstil erbauen ließ. Es beherbergt heute die Impresa Insular de Artesanía, eine Kombination von Werkstatt und Museum für Kunsthandwerk.

Galerien im Innenhof der Casa de los Balcones

⚑ Casa de los Balcones

C/San Francisco, 3. 922 330 629. Mo–Fr 8.30–18.30, Sa 8.30–17 Uhr. www.casa-balcones.com

Das »Haus der Balkone«, auch Casa de Fonseca genannt, ist ein Wahrzeichen der Stadt. Eine massive, mit Schnitzwerk verzierte Tür, schöne Fenster und lange Balkone aus Teakholz schmücken die Fassade. Im Innenhof sieht man Palmen und viel Grün. Auf zwei Stockwerken verlaufen Galerien mit Holzsäulen.

Das Gebäude wurde zwischen 1632 und 1670 erbaut. Heute beherbergt es ein kleines Museum mit Kunst und Kunsthandwerk von den Kanarischen Inseln. Hier kann man auch viele Erzeugnisse der Inseln kaufen. Vor allem Stickereien, Spitze, Tonwaren und Trachten sind beliebte Souvenirs.

⚑ Casa del Turista

C/San Francisco, 4. 922 330 629. Mo–Fr 9–19, Sa 8.30–17 Uhr.

Das prächtige ehemalige Wohnhaus einer reichen Familie, die einstige Casa de Molina, steht gegenüber der Casa de los Balcones. Zusammen mit der Casa Mesa und der Casa de los Lercaro, die beide aus dem 17. Jahrhundert stammen, zählte das Gebäude zu den »Doce Casas«, den zwölf wichtigen Häusern des Orts.

Die Casa del Turista stammt aus dem Jahr 1509. In

Steinportal der Casa del Turista

dem Gebäude können Besucher einheimische Kunsthandwerkserzeugnisse besichtigen und erstehen. Das schönste Exponat ist ein Bild aus farbigem Vulkansand, das eine religiöse Szene darstellt, wie sie oft als Fronleichnamsdekoration gefertigt wird. Die Terrasse auf der Rückseite des Hauses bietet einen schönen Blick über das Orotava-Tal.

🔒 Iglesia San Francisco

Plaza de San Francisco.

Auf der mit Palmen bepflanzten Plaza de San Francisco steht die gleichnamige Kirche mit dem barocken Portal. Das Innere ist schlicht, hier werden die Gottesdienste des **Hospital de la Santísima Trinidad** (Hospital der Heiligen Dreifaltigkeit) abgehalten. Das 1884 erbaute Krankenhaus ist für die Öffentlichkeit geschlossen. An der Tür befindet sich eine »Babyklappe«, in der Neugeborene in die Obhut der Nonnen gegeben werden können.

⚑ Gofio-Mühlen

C/Doctor Domingo González García.

Im Süden der Stadt, wo die Calle San Francisco den Namen Calle Doctor Domingo González García trägt, stehen mehrere Mühlen aus dem 17. und 18. Jahrhundert an der Straße. Früher wurde hier *gofio* hergestellt, eine geröstete Mischung aus Mais, Weizen und Gerste.

Eine der Mühlen ist noch in Betrieb, Besucher können hier bei der Mehlproduktion zusehen. In einem der Räume wird gezeigt, wie man auf den Kanarischen Inseln vor dem Zeitalter der Elektrizität Mühlen betrieb. *Gofio* wird auch heute noch in der kanarischen Küche verwendet. Man isst es zum Frühstück oder als Beilage.

🔒 Iglesia San Juan Bautista

C/San Juan Bautista.

Die einschiffige Kirche datiert aus dem 18. Jahrhundert. Hinter der eher schlichten Fassade verbirgt sich eine prächtige Innenausstattung. Mit ihrer kunstvoll gearbeiteten Kassettendecke aus Holz, einem schönen Altar und den herrlichen Skulpturen von José Luján Pérez und Fernando Estévez zählt die Iglesia San Juan Bautista zu den herausragenden historischen Sehenswürdigkeiten von La Orotava.

Vor der Kirche steht eine Büste des früheren Präsidenten von Venezuela, Rómulo Betancourt (1908–1981).

Schlichte Fassade: Iglesia San Juan Bautista

Hotels und Restaurants auf Teneriffa *siehe Seiten 162–164 und 176–179*

🏛 Museo de Cerámica Casa de Tafuriaste

C/León, 3. 📞 922 321 447. 🕐 tägl. 10–18, So bis 14 Uhr. 📷

Ton wurde – wie auf allen Kanarischen Inseln – auch in La Orotava schon immer mit außergewöhnlichem Geschick verarbeitet. Traditionelle, einfache Formen und Muster der Guanchen liefern bis heute die Vorlagen für diverse Gefäße, die besonders schöne Mitbringsel sind. Aber auch modernes Design hat Einzug gehalten. Zahlreiche Künstler der Region stellen individuelle Gebrauchsgegenstände und ausgefallene Dekorationsobjekte in ganz besonderen Farben her.

Das Museo de Cerámica liegt knapp zwei Kilometer westlich der Altstadt von La Orotava an der Straße nach La Luz und Las Candias. Untergebracht ist es in der Casa de Tafuriaste, einem schön restaurierten typisch kanarischen Gebäude aus dem 17. Jahrhundert.

Tonvase aus der Casa de Tafuriaste

Im Obergeschoss des Museums werden rund 1000 historische Keramikobjekte von den Kanarischen Inseln und aus ganz Spanien gezeigt. Im Erdgeschoss kann man in einer Töpferwerkstatt zusehen, wie die Tongefäße gefertigt, glasiert und gebrannt werden. Der Museumsladen bietet die fertigen Produkte zum Kauf an.

🏛 Liceo de Taoro

C/San Augustín. 📷

Ganz in der Nähe der Plaza de la Constitución steht in einem 100 Jahre alten Garten ein charmantes Gebäude, das viele Stileinflüsse aufweist. In der ehemaligen Schule ist heute ein Club untergebracht, dessen Bar auch Nichtmitgliedern offensteht.

♣ Jardín Victoria

Plaza de la Constitución. 🕐 tägl. 8–21 Uhr. 📷

Neben dem Liceo de Taoro erstreckt sich der Jardín Victoria, ein kleiner Park voller Palmen und Blumen. Die Anlage liegt auf Terrassen an einem Flussbett. Mitten in der grünen Oase steht das Mausoleum von **Diego Ponte del Castillo**. Der französische Architekt Adolph Coquet entwarf das Denkmal aus Carraramarmor 1882.

🏠 Convento de Santo Domingo

C/Tomás Zerolo, 34.

Am Rand der Altstadt von La Orotava befindet sich ein ehemaliges Dominikanerkloster, das im 17. bis 18. Jahrhundert errichtet wurde. Seine dreischiffige Kirche weist eine schöne bemalte Holzkassettendecke auf.

Kleine Schlucht im Jardín Victoria

Die Klosterbauten umgeben einen idyllischen Innenhof mit Balkonen. Die Anlage birgt das 1991 eröffnete **Museo Iberoamericano de Artesanía**, das eine Sammlung ethnografischer Objekte aus Spanien und Lateinamerika präsentiert: traditionelle Musikinstrumente (darunter eine kanarische *timple*), Ton- und Korbwaren, Textilien sowie traditionelles Mobiliar.

🏛 Museo Iberoamericano de Artesanía

📞 922 321 746. 🕐 Mo–Fr 9–17, Sa 9–13 Uhr. 📷

Umgebung: Vom **Mirador de Humboldt**, fünf Kilometer nordöstlich von La Orotava, blickt man über das ganze Orotava-Tal. Der deutsche Naturforscher, Geograf und Forschungsreisende Alexander von Humboldt besuchte Teneriffa im Jahr 1799 und schrieb: »Kein Ort der Welt scheint mir geeigneter, die Schwermut zu bannen und [...] den Frieden wiederzugeben, als Teneriffa.«

Wenn man ca. 30 Kilometer auf der landschaftlich reizvollen Straße nach Süden fährt, erreicht man das **Izaña Atmospheric Research Center**, das nahe dem Gipfel des Izaña auf 2200 Metern Höhe liegt. Das Observatorium fungiert auch als Wetter-Basismessstation. In der Nähe liegt der Eingang zum Parque Nacional del Teide *(siehe S. 118f)*.

Fronleichnam

Fronleichnam ist einer der wichtigsten kirchlichen Feiertage und wird auf allen Kanarischen Inseln mit festlichen Prozessionen begangen. Teneriffas prunkvollste Umzüge finden in La Orotava und La Laguna statt. Die beiden Städte wetteifern darum, wer die prächtigeren Dekorationen hat. La Orotavas Plaza del Ayuntamiento wird an diesem Fest mit »Bilderteppichen« aus vielfarbigem Vulkansand bedeckt. Es dauert oft Monate, die bunten, leider vergänglichen Kunstwerke herzustellen.

Aus Vulkansand entstehen farbenfrohe Blumenmotive

Puerto de la Cruz ❼

Nach dem Vulkanausbruch von 1706 wurde Puerto de la Cruz der Haupthafen der Insel. Schon im späten 19. Jahrhundert gab es hier Tourismus, die Stadt war vor allem als Winterdomizil wohlhabender Briten beliebt. Heute erheben sich einige hohe Hotelbauten über den Bananenplantagen. An der Strandpromenade reihen sich Casinos, Restaurants, Cafés und Clubs. Puerto de la Cruz hat einige historische Sehenswürdigkeiten zu bieten. Schwarze Strände und das klare Wasser ziehen jährlich über 100 000 Besucher an.

Portal der Iglesia de Nuestra Señora de la Peña de Francia

🔒 Iglesia de Nuestra Señora de la Peña de Francia

Die dreischiffige Kathedrale wurde in den Jahren 1684 bis 1697 errichtet, der hohe Turm kam in späten 19. Jahrhundert dazu. Im düsteren Innenraum entdeckt man Barockskulpturen von Fernando Estévez und José Luján Pérez, zwei bekannten kanarischen Künstlern, sowie Gemälde von Luís de la Cruz. Die Orgel stammt aus London und wurde 1814 hierher verschifft.

Vor der Kirche steht eine Büste von Agustín de Betancourt (1758–1824), dem Gründer der Technischen Universität in Madrid.

🏛 Calle Quintana

Die Straße führt zur Punta del Viento, einer Aussichtsplattform am Meer, von der man – oft windumtost – einen schönen Blick auf die Felsküste und den **Lago Martiánez** genießen kann. Nach Osten verläuft die Promenade **Calle de San Telmo**. Hier laden Steinbänke und zahlreiche Bars zum Verweilen ein. Das **Monopol Hotel** in der Calle Quintana ist eines der ältesten Hotels von Puerto de la Cruz.

🏛 Plaza de Europa

Der Platz nahe am Meer wurde zwar erst 1992 angelegt, folgt aber Planungen aus dem 18. und 19. Jahrhundert. Hier befinden sich das Rathaus (1973) und die **Casa Miranda** (1730). In dem schönen Gebäude bietet heute ein Restaurant traditionelle kanarische Gerichte und andere Köstlichkeiten an.

🏛 Casa de la Real Aduana

C/Las Lonjas. ☎ 922 378 103. ◯ Mo–Sa.
Im Jahr 1620 ließ Juan Antonio Lutzardo de Franchy das heute älteste Haus der Stadt für sich errichten. Nach der Zerstörung von Garachico wurde es Gouverneurssitz. Von 1706 bis 1833 diente es als Zollgebäude. In den 1970er Jahren wurde es renoviert. Heute befindet sich hier ein Kulturzentrum, ein Laden und das Fremdenverkehrsamt.

🏛 Puerto Pesquero

Eine kleine, geschützte Einbuchtung mit Felsstrand dient als Hafen für die Fischerboote, seit der Haupthafen im 18. Jahrhundert expandierte. Die Fischer bieten hier jeden Tag ihren Fang an, der vor allem von den Restaurants der Stadt, aber auch von Privatleuten gekauft wird.

🔒 Iglesia de San Francisco

C/San Juan.
Die Kirche wurde um die Ermita de San Juan (1599) errichtet und ist eines der ältesten Bauwerke in Puerto de la Cruz. Sie birgt Skulpturen und Gemälde aus dem 16. Jahrhundert bis zur Gegenwart. Das recht schlichte Gotteshaus dient als ökumenische Kirche – hier werden Gottesdienste für alle Konfessionen abgehalten.

🏛 Plaza del Charco de los Camerones

Palmen und Lorbeerbäume, die 1852 aus Kuba importiert wurden, spenden auf der Plaza del Charco de los Camerones Schatten. Die Platzmitte wird von einem Brunnen beherrscht. Hier treffen sich die Einheimischen, plaudern miteinander und besuchen eines der vielen Cafés – ein wunderbarer Ort, um entspannt das Treiben der Stadt zu beobachten und nach einer Stadtbesichtigung auszuruhen.

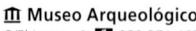

Stadtwappen an der Plaza de Europa

🏛 Museo Arqueológico

C/El Lomo, 4. ☎ 922 371 465. ◯ Di–Sa 10–13, 17–21, So 10–13 Uhr.
Das kleine Museum wurde 1991 eröffnet und widmet sich der Geschichte und dem kulturellen Erbe der Kanarischen Inseln. Zur Sammlung

Einfahrt zum Fischerhafen Puerto Pesquero

Hotels und Restaurants auf Teneriffa *siehe Seiten 162–164 und 176–179*

Bananenplantage südlich des Parque Taoro

gehören auch Artefakte und Mumien aus der Zeit der Ureinwohner der Inseln.

♣ Castillo de San Felipe

Im 17. Jahrhundert sollte dieses Fort im Westteil der Stadt den Hafeneingang vor Piraten und Spaniens zwei großen Feinden, Frankreich und England, schützen. Heute werden hier Ausstellungen veranstaltet. Gleich neben dem Castillo de San Felipe erstreckt sich die schwarze **Playa Jardín**, der längste Strand der Stadt.

♣ Parque Taoro

In dem hübschen Park kann man der Betriebsamkeit der Stadt entkommen. Hier gibt es Wasserfälle, kleine Flüsse,

Brücken, Teiche und schöne Terrassen. Der **Jardín Risco Bello Acuático** mitten im Park ist ein tropischer Wassergarten mit zahlreichen Fischarten sowie Enten und Schwänen.

Lago Martiánez

Playa Martiánez. 922 385 955. tägl. 10–18 Uhr (24., 31. Dez bis 15 Uhr).

Der Entwurf für den künstlichen See stammt von César Manrique, angelegt wurde er 1969. Hier gibt es Meerwasser-Schwimmbecken mit sprudelnden künstlichen »Quellen«. Die ganze Anlage steht in spannendem Kontrast zu den dunklen Lavafeldern der Umgebung. Abends locken die Lichter des schicken Casinos viele Gäste an.

INFOBOX

32 000. C/Las Lonjas. 922 386 000. Di, Do, Sa. Fiesta del Carmen (15. Juli). www.puertodelacruz.es

♣ Jardín Botánico

C/Retama, 2. 922 389 484. tägl. 9–19 Uhr.

Der Botanische Garten zählt zu den ältesten der Welt. Alonso de Nava y Grimón wurde 1788 von König Carlos III. mit der Anlage beauftragt. Ziel war es, tropische Pflanzen zu akklimatisieren. 1000 Arten von den Kanarischen Inseln und aus aller Welt sind heute hier vertreten. An heißen Tagen bietet der Garten wohltuenden Schatten.

Playa Jardín, ein schwarzer Strand unweit der Altstadt

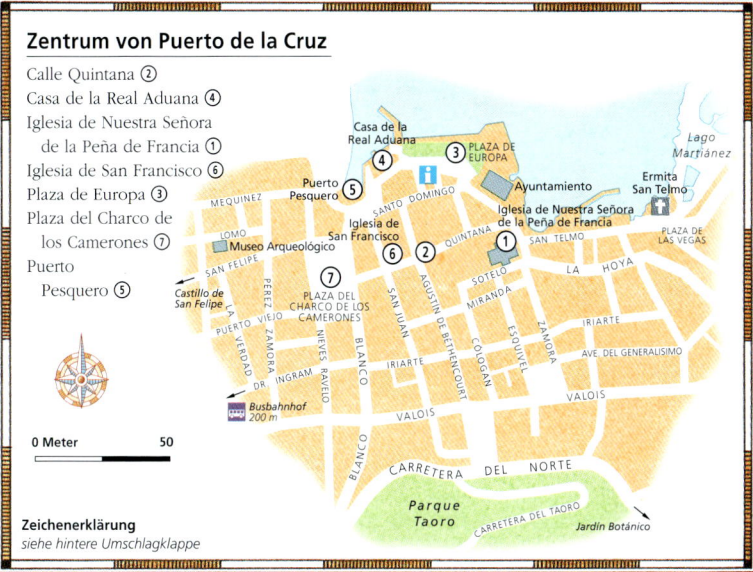

Zentrum von Puerto de la Cruz

Calle Quintana ②
Casa de la Real Aduana ④
Iglesia de Nuestra Señora de la Peña de Francia ①
Iglesia de San Francisco ⑥
Plaza de Europa ③
Plaza del Charco de los Camerones ⑦
Puerto Pesquero ⑤

0 Meter   50

Zeichenerklärung
siehe hintere Umschlagklappe

Loro Parque ❽

Der größte und artenreichste Papageienpark der Welt ist seit seiner Eröffnung 1972 beliebt. Heute zählt er zu den wichtigsten Attraktionen auf der Insel. In der weitläufigen Anlage sind Drachenbäume, wunderschöne Orchideen sowie zahlreiche Tiere zu bestaunen. Vergnügen bereiten die Shows mit Seehunden, Delfinen und Papageien. Auch die Fledermaushöhle ist interessant. Nach dem Betreten der Anlage flanieren Besucher durch ein Thai-Dorf, dessen sechs Gebäude in Thailand gebaut wurden. In dem Bereich »Orca Ocean« führen vier Schwertwale Kunststücke vor.

★ Delfinarium
Die größte Attraktion des Loro Parque bietet Platz für 1800 Zuschauer und ist damit das größte Delfinarium in Europa.

Jaguare
Die beiden Jaguare des Parks leben hinter Glas in einer Vulkanlandschaft.

Alligatoren

Papageien-Zuchtstation

Kinokomplex »Natural Vision«

Papageienshow
In einem Gebäude im Zentrum des Parks führen Papageien Kunststückchen wie Rollerskating vor.

LEGENDE

🅿	Parken
☕	Café
🍴	Restaurant
🚹🚺	Herren- und Damentoiletten

★ Pinguinhaus

Die Felsen sind mit Eis bedeckt, die Wassertemperatur beträgt nur 8 °C. Das Haus bietet also genau das Ambiente, in dem sich die in der Antarktis beheimateten Pinguine wohlfühlen.

INFOBOX

Puerto de la Cruz, Avenida Loro Parque, s/n. ☎ 922 373 841.
🕐 tägl. 8.30–18.45 Uhr (letzter Einlass: 16 Uhr). 📧 ♿
www.loroparque.com
Kostenloser Shuttlezug (alle 20 Min.) ab Plaza Reyes Católicos.

Fischtunnel

In einem über acht Meter hohen, beleuchteten Glaszylinder tummelt sich ein Fischschwarm, den man sonst nur als Taucher hautnah beobachten kann.

P Eingang

Rundtheater und Seehundshows

0 Meter   50

Gorillas

Auf 3500 Quadratmetern genießen die Gorillas relativ viel Raum in einem artgerechten Klima. In freier Wildbahn sind die Menschenaffen akut vom Aussterben bedroht.

★ Hai-Aquarium

In einem Tunnel können Besucher unter und zwischen Haien gehen. Trotz der dicken Plexiglasschicht erlebt man die Raubfische, die mit mehreren Arten vertreten sind, hautnah.

NICHT VERSÄUMEN

★ Delfinarium

★ Hai-Aquarium

★ Pinguinhaus

Hotels und Restaurants auf Teneriffa *siehe Seiten 162–164 und 176–179*

Masca 12

🚶 105. 🚌

Das kleine, 600 Meter hoch gelegene Dorf ist Ziel vieler Tagesausflüge – nicht zuletzt, weil sich von der oberhalb des Orts gelegenen Terrasse eine herrliche Aussicht eröffnet. Vor allem bei Sonnenuntergang sind der Pico del Teide auf der einen und das in tausend Farben getauchte Meer auf der anderen Seite wunderschön.

Masca war einst ein Versteck für Piraten und nur mit Maultieren zu erreichen. Die erst 1991 fertiggestellte steile Straße weist viele Kurven und Ausweichstellen auf. Der Blick aufs Meer lohnt jedoch die schwierige Anfahrt.

Das Dorf selbst besteht nur aus einer Handvoll Häuser, die zwischen Palmen in einer Schlucht liegen. An Straßenständen kann man frisch geerntete Pfirsiche und Orangen erwerben. Das Obst wird auf kleinen Terrassen angebaut – auf fruchtbarem Land, das dem Barranco de Masca abgerungen wurde. Wegen der vielen Blüten in der Schlucht betreiben die Einwohner von Masca auch Bienenzucht.

Das Dorf ist der ideale Ausgangspunkt für Wanderungen. Eine der schönsten Strecken führt durch die Schlucht von Masca zur Küste. Geübte Wanderer bewältigen die Tour in vier Stunden inklusive Rückweg. Es ist aber zu bedenken, dass der Abstieg aufgrund des steilen Geländes mühsam ist.

Die hübsch begrünte Plaza de la Iglesia in Los Silos

Umgebung: Von Masca führt die Straße durch das Bergmassiv Macizo de Teno zur Nordküste Teneriffas. Nach zwölf Kilometern erreicht man das Dorf **El Palmar**. Dem nahen Gebirge **Montaña de Talavera** wurde durch Sprengungen Boden für Bananenplantagen abgewonnen.

Nach weiteren vier Kilometern gelangt man nach **Buenavista**, zum westlichsten Dorf der Insel, das einen kleinen Fischerhafen und einen Kiesstrand bietet.

Rund sechs Kilometer weiter östlich liegt inmitten von Bananenplantagen **Los Silos**, ein ruhiger Ort, dessen Kern noch die im 19. Jahrhundert angelegte Struktur aufweist. Im Zentrum liegt – wie so häufig – ein von Bäumen bestandener Platz, an dem man entspannt einen Kaffee genießen kann. Während der Pause im Schatten der Bäume kann man die typischen kanarischen Häuser mit den schönen Balkonen auf sich wirken lassen.

Santiago del Teide 13

🚶 12 300. 🚌 ℹ️ Avda. Marítima, Playa de la Arena. 📞 922 860 348.

Besonders schön präsentiert sich das 925 Meter hoch gelegene Santiago del Teide im Februar, wenn zahllose Mandelbäume die Landschaft in ein Meer aus Rosa und Weiß verwandeln. Der Ort mit den weiß getünchten Häusern am Fuß des Teno-Massivs ist von grünen Weinbergen und Maisfeldern umgeben. In der Ferne ist die Insel La Gomera zu sehen – sofern nicht Nebel die Sicht einschränkt.

Der Stolz der kleinen Ortschaft ist die barocke Kirche **San Fernando** aus der Mitte des 16. Jahrhunderts. Am Ende der Hauptstraße sieht man ihre asymmetrische Fassade mit dem Holzbalkon und der kleinen, maurisch wirkenden Kuppel. Der Glockenturm an der Nordseite wurde später hinzugefügt.

Im Inneren lohnt eine außergewöhnliche Christusfigur vor einem der Seitenaltäre die genaue Betrachtung: Der Gottessohn ist auf einem Pferd sitzend dargestellt; er trägt einen schwarzen spanischen Hut und ein Schwert.

Umgebung: Von der Straße südlich von Masca zweigt der **Camino de la Virgen de Lourdes** ab. Dieser Weg führt an einem Berghang entlang über eine hübsch verzierte Brücke zu einer mit Blumen geschmückten Mariengrotte.

Kirche mit Holzbalkon und Kuppel: San Fernando in Santiago del Teide

Hotels und Restaurants auf Teneriffa siehe Seiten 162–164 und 176–179

Los Gigantes und Puerto de Santiago ⑭

Den Rand des Teno-Massivs bilden steile Klippen, die **Acantilados de los Gigantes**. Sie sind zehn Kilometer lang und fallen 500 Meter steil zum Meer hin ab. Am besten kann man die dunkle Felsenlandschaft vom Schiff aus sehen. Ausflugsboote legen u. a. in Puerto Deportivo ab und fahren noch weiter nördlich zu einem Punkt, der eine schöne Aussicht auf **Barranco de Masca** eröffnet.

Zwischen den Klippen liegt der Ferienort **Los Gigantes**, der größte an der Nordwestküste von Teneriffa. Apartmentanlagen ziehen sich an den Hängen entlang. Im Yachthafen gibt es Tauchclubs, auch Angelexkursionen werden angeboten. Im Ort säumen Hotels und Wohnlagen die schmalen Straßen – alles scheint sich hier um den Fremdenverkehr zu drehen.

Eine Strandpromenade verbindet Los Gigantes mit dem nahen **Puerto de Santiago**, einem Ferienort mit Tradition, der sich weniger rasant entwickelt hat. Dessen Hauptattraktion sind die Strände mit dunklem Vulkansand. Der beliebteste ist die **Playa de la Arena** im Süden. Achtung: Der dunkle Sand wird bei Sonnenschein sehr heiß. Badeschuhe sind anzuraten. Die meisten Fischer des Orts haben ihren Beruf aufgegeben und bieten Bootsausflüge für Urlauber an.

Strandpromenade in Playa de las Américas

Playa de las Américas und Los Cristianos ⑮

🏠 20300. 🚌 ⛴ 🛈 *Plaza del City Center.* 📞 *922 797 668.* 🎭 *Fiesta del Carmen (Anfang Sep).*

Heute ist es kaum mehr vorstellbar, dass Los Cristianos einst ein schläfriges Fischerdorf war. In der Stadt sorgen Restaurants, Cafés, Bars und Discos das ganze Jahr über dafür, dass sich Besucher keine Sekunde langweilen. Los Cristianos zählt zu den beliebtesten Ferienorten der Kanarischen Inseln. Die Stadt geht nahtlos in die Feriensiedlung Playa de las Américas über, daran schließt sich die kaum weniger überlaufene **Costa Adeje** an.

Eine breite Promenade mit Läden, Restaurants und Bars führt am Hafen und an den Stränden entlang. In Las Américas wird sie zum palmengesäumten Boulevard, der sich kilometerlang oberhalb der Strände erstreckt. Der gepflegteste Strand in diesem Abschnitt ist die **Playa del Duque**.

Fähren und Tragflächenboote verbinden den Hafen von Los Cristianos mit La Gomera und El Hierro.

Umgebung: Ganz in der Nähe von Playa de las Américas liegt der **Parque Ecológico Las Águilas del Teide**. In der Anlage können Besucher eine Show mit Adlern sehen sowie Geier, Kraniche, Störche, Ibisse und Uhus beobachten.

Das rund sieben Kilometer nördlich des Parks gelegene **Barranco del Infierno** bietet eine wildromantische Alternative: In der Schlucht gibt es einen eindrucksvollen Wasserfall.

Siam Park ⑯

C/Finlandia, s/n, 38660. 📞 *922 691 429.* 🕐 *tägl. 10–18 Uhr (im Winter bis 17 Uhr).* 🖥 *www.siampark.net*

Der größte Wasserpark Teneriffas wird von dem Unternehmen geführt, das auch den Loro Parque *(siehe S. 114f)* betreibt. Auf dem Gelände sorgen viele Wasserrutschen für Spaß und Vergnügen. »The Tower of Power«, »The Dragon« und »The Volcano« bieten Nervenkitzel, es gibt aber auch ruhigere Attraktionen und Rutschen, die sich für die gesamte Familie eignen. Außerdem birgt der Siam Park verschiedene Restaurants und einen Laden.

Der Hafen Puerto de Santiago vor den steilen Klippen von Los Gigantes

Parque Nacional del Teide ⓱

Vor Jahrtausenden rutschte ein Hang eines riesigen Vulkans ab und hinterließ die 17 Kilometer breite Caldera Las Cañadas, aus der sich der viel kleinere Vulkan Pico del Teide erhebt. 1954 wurde das Gebiet Nationalpark – dieser zählt noch heute zu den größten Spaniens. Markierte Wanderwege führen Besucher durch eine Wildnis aus Asche, Lavafeldern und farbigem Gestein. Ein Parador in der Nähe der Straße zum Hochplateau ist das einzige Hotel im Park. Die Straße führt auch zur Talstation der Seilbahn und zum Besucherzentrum El Portillo.

Pico Viejo
Der Krater dieses alten Kegels, der zuletzt im 18. Jahrhundert Aktivitäten zeigte, hat 800 Meter Durchmesser.

Los Roques de García
Die pittoreske Felsformation nahe dem Parador entstand durch Erosion. Die Felsen ragen bis zu 150 Meter hoch auf.

Boca Tauce
Der Aussichtspunkt bietet einen guten Blick auf die Hänge der Berge im Nationalpark.

0 Kilometer   2

SANTIAGO DEL TEIDE

PICO VIEJO
▲ 3134 m

Mirador de Chico

TF 38

MONTAÑA GANGARRO ▲
2191 m

Boca Tauce

TF 21

GRANADILLA DE ABONA

Llano de Ucanca
Über der baumlosen Ebene erheben sich die felsigen Los Azulejos. Ihr blauer Schimmer resultiert aus dem Kupferanteil im Stein.

Pico del Teide

Der letzte Ausbruch des Teide erfolgte im Jahr 1909. Den Kraterrand des mit 3718 Metern höchsten Bergs Spaniens darf man nur mit Genehmigung erklimmen (Auskünfte erteilt das Besucherzentrum), aber auch die 200 Meter niedriger liegende Aussichtsplattform La Fortaleza nahe der Bergstation der Seilbahn bietet einen atemberaubenden Blick über die Insel – vorausgesetzt, der Teide ist nicht in Wolken gehüllt.

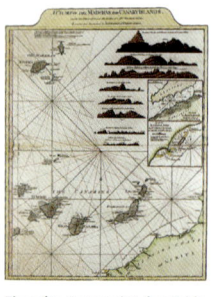

Eine alte Karte zeigt den Teide als höchsten Berg der Welt

LEGENDE

▬▬▬	Hauptstraße
▬▬▬	Nebenstraße
▬▬▬	Andere Straße
▪▪▪▪	Wanderweg
▬▬▬	Parkgrenze
·▪·▪·	Fluss (nur saisonal Wasser)
P	Parken
i	Information
☀	Aussichtspunkt
🍴	Restaurant

Hotels und Restaurants auf Teneriffa *siehe Seiten 162–164 und 176–179*

Izaña Atmospheric Research Center

Das Observatorium liegt in der Nähe des Parkeingangs. Es profitiert vom meist wolkenlosen Himmel der Insel.

INFOBOX

🚌 342 (Playa de las Américas), 348 (Puerto de la Cruz). ℹ️ Centro de Visitantes El Portillo, nördl. Parkeingang. ☎ 922 922 371. ⭘ tägl. ♿ nur Seilbahn. http://reddeparquesnacionales.mma.es

Refugio de Altavista

Die 3270 Meter hoch gelegene, einfache Berghütte dient Besuchern, die den Sonnenaufgang auf dem Teide erleben wollen.

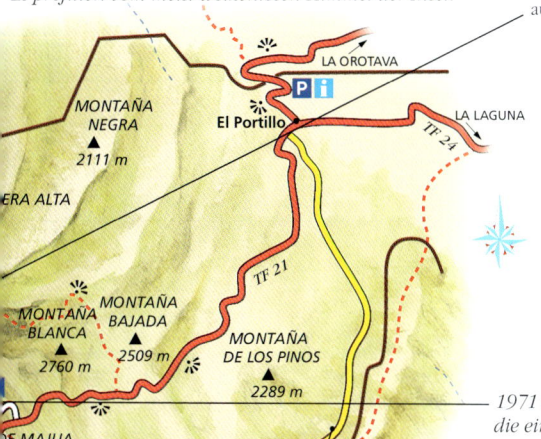

Seilbahn

1971 wurde die Seilbahn gebaut, die einen in nur acht Minuten in schwindelnde Höhe – 200 Meter unterhalb des Kraterrands – bringt.

Las Cañadas

Die sieben Cañadas (Sandplateaus) sind das Ergebnis eines alten Kratereinbruchs. Nur wenige Pflanzen gedeihen hier.

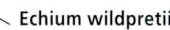

Echium wildpretii

Der rote Teide-Natternkopf mit seinen auffälligen Kerzen wird bis zu zwei Meter hoch. Er ist eines der Wahrzeichen Teneriffas.

Roque Cinchado

Roque Cinchado heißt einer der Roques de García. Seine auffällige Form hat er bekommen, weil die Erosionskräfte unten stärker wirken als oben.

Map labels:
LA OROTAVA
El Portillo
LA LAGUNA
TF 24
MONTAÑA NEGRA ▲ 2111 m
ERA ALTA
TF 21
MONTAÑA BLANCA ▲ 2760 m
MONTAÑA BAJADA ▲ 2509 m
MONTAÑA DE LOS PINOS ▲ 2289 m
DE MAJUA
Cañada de la Grieta
Montaña de Roque

Vilaflor

🚶 2000. 🚍

Vilaflor liegt in 1400 Metern Höhe und ist damit das höchstgelegene Dorf der Kanaren. Im 19. Jahrhundert war es wegen seiner edlen Spitze bekannt. Am Ortsrand steht

Der riesige »Pino Gordo« am Rand von Vilaflor

ein berühmter Nadelbaum, der 40 Meter hohe »Pino Gordo«. Die **Iglesia de San Pedro** (1550) auf dem Dorfplatz birgt eine Statue des Schutzpatrons der Kirche.

Umgebung: Wanderer brechen von Vilaflor zum sogenannten **Paisaje Lunar** (Mondlandschaft) auf. Hier hat die Erosion das Sandgestein zu höchst merkwürdigen Gebilden verformt.

El Médano ⑲

🚶 7500. ℹ️ Plaza de los Príncipes de España. 📞 922 176 002. 🚍
🎉 San Antonio de Padua (13. Juni).

Das einstige Fischerdorf El Médano ist heute bewegen seiner langen Sandstrände beliebt. Die Strände erstrecken sich nach Süden bis zur **Punta Roja**, über der der Vulkan **Montaña Roja** (heute ein Naturschutzgebiet) aufragt. Die starken Winde, von den Einheimischen *alisios*

genannt, machen den Ort für Windsurfer attraktiv – hier werden auch internationale Wettbewerbe ausgetragen.

Im **Parque Eólico de Granadilla** werden die günstigen Winde anders genutzt: 3000 Haushalte beziehen ihren Strom aus diesem riesigen Windpark.

Umgebung: Fünf Kilometer nordwestlich, fast an der Startbahn des Flughafens, liegt die **Cueva del Hermano Pedro**, eine Höhle, die Pater Pedro (1626–1667), dem ersten kanarischen Heiligen, gewidmet ist.

Candelaria ⑳

🚶 26 000. 🚍 🚊 ℹ️ Avenida de la Constitución, 7. 📞 922 032 230.
🚢 Sa, So. 🎉 Nuestra Señora de la Candelaria (15. Aug).

Die Stadt beherbergt die wichtigste religiöse Stätte der Kanarischen Inseln. Jedes Jahr im August strömen Pilger

Teneriffas Strände

Die Strände auf Teneriffa sind nicht ganz so schön wie die auf Fuerteventura, eine Ausnahme bildet vielleicht der künstlich angelegte Strand Las Teresitas bei Santa Cruz. Um das wettzumachen, bieten Veranstalter Tauchkurse aller Schwierigkeitsgrade an – vom Anfängerkurs bis zu Exkursionen in die Tiefen des Atlantiks. Der beständige Wind macht die Insel für Windsurfer attraktiv, man kann auch viele andere Wassersportarten – von Wasserski bis zu Paragliding mit Boot – betreiben.

Playa San Blas ④
Der Strand liegt bei Los Abrigos. Von hier führt eine gut ausgebaute Straße zum Golf del Sur, dem größten Golfplatz auf Teneriffa und einem der schönsten der Kanaren.

Los Abrigos ⑤
Das Fischerdorf hat einen steinigen Strand. Zum Ausgleich findet man hier exzellente Fischlokale.

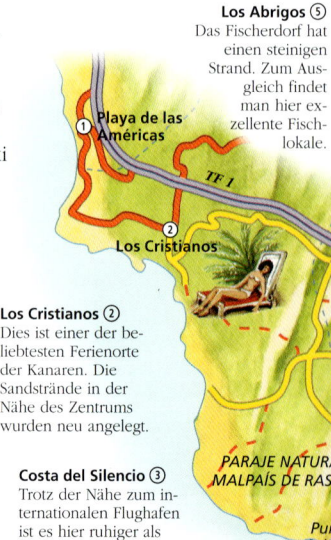

Playa de las Américas ①
Für den Fremdenverkehr ist nichts zu aufwendig: Die dunklen, grauen Strände aus Vulkansand sind mit hellem Sand aus der Sahara bedeckt.

Los Cristianos ②
Dies ist einer der beliebtesten Ferienorte der Kanaren. Die Sandstrände in der Nähe des Zentrums wurden neu angelegt.

Costa del Silencio ③
Trotz der Nähe zum internationalen Flughafen ist es hier ruhiger als anderswo.

TF 1

PARAJE NATURA MALPAÍS DE RASC

Pun Saler

in Scharen zur **Basílica de Nuestra Señora de Candelaria**, um zur Schwarzen Madonna, der Schutzheiligen der Kanarischen Inseln, zu beten.

Der Sage nach fanden zwei Guanchen-Fischer 1390 eine am Ufer angeschwemmte Marienstatue (vermutlich handelte es sich dabei um eine Galionsfigur von einem gekenterten Schiff). Man stellte die Statue in einer der Höhlen am Meer auf, in der Folge wurde sie ein Objekt der Verehrung – bis sie ein heftiger Sturm 1826 entfernte.

Die Basilika wurde 1958 an der Stelle einer Kirche aus dem 16. Jahrhundert errichtet. Die heute verehrte Madonnenfigur ist ein Werk von Fernando Estévez und stammt aus dem Jahr 1827. Sie steht in einer Nische über dem Hauptaltar. Die Wände um sie herum weisen Malereien von José Aguiar und Manuel Martín González auf.

Am Haupteingang der Kirche ist ein im Jahr 1986 gefertigtes Bild der Schwarzen Madonna von Dimas Coello zu sehen.

Neben der Basilika an der großen **Plaza de la Patrona de Canaria** befindet sich die Kirche **Santa Ana** aus dem 17. Jahrhundert. Auf dem Platz fallen die *Menceyes* ins Auge, neun Bronzestatuen, die die legendären Guanchen-Herrscher abbilden.

Fassade der Basilika von Candelaria

Güimar ㉑

🏠 18 100. 🚌 🎉 San Pedro (29. Juni).

Die Stadt weist noch viele Häuser aus dem 19. Jahrhundert auf. Im Ortszentrum steht eine Statue von **San Pedro Apóstol** (18. Jh.).

Statue eines Guanchen-Herrschers, Candelaria

Berühmt ist Güimar wegen der **Stufenpyramiden**, die in den 1990er Jahren im Vorort Chacona entdeckt und freigelegt wurden. Thor Heyerdahl und der Reeder Fred Olsen sahen darin das lang gesuchte Bindeglied zwischen Alter und Neuer Welt. Sie gründeten das Museum **Parque Etnográfico**.

🏛 **Parque Etnográfico Pirámides de Güimar**
C/Chacona, s/n. 📞 922 514 510.
⏰ tägl. 9.30–18 Uhr. ⬤ 1. Jan, 25. Dez. ♿
www.piramidesdeguimar.es

Playa del Confital ⑥
Das kleine Dorf zwischen Los Abrigos und El Médano ist vor allem bei Wassersportlern beliebt.

Playa de la Tejita ⑦
Der Strand erstreckt sich unterhalb des Vulkans Montaña Roja. Von El Médano aus ist er in zehn Minuten zu erreichen. Besonders attraktiv ist sein roter Sand.

0 Kilometer 2

San Isidro

TF 64

⑧ **El Médano**

TF 1

TF 65

TF 643

ñada anca

Guargacho

Playa San Blas ④   **Los Abrigos ⑤**   **Playa del Confital ⑥**   **Playa de la Tejita ⑦**

El Médano ⑧
Der gleichmäßig wehende Wind aus Afrika und der helle Sand bieten vor allem Surfern ideale Bedingungen.

③

Galletas

La Gomera

*L*a Gomera, die Isla Redonda (runde Insel), ist die »alternative« Kanareninsel. Sie misst lediglich 370 Quadratkilometer, hat etwa 23 000 Einwohner und nur wenig touristische Infrastruktur. Einige Urlauber besuchen die Insel lediglich auf einem Tagesausflug. Andere dagegen zieht gerade der fehlende Kommerz an – sie kommen wegen der Gebirgslandschaft und des uralten Lorbeerwalds.

Trotz nährstoffarmer Böden und steiler Berghänge war es den Bewohnern von La Gomera möglich, ihren Lebensunterhalt mit Ackerbau zu bestreiten – sowohl in der Zeit der Guanchen als auch nach der spanischen Eroberung. Man terrassierte die flacheren Hänge der Schluchten und baute dort Kartoffeln, Tomaten, Bananen und Wein an. Auch heute leben viele Einheimische noch von der Landwirtschaft. Dadurch wird das Bild der Insel noch immer geprägt.

Kakteen auf einem Fensterbrett

Die abgeschiedene Lage, die Unzugänglichkeit des Hinterlands und die Schwierigkeiten beim Ackerbau trugen zur Armut bei und veranlassten viele Insulaner, nach Südamerika auszuwandern (obwohl einige heute zurückkehren). Zahlreiche verlassene Dörfer sind ein deutliches Zeichen für diese Landflucht.

In den 1960er Jahren wurde La Gomera von Menschen entdeckt, die eine alternative Lebensweise suchten. Die Insel wurde zum Synonym für unzerstörte Natur. Damit begann auch hier der Anstieg des Fremdenverkehrs.

Heute versuchen die örtlichen Behörden den schwierigen Balanceakt zwischen der Erhaltung der historischen Landschaft und den negativen Seiten des technischen Fortschritts zu meistern.

Eine der besonderen Attraktionen von La Gomera ist der Parque Nacional de Garajonay mit einem der ältesten Naturwaldbestände der Welt und herrlichen Wanderrouten. Leider wurden 2012 20 Prozent des Baumbestands durch Waldbrände zerstört. Es wird wohl an die 30 Jahre dauern, bis der ursprüngliche Zustand wieder erreicht wird.

Hafeneinfahrt von San Sebastián de La Gomera

◁ Weiße Häuser in üppigem Grün – terrassierte Felder an den Hängen des Valle Gran Rey *(siehe S. 128)*

Überblick: La Gomera

Die meisten Besucher kommen vom nahen Teneriffa nach La Gomera – für einen Tagesausflug. Die kleine Insel mit 22 000 Einwohnern hat zwar im Vergleich zu Gran Canaria oder Teneriffa fast keine historischen Stätten zu bieten, dafür aber eine spektakuläre Landschaft. Tiefe Schluchten, felsige Gipfel, nebelverhangene Lorbeerwälder und terrassierte Hänge machen den Mangel an langen Sandstränden mehr als wett. Die Insel ist vom Fremdenverkehr noch wenig beeinflusst. Sie ist reich an ursprünglicher Natur und damit ideales Terrain für Wanderungen. Ohne Industrie, Autobahnen oder riesige Hotelanlagen ist La Gomera eine Oase der Ruhe.

Zur Orientierung

ATLANTISCHER OZEAN

SANTA CRUZ DE TENERIFE

LAS PALMAS DE GRAN CANARIA

Sehenswürdigkeiten auf einen Blick

Agulo ❸
Alajeró ❽
El Cercado ❻
Hermigua ❷
Parque Nacional de Garajonay S. 130f ❼
Playa de Santiago ❾
San Sebastián de La Gomera ❶
Valle Gran Rey ❺
Vallehermoso ❹

Punta de los Roques

Los Órganos

Playa de Valleher

Punta del Viento

Las R

VALLEHERMOSO ❹ *Roque Cano 650 m*

Playa de Alojera

Epina

Macayo

Meriga

Alojera

Mirador de Vallehermoso

PARQUE NACIO... DE GARAJONAY

TF713

Quemado 1136 m

Arure

Playa de Heredia

Mirador del Santo

Las Hayas

La Laguna Grande

❼

Lomo del Balo

EL CERCADO ❻

Garajon... 1487 m

Chipude

Valle Gran Rey

Playa del Inglés

La Calera

❺

La Fortaleza 1050 m

Igualero

La Playa

La Puntilla

Vueltas

Im

Agalán

ALAJERÓ ❽

La Dama

Playa de la Rajita

Anton

Punta Falcones

Punta del Becerro

Innenhof des Parador de San Sebastián de La Gomera

0 Kilometer   3

Anreise

Die Entfernung zwischen La Gomera und Teneriffa beträgt 32 Kilometer. Die Überfahrt mit der Fähre von Los Cristianos dauert 1 Stunde 40 Minuten, mit dem Tragflächenboot 45 Minuten. Weitere Fähren verbinden La Gomera mit La Palma und El Hierro. Direkte Flugverbindungen gibt es nach Teneriffa und Gran Canaria. Auf den Hauptstrecken der Insel verkehren Busse, jedoch nicht allzu häufig, weshalb sich ein Mietwagen lohnt. Einige nicht asphaltierte Straßen können nur mit Autos mit Allradantrieb befahren werden.

Schwarzer Sandstrand beim Hafen von San Sebastián de La Gomera – einer der wenigen Strände der Insel

SIEHE AUCH

- **Hotels** S. 164f
- **Restaurants** S. 179f

LEGENDE

⸻	Hauptstraße
═══	Nebenstraße
⸻	Panoramastraße
△	Gipfel

3 AGULO

Playa de Hermigua

Palmita

Playa de la Caleta

2 HERMIGUA

Las Heyetas

Las Poyatas

Punta Majona

Mirador de Carbonera

Punta Gaviota

Tunel de la Cumbre

TF711

Ermita de Nuestra Señora de Guadalupe

Punta Llana

oque de Ojila
171 m

Bco. de la Villa

El Molinito

La Laja

Playa de Abalo

TF713

Vegaipala

1 SAN SEBASTIÁN DE LA GOMERA

Las Toscas

Playa de la Guancha

El Cabrito

Punta Gorda

PLAYA DE SANTIAGO

9 *Playa de Tapahuga*

Playa de Santiago

Blick von Alajeró zur Ermita San Isidoro

Iglesia de la Virgen de la Asunción in San Sebastián

San Sebastián de La Gomera ❶

🚶 9100. 🚢 ℹ C/Real, 4. 📞 922 141 512. 📷 Fiesta de San Sebastián (20. Jan), Bajada de la Virgen de Guadalupe (5. Okt, alle 5 Jahre: 2018, 2023 …). **www**.sansebastiangomera.org

Mit der Ankunft der Fähre von Teneriffa und mit den Urlaubern kommt täglich Leben in die beschauliche Hauptstadt und in den wichtigsten Hafen der Insel. Die Straße vom Hafen in den Ort führt über die lorbeergesäumte **Plaza de las Américas** mit ihren Straßencafés.

Westlich des Platzes steht die **Torre del Conde**. Der gotische Turm wurde 1447 vom ersten spanischen Gouverneur Gomeras, Hernán Peraza d. Ä., erbaut. Er wurde 1997 restauriert und ist das einzige verbliebene Fragment der Stadtbefestigung. Die Torre del Conde erinnert an einen tragischen Aufstand in der Stadt. Hier verbarrikadierte sich 1488 Beatriz de Bobadilla, die Ehefrau von Hernán Peraza d. J., nachdem ein Guanche ihren Mann aus Rache für dessen gesetzwidrige Affäre mit einer einheimischen Prinzessin getötet hatte. Als Hilfe aus Gran Canaria eintraf, rächte sich Beatriz, indem sie fast jeden männlichen Guanchen der Insel töten ließ.

Die wichtigste Kirche der Insel ist die **Iglesia de la Virgen de la Asunción** in der Calle Real. Ihre Fundamente wurden Mitte des 15. Jahrhun-

derts gelegt. Christoph Kolumbus soll in ihrem düsteren Inneren gekniet und gebetet haben, bevor er zu seiner Reise in die Neue Welt aufbrach. In der **Casa de Colón**, Calle Real Nr. 56, soll Kolumbus vor der Abfahrt gewohnt haben. Am Pozo de Colón, dem Brunnen im Innenhof

Der gotische Verteidigungsturm Torre del Conde

eines früheren Zollgebäudes, steht die Inschrift »Mit diesem Wasser wurde Amerika getauft«. Eine weitere Sehenswürdigkeit ist die kleine **Ermita de San Sebastián** von 1450, die älteste Kirche La Gomeras.

Auf dem Weg zum **Mirador de la Hila** (mit schönem Blick auf San Sebastián) kommt man am **Parador de San Sebastián** vorbei. Das Hotel wurde 1976 als Kopie eines kolonialzeitlichen kanarischen Herrenhauses gebaut.

Umgebung: Gut vier Kilometer nördlich teilt sich die Schotterstraße: Eine Strecke führt zum ruhigen Strand **Playa de Abalo**, die andere zur **Ermita de Nuestra Señora de Guadalupe**. Alle fünf Jahre wird eine Statue der Jungfrau Maria von hier nach San Sebastián gebracht.

Hermigua ❷

🚶 2200. 🚢 ℹ bei der Iglesia de la Encarnación. 📞 922 880 990.

Eine kurvenreiche Straße führt von San Sebastián nach Hermigua durch eine wildromantische Landschaft mit verwitterten Felsen, Weiden- und Lorbeerwäldern, Wacholderbüschen, tiefen Schluchten und fruchtbaren grünen Tälern.

Der fruchtbare Boden im unteren Abschnitt des Barranco de Monteforte erlaubt den Anbau von Weintrauben, Bananen und Datteln.

Christoph Kolumbus (1451–1506)

La Gomeras Beiname »Isla Colombina« beschwört die historische Beziehung zwischen der Insel und Christoph Kolumbus. Dreimal unterbrach der Seefahrer hier seine Entdeckungsreisen: 1492, 1493 und 1498 nahm er auf La Gomera frische Nahrungsmittel und Trinkwasser auf. Zu den vielen Anekdoten über seinen Aufenthalt gehört auch eine nicht nachgewiesene Liaison mit Beatriz de Bobadilla. Kolumbus ist der inoffizielle Schutzpatron der Insel. Alljährlich am 6. September erinnert die Semana Colombina (Kolumbus-Woche) an seine erste Reise.

Kolumbus-Statue in Playa de las Américas

Hotels und Restaurants auf La Gomera siehe Seiten 164f und 179f

Hermigua hieß zur Zeit der Guanchen Mulagua und war einst eine wichtige Stadt. Heute könnte man eher von einem Dorf sprechen. Die einzigen erhaltenen Zeugen vergangener Größe sind ein paar alte Gebäude sowie der **Convento de Santo Domingo de Guzmán** im Ortsteil Valle Alto. Die Kirche des Convento stammt aus dem 16. Jahrhundert. Sehenswert ist ein schönes Madonnenbild von Fernando Estévez aus dem 19. Jahrhundert.

Hermigua ist für seine handgewebten Teppiche bekannt, die man in **Los Telares**, dem örtlichen Handwerkszentrum, kaufen kann. Ganz in der Nähe bietet die **Playa de Hermigua** einen Strand mit grobem Kies und oft rauen Winden.

Umgebung: Ein einstündiger Fußmarsch nach Nordosten bringt Sie zur **Playa de la Caleta**, einem der besten Strände der Insel mit schwarzem Sand.

Bananenplantage an der Küste bei Agulo

Die hübsche Iglesia de la Encarnación in Hermigua

Agulo ❸

🚶 800. 🚌

Der Ort aus dem 17. Jahrhundert liegt im Nordosten der Insel inmitten von Bananenplantagen hoch über dem Meer am Fuß eines Felsens, was ihn wie ein natürliches Amphitheater erscheinen lässt. Zusammen mit dem benachbarten Dorf Lepe, das von einigen Bauern bewohnt wird, bietet Agulo einen malerischen Anblick und ist ein beliebtes Ausflugsziel.

Eine Besonderheit ist die **Iglesia de San Marcos** von 1939. Die Architektur der Kirche ist maurisch, die vier weißen Türme sind von Weitem zu sehen. Der als Sohn kanarischer Eltern auf Kuba geborene Maler José Aguiar (1895–1976), verbrachte seine Kindheit in Agulo.

Umgebung: Eine kurvenreiche Straße führt von Agulo zum **Mirador de Abrante**. Von der Felsenterrasse eröffnet sich eine herrliche Aussicht auf die zerklüftete Küste. Oft sieht man auch den Vulkan Pico del Teide auf Teneriffa. Am Ende der Schlucht liegt das Dorf La Palmita, dessen Bewohner für ihre traditionelle Lebensweise bekannt sind.

Vallehermoso ❹

🚶 3140. 🚌 ℹ️ Avda. de Guillermo Ascanio, 18. 📞 922 800 181.

Vallehermoso bedeutet »schönes Tal«. Seine landwirtschaftlich intensiv genutzte Umgebung zeugt vom fruchtbaren Boden der Insel. Das übersichtliche Städtchen mit seinem florierenden Zentrum (Läden, Postamt, Bank und Tankstelle) liegt etwa 15 Kilometer hinter Agulo und ist ein guter Ausgangspunkt für Besichtigungen und Wanderungen in dieser Region.

Im Ortszentrum befindet sich die in den 1920er Jahren von Antonio Pintor y Ocete erbaute **Iglesia San Juan Bautista**. In einem kleinen Park stehen bizarre Gruppen von grob gemeißelten Skulpturen.

Umgebung: Etwas weiter im Norden liegt die **Playa de Vallehermoso**, ein guter Platz zum Windsurfen. Wer ruhigere Gewässer bevorzugt, kann den Swimmingpool am Rand des Kiesstrands aufsuchen.

Rund vier Kilometer nördlich befindet sich **Los Órganos**. Der beeindruckende Küstenabschnitt ist nur vom Meer aus zu sehen. Bootsfahrten zu Los Órganos werden von Valle Gran Rey, Playa de Santiago und San Sebastián angeboten. Die Basaltsäulen sind 80 Meter hoch und insgesamt 200 Meter breit. Sie erinnern an Orgelpfeifen und stellen eine der außergewöhnlichsten (und unzugänglichsten) Sehenswürdigkeiten von La Gomera dar.

Nur zwei Kilometer Richtung Osten sieht man an der Straße nach Agulo den **Roque Cano**. Der 650 Meter hohe reißzahnartige Fels ist das erodierte Überbleibsel eines Vulkankegels.

Las Rosas, elf Kilometer von Vallehermoso entfernt, ist ein beliebter Zwischenstopp von Bustouren. Im Restaurant gibt es Demonstrationen der berühmten Pfeifsprache El Silbo *(siehe S. 128)*.

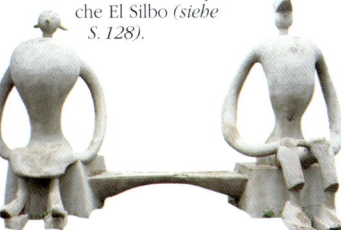

Mutter und Vater im Park von Vallehermoso

Schwarzer Sandstrand in der Nähe von Valle Gran Rey

Valle Gran Rey ❺

🏨 5400. 🚌 🚢 🅿 ℹ C/Lepanto, s/n.
📞 922 805 458. www.lagomera.
travel/

Das Valle Gran Rey («Tal des großen Königs»), heute Mittelpunkt des Fremdenverkehrs auf der Insel, existierte schon vor der spanischen Eroberung La Gomeras. Es ist nach einem Guanchen-Anführer Orone genannt. Das Tal umfasst mehrere meerwärts gelegene Dörfer: **La Calera**, **La Playa**, **La Puntilla** und **Vueltas** teilen sich in den bescheidenen Tourismusboom, der La Gomera erreicht hat. Man gibt sich vor Ort alle Mühe, die Bedürfnisse der (meist deutschen) Gäste zu befriedigen, die eine Art komfortables Aussteigerleben suchen. Besucher wissen hier nicht nur die idyllische Szenerie, sondern auch die exzellenten Pensionen und Restaurants zu schätzen. Die starke Brandung des Atlantiks stellt auch die anspruchsvollsten Surfer zufrieden.

La Calera ist inmitten von Bananenplantagen gelegen. Das vornehme Städtchen weist viele charmante, kleine Boutiquen und gemütliche Restaurants auf. Es zählt sicherlich zu den schönsten Ortschaften des Archipels und verzeichnet mit die höchsten Immobilienpreise der Insel. Wie auch **La Playa** besitzt La Calera einen kleinen Strand.

Vom Hafen von **Vueltas** bestehen Verbindungen mit Tragflächenbooten nach Los Cristianos auf Teneriffa, aber auch kürzere Ausflüge entlang der Küste oder nach Los Órganos sind möglich.

Im Hafen liegen Fischerboote und Yachten, die vielen Restaurants locken mit frischen Fischgerichten.

Entlang diesem fruchtbaren Tal, das von massiven Basaltfelsen eingerahmt wird, verläuft die landschaftlich reizvollste Straße der Insel. Angebaut werden u. a. Datteln, Bananen, Papayas, Avocados, Mangos und Tomaten. Die kleinen Felder, die die

Häuser am Ausgang des Valle Gran Rey

Hänge terrassenförmig gliedern, erinnern an die Reisfelder Balis. Für Wanderungen bieten sich viele Routen mit unterschiedlichen Schwierigkeitsgraden an. Oberhalb der Stadt, am Eingang zum Tal, wurde der Aussichtspunkt nach einem Entwurf von César Manrique gestaltet. Dort befindet sich auch eines der besten Restaurants der Insel.

Umgebung: Elf Kilometer nördlich liegt das Bergdorf **Arure**, das vor der Eroberung der Insel der Hauptort der Region war. Heute wirkt das Dorf recht verlassen und ist hauptsächlich für seinen ausgezeichneten *Miel de Palma* (Palmenhonig) bekannt. Die Palmen, von denen der Honig gewonnen wird, werden mittels großer Kragen vor hungrigen Ameisen geschützt.

Vom nahe gelegenen **Mirador del Santo** überblickt man nicht nur La Gomera – die Aussicht reicht bis nach La Palma und El Hierro.

El Cercado ❻

🚌 Chipude.

Das winzige Dorf ist vor allem für seine Handwerksprodukte bekannt, insbesondere für die einfach geformten Tonwaren, die ohne Töpferscheibe aus dunklem Ton hergestellt werden. Auch einige kleine Bars sind traditionsbewusst und servieren Gerichte der einheimischen Küche.

El Silbo Gomera

Lange vor der Erfindung des Telefons suchten die Einwohner La Gomeras nach einer Art der Nachrichtenübermittlung, die für die bergige Insel geeignet war. Die Lösung bestand in der einzigartigen Pfeifsprache El Silbo. Durch verschiedene Fingerstellungen werden unterschiedliche Pfeiftöne erzeugt, die ein begrenztes Vokabular ergeben. Die Pfiffe sind bis zu vier Kilometer weit zu hören. Für die Guanchen war diese Pfeifsprache lebenswichtig – etwa bei drohender Gefahr. Heute wird El Silbo Gomera nur noch selten benutzt.

Der Trichter der Hand trägt den Ton weiter

Hotels und Restaurants auf La Gomera siehe Seiten 164f und 179f

Terrassierte Felder bei El Cercado

Umgebung: Etwa drei Kilometer südlich befindet sich am Fuß von **La Fortaleza**, einem riesigen Basaltquader in Form einer ebenen Tafel, **Chipude**, das mit 1050 Metern über dem Meeresspiegel höchstgelegene Dorf auf La Gomera. Bekannt ist es auch wegen der Kirche aus dem 16. Jahrhundert, der Iglesia de la Virgen de la Candelaria. Wie El Cercado ist auch Chipude ein renommiertes Töpferdorf. Eine steile Landstraße führt von El Cercado nach **La Laguna Grande**, einem Informationspunkt im Parque Nacional de Garajonay *(siehe S. 130f)* mit Restaurant.

Rund 17 Kilometer in Richtung Süden liegt **La Dama**, ein kleines Dorf, das – von Bananenplantagen umgeben – hoch über dem Meer thront.

Parque Nacional de Garajonay ➐

Siehe S. 130f.

Alajeró ➑

👤 *2000.* 🚌 🎭 *Fiesta del Paso (Sep).*

Alajeró ist ein für La Gomera typisches Dorf, das sich entlang einer Bergstraße im Südteil der Insel erstreckt.

Die meisten Dorfbewohner leben vom Bananenanbau. Die **Iglesia del Salvador** (16. Jh.) ist eines der wenigen Relikte aus der langen Geschichte des Orts.

Von Alajeró führt ein Pfad nach Westen an einer tiefen Schlucht entlang bis nach **La Manteca**. Die Gegend ist zwar generell stark durch Abwanderung gekennzeichnet, das malerisch gelegene Städtchen zählt jedoch zu den wenigen ganz aufgegebenen Orten.

Umgebung: An der Straße zum zwei Kilometer nördlich gelegenen Agalán steht der letzte Drachenbaum der Insel: **Drago de Agalán** wurde in den 1880er Jahren gepflanzt.

Playa de Santiago ➒

👤 *1500.* 🚌 ℹ️ *Edif. Las Vistas, Local 8, Avenida Marítima, s/n.* 📞 *922 895 650.*

Traditionelle Keramik aus El Cercado

Playa de Santiago ist ein wichtiger Verkehrsknotenpunkt von La Gomera. Der Ort liegt an der Kreuzung zweier Schluchten, **Barranco de los Cocos** und **Barranco de Santiago**. Er besitzt einen Fischerhafen und einen Flughafen auf einem Streifen öden Lands im Westen. Zudem liegt der Ort an der Straße,

die in einer Schleife den Südteil der Insel erschließt.

In den 1960er Jahren war Playa de Santiago das Wirtschaftszentrum der Insel. Es besaß eine florierende Nahrungsmittelindustrie, eine kleine Werft und einen Hafen für den Export einheimischer Landwirtschaftserzeugnisse wie Bananen und Tomaten. Doch in den 1970er Jahren wurde der Ort von einer Wirtschaftskrise hart getroffen.

»Erschwingliche Ferien« war das Zauberwort auf dem Weg zurück zu mehr Wohlstand. Heute ist Playa de Santiago vor allem auf den Fremdenverkehr ausgerichtet. Nach dem Valle Gran Rey ist es das zweitgrößte Ferienzentrum der Insel und auf dem besten Weg, zu vergangener Größe zurückzufinden.

Besucher lockt in erster Linie das Klima: Playa de Santiago soll der sonnigste Ort von La Gomera sein. Auch die Strände, Hotels und der Strandclub sind attraktiv. Wie sehr man sich in Playa de Santiago um das Wohlergehen der Gäste bemüht, zeigt u. a. der **Jardín Tecina**. Der Urlaubskomplex oberhalb der steilen Klippen umfasst Bars, Restaurants, Tennisplätze und einen neuen Golfplatz. Er besteht aus weißen Bungalows im regionalen Baustil. Ein Fahrstuhl, der in den Felsen gebaut ist, bringt die Gäste bequem zum Strand und zum Strandclub Laurel hinab. Dort befinden sich ein riesiges Meerwasserbecken und ein Restaurant. Östlich der Hotelanlage liegen weitere Strände, darunter **Tapahuga**, **Chinguarime** und **Playa del Medio**.

Kiesstrand von Playa de Santiago

Parque Nacional de Garajonay ❼

Der rund 4000 Hektar umfassende Nationalpark wurde 1981 gegründet. Er birgt den größten intakten alten Waldbestand der Kanarischen Inseln, 2012 wurde jedoch ein Fünftel davon durch Waldbrände zerstört. In dem Gebiet treffen kalte atlantische Passatwinde auf warme Winde und erzeugen fast immer Nebel. Diese einzigartigen Wetterbedingungen lassen 450 Pflanzenarten gedeihen. Bäume und Pflanzen erreichen zum Teil außergewöhnliche Größen und vermitteln einen Eindruck davon, wie ein mediterraner Wald vor der letzten Eiszeit ausgesehen haben mag. Das Areal ist seit 1986 UNESCO-Welterbestätte.

Wanderwege
Hoch gelegene Aussichtspunkte ermöglichen einen Blick bis nach Teneriffa.

La Laguna Grande
Trotz des häufigen Nebels ist La Laguna Grande ideal für eine Pause während der Erkundung des Parks. Es bietet ein gutes Restaurant, einen Kinderspielplatz und einen Picknickbereich.

El Cercado
Das schön gelegene Dorf ist problemlos mit dem Bus zu erreichen. Es bietet sich als Ausgangspunkt für Wanderungen im Park an.

Chipude
Das Dorf am Rand des Parks verfügt über ein kleines Hotel mit Restaurant.

Vegetation

Im Herzen des Parks steht uralter Lorbeerwald, wissenschaftlich als *Laurisilva* bezeichnet. Einzelne Exemplare dieser immergrünen Lorbeerbäume werden bis zu 20 Meter hoch. Sie bilden über große Areale hinweg ein zusammenhängendes grünes Dach, das den Großteil des Nebels auffängt. Deswegen sind viele Wege und Pfade oft schattig – ideal für Wanderer. Außer den Lorbeerwäldern gibt es dichte Haine von Baumheiden und Wacholder im Park.

Lange Flechten hängen von den Ästen der Baumheide

Karte

Epina

MONTAÑA DE LA ZARA

TF 713

VALLE GRAN REY

Banda de las Rosas

LAS ROSAS CENTRO DE VISITANTES

MONTAÑA DE LA ARAÑA

QUEMADO
▲ 1136 m

MONTAÑA DE LA ASOMAD

Las Hayas

El Cercado

Chipude

DE SA

0 Kilometer   1

LEGENDE

▬▬	Nebenstraße
▬▬	Hauptstraße (rot!)
···	Wanderweg
▬▬	Parkgrenze
~·~	Fluss (nur saisonal Wasser)
☀	Aussichtspunkt

Hotels und Restaurants auf La Gomera siehe Seiten 164f und 179f

INFOBOX

Centro de Visitantes, Juego de Bolas. 922 800 993. tägl. 9.30–16.30 Uhr. **http://** reddeparquesnacionales.mma.es

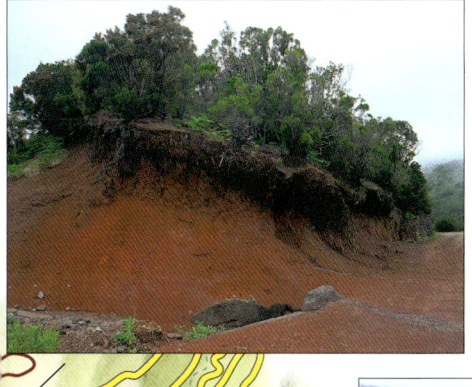

Mirador de Vallehermoso

Der Aussichtspunkt liegt knapp innerhalb der Parkgrenzen und ist von dichtem Heidekraut umgeben. Er bietet eine fantastische Aussicht über den Park und den Nordteil der Insel.

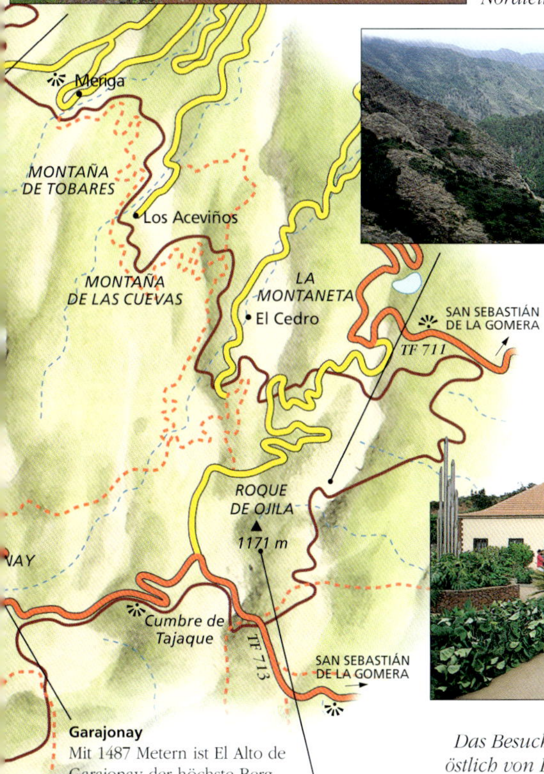
Meriga
MONTAÑA DE TOBARES
Los Aceviños
MONTAÑA DE LAS CUEVAS
LA MONTANETA
El Cedro
SAN SEBASTIÁN DE LA GOMERA
TF 711
ROQUE DE OJILA
1171 m
NAY
Cumbre de Tajaque
TF 713
SAN SEBASTIÁN DE LA GOMERA

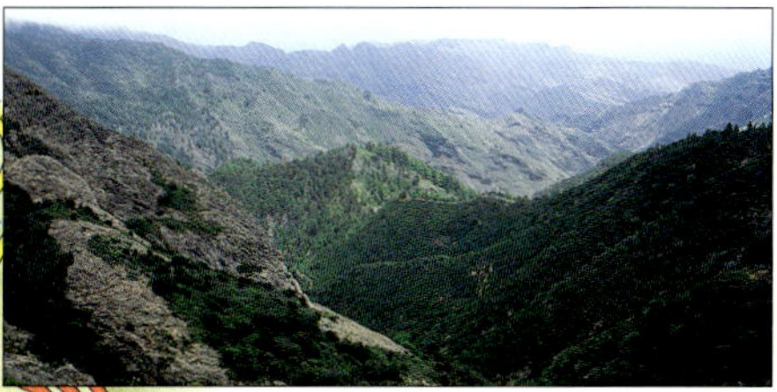

Schluchten

Der Nationalpark wird von zahlreichen dicht bewaldeten Schluchten durchzogen, die für viele seltene Vogelarten, etwa die Kanarische Taube, Lebensraum bieten.

Garajonay

Mit 1487 Metern ist El Alto de Garajonay der höchste Berg La Gomeras. Ein markierter Pfad führt auf den Gipfel.

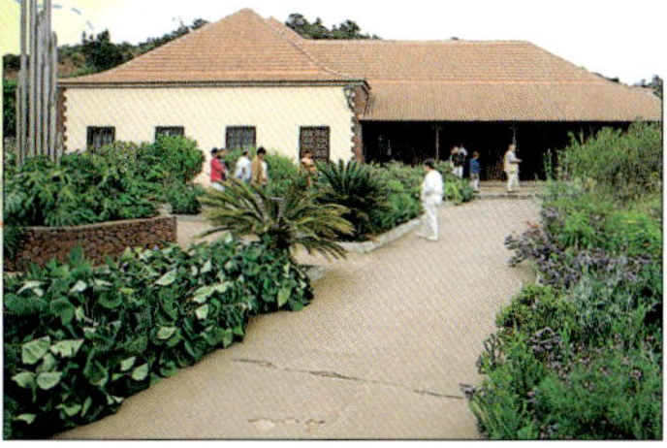

Centro de Visitantes

Das Besucherzentrum Juego de Bolas *östlich von Las Rosas birgt Werkstätten, Ausstellungsräume mit Kunsthandwerk, einen Garten und ein Restaurant.*

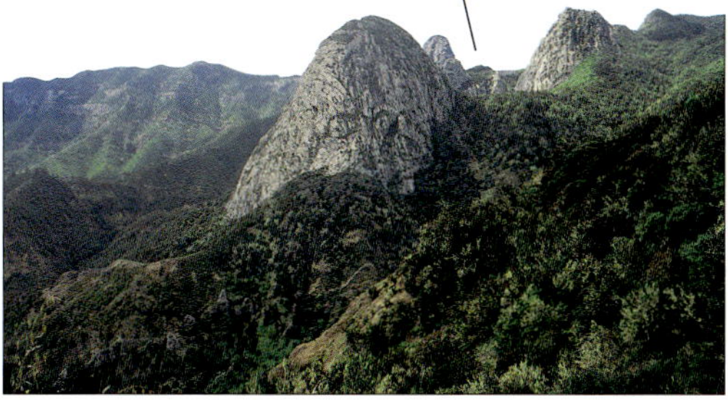

Los Roques

Diese vulkanischen Formationen, darunter die Gipfel Zarcita (1236 m), Carmen (1140 m) und Agando (1250 m), liegen knapp außerhalb des Parks und können am besten vom Mirador El Bailadero aus betrachtet werden.

El Hierro

El Hierro ist die kleinste und westlichste Insel des Archipels. Sie wird auch »La Isla Chiquita« (die kleine Insel) genannt und nimmt lediglich eine Fläche von 269 Quadratkilometern ein. El Hierro wird von der Landwirtschaft geprägt und ist mangels schöner Sandstrände touristisch noch fast unberührt. Auf der Insel leben etwa 11 000 Menschen, die Hälfte davon in der Hauptstadt Valverde.

Das heutige Erscheinungsbild von El Hierro ist das Ergebnis eines Erdbebens vor rund 50 000 Jahren: Ein Drittel der Landmasse an der Nordseite der gebirgigen Insel rutschte ins Meer ab und die Bucht von El Golfo entstand. Der letzte Ausbruch auf der rund 500 Vulkankegel zählenden Insel fand 2011 statt, als ein unterirdischer Vulkan Magma 20 Meter hoch in die Luft stieß.

Aeonium, ein Felsenbewohner

Vor der spanischen Invasion von 1403 lebten Angehörige des Volks der Bimbache auf der Insel. Nach der Eroberung fielen die meisten von ihnen Sklavenhändlern in die Hände, ihr Land wurde von normannischen und kastilischen Siedlern annektiert. Das damals eingeführte Feudalsystem bestand bis zur Mitte des 19. Jahrhunderts fort. Heute leben die Einwohner hauptsächlich vom Anbau von Bananen, Trauben, Mandeln, Tomaten, Pfirsichen und Kartoffeln. Wie auf den anderen Kanarischen Inseln auch spielt vor allem an der Südküste der Fischfang eine wichtige Rolle.

Der Fremdenverkehr ist für die Wirtschaft der Insel kaum von Bedeutung. An Übernachtungsmöglichkeiten stehen vor allem *casas rurales* zur Verfügung. Auch der Campingplatz im Kiefernwald von Hoya del Morcillo ist beliebt.

Es gibt keine Industrie auf El Hierro, dafür werden alte Handwerkstraditionen wie Schnitzen, Töpfern und Weben gepflegt. Die Produkte, etwa Teppiche mit typischem Muster, werden auf den Dorfmärkten angeboten, auf denen Volksmusiker und -tänzer Verkäufer wie Kunden erfreuen.

Natürliches Schwimmbecken im Lavagestein von Charco Manso bei Valverde

◁ Rote und gelbe Pflanzenteppiche bedecken den felsigen Untergrund auf El Hierro

Überblick: El Hierro

Die Insel bezaubert durch ihre romantische Wildheit. Vor den Reisen von Kolumbus war El Hierro der westlichste Punkt der damals bekannten Welt. Noch heute ist die Insel vom Fremdenverkehr kaum berührt und vermittelt das Gefühl, am »Ende der Welt« zu sein. Für den Mangel an Sandstränden entschädigt die großartige Gebirgslandschaft. Das wilde, bisweilen in Nebel gehüllte Terrain ist stellenweise von dichtem Kiefernwald bewachsen und zieht vor allem Naturliebhaber an. Einige Stellen kann man nur zu Fuß erreichen. Besonders interessant ist auch das Naturschutzgebiet an der Südküste, wo Taucher ein wahres Paradies vorfinden. Die Küche zeichnet sich durch frischen Fisch und hervorragende regionale Weine aus.

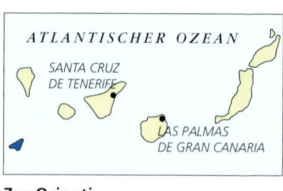

Zur Orientierung

Wacholderbäume bei El Sabinar, von Stürmen fantastisch verformt

SIEHE AUCH

- **Hotels** S. 165f
- **Restaurants** S. 180

0 Kilometer

Sehenswürdigkeiten auf einen Blick

El Sabinar **5**
Frontera **2**
Isora **8**
La Restinga **7**
Las Puntas **3**
Puerto de la Estaca **10**
Sabinosa **4**
San Andrés **9**
Santuario de Nuestra Señora de los Reyes **6**
Valverde **1**

Puerto de la Estaca an der Ostküste von El Hierro, der einzige Fährhafen der Insel

Punta del
Guanche

Pozo de
las Calcosas

Echedo

Playa de Adentro

Tamaduste

Playa de
Agache

Tesbabo

Mocanal

Roques de Salmor

Guarazoca

Jarales

VALVERDE ❶

🏠🏛

Playas del
Cantadal

Mirador
de la Peña

Las Montañetas

HI2

LAS PUNTAS ❸

🏛🏛

Las Montañetas

La Caleta

Tiñor

PUERTO
DE LA ESTACA ❿

🗺

⌖

Playas del
Mulato

Casas
de Guinea

Playa de Tijeretas

Punta de Tijimiraque

Tigaday

FRONTERA ❷

🏠🗺

SAN ANDRÉS ❾

La Cuesta

Los Llanos

ISORA ❽

🌿🏛

Los
Llanillos

Mirador de
Jinama

La Torre

Mirador de
Isora

HI30

Mirador de
las Playas

Playa de las Playas

alpaso
500 m

HI1

Tenerife
1419 m

Punta de Ajones

Roque de la Bonanza

Mercadel
1251 m

Las Casas

Las
Playas

Parador del Hierro

Taibique

El Río

Playa de Miguel

LEGENDE

▬	Hauptstraße
═	Nebenstraße
▬	Panoramastraße
△	Gipfel

Playa del Pozo

Punta del Miradero

Bahía de Naos

LA RESTINGA ❼

⛵⚓

nreise

Hierro hat Flugverbindungen nach Teneriffa, Gran
naria und La Palma. Eine regelmäßige Fährlinie ver-
det Puerto de la Estaca mit Teneriffa und La Gome-
. Angesichts der wenigen Buslinien und ihrer gerin-
n Kapazität ist es ratsam, ein Auto zu mieten, wenn
n die Insel erkunden will. Der Straßenzustand ist
eitgehend passabel, für einige abgelegene Ziele ist
doch ein Geländewagen erforderlich.

Iglesia de la Concepción in Valverde

Die Meerwasserbecken von Pozo de las Calcosas bei Valverde

Valverde ❶

🏃 5000. 🚌 ℹ C/Dr. Quintero Magdaleno, 4. ☎ 922 550 302. 🎆 Fiesta de San Isidro (15. Mai), Bajada de la Virgen de los Reyes (alle 4 Jahre im Juli: 2017, 2021 …). www.elhierro.travel/

Der vollständige Name der Inselhauptstadt lautet La Villa de Santa María de Valverde. Im Gegensatz zu den Hauptorten der anderen Inseln liegt Valverde nicht am Meer, sondern in einem grünen Tal – daher der Name.

Das einzige bemerkenswerte Gebäude ist die **Iglesia Santa María de la Concepción**. Die stattliche Kirche wurde 1767 an der Stelle einer Kapelle aus dem 16. Jahrhundert errichtet – aus Dankbarkeit, nachdem ein Piratenangriff abgewehrt worden war. Im Glockenstuhl befindet sich eine große Glocke, die 1886 aus Paris kam. Das Kircheninnere wird von einem Barockaltar dominiert. Gegenüber der Kirche steht das zwischen 1910 und 1940 im regionalen Stil erbaute Rathaus.

Umgebung: Zehn Kilometer nordöstlich liegt **Tamaduste**. Die Bucht und der hübsche Strand sind ein beliebtes Ziel der Einheimischen.

Im acht Kilometer nördlich gelegenen **Charco Manso** gibt es mehrere natürliche Bassins im Vulkangestein.

Man erreicht sie über eine schmale Straße mit Haarnadelkurven. Achtung: Das Meer kann hier sehr tückisch sein.

Das acht Kilometer nordwestlich gelegene **Pozo de las Calcosas** ist dagegen gutes Schwimmterrain. Es hat ähnliche Naturbecken wie Charco Manso, dazu ein paar Häuschen aus schwarzem Stein.

Eine unvergessliche Aussicht über die Bucht **El Golfo** hat man vom **Mirador de La Peña**, acht Kilometer westlich. Das Restaurant wurde 1988 nach einem Entwurf von César Manrique gebaut.

Frontera ❷

🏃 4000. 🚌 🎆 Fiesta de la Virgen de la Candelaria (Aug).

Viele Einwohner des zweitgrößten Inselorts leben vom Weinbau. Der hier gekelterte Wein, Viña Frontera, ist in ganz Spanien berühmt.

Am Rand Fronteras steht die 1818 errichtete **Iglesia de la Candelaria**. In ihrem Inneren befindet sich unter der hölzernen Decke ein schöner vergoldeter Altar. Der von Weitem sichtbare Glockenturm steht oberhalb der Kirche auf einem Hügel aus roter Vulkanasche.

Umgebung: Einen Kilometer westlich liegt **Tigaday** im Weinbaugebiet. Hier beginnt die Straße nach Las Puntas.

Las Puntas ❸

ℹ 922 559 081. 🎆 Fiesta de San Juan (24. Juni).

Auf dem ehemaligen Kai, an dem bis 1930 Schiffe ihre Fracht löschten, steht das Hotel Puntagrande, das früher im *Guinness-Buch der Rekorde* als kleinstes Hotel der Welt geführt wurde. Es wurde 1884 als Hafengebäude errichtet und später in ein Hotel mit lediglich vier Zimmern, einer Bar und einem Restaurant umgewandelt. Es ist nicht leicht, ein Zimmer zu bekommen. Die Anfahrt lohnt sich aber schon allein wegen des schönen Sonnenuntergangs oder wegen eines Bads in einer der felsigen Buchten.

Eine weitere Sehenswürdigkeit der Gegend sind die **Roques de Salmor**. Die Felsen erheben sich aus dem Meer und sind einer der wichtigsten Brutplätze für die Vögel der Insel.

Umgebung: Etwas weiter südlich liegt **Poblado de Guinea**, eine alte normannische Siedlung aus dem frühen 15. Jahrhundert. Gemeinsam mit Las Montañetas beansprucht der Ort den Titel des ältesten Dorfs auf El Hierro. Heute beherbergt der Ort das Museumsdorf **Ecomuseo Poblado de Guinea**, einen Komplex ehemaliger Schäferhütten, die restauriert und mit Mobiliar aus verschiedenen Epochen ausgestattet wurden.

Das winzige Hotel Puntagrande in Las Puntas

Hotels und Restaurants auf El Hierro siehe Seiten 165f und 180

Im **Lagartario** oberhalb des Museums bemüht man sich, den nur auf El Hierro heimischen, bis zu 1,5 Meter langen Rieseneidechsen natürliche Brutbedingungen zu bieten. Seit 1975 wird versucht, die ab den 1930er Jahren als ausgestorben geltenden Tiere zu vermehren. 1974 waren einige Exemplare wiederentdeckt worden. Nur wenige Besucher sind zugelassen.

🏛 **Ecomuseo Poblado de Guinea**
📞 *922 555 056.* ⏰ *Di–Sa 10.30–14.30, 15–17 Uhr (im Winter 10–14, 16–18 Uhr), So 11–14 Uhr.* ♿

Lagartario
Carretera General Las Puntas, s/n.
📞 *922 555 056.* ⏰ *Di–Sa 10.30–14, 16–18, So 11–14 Uhr.*

Pozo de la Salud an der Bucht von El Golfo

Sabinosa ❹

🏘 *300.* 🚌 🎉 *San Simón (Ende Okt).*

Das blumenreiche Sabinosa mit seinen hübschen Gassen und Pfaden liegt besonders abgeschieden. Es thront auf einer Klippe, von der aus man fast die ganze Bucht von El Golfo überblickt. Berühmt ist Sabinosa für seinen «Gesundheitsbrunnen» **Pozo de la Salud**, der sich unterhalb des Orts am Meer befindet. Das Wasser, das mit Eimern aus der Tiefe befördert wird, ist radioaktiv, soll aber ein Allheilmittel gegen Krankheiten sein. Das 1996 hier errichtete Hotel Balneario Pozo de la Salud, das gesundheitsbewusste Gäste versorgt, ist das einzige seiner Art auf den Kanarischen Inseln.

Bajada de la Virgen de los Reyes

Anfang des 18. Jahrhunderts, in einer Zeit großer Dürre, trugen Bauern die Madonna von Nuestra Señora de los Reyes nach Valverde – daraufhin begann es zu regnen. Ein alle vier Jahre (2017, 2021) am ersten Samstag im Juli abgehaltenes Fest gedenkt dieses Ereignisses. Die Marienstatue wird in einer Sänfte auf derselben Route wie damals, dem Camino de la Virgen, über schmale Pfade und Gassen getragen. Die Prozession beginnt um 5 Uhr morgens und dauert bis spät in die Nacht. Eine Woche lang wird gefeiert, viele Einwohner tragen dabei rot-weiße Tracht.

Die Prozession »Bajada de la Virgen«

Umgebung: Sechs Kilometer westlich liegt **Playa de Arenas Blancas**, ein sandiger Strand, den Einheimische und Urlauber schätzen. **Playa de Verodal**, zehn Kilometer im Westen, gilt als schönster Strand der Insel. Er erstreckt sich am Fuß einer hohen Klippe. Zu erreichen ist dieser kleine, windumtoste Streifen mit dem rostfarbenen Sand nur über eine holprige, ungeteerte Piste.

Östlich von Sabinosa führt eine Straße nach **Los Llanillos**, einem winzigen Dorf mit einer kleinen Kapelle aus Vulkangestein. Neben der Straße befindet sich eine Werkstatt, in der Vogelkäfige aller Größen und Formen hergestellt werden. Etwas weiter erreicht die Straße **Charco Azul**, wo Felsbuchten mit türkisfarbenem Wasser zum Baden einladen.

El Sabinar ❺

Der Name dieses von Winden gepeitschten Hochlands, das von einer Schlucht geteilt wird, leitet sich von *sabina*, dem lokalen Namen für Wacholder, ab. Hier stehen zahllose weißstämmige Wacholderbäume, die Wind und Stürme zu bizarren Formen verbogen haben.

El Sabinar erreicht man auf einer Straße, die zu Beginn asphaltiert ist, aber später zur Piste wird und durch Weideland mit Viehgattern führt. Es liegt knapp vier Kilometer vom Santuario de Nuestra Señora de los Reyes entfernt.

Umgebung: Vom **Mirador de Basco**, drei Kilometer nördlich, schweift der Blick nicht nur über El Golfo, sondern man kann auch La Palma, La Gomera und Teneriffa sehen.

Wahrzeichen der Insel – ein vom Wind verformter Wacholderbaum

Santuario de Nuestra Señora de los Reyes, von einer Mauer umgeben

Santuario de Nuestra Señora de los Reyes ❻

🏃 Bajada de la Virgen de los Reyes (alle 4 Jahre, siehe S. 137).

Umgeben von bewaldeten Hügeln und eingefasst von einer niedrigen Mauer, präsentiert sich die Pilgerstätte der »Heiligen Mutter der drei Könige«, der Schutzpatronin von El Hierro. Im Santuario wird eine Madonnenstatue in einer silbernen Sänfte aufbewahrt. Alle vier Jahre wird die Statue in einer Prozession, der Bajada de la Virgen de los Reyes, nach Valverde getragen *(siehe S. 137)*.

Der Überlieferung nach geriet ein französisches Schiff vor der Küste in eine Flaute. Seine Mannschaft konnte nur dank der Hilfe der Einwohner von El Hierro überleben. Da sie Wasser und Nahrungsmittel nicht bezahlen konnten, übergab der Kapitän des Schiffs den Insulanern eine Marienstatue. Am selben Tag, dem 6. Januar 1577 (Heilige Drei Könige), erhob sich ein starker Wind, das Schiff konnte weitersegeln.

Umgebung: Der Leuchtturm **Faro de Orchilla** liegt sieben Kilometer im Südwesten. Im Jahr 150 n. Chr. erklärte der alexandrinische Geograf Ptolemäus dieses westlichste Inselstück zum Ende der Welt. 1634 definierte man den Nullmeridian durch diesen Punkt und berechnete von hier aus die Längengrade, bis der Nullmeridian 1884 nach Greenwich verlegt wurde. El Hierro nennt sich aber weiterhin »Isla del Meridiano«. Besucher können eine Urkunde erwerben, die das Überqueren des Nullmeridians bezeugt.

La Restinga ❼

🏠 600. 🚌 🎉 Fiesta de San Juan (24. Juni), Fiesta de la Virgen del Carmen (16. Juli).

Am sonnigsten, das bedeutet am südlichsten Ende der Insel liegt der kleine Yacht- und Fischerhafen La Restinga. Mit einem großen Hotel und einem Apartmentkomplex ist er auch der beliebteste Ferienort El Hierros. An der Küstenstraße, der Avenida Marítima, reihen sich Läden, Bars und Restaurants. Hier kann man völlig entspannt die Welt an sich vorbeitreiben lassen.

Der kleine schwarze Sandstrand im Stadtzentrum wird durch den großen Hafen geschützt.

La Restinga ist trotz des Fremdenverkehrs ein recht ruhiger Ort geblieben. Es gibt ein großes Wassersportangebot, darunter auch Tauchen. Das Meer der Umgebung steht unter Naturschutz und besitzt eine reiche Meeresfauna und -flora. Interessant sind vor allem die Unterwasserschächte und bizarren Felsformationen. Die Tauchzentren sind das ganze Jahr über geöffnet. Sie organisieren Boote und bieten auch nächtliche Exkursionen an.

Umgebung: Etwas weiter nordwestlich liegt **Bahía de Naos**, wo Jean de Béthencourt 1403 an Land ging. Weitere zehn Kilometer nordwestlich kommt man zur **Cala del Tacorón**, kleinen Buchten, die in die vulkanische Küste des Mar de las Calmas eingegraben sind. Stufen führen hinunter zum Meer, dessen klares Wasser zum Baden einlädt. Zwei Kilometer nördlich liegt die **Cueva Don Justo** im Massiv der Montaña de Irama. Das sechs Kilometer lange Labyrinth unterirdischer Gänge ist ein Paradies für Höhlenforscher.

Fantastischer Ausblick vom Mirador de las Playas

Isora ❽

🏠 500. 🎉 Fiesta de San José (19. März).

Das Dorf Isora im Osten der Insel besteht aus mehreren Weilern, bekannt ist es für seinen Käse. Es lohnt sich, früh aufzustehen und von hier aus den Sonnenaufgang zu beobachten.

Vulkankegel in der Gegend um La Restinga

Hotels und Restaurants auf El Hierro siehe Seiten 165f und 180

Ein weiterer Anziehungspunkt: die Wettbewerbe im Kanarischen Ringkampf, der *Lucha Canaria*, im hiesigen Stadion.

Umgebung: Etwa einen Kilometer südlich erlaubt der **Mirador de Isora** am Rand der Gebirgskette von El Risco de los Herrenos zauberhafte Ausblicke aufs Meer. Ein schmaler, vier Kilometer langer Fußweg führt hinunter zur Küste.

Drei Kilometer südlich liegt inmitten von Kiefern der Aussichtspunkt **Mirador de las Playas**. Von der Terrasse hat man einen fantastischen Rundblick über die Bucht von Las Playas, vom Roque de la Bonanza bis hinauf zum Parador.

El Pinar, sechs Kilometer Richtung Süden, ist die Bezeichnung für zwei Dörfer, **Las Casas** und **Taibique**. An der Hauptstraße der Dorfgemeinschaft findet man Bars, Restaurants, Läden, ein Hotel, eine Bank und die hiesige Artesanía Cerámica, die Keramik und handgefertigten Schmuck anbietet. Die kleine einfache Kirche heißt **Iglesia de San Antonio Abad**.

San Andrés ❾

🚶 230. 🚌 🎭 *Fiesta de la Apañada* (1. So im Juni).

San Andrés liegt 1100 Meter über dem Meer. Die weitläufigen Birnen- und Feigenbaumplantagen der Gegend sind daher oft in dichten Nebel gehüllt, vor allem abends und nachts. Die Sommer sind hier meist ausgesprochen heiß, die Winter bei zum Teil extrem starken Winden dagegen kalt.

Die Bewohner leben überwiegend vom Ackerbau und der Schaf- und Ziegenzucht. Trotz der fruchtbaren Erde veranlassen die ungünstigen Witterungsbedingungen viele Menschen dazu, aus dieser rauen, unwirtlichen Gegend fortzuziehen.

Nebelverhangene Felder bei San Andrés

Umgebung: In nördlicher Richtung führt eine knapp vier Kilometer lange Asphaltstraße, die später zum Wanderpfad wird, zum **Árbol Santo**, dem heiligen Baum der Bimbache *(siehe S. 133)*. Diese frühen Siedler nannten den Baum *Garoé*. Der Sage nach floss von dem Baum einst genügend Wasser für den Bedarf der ganzen Insel. (Tatsächlich können Kiefernnadeln große Mengen an Wasser aufnehmen.) Der Baum wurde 1949 bei einem Orkan zerstört. An seiner Stelle steht ein 1957 gepflanzter Lorbeerbaum.

Zwei Kilometer südwestlich befindet sich der **Mirador de Jinama**. Die Straße verläuft durch Felder mit Trockenmauern. Bei klarem Wetter hat man einen guten Blick über die Bucht von **El Golfo**, deren Aussehen auf die Erosion eines großen Vulkans zurückzuführen ist.

Ziegenkäse aus San Andrés

Puerto de la Estaca ❿

🚶 125. 🎭 *San Telmo (14. Sep).*

Bis zur Eröffnung des Flughafens 1972 stellte dieser kleine Hafen, der durch steile vulkanische Felsen vom Land abgetrennt ist, die einzige Verbindung der Insel zum Rest der Welt dar. Der Name des 1906 gebauten Hafens verweist auf die *estaca*, einen Holzpfahl, an dem die Fischer ihre Boote festzurrten.

Umgebung: Der **Roque de la Bonanza**, ein nackter Basaltfelsen, der vor der Küste aus dem Meer herausragt, liegt neun Kilometer weiter im Süden. Er ist über eine reizvolle Küstenstraße am Fuß eines steilen Vulkanhangs zu erreichen. An einer Stelle führt die Straße durch einen einspurigen Tunnel. Die Vorfahrt wird durch eine Verkehrsampel geregelt. Zwei Kilometer weiter steht inmitten einer malerischen Landschaft der **Parador del Hierro**, das komfortabelste Hotel der Insel. Er wurde 1976 im kastilischen Stil errichtet, liegt völlig abgeschieden am Meer und blickt auf die hohen Klippen rund um die Bucht. Seine Eröffnung verzögerte sich um fünf Jahre, weil der Bau der Straße, die hier endet, so viel Zeit benötigte.

Roque de la Bonanza, der »Fels des Stillen Ozeans« in der Bucht Las Playas

La Palma

Die Einheimischen nennen sie »La Isla Bonita« (schöne Insel) oder »La Isla Verde« (grüne Insel). Beide Bezeichnungen sind gerechtfertigt, denn La Palma ist sowohl auffallend schön als auch verblüffend grün. Dank seiner reichen Vegetation mit Farn- und Lorbeerwäldern sowie seiner gepflegten Parks und Gärten ist das Eiland der grünste Flecken Erde der Kanarischen Inseln.

Die üppige Vegetation verdankt »La Isla Verde« dem reichlich fallenden Regen: Von allen Kanarischen Inseln weist La Palma die höchste Niederschlagsmenge auf. Im Frühjahr und Herbst bleibt die Sonne an durchschnittlich 63 Tagen hinter den Wolken – beste Wachstumsbedingungen für Pflanzen.

La Palma besitzt die Form eines Faustkeils und ist mit 708 Quadratkilometern die fünftgrößte Insel des Archipels.

Statue eines tanzenden Zwergs

Wenn man die Fläche in Relation zur Höhe setzt, gehört La Palma zu den gebirgigsten Inseln der Welt: Mit 2426 Metern ist der Roque de los Muchachos der höchste Gipfel. Wie der Rest der Inselgruppe ist auch La Palma vulkanischen Ursprungs – und die Vulkane sind keineswegs erloschen. Der letzte Ausbruch ereignete sich 1971 im Süden der Insel, wo heute die schwarzen Lavafelder und das rötlich braune Vulkangestein in deutlichem Kontrast zum satten Grün der übrigen Insel stehen.

Die derzeit rund 122000 Insulaner leben meist von der Landwirtschaft. Der Wasserreichtum ermöglicht den Anbau von Wein, Avocados, Bananen und Tabak. Übrigens: Nach Meinung von Fachleuten sind die mit dem Inseltabak gerollten Zigarren den kubanischen ebenbürtig.

La Palma ist auch für seinen Honig bekannt. Hingegen hat der Fischfang, wie auf den meisten Inseln, nur regionale Bedeutung. Massentourismus sucht man hier vergeblich. Dies liegt zum Teil daran, dass es entlang der zerfurchten Küste nur wenige schöne Strände gibt. An der West- und an der Ostküste findet man gleichwohl einige attraktive Ferienzentren.

Glitzernde Vulkanfelsen – traumhaftes Farbenspiel am Pico de la Cruz

◁ Grüne Landschaft im Parque Nacional de la Caldera de Taburiente *(siehe S. 150f)*

Überblick: La Palma

La Palma ist vor allem eine Insel zum Wandern: Vom gemütlichen Spaziergang bis zur ausgedehnten Tour ist hier alles möglich. Die vielfältige Landschaft – von der aschereichen Vulkangegend um Fuencaliente bis zu den üppigen Wäldern von Los Tilos – entschädigt völlig für den Mangel an Stränden und wichtigen historischen Stätten. Die Küstengewässer von La Palma sind reich an Flora und Fauna und ein lohnendes Ziel für Taucher. Eine Tour auf der Ruta de los Volcanes, dem Vulkanpfad im Süden des Landes, ist ein unvergleichliches Erlebnis und kann der Höhepunkt des Urlaubs werden.

Holzbalkone an der Seepromenade von Santa Cruz de La Palma

Sehenswürdigkeiten auf einen Blick

Barlovento **5**
Fuencaliente de La Palma **11**
La Zarza **6**
Las Nieves **2**
Los Llanos de Aridane **8**
Los Tilos **3**
Mazo **13**
Parque Nacional de la Caldera de Taburiente S. 150f **9**
Puerto Naos **10**
San Andrés **4**
Santa Cruz de La Palma S. 144f **1**
Tazacorte **7**

Tour
Ruta de los Volcanes **12**

0 Kilometer 3

SIEHE AUCH

• *Hotels* S. 166f

• *Restaurants* S. 181

Anreise

La Palma hat regelmäßige Flugverbindungen nach Teneriffa, Gran Canaria und El Hierro sowie zu einigen spanischen Städten. Von vielen europäischen Flughäfen aus gibt es Charterflüge. Die Maschinen landen auf dem Flughafen an der Ostküste, der mit Santa Cruz de La Palma über eine 13 Kilometer lange Schnellstraße verbunden ist. Die Fähren von Teneriffa und La Gomera legen im Hafen von Santa Cruz de La Palma an. Die meisten Städte und Dörfer der Insel sind mit dem Bus zu erreichen, nur für die entlegeneren Regionen braucht man ein Auto.

ATLANTISCHER OZEAN

SANTA CRUZ
DE TENERIFE

LAS PALMAS
DE GRAN CANARIA

Zur Orientierung

Faro de
Punta Cumplida

BARLOVENTO **5**

La Cuesta

Gallegos

Los Sauces

gue
Faro

4 SAN ANDRÉS

3 LOS TILOS

La Galga

*Playa de
Nogales*

*Pico de la Cruz
2351 m*

Puntallana

*Pico de la Nieve
2239 m*

LP1

*Punta
Salinas*

NACIONAL DE
DERA DE

recita

2

LAS NIEVES

1 SANTA CRUZ
DE LA PALMA

Playa de Bajamar

Breña Alta

Playa Los Cancajos

Túnel de
la Cumbre
LP2

Miranda

San Antonio

La Rosa

13 MAZO

*Cráter del Hoyo Negro
1797 m*

La Sabina

Cueva de Belmaco

Malpaíses

Playa Arenas Blancas

12

LP1

Tigalate

*Volcán Martín
1606 m*

arco

Monte
de Luna

*Punta
del Porís*

ndias

Las Caletas

11

FUENCALIENTE
DE LA PALMA

Punta Malpaís

*Punta de
Fuencaliente*

Das Observatorium auf dem Gipfel
des Roque de los Muchachos

LEGENDE

━━	Hauptstraße
═══	Nebenstraße
━━	Panoramastraße
– –	Piste
△	Gipfel

Der Felsstrand von Charco Azul bei San Andrés

Santa Cruz de La Palma ❶

Die Bucht, an der die Inselhauptstadt Santa Cruz de La Palma liegt, wurde von den Guanchen Timibucar genannt. Seit ihrer Gründung hat die Stadt immer eine wichtige Rolle im wirtschaftlichen und politischen Leben Spaniens gespielt. Im 16. Jahrhundert war sie hinter Sevilla und Antwerpen der drittwichtigste Hafen des gesamten spanischen Imperiums. Bis heute gilt Santa Cruz auch als bedeutendstes Schiffsbauzentrum der Kanarischen Inseln. Der Wohlstand der Stadt rief Piraten auf den Plan, die sie mehrmals plünderten. Ein besonders brutaler Beutezug erfolgte im Jahr 1553 unter Jean-Paul de Billancourt, der auch als »Pegleg« bekannt war.

Calle O'Daly, die Hauptstraße der Altstadt von Santa Cruz

Überblick:
Santa Cruz de La Palma
Santa Cruz liegt am Hang eines Vulkankraters und ist eine der schönsten Städte der Kanarischen Inseln. Im Stadtbild sieht man viele moderne Gebäude, es gibt aber auch eine intakte Altstadt. Das Zentrum entwickelte sich während einer kurzen Zeitspanne und strahlt daher eine gewachsene Harmonie aus. Santa Cruz ist jedoch mehr als nur eine Ansammlung alter Kolonialgebäude. Die vielen Bars und Restaurants an der Avenida Marítima ziehen Urlauber und Einheimische gleichermaßen an und tragen viel zum Flair der Stadt bei.

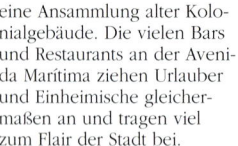

Musikerstatuen in der Calle O'Daly

🏛 Calle O'Daly
Die von historischen Häusern und Residenzen gesäumte Hauptstraße ist heute Fußgängerzone und verrät viel vom früheren Reichtum und Ansehen der Stadt. Ihren Namen bekam sie nach einem hier ansässigen irischen Bananenhändler. Die bemerkenswertesten Gebäude sind der aus dem frühen 17. Jahrhundert stammende **Palacio de Salazar** (Nr. 22) mit seinen charakteristischen Holzbalkonen sowie die **Casa Pinto** (Nr. 2) aus dem 19. Jahrhundert.

🏛 Ermita de San Sebastián
Plaza de San Sebastián.
Die kleine (leider meist geschlossene) Kapelle ist nur eine von vielen in Santa Cruz. Eine andere ist **Ermita de Nuestra Señora de la Luz** aus dem 16. Jahrhundert auf der hübschen Plaza de San Sebastián. Sie beherbergt eine aus Antwerpen stammende Statue der hl. Katharina.

🏛 Plaza de España
Um den dreieckigen Platz im Herzen der Stadt mit seinem Brunnen aus dem 16. Jahrhundert stehen lauter historische Gebäude. Das Denkmal in der Mitte stellt Manuel Díaz Hernández (1774–1863) dar, einen Geistlichen der Kirche San Salvador, der in seinen Predigten für politische Freiheiten eintrat.

🏛 Iglesia de El Salvador
Plaza de España. 📞 922 413 250.
🕐 tägl. 8.30–13, 16–20.30 Uhr.
Die Kirche wurde Ende des 15. Jahrhunderts gebaut, ihre jetzige Form bekam sie in der zweiten Hälfte des 16. Jahrhunderts. Sie ist das größte Renaissance-Gebäude auf den Kanarischen Inseln. An der Fassade sieht man ein Portal in Form eines Triumphbogens (1503), eine Allegorie der Kirche Christi. Das Innere zieren eine Kassettendecke im spanisch-maurischen Mudéjar-Stil und Skulpturen von Fernando Estévez.

🏛 Casas Consistoriales
Plaza de España.
Die Casas Consistoriales wurden zwischen 1559 und 1563 als Bischofssitz errichtet. Heute dient sie als Rathaus. Die Renaissance-Fassade ruht auf den Säulen von Arkadengängen. Ein Flachrelief zeigt Philipp II. sowie die Wappen von La Palma und Habsburg. Die Innenwände bemalte Mariano de Cassio mit Szenen aus dem Inselleben.

🏛 Avenida Marítima
Die Avenida Marítima gilt als eine der schönsten Uferstra-

Iglesia de El Salvador an der Plaza de España

Hotels und Restaurants auf La Palma *siehe Seiten 166f und 181*

ßen der Kanaren. An ihrem Südende steht ein Drachenbaum *(siehe S. 16)* mit auffällig verdrehten Ästen. Am Nordende des Ufers befinden sich die Casas de los Balcones, eine Reihe malerischer alter Häuser, die hervorragend restauriert wurden. Sie besitzen schöne Holzbalkone im Kolonialstil und sind in warmen Farben gestrichen.

Hauptaltar der Iglesia de San Francisco

🔒 Iglesia de San Francisco

Plaza de San Francisco. 📞 922 411 558. ◻ Mo–Fr 10–20, So 10–14 Uhr (Juli, Aug, Sep: 9–18 Uhr; So geschlossen).

1508 errichteten die Franziskanermönche, die de Lugo bei seinem Eroberungszug durch die Insel begleiteten, eine Abtei in Santa Cruz. Damit ist die Kirche eines der ersten Renaissance-Bauwerke auf La Palma. Zu den Besonderheiten im Inneren gehören neben der üppigen Ausmalung der Hauptaltar und die Kassettendecke. Heute birgt die Abtei das **Museo Insular**, das Fundstücke aus der Region, darunter Guanchen-Schädel, sowie Tierpräparate und einige Gemälde zeigt.

🏛 Museo Naval

◻ Mo–Fr 9.30–14.30 Uhr (im Sommer auch 16–19 Uhr).

In der Nähe der Plaza de la Alameda steht ein 1940 gefertigter Nachbau der *Santa María*, eines der Schiffe, mit denen Christoph Kolumbus die Neue Welt entdeckte. Die Einwohner von Santa Cruz haben das Schiff *El Barco de la Virgen* (Schiff der Heiligen Jungfrau) getauft. Es beherbergt ein kleines Seefahrtsmuseum. Im Zentrum der Sammlung stehen alte Seekarten, Navigationsinstrumente und Schiffsflaggen.

INFOBOX

👥 17000. 🚌 ⚓ ✈ 13 km südlich. ℹ Avda. Blas Pérez González, s/n. 📞 922 412 106. 📧 Sa, So. 🎭 Karneval (Jan/ Feb), Fiesta de la Cruz (3. Mai), Bajada de la Virgen (alle 5 Jahre im Juni/ Juli/Aug: 2015, 2020…). www.lapalmaturismo.com

♣ Castillo de Santa Catalina

Avenida Marítima.

Die Burg aus dem 16. Jahrhundert heißt auch Castillo Real. Sie wurde zum Schutz gegen Piraten erbaut, die regelmäßig nach Amerika auslaufende, mit wichtigen Waren beladene Schiffe kaperten. Im Jahr 1585 verhinderten ihre Kanonen eine Übernahme der Insel durch Sir Francis Drake.

El Barco de la Virgen, ein Nachbau des Schiffs von Christoph Kolumbus

Zentrum von Santa Cruz de La Palma

Avenida Marítima ⑥
Calle O'Daly ①
Casas Consistoriales ⑤
Ermita de San Sebastián ②
Iglesia de El Salvador ④
Plaza de España ③

Museo Naval
Castillo de Santa Catalina

Ermita de San Sebastián ②
Iglesia de El Salvador ④
PLAZA DE SAN SEBASTIÁN
③ PLAZA DE ESPAÑA
⑤ Casas Consistoriales
⑥
①

0 Meter   100

Zeichenerklärung
siehe hintere Umschlagklappe

ℹ
Flughafen 13 km ✈

Das Innere des Santuario in Las Nieves

ten Gipfel der Inselgruppe zurück, sondern auf das wundersame Erscheinen der Jungfrau während eines ungewöhnlichen Schneesturms, mitten im August, in Rom. Die Seitenwände der Kirche sind mit vielen Votivbildern geschmückt. Gläubige Pilger stifteten sie als Dank für die Wunder der Schutzpatronin, z. B. für die Rettung eines Schiffs aus stürmischer See.

Las Nieves ❷

🚌 🎭 *Bajada de la Virgen de las Nieves (alle 5 Jahre im Juni/Juli: 2015, 2020 …).*

Das zwischen grünen Hügeln gelegene Dorf ist ein bedeutender Wallfahrtsort mit dem wichtigsten Heiligtum der Insel. An einer schönen Stelle steht das **Santuario de la Virgen de las Nieves**, dessen kleine Kirche von 1657 die frühere Kapelle ersetzte. Zusammen mit den Nachbargebäuden, dem Pilgerquartier und dem Pfarrhaus aus dem 17. bzw. 18. Jahrhundert und mehreren Häusern, die einst der hiesigen Aristokratie gehörten, bildet sie ein historisches Ensemble.

Die Kirche ist ein typisches Beispiel für die Kolonialarchitektur auf den Kanaren: Sie hat Holzbalkone, weiß getünchte Wände und eine schöne Mudéjar-Decke im spanisch-maurischen Stil aus Kanarischer Kiefer. Das Flackern der Kerzen, die von den Gläubigen angezündet werden, und die reiche Bemalung geben der Kirche eine besondere Atmosphäre. Im Zentrum des vergoldeten barocken Hauptaltars steht eine 82 Zentimeter hohe Terrakotta-Statue der »Madonna des Schnees«, der Schutzpatronin der Insel. Die Statue wurde im 14. Jahrhundert in Flandern hergestellt und auf einen Sockel aus mexikanischem Silber gestellt. Der Name der Madonna geht allerdings nicht auf die schneebedeck-

Los Tilos ❸

3 km westlich von San Andrés.
🛈 *Centro de Investigaciones e Interpretación de la Reserva de Biosfera »Los Tilos«.* ⏰ *Mo–Fr 9–16 Uhr.*

Die felsigen, fast senkrechten Wände der Schlucht Barranco del Agua sind von einem feuchten, immergrünen Regenwald mit moosbehangenen Lorbeerbäumen, Linden, Myrten und Farnen bewachsen. Er stellt die größte Konzentration an *Laurisilva* (uraltem Lorbeerwald) auf der Insel dar. 1983 wurde Los Tilos von der UNESCO zum Biosphärenreservat erklärt.

Eine drei Kilometer lange Teerstraße schlängelt sich am Talboden einem Besucherzentrum mit Informationstafeln und Restaurant entgegen. Im 511 Hektar großen Schutzgebiet gibt es mehrere beschilderte Wanderwege. Einer davon führt zum Aussichtspunkt **Mirador de las Baran-**

das. Ein längerer, anspruchsvollerer Wanderpfad mit steilem Anstieg verläuft sechs Kilometer in südwestliche Richtung zur **Caldera de Marcos y Cordero**, wo der Tourengänger malerische Wasserfälle vorfindet.

San Andrés ❹

🚶 *1000.* 🚌 🎭 *Fiesta de San Andrés (30. Nov).*

Den hübschen Küstenort charakterisieren typisch kanarische Häuser, gepflasterte Straßen sowie Plätze mit Blumenrabatten und Palmen. Im Zentrum steht die **Iglesia de San Andrés Apóstol**, eine der ältesten Kirchen auf den Kanarischen Inseln. Sie wurde im 16. Jahrhundert als Festungskirche begonnen und im 17. Jahrhundert ausgebaut. Im Inneren birgt sie einen barocken Hauptaltar mit Altaraufsatz und eine Kassettendecke im Mudéjar-Stil. An der Wand hängen Bilder von allen möglichen menschlichen Gliedmaßen. Sie legen Zeugnis von den Heilkräften des Schutzpatrons der Kirche ab.

San Andrés und das größere Städtchen **Los Sauces** werden als Verwaltungseinheit unter dem Namen San Andrés y Los Sauces geführt. Die Umgebung beider Orte ist bekannt für ihre Bananen und ihr Zuckerrohr. Das auffallendste Bauwerk in Los Sauces ist die größte Kirche der Insel, **Iglesia Nuestra Señora de Montserrat** von 1515. Ihr heutiges neuromanisches Aussehen verdankt sie einer

Die kleine Iglesia de San Andrés Apóstol

Modernisierung im Jahr 1960. Im Inneren sieht man ein interessantes Madonnenbild, das gemeinhin dem flämischen Maler Pieter Pourbus zugesprochen wird.

Umgebung: Südlich von San Andrés liegt das kleine Dorf **Charco Azul** inmitten von Bananenplantagen. Die hohen Felsklippen bilden eine Schutzmauer für ein natürliches Becken in faszinierender Blautönung. Rund sieben Kilometer südlich erreicht man **Puntallana** mit der Iglesia San Juan Bautista. Hauptattraktion des Orts ist die Playa de Nogales, ein langer schwarzer Sandstrand.

Mysteriöse Petroglyphen der Ureinwohner in La Zarza

Tiefe Schluchten durchziehen die Umgebung von Barlovento

Barlovento ❺

🚶 2200. 🚌 🎎 Fiesta de la Virgen del Rosario (2. Aug, alle 2 Jahre: 2015, 2017…).

Die schmucke **Iglesia de Nuestra Señora** mit einem Altar von 1767 und spanischen Statuen aus dem 16. bis 18. Jahrhundert ist die Zierde der Ortschaft. Alle zwei Jahre spielen die Einwohner bei einer Fiesta Kampfszenen der Schlacht von Lepanto (1571) nach.

Umgebung: Das Felsbecken der **Piscinas de Fajana**, sechs Kilometer nordöstlich, wird vom Atlantik mit Wasser versorgt. Der nahe Leuchtturm von **Punta Cumplida** von 1860 ist der älteste der Insel.

La Zarza ❻

10 km westlich von Barlovento.

Die archäologischen Funde von La Zarza gehen auf die Benahoares (Benahoare war der altkanarische Name von La Palma), die Ureinwohner, zurück. Diese ritzten an mehreren Stellen im Nordteil der Insel, z. B. bei Roque del Faro, Don Pedro und Juan Adalid, Zeichen – meist sind es Spiralen, Kreise, Geraden und Mäander – in den Fels. Die Petroglyphen haben bis zum heutigen Tag überlebt. Ihre Bedeutung ist allerdings völlig unklar.

Ein Museum im Besucherzentrum zeigt das Alltagsleben des indigenen Volks. Die Ausstellung macht deutlich, wie die früheren Bewohner lebten, was sie aßen, welche medizinischen Kenntnisse sie hatten und wie sie ihre Toten bestatteten. Auch ein 20-minütiges Video ist zu sehen. Beleuchtete Tafeln zeigen Bilder von Vulkanausbrüchen, Insellandschaften, Fauna und Flora von La Palma und die Fundstellen der Felsbilder. Als die Bilder 1941 entdeckt wurden, waren sie eine archäologische Sensation. Neben den rätselhaften Ornamenten hinterließen die Ureinwohner zwei aztekisch wirkende Figuren: einen Mann und eine Frau mit Insektenkopf.

🏛 **Parque Cultural La Zarza**
Ctra. General del Norte, s/n.
📞 922 695 005. ⭕ tägl. 11–19 Uhr (Winter: 11–17 Uhr). ♿

Tazacorte ❼

🚶 5500. 🚌 🎎 Fiesta de San Miguel (29. Sep).

Alonso Fernández de Lugo begann 1492 die Eroberung der Insel von Tazacorte aus. Heute wird das Bild des inmitten von Bananenplantagen gelegenen Orts von der **Iglesia de San Miguel Arcángel** beherrscht. Die Kirche wurde im 16. Jahrhundert erbaut und 1992 erweitert. Dabei erhielt sie ein Bleiglasfenster mit abstrakter Gestaltung. Gleich nebenan findet man eine von Bougainvillea überwucherte Pergola mit Keramikfliesen. Hier treffen sich die Einheimischen zum Plaudern.

Umgebung: Zwölf Kilometer nördlich liegt der **Mirador del Time**, der eine schöne Aussicht über Los Llanos de Aridane, Tazacorte, die Berge und das Meer bietet.

Bananenplantagen wachsen fast bis ins Zentrum von Tazacorte

Ein Boulevard führt zur Plaza de España in Los Llanos de Aridane

Los Llanos de Aridane ❽

🚶 21 100. 🚌 📷 *Fiesta de los Remedios (2. Juli, alle 2 Jahre: 2014, 2016…).*

Die zweite größere Stadt La Palmas ist bis auf die Plaza de España jüngeren Datums. Auf dem hübschen Platz mit den von Lorbeerbäumen beschatteten Cafétischchen finden auch Konzerte statt.

Eine Seite der Plaza wird vom Rathaus begrenzt. Direkt gegenüber steht die **Iglesia de Nuestra Señora de los Remedios**. Die weiße Kirche aus dem 16. Jahrhundert ist ein Beispiel für den Kolonialstil auf den Kanarischen Inseln. Auf ihrem barocken Hauptaltar steht eine ebenso alte holländische Figur der Schutzheiligen.

Umgebung: Etwa drei Kilometer in Richtung Osten befindet sich **El Paso**, das für seine handgerollten Zigarren berühmt ist. Sehenswert ist die Altstadt um die **Ermita de la Virgen de la Concepción de la Bonanza**. Neben der Kapelle steht eine moderne Kirche mit neugotischer Ausstattung. Sie ist der Heiligen Jungfrau geweiht.

Etwas südlich von El Paso liegt der **Parque Paraíso de las Aves**, eine Mischung aus botanischem Garten und Minizoo mit exotischen Vögeln.

Parque Nacional de la Caldera de Taburiente ❾

Siehe S. 150f.

Puerto Naos ❿

🚶 1000. 🚌

Das einstige Fischerdorf ist heute ein kleiner Urlaubsort, der von Jahr zu Jahr um einige Apartmentanlagen anwächst. Durch seine Lage ist er für gutes Wetter prädestiniert: Puerto Naos verspricht jährlich 3300 Stunden Sonnenschein.

Hinter dem Strand mit seinen Palmen und dem schwarzen Sand, dem längsten von La Palma, verläuft eine Promenade mit Cafés, Restaurants, Boutiquen und dem Vier-Sterne-Hotel Sol Palma, das 1990 eröffnete. Die moderne Ferienanlage ist eine der größten der Insel (für bis zu 1000 Gäste).

Umgebung: Etwa zwei Kilometer südlich liegt der hübsche Sandstrand **Charco Verde**. Er ist vor den Wellen des Atlantiks geschützt und daher auch für Familien ideal.

Fuencaliente de La Palma ⓫

🚶 1900. 🚌 📷 *La Vendimia (Aug), San Martin (Nov).*

Fuencaliente (auch: Los Canarios) leitet sich von *fuente caliente* (heiße Quelle) ab. Die Quelle wurde durch Vulkanausbrüche verschüttet. Das Städtchen ist von Weinbergen umgeben und berühmt für seinen schweren Dessertwein. Die 1948 gegründete Kellerei ist die älteste und größte auf der Insel. Zeugnis von der historischen Vergangenheit des Orts gibt die Pfarrkirche **San Antonio Abad** von 1730.

Umgebung: Rund zehn Kilometer südlich liegt **Punta de Fuencaliente**, der südlichste Punkt von La Palma. Dort befinden sich ein Leuchtturm und eine Entsalzungsanlage.

Mazo ⓭

🚶 5500. 🚌 🚐 Sa, So. 📷 *Fronleichnam (Mai/Juni).*

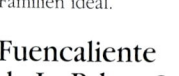

Madonna, Iglesia de San Blás in Mazo

Mazo ist für seine handgerollten Zigarren, die *puros*, bekannt. Auch Handwerkskünste werden hier gepflegt. In der **Escuela Insular de Artesanía** kann man zusehen, wie Körbe geflochten werden und Spitze geklöppelt wird. Interessant ist auch ein Besuch von **Cerámica el Molino**, wo schöne Reproduktionen von schwarzen Guanche-Gefäßen getöpfert werden. Im **Museo de Corpus** in der Casa Roja kann man sich die Dekorationen für die Fronleichnamsprozession ansehen.

Die **Iglesia de San Blás** von 1512 blickt auf das ferne Teneriffa. Sie wurde im 19. Jahrhundert ausgebaut, besitzt aber noch einen herrlichen Barockaltar sowie kunstvolle Schnitzereien.

Umgebung: Vier Kilometer weiter südlich liegt die **Cueva de Belmaco**, eine Höhle mit Felsgravuren der Guanchen.

Vulkan San Antonio bei Fuencaliente de La Palma

Hotels und Restaurants auf La Palma siehe Seiten 166f und 181

Tour: Ruta de los Volcanes ⑫

Eine relativ anspruchsvolle Wanderroute führt vom Refugio del Pilar auf 1450 Meter Höhe an der Bergkette von Cumbre Vieja entlang nach Fuencaliente. Die Wanderung, für die auch Geübte sechs bis sieben Stunden einplanen sollten, ist ein unvergessliches Erlebnis. Man kommt an Vulkankratern und spektakulären geologischen Formationen vorbei und erlebt immer wieder herrliche Ausblicke.

Refugio del Pilar ①
Die Hütte auf dem Bergkamm ist mit dem Auto erreichbar. Sie ist ein beliebter Picknickplatz und der Ausgangspunkt für die Wanderung.

Fuencaliente ⑥
Von hier kann man noch ein Stück weiter nach Süden zu den nahe gelegenen Vulkanen San Antonio (letzter Ausbruch 1677) und Teneguía (letzter Ausbruch 1971) wandern.

Montaña de los Charcos ②
1712 hatte dieser Vulkan einen gewaltigen Ausbruch, bei dem sich riesige Mengen Lava über den südwestlichen Teil der Insel ergossen.

Volcán Martín ⑤
Der Ausbruch dieses Vulkans im Jahr 1646 zerstörte die heiße Quelle (die angeblich bei Lepra helfen konnte), die Fuencaliente ihren Namen gab.

Cráter del Duraznero ④
Der 1902 Meter hoch liegende Krater entstand beim Ausbruch des San Antonio 1949. Zu seiner Linken erhebt sich der Gipfel Nambroque.

① Refugio del Pilar
② Montaña de los Charcos
③ Cráter del Hoyo Negro
④ Cráter del Duraznero
⑤ Volcán Martín
⑥ Fuencaliente

LOS LLANOS DE ARIDANE
SANTA CRUZ DE LA PALMA
El Charco
LP 2
Las Indias
PARQUE NATURAL DE CUMBRE VIEJA

Cráter del Hoyo Negro ③
Die Route führt am Kraterrand des Vulkans San Juan entlang, der 1949 zum letzten Mal ausbrach. Lavaschotter erinnert daran, wie wenig Zeit seit dem letzten Ausbruch vergangen ist.

0 Kilometer 2

ROUTENINFOS

Länge: 19 km.
Rasten: Fuencaliente ist ein guter Rastplatz für eine Mahlzeit.
Achtung: Verlassen Sie nie den markierten Weg und vergewissern Sie sich, dass Sie genug Trinkwasser dabeihaben.

LEGENDE

- Routenempfehlung
- Panoramastraße
- Andere Straße
- Wanderweg
- Aussichtspunkt

Parque Nacional de la Caldera de Taburiente ❾

D ie Caldera de Taburiente ist ein riesiger Vulkankrater, das Resultat mehrerer gewaltiger Ausbrüche. Sie bildet eine natürliche Festung, in die sich auch die letzten Ureinwohner flüchteten, als die Spanier im 15. Jahrhundert die Insel eroberten. Einige der Wände sind bis 2000 Meter hoch. 1954 wurde der Krater zum Nationalpark erklärt. Durch den Park verlaufen keine Straßen. Viele Wanderwege verlangen Trittsicherheit und Schwindelfreiheit. Wanderer sollten stets genug Wasser und Proviant dabeihaben.

Roque de los Muchachos
Über zwölf Teleskope wurden entlang der Bergstraße um den Roque de los Muchachos installiert.

Caldera de Taburiente
Die üppige Vegetation mit vielen endemischen Pflanzen und die zerklüfteten Gipfel machen den Park für Naturliebhaber attraktiv.

Observatorium

Dank des klaren Himmels eignen sich die Kanarischen Inseln hervorragend für die Beobachtung des Weltalls. Das Observatorium des Instituto de Astrofisica de Canarias bei Roque de los Muchachos wurde 1985 in Gegenwart von König Juan Carlos eröffnet. Mehrere Teleskope werden für die nächtlichen Beobachtungen genutzt, das größte ist das Gran Telescopio Canarias mit einer effektiven Öffnung von 10,4 Metern. In der Zeit zwischen 20 und 9 Uhr ist es streng verboten, im Park Autoscheinwerfer anzuschalten. Einmal im Jahr werden sogar auf der gesamten Insel die Lichter ausgeschaltet, um bestimmte Experimente zu ermöglichen.

Das Gran Telescopio Canarias im Observatorium

ROQUE DE MUCHACHO 2426 m

Hoyo V

ROQUE PALMERO 2306 m

MORRO PINOS GACHOS

ROQUE DEL

Zona de Acampa

Somada Alta 1926 m

Tenerra

ROQU

LEGENDE

🟨	Nebenstraße
═	Andere Straße
···	Wanderweg
—	Parkgrenze
– –	Fluss (nur saisonal Wasser)
🅿	Parken
ℹ	Information
☀	Aussichtspunkt

PICO BEJEN, 1845 m

0 Kilometer 1

Mirador de los Andenes

Wind und Wetter formten über mehrere Tausend Jahre die nackten Felsen zu bizarren «Artefakten».

Pico de la Cruz ist einer der höchsten Gipfel des Parks. Eine anspruchsvolle Tour von vier bis fünf Stunden verbindet den Pico de la Nieve mit dem Roque de los Muchachos und führt durch atemberaubende Landschaften auch auf diesen Gipfel.

INFOBOX

ℹ️ *Besucherzentrum: östlich von El Paso.* 📞 *922 922 280.* FAX *922 497 081.* 🕐 *tägl. 9–18.30 Uhr.* http:// reddeparquesnacionales.mma.es

Route zum Roque de los Muchachos
Der Wanderweg führt über die höchsten Gipfel der Caldera de Taburiente und ermöglicht grandiose Ausblicke in die Tiefe, wo sich häufig dichter Nebel ausbreitet.

La Cumbrecita

Eine asphaltierte Straße verläuft nach La Cumbrecita und zum Informationsstand. Von hier aus kann man den Park am besten überblicken.

Lomo de las Chozas

Ein kurzer Fußweg führt zwischen Kanarischen Kiefern von La Cumbrecita aus nach Westen bis Lomo de las Chozas. Hier hat man vor allem bei Sonnenaufgang und Sonnenuntergang eine schöne Aussicht.

Map labels:

or de es

O DE LA CRUZ
2351 m

de gua

PIEDRA LLANA
2321 m

SANTA CRUZ DE LA PALMA

PICO DE LA NIEVE
2239 m

PICO DE LA SABINA
2118 m

PICO DEL CEDRO
1943 m

PUNTA DE LOS ROQUES
2087 m

e las Chozas
🅿️ ℹ️ La Cumbrecita

de Valencia

OVIEJAS
1845 m

EL PASO

Hotels und Restaurants auf La Palma *siehe Seiten 166f und 181*

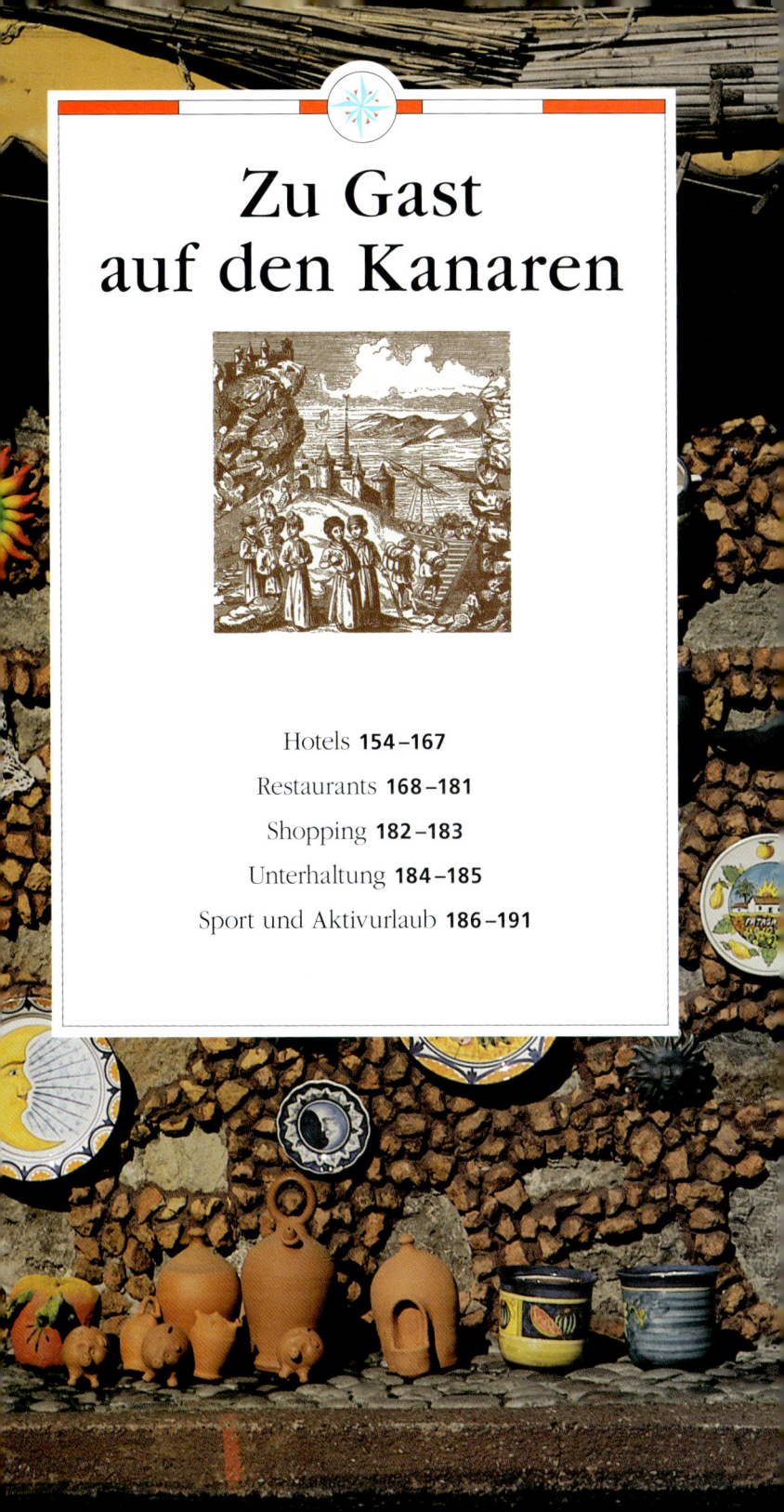

Zu Gast
auf den Kanaren

Hotels **154–167**

Restaurants **168–181**

Shopping **182–183**

Unterhaltung **184–185**

Sport und Aktivurlaub **186–191**

Hotels

Die Kanaren nehmen auf der Liste der Reiseziele der Welt Platz sieben ein. Es verwundert also nicht, dass die Inseln eine gute touristische Infrastruktur bieten. Die Schattenseite der Beliebtheit: Die Übernachtungskosten sind relativ hoch, vor allem auf den größeren Inseln und wenn man das Hotel nicht im Rahmen einer Pauschalreise bucht.

Parador auf der Insel Teneriffa

Auf den kleineren, weniger überlaufenen Inseln wie El Hierro und La Gomera sind die Preise niedriger, allerdings ist es mitunter schwierig, Übernachtungsmöglichkeiten zu finden. Immerhin sind die preiswerten *casas rurales* verbreiteter geworden. Diese vor allem in ländlichen Regionen anzutreffenden Pensionen sind meist viel persönlicher als Hotels.

Salon im Parador de Cañadas del Teide auf Teneriffa *(siehe S. 163)*

Hotels

Hotels stellen die teuerste Übernachtungsmöglichkeit dar. Viele gehören zu internationalen Hotelketten wie NH Hotels und Riu oder zu spanischen Ketten wie Meliá Hotels, H10 Hoteles und Paradores de Turismo de España. Die meisten großen Häuser sind überwiegend von Reiseveranstaltern gebucht, die Pauschalreisen anbieten.

Die Hotels in den größeren Städten sind hauptsächlich auf Geschäftsreisende eingestellt, während die Hotelkomplexe in den Ferienorten ausschließlich auf die Bedürfnisse von Urlaubern eingehen. Die meisten Ferienanlagen liegen relativ nah am Strand und sind von üppigem Grün umgeben. Die Zimmer haben in der Regel Meerblick sowie Balkone oder Terrassen.

In den Ferienanlagen wird dafür gesorgt, dass die Gäste Spaß haben – möglichst Tag und Nacht. Es gibt oft große Pools, Tennisplätze, Minigolf-anlagen und Fitnessräume. Erkundigen Sie sich bei der Buchung, ob die Benutzung aller Einrichtungen im Preis inbegriffen ist.

Paradores

Es gibt fünf Paradores auf den Inseln, ausgenommen Lanzarote und Fuerteventura. Alle zeichnen sich durch ihre attraktive Lage an der Küste oder in der Nähe eines Nationalparks sowie durch exzellenten Service aus. Den staatlich betriebenen Hotels sind normalerweise ausgezeichnete Restaurants angeschlossen.

Apartments

Apartments sind die beliebteste Übernachtungsmöglichkeit, es gibt wesentlich mehr davon als Hotelzimmer. Die Ausstattung variiert, meist bieten Apartments einen Wohn- und Essbereich, eine voll ausgestattete Küche und ein oder zwei Schlafzimmer.

Normalerweise können Apartments von zwei bis sechs Gästen bewohnt werden. Sie sind vor allem für Familien mit kleineren Kindern gut geeignet, da man nicht auf Restaurants angewiesen ist, sondern sich gut selbst versorgen kann.

Viele Apartments können nur bei einer Mindestaufenthaltsdauer von drei oder fünf Nächten gebucht werden, manchmal ist eine Woche Aufenthalt das Minimum.

Größere Apartmentanlagen bieten häufig denselben Luxus wie Hotels. Sie haben einen Pool, oft auch Tennisplätze und andere Einrichtungen. Vor allem die Anlagen für Pauschalreisende bemühen sich darum, ihren Gästen so viel zu bieten, dass diese den Bereich möglichst selten verlassen.

Hacienda del Buen Suceso, Gran Canaria *(siehe S. 156)*

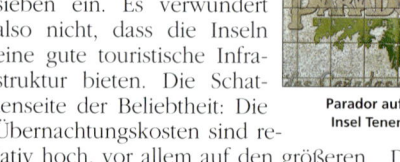

◁ **Kunsthandwerksladen in Fataga, Gran Canaria** *(siehe S. 61)*

Casas Rurales

Diese »Landhäuser« sind oft umgebaute Bauernhöfe oder Privathäuser in ländlichen Gebieten und kleineren Orten. Sie bieten einige Zimmer zur Unterkunft. Für Gäste, die eine ruhige, persönliche Umgebung suchen, sind *casas rurales* ideal. Allerdings liegen sie oft abgeschieden und sind möglicherweise nicht mit öffentlichen Verkehrsmitteln zu erreichen. Erkundigen Sie sich also vorab, ob Sie einen Mietwagen benötigen.

Casas rurales bieten in der Regel zwar keine Freizeiteinrichtungen wie Pool oder Fitnessraum, dafür aber viel Authentizität. In den oft sehr individuell eingerichteten Räumen kann man erfahren, wie die Leute auf der Insel wirklich leben. Vom Vermieter bekommt man meist gute Tipps, wo man am besten einkauft oder essen geht und wo die schönsten Orte und Strände zu finden sind.

Die Fremdenverkehrsämter führen eine Liste der *casas rurales*. Informationen findet man auch im Internet.

Camping

Die Ausstattung der Campingplätze ist oft recht einfach. Die meisten Inseln bieten nur ein oder zwei Plätze an. Camper sollten sich vorab über die Bedingungen auf der jeweiligen Insel erkundigen. Wildes Zelten am Strand oder anderenorts ist verboten.

Buchung

Die meisten Hotelzimmer und Apartments auf den Kanarischen Inseln werden von Reiseveranstaltern für Pauschalreisende gebucht. In der Regel sind Flug, Hotel und Halbpension im Preis inbegriffen. Ohne Frage ist das die preiswerteste Möglichkeit, die Kanarischen Inseln zu besuchen. Wer seinen Aufenthalt individuell zusammenstellen will, sollte längere Zeit im Voraus buchen – im Internet und in den Kleinanzeigen der Tageszeitungen findet man oft auch Angebote von privaten Vermietern, die eine reizvolle Alternative zu den Hotelkomplexen darstellen können. Hotels und Pensionen kann man schriftlich, telefonisch, via Fax oder im Internet buchen. In der Regel werden Sie bei der Buchung zur Sicherheit darum gebeten, Ihre Kreditkartennummer anzugeben.

Preise

Die Hotelpreise schwanken je nach Saison und je nach Insel zum Teil beträchtlich. Welche Zeiten auf den Kanarischen Inseln als Hochsaison gelten, unterliegt der Festlegung durch jedes einzelne Hotel und deckt sich nicht unbedingt mit den deutschen Ferienzeiten. So zählen beispielsweise die Karnevalswochen im Februar/März auf jeden Fall zur Hochsaison.

Hotelzimmer können pro Person oder pro Zimmer berechnet werden. Sieben Prozent IGIC-Steuer sind üblicherweise im Preis enthalten. Frühstück ist in Apartments, Pensionen und *casas rurales* meist nicht inklusive.

Die meisten Hotels akzeptieren Kreditkarten. In Pensionen und *casas rurales* wird in der Regel Barzahlung bevorzugt. Einige Pensionen und kleine Hotels ermöglichen durch Kooperation mit Unternehmen wie Gran Canaria Natural (www.grancanaria fincas.com) die Buchung über Kreditkarten.

Einer der wenigen Campingplätze auf Lanzarote

Eingang zum Hotel Jardin Tropical an der Costa Adeje

Innenhof des Hotel San Roque auf Teneriffa *(siehe S. 162)*

(siehe S. 162)

AUF EINEN BLICK

Hotelsuche

www.hotelsearch.com
www.spain.info

Paradores de Turismo de España

www.parador.es

Casas Rurales

www.
ecoturismocanarias.com
www.toprural.com
www.pueblos-espana.org

Camping

Camping Nauta
Cañada Blanca,
38632 Arona,
Tenerife.
922 785 118.
www.campingnauta.com

Hotelauswahl

Nachfolgende Hotels wurden wegen ihres guten Preis-Leistungs-Verhältnisses, ihrer Ausstattung und ihrer schönen Lage ausgewählt. Sie sind nach Inseln und deren Abfolge sortiert. Innerhalb der Auflistung sind sie alphabetisch, im Preis ansteigend geordnet (allgemeine Infos zu Hotels *siehe S. 154f*).

PREISKATEGORIEN
Die Preise gelten für ein Doppelzimmer pro Nacht, inklusive Frühstück, Service und Steuern.

€ unter 50 Euro
€€ 50–100 Euro
€€€ 100–150 Euro
€€€€ 150–200 Euro
€€€€€ über 200 Euro

Gran Canaria

AGAETE Finca Las Longueras Hotel Rural
Finca Las Longueras, 35480 928 898 145 FAX *928 898 752* **Zimmer** *12* €€

Das idyllische Hotel aus dem 19. Jahrhundert steht inmitten einer tropischen Obstplantage. Es scheint, wenngleich renoviert, einem Jane-Austen-Roman entsprungen und bewahrt – als ehemalige Herbstresidenz – das Flair vergangener Zeiten. Ruhiger ist man im Vierbettzimmer des Nebengebäudes untergebracht. **www.laslongueras.com**

AGAETE Hotel Puerto De Las Nieves
Alcalde José de Armas s/n, 35489 928 886 256 FAX *928 886 267* **Zimmer** *30* €€€

Das Vier-Sterne-Hotel liegt unweit des Strands von Agaete. Das Haus bietet einen Wellnessbereich mit Jacuzzi, Fitnessraum und Sauna. Das Restaurant serviert regionale Gerichte. Das Foyer und die Gästezimmer sind geschmackvoll mit dunklen Holzelementen ausgestattet und in Primärfarben gestaltet. **www.hotelpuertodelasnieves.es**

AGÜIMES Casa de los Camellos
C/Progreso 12, 35260 928 785 003 FAX *928 785 053* **Zimmer** *12*

Das charmante Landhotel im Zentrum eines historischen Städtchens bietet zwölf stilvolle Zimmer und zwei üppig bepflanzte Innenhöfe. Das Haus diente einst als Kornspeicher und Herberge für reisende Kaufleute. Das Hotelrestaurant El Oroval gilt als exzellente Adresse für typisch kanarische Küche. **www.hecansa.com**

ARUCAS La Hacienda del Buen Suceso
Ctra. de Arucas a Bañaderos, km 1, 35400 928 622 945 FAX *928 622 942* **Zimmer** *18* €€€€

Diese entzückende, 15 Minuten von Las Palmas entfernte Hacienda stammt von 1572, wurde 1997 liebevoll in ein Hotel umgewandelt und bezaubert Gäste mit Himmelbetten, alten Holzbalkendecken, dem im Stil der Insel blau gefliesten Whirlpool und der Aussicht auf üppig grüne Landschaften. **www.haciendabuensuceso.com**

CRUZ DE TEJEDA El Refugio
Cruz de Tejeda s/n, 35328 928 666 513 FAX *928 666 520* **Zimmer** *17* €€

Das im traditionell kanarischen Stil gehaltene Hotel aus dem 19. Jahrhundert befindet sich im entlegenen Städtchen Cruz de Tejeda in der Mitte der Insel. Pinienwälder, Berge und Täler umgeben das Haus, das fern der Küste und deren Urlaubsrummel eine ideale Basis für Wanderfreunde darstellt. **www.hotelruralelrefugio.com**

LAS PALMAS DE GRAN CANARIA Hotel Fataga & Centro de Negocios
C/Néstor de la Torre 21, 35006 928 290 614 FAX *928 292 786* **Zimmer** *95* €€

Im Gewerbegebiet der Stadt, zehn Minuten vom Strand Las Canteras entfernt, entstand dieses luxuriöse, zeitgenössische Hotel, das gleichermaßen auf Urlauber wie Geschäftsreisende zielt. Die fünf Stockwerke des Hauses sind in fünf verschiedenen Farben gehalten, die einzelnen Zimmer sind individuell gestaltet. **www.hotelfataga.com**

LAS PALMAS DE GRAN CANARIA Hotel Parque
C/Muelle de Las Palmas 2, 35003 928 368 000 FAX *928 368 856* **Zimmer** *102* €€

Das zentral neben dem Busbahnhof gelegene, klassische Stadthotel bietet Blick auf den Parque San Telmo. Es wird von Urlaubern wie Geschäftsreisenden geschätzt. Die Zimmer sind gemütlich eingerichtet. Das Restaurant im fünften Stock bietet herrlichen Panoramablick über Park und Meer. Es besitzt eine Terrasse. **www.hparque.com**

LAS PALMAS DE GRAN CANARIA Hotel Reina Isabel
C/Alfredo L. Jones 40, 35008 928 260 100 FAX *928 274 558* **Zimmer** *224* €€€

Das Grandhotel verbindet altmodischen Charme mit hohem Standard. Es liegt zwischen dem malerischen Strand Las Canteras und der Haupteinkaufsgegend, was es Gästen leicht macht, beide Aspekte der Stadt zu genießen. Zu den Annehmlichkeiten gehören ein türkisches Bad und eine hübsche Beach-Bar. **www.bullhotels.com**

LAS PALMAS DE GRAN CANARIA Hotel Santa Catalina
C/León y Castillo 227, 35005 928 243 040 FAX *928 242 764* **Zimmer** *202* €€€

Das 1890 im britischen Kolonialstil erbaute Hotel liegt inmitten subtropischer Gärten. Zu den Gästen zählten u. a. Winston Churchill, Agatha Christie und Prinz Charles. Die Zimmer sind in geschmackvollen Pastellfarben gehalten, Suiten weisen Marmorakzente auf. **www.hotelsantacatalina.com**

Zeichenerklärung *siehe hintere Umschlagklappe*

LAS PALMAS DE GRAN CANARIA Parador de Cruz de Tejeda 🖼️🍴♨️🏃🎬📖 €€€€

Cruz de Tejeda s/n, 35328 ☎ 928 012 500 FAX 928 012 501 **Zimmer** 43

Das 1560 Meter über dem Meeresspiegel gelegene Luxushotel der Kette Paradores de Turismo de España ist ein hervorragender Ausgangspunkt für die Erkundung der Insel. Mehrere Wanderwege liegen in der Nähe. Der Blick vom Hotel auf die Nachbarinsel Teneriffa ist fantastisch. Kostenloser WLAN-Zugang. **www.parador.es**

MASPALOMAS IFA Hotel Faro 🖼️🍴♨️🏃🎬📖 €€€

Plaza de Colón, 35100 ☎ 928 142 214 FAX 928 141 940 **Zimmer** 188

Die Fassade des am südlichsten Inselzipfel, direkt unterhalb des Leuchtturms von Maspalomas aus dem 19. Jahrhundert, gelegenen Hotels ist unscheinbar, doch das Haus ist gemütlich. Das Personal bietet zuvorkommenden, freundlichen Service. Die gut ausgestatteten Zimmer verfügen über Balkone mit Liegestühlen. **www.ifahotels.com**

MASPALOMAS Lopesan Costa Meloneras 🖼️🍴♨️🏃🎬📖 €€€

C/Mar Mediterraneo 1, 35100 ☎ 928 128 100 FAX 928 128 122 **Zimmer** 1136

Das Hotel liegt unweit des Leuchtturms von Maspalomas in einem herrlichen Garten und in unmittelbarer Nähe zum Golfplatz. Die großzügigen, hübsch dekorierten Zimmer bieten allesamt schöne Aussicht – sei es auf die Berge, die Pools oder den Garten. Vor Ort gibt es auch Restaurants, ein Spa und Sportanlagen. **www.lopesanhr.com**

MASPALOMAS Hotel Riu Grand Palace Maspalomas Oasis 🖼️🍴♨️🏃🎬📖 €€€€

Plaza de las Palmeras, 35106 ☎ 928 141 448 FAX 928 141 192 **Zimmer** 332

Subtropische Gärten mit frei lebenden Pfauen und künstliche Lagunen umgeben dieses Palasthotel am Strand von Maspalomas. Freundliches Personal bedient die Gäste im Hotel wie auch in den vielen angeschlossenen Speiselokalen, darunter ein Fusionsrestaurant. Die Zimmer sind groß und haben Balkone mit schöner Aussicht. **www.riu.com**

MASPALOMAS Seaside Palm Beach 🖼️🍴♨️🏃🎬📖 €€€€

Avda. del Oasis s/n, 35100 ☎ 928 721 032 FAX 928 141 808 **Zimmer** 328

Hinter einer schlichten Fassade verbirgt sich eine stilvolle, luxuriöse Hotelanlage. Das Design im Stil der 1970er Jahre mit herrlichen Teppichen und kitschigen Stoffen zieht sich durch alle Räumlichkeiten und wirkt in seiner Gesamtheit überaus stimmig. Zum Strand sind es nur wenige Schritte. **www.hotel-palm-beach.com**

PLAYA DEL INGLÉS Barcelo Margaritas 🖼️🍴♨️🏃🎬📖 €€

Avda. Gran Canaria 11, 35100 ☎ 928 761 112 FAX 928 765 380 **Zimmer** 490

Hier fühlt sich wohl, wer die Nähe zu lebhaften Bars und gut besuchten Restaurants schätzt. Das All-inclusive-Resort ist vor allem bei Familien beliebt. Zu seinen vielen Vorzügen gehören auch ein Pool mit Wasserfall und eine FKK-Dachterrasse. **www.barcelo.com**

PLAYA DEL INGLÉS Hotel Sahara Playa 🖼️🍴♨️ €€

Avda. Alféreces Provisionales 1, 35100 ☎ 928 762 900 FAX 928 762 914 **Zimmer** 121

Das schlichte preiswerte Hotel liegt 50 Meter vom Strand und vom Yachthafen sowie wenige Gehminuten vom Hauptresort entfernt. Es besteht aus zwei Gebäuden, wovon das eine komfortable Zimmer mit Meerblick, das andere Ein-Bett-Apartments bietet. Beide Gebäude haben einen Pool. **www.saharaplaya.com**

PLAYA DEL INGLÉS Intercontinental Hotel 🖼️🍴♨️🏃🎬📖 €€

Avda. de Italia 2, 35100 ☎ 928 766 033 FAX 928 771 484 **Zimmer** 410

Die Zimmer im Intercontinental sind hell, gemütlich und haben meist Seeblick. Zur attraktiven Anlage gehören Pools und Whirlpools sowie ein umfangreiches Unterhaltungsangebot, das vor allem ein junges Publikum anspricht. Das Haus ist für seine gute Küche bekannt und wurde schon dafür ausgezeichnet. **www.lopesan.com**

PLAYA DEL INGLÉS ClubHotel Riu Waikiki 🖼️🍴♨️🏃🎬📖 €€€

Avda. Gran Canaria 20, 35100 ☎ 928 773 880 FAX 928 761 769 **Zimmer** 505

Das All-inclusive-Resort in einem von fünf runden, siebenstöckigen, stadtnahen Gebäuden ist für Familien besonders günstig. Sportangebote wie Tennis, Volley- und Wasserball, ein nahe gelegener 18-Loch-Golfplatz sowie viel Spaß für Kinder und ein kostenloser Bustransfer zum Strand sind Vorzüge der Anlage. **www.riu.com**

PLAYA DEL INGLÉS IFA Catarina Hotel 🖼️🍴♨️🏃🎬📖 €€€€

Avda. de Tirajana 1, 35100 ☎ 928 762 812 FAX 928 760 615 **Zimmer** 402

Das auf Familien ausgerichtete Hotel befindet sich in der Nähe der Sanddünen von Maspalomas. Gäste erwarten Unterhaltungs- und Sportprogramme sowie eine Poollandschaft mit Wasserfällen und Whirlpool. Kostenloser Bustransfer zur Playa del Inglés. Babysitter-Service, Kinderclub, Bibliothek und Kinderpool. **www.lopesan.com**

PLAYA DEL INGLÉS Hotel Riu Palace Maspalomas 🖼️🍴♨️🏃🎬📖 €€€€€

Avda. de Tirajana s/n, 35100 ☎ 928 769 500 FAX 928 769 800 **Zimmer** 368

Das architektonisch von der kolonialen Vergangenheit inspirierte, moderne Hotel in Form eines Amphitheaters liegt zwei Kilometer außerhalb des Hauptresorts. Von den Zimmern reicht der Blick über die berühmten Sanddünen hinweg aufs Meer. Lagunenförmige Pools in tropischen Gärten laden zum Entspannen ein. **www.riu.com**

PLAYA DEL INGLÉS IFA Dunamar Hotel 🍴♨️🎬📖 €€€€

C/Helsinki 8, 35100 ☎ 928 772 800 FAX 928 773 465 **Zimmer** 273

Das Hochhaushotel ist von terrassierten Gärten mit vielen Wasserelementen umgeben. Es bietet Swimmingpools sowie Wellness- und Gesundheitsbereiche. Die Benutzung von Sauna, türkischem Bad und Whirlpool ist inklusive. Abends gibt es Modenschauen, Pianomusik und andere Unterhaltungsangebote. **www.lopesan.com**

PUERTO RICO Marina Suites   €€

C/Juan Díaz Rodríguez 10, Puerto Rico, Mogán, 35128 **902 996 093** FAX *928 083 333* **Zimmer** *214*

Das Aparthotel im Chrom-Glas-Design befindet sich in exklusiver Lage am Hafen von Puerto Rico. Die modernen, großzügig geschnittenen Zimmer sind hervorragend ausgestattet. Die Hotelbar liegt direkt am Meer, zu den weiteren Annehmlichkeiten gehören ein Süßwasser- und ein Whirlpool. **www.marinasuitesgrancanaria.com**

SAN AGUSTÍN Iberostar Costa Canaria   €€

Las Retamas 1, 35100 **928 760 220** FAX *928 720 413* **Zimmer** *235*

Das Erwachsenen vorbehaltene Hotel liegt inmitten ausladender Gärten, die zum Strand und zur Promenade von San Agustín führen. Die Zimmer im Haupthaus haben Meerblick und Balkon, die Zimmer im Garten Terrasse und die schönere Ausstattung. Zum Hotel gehören zwei Süßwasserpools und ein Jacuzzi. **www.costa-canaria.com**

SAN AGUSTÍN Hotel Dunas Don Gregory   €€€

C/Dalias 11, 35100 **928 773 877** FAX *928 799 996* **Zimmer** *213*

Das Hotel steht am Strand von Las Burras, vier Kilometer von Playa del Inglés entfernt. Im gegenüberliegenden Shoppingcenter San Agustin kann man bequem einkaufen. Die Zimmer bieten Blick auf subtropische Gärten oder das Meer. Es gibt einen Süßwasserpool, eine Pianobar und oft Abendunterhaltung. **www.hotelesdunas.com**

SAN AGUSTÍN IFA Interclub Atlantic Hotel   €€€

C/Los Jazmines 2, 35100 **928 770 200** FAX *928 760 974* **Zimmer** *419*

Das All-inclusive-Hotel liegt inmitten subtropischer Flora nahe einem riesigen Wasserpark. Von den Zimmern blickt man aufs Meer und auf die Dünen von Maspalomas. Angesichts des großen Unterhaltungsangebots ist es eine gute Wahl für Familien. Für größere Gruppen empfehlen sich die Suiten und Bungalows. **www.lopesan.com**

SAN BARTOLOMÉ DE TIRAJANA Hotel Rural Las Tirajanas   €€

C/Oficial Mayor José Rubio s/n, 35290 **928 566 969** FAX *928 123 023* **Zimmer** *60*

Das im Inselinneren gelegene Hotel alpinen Stils bietet Ruhe in malerischer Landschaft. Die atemberaubende Bergkulisse und die umliegenden Pinienwälder laden zu Aktivitäten im Freien ein, die oft vom Hotel organisiert werden. **www.hotelrurallastirajanas.com**

SANTA BRÍGIDA Hotel Escuela Santa Brígida   €€

C/Real de Coello 2, 35017 **828 010 400** FAX *828 010 401* **Zimmer** *41*

Das zehn Minuten vom Auditorio Alfredo Kraus entfernt gelegene Hotel bietet große, gut ausgestattete, schön eingerichtete Zimmer. Im Haus ist eine Catering-Schule untergebracht, was sich in der Qualität des Service und der Speisen niederschlägt. Am Pool direkt neben einer belebten Straße kann es manchmal laut werden. **www.hecansa.com**

TAURITO Taurito Princess   €€€€€

C/Alhambra 8, 35138 **902 406 306** FAX *928 565 566* **Zimmer** *404*

Das große Hotel liegt direkt am Meer und nahe den Bergen des schönen Valle de Taurito. Familien kommen gern hierher, um sich zu amüsieren – sei es in den zwei riesigen Pools, beim Jetski-Fahren oder bei schönen Abendveranstaltungen. Für Kinder zwischen fünf und zwölf Jahren gibt es einen Mini-Club. **www.princess-hotels.com**

VEGA DE SAN MATEO Las Calas   €€

C/El Arenal 38, La Lechuza, 35020 **928 661 436** FAX *928 660 753* **Zimmer** *9*

Das traditionelle kanarische Landhotel aus dem 19. Jahrhundert liegt versteckt inmitten herrlicher Gärten und Obstplantagen. Jedes der neun Zimmer ist individuell mit Antiquitäten eingerichtet. Die Gärten und öffentlichen Bereiche zieren afrikanische Kunst und Skulpturen. **www.hotelrurallascalas.com**

Fuerteventura

ANTIGUA Era de la Corte   €€

C/La Corte 1, 35630 **928 878 705** FAX *928 878 710* **Zimmer** *11*

Eine ansehnliche Sandsteinfassade ziert dieses Gebäude (19. Jh.) in einem ruhigen Dorf. Jedes Zimmer ist individuell eingerichtet, beispielsweise mit Himmelbett. Die Küche serviert Speisen aus traditionellen Zutaten wie *gofio* und heimischen Käsesorten. Es gibt einen kleinen Pool und ein Lesezimmer. **www.eradelacorte.com**

ANTIGUA Hotel Elba Palace Golf   €€€

Ctra. De Janoia, km 11, 35610 **928 163 922** FAX *928 163 923* **Zimmer** *61*

Das Hotel inmitten des Golfplatzes von Fuerteventura, das auch als Clubhaus dient, bietet Luxus pur. Die Zimmer haben Holzböden und sind prächtig eingerichtet. Das angeschlossene Restaurant mit exzellenter Küche und Weinkarte zählt zu den besten der Insel. Wellness- und Fitnesseinrichtungen sind vorhanden. **www.hoteleselba.com**

CALETA DE FUSTE Bungalows Fuertesol   €

Avda. Virgen de La Peña 2, 35630 **928 163 071** FAX *928 163 071* **Zimmer** *110*

Nur 800 Meter vom Strand entfernt liegt dieses preisgünstige Aparthotel, dessen Zwei- bzw. Dreibettzimmer um einen riesigen Pool gruppiert sind. Das Hotel ist bei Familien beliebt. Eine Mini-Bahn sorgt für den Transport zum Strand. Die Anlage befindet sich in der Nähe eines Einkaufszentrums, das auch Bars und Restaurants beherbergt.

Preiskategorien *siehe S. 156* **Zeichenerklärung** *siehe hintere Umschlagklappe*

CALETA DE FUSTE Barceló Puerto Castillo
€€€

Avda. del Castillo, 35610 **928 163 101** FAX *928 163 042* **Zimmer** *420*

In dem Hotel am Strand von Caleta de Fuste wohnen Gäste in Bungalows, die um den Pool gruppiert sind. Die Bungalows sind hell und besitzen große Terrassen. Das freundliche, aufmerksame Personal organisiert Unterhaltungsprogramme für die ganze Familie. Es gibt Bars, Restaurants und Imbissgelegenheiten. **www.barcelo.com**

CORRALEJO Club Las Olas
€

C/Las Palmeras s/n, 35660 **928 536 299** FAX *928 536 297* **Zimmer** *250*

In dieser Anlage für Selbstversorger in einem ruhigen Teil von Corralejo gibt es ein Restaurant, mehrere Bars, zwei große Swimmingpools und einen Pool für Kinder. Abendunterhaltung für Kinder und Erwachsene wird angeboten – eine gute Wahl für Paare und Familien. Die 300 Meter vom Strand entfernte Lage spricht auch Surfer an.

CORRALEJO Corralejo Beach
€€

C/Víctor Grau Bassas s/n, 35600 **928 537 025** FAX *928 866 317* **Zimmer** *118*

Das Aparthotel liegt nur zwei Gehminuten vom Corralejo-Strand entfernt. Es bietet Blick auf den Hafen, die Isla de los Lobos und den Strand. Das Haus ist für seinen guten Service und das freundliche Personal bekannt. Die Standardzimmer fallen etwas kleiner aus, die Suiten sind geräumig. **www.corralejobeach.com**

CORRALEJO Hesperia Bristol Playa
€€

Urb. Lago de Bristol 1, 35660 **928 867 020** FAX *928 866 349* **Zimmer** *185*

Das moderne, architektonisch attraktive Aparthotel mit funktionalen Apartments für Selbstversorger liegt fünf Minuten vom Hafen entfernt direkt am Meer. Zu den Annehmlichkeiten zählen ein Pool, Snackbars und eine Disco. Das Hotelrestaurant ist abends geschlossen, aber es gibt Speiselokale in der Nähe. **www.hesperia-bristolplaya.com**

CORRALEJO Atlantis Duna Park
€€€

C/La Red 1, 35660 **928 536 151** FAX *928 535 491* **Zimmer** *79*

Das Hotel mit geräumigen Zimmern und wunderschönen Gartenanlagen liegt im Zentrum von Corralejo, eine Minute vom Strand und nur 100 Meter von den Bars und Restaurants entfernt. Dennoch ist es ruhig und für alle Altersklassen geeignet. Pool, Fitnesscenter und Sauna sind vorhanden. **www.atlantishotel.com**

CORRALEJO ClubHotel Riu Olivia Beach Resort
€€€

Avda. Grandes Playas, 35660 **928 535 334** FAX *928 866 154* **Zimmer** *814*

Das von üppigen Gärten umgebene All-inclusive-Hotel befindet sich an einem Strand mit Sanddünen. Es gibt zwei große Pools, ein Jacuzzi und einen Fitnessraum. Die elegant eingerichteten Zimmer haben Satelliten-TV sowie Balkon oder Terrasse. Die Restaurants bieten kanarische und asiatische Küche. **www.riu.com**

CORRALEJO Riu Palace Tres Islas
€€€

Avda. Grandes Playas, 35660 **928 535 700** FAX *928 535 858* **Zimmer** *375*

Das fünfstöckige, von Palmen beschattete Strandhotel bietet geschmackvoll eingerichtete Zimmer mit Satelliten-TV und Balkonen mit Meerblick. Zu den Annehmlichkeiten zählen zwei große und ein kleiner Pool, die im Winter beheizt sind, ein Tennisplatz mit Flutlicht, Massageräume und das abendliche Unterhaltungsprogramm. **www.riu.com**

COSTA CALMA Sentido Playa Esmerelda
€€€

C/Punta del Roquito 2, 35627 **928 875 353** FAX *928 875 350* **Zimmer** *333*

Das Strandhotel bietet fantastischen Meerblick. Die Gebäude fügen sich in die Umgebung ein und sind hübsch gestaltet. Die drei Pools liegen in herrlichen Gärten. Es gibt ein Sportzentrum, einen Tauchclub, eine Sauna sowie einen Mini-Club und einen Park für Kinder. **www.h10hotels.com**

COSTA CALMA VIK Suite Hotel Risco del Gato
€€€

C/Sicasumbre 2, 35627 **928 547 175** FAX *928 547 030* **Zimmer** *51*

Wer Stil, Ruhe und Luxus sucht, ist hier bestens aufgehoben. Gäste wohnen in individuell gestalteten Villen, die um einen Innenhof angeordnet sind. Drinnen wie draußen gibt es viel Platz, die Einrichtung entspricht höchsten Standards. Zur Anlage gehören ein Restaurants und ein Spa. **www.vikhotels.com**

COSTA CALMA Club Barlovento
€€€

C/Barranco de Damas, 35627 **928 547 002** FAX *928 547 038* **Zimmer** *255*

Ein ansprechender, moderner Flachbau beherbergt dieses Strandhotel in der Nähe des Yachthafens. Besonders gelungen ist der Poolbereich mit seinem halbrunden Wasserfall. Die Zimmer öffnen sich zum Meer oder zum Pool. Ein Fitnesscenter und eine Sauna gehören zum Angebot.

COSTA CALMA H10 Tindaya
€€€€

C/Punta del Roquito s/n, 35627 **928 547 020** FAX *928 547 461* **Zimmer** *334*

Das Hotel wird den von einem Haus der H10-Kette zu erwartenden hohen Standards voll gerecht. Es setzt auf Luxus, sorgfältige Farbabstimmung und gewagte, nordafrikanisch beeinflusste Architektur. Die Zimmer sind elegant. Zum Haus gehören eine Disco und ein Wellnesscenter. **www.h10hotels.com**

JANDÍA Iberostar Playa Gaviotas Park
€€€€

Las Gaviotas s/n, 35626 **902 995 555** FAX *928 541 280* **Zimmer** *206*

Die Studios und die Apartments mit zwei Schlafzimmern in dem einladenden Hotel am Strand von Jandia sind farbenfroh dekoriert. Es gibt einen großen Poolkomplex und ein Wellnesscenter, in dem thailändische Zen-Therapien angeboten werden. Kinderpool und Mini-Club. **www.iberostar.com**

MORRO JABLE IFA Altamarena Hotel

Avda. del Saladar 28, 35625   928 540 430   FAX 928 540 218   *Zimmer 238*

Nur die tropischen Bäume und üppigen Pflanzen des Gartens trennen die Altamarena von einem der besten Strände der Insel. In malerischer, entspannter Umgebung werden Gäste von freundlichem Personal bedient. Man kann zwischen kanarischer und internationaler Küche wählen und sich im Bogenschießen versuchen. **www.lopesan.com**

MORRO JABLE Robinsón Club Jandía Playa

Avda. del Saladar 6, 35625   928 169 100   FAX 928 541 025   *Zimmer 362*

In dem freundlichen All-inclusive-Hotel kommen Sport-Enthusiasten auf ihre Kosten: Es werden u. a. Beachvolleyball, Tennis, Surfen und Segeln angeboten. Es gibt ein Fitnesscenter, ein Jacuzzi, ein Wellnesscenter und Massageräume. Die großen Zimmer sind hübsch eingerichtet. **www.robinson-espana.es**

PÁJARA Casa Isaítas

C/Gure 7, 35626   928 161 402   FAX 928 161 482   *Zimmer 4*

In einem kleinen Dorf mitten auf der Insel steht dieses 200 Jahre alte, renovierte Landhaus mit Holzbalkonen und zwei Höfen. Die einfachen Gästezimmer sind rustikal möbliert. Der Koch- und Essbereich ist mit einem traditionellen Ofen und einem Grill ausgestattet. **www.casaisaitas.com**

PÁJARA Hotel Faro Jandía

Avda. del Saladar 17, 35626   928 545 035   FAX 928 545 240   *Zimmer 214*

Das stilvolle, halbkreisförmige Gebäude besitzt einen tränenförmigen Swimmingpool sowie geräumige Zimmer und Suiten mit Panoramafenstern. Es gibt einen Grill, ein Restaurant, ein Spa, internationale Shows und einen Kinderspielplatz. **www.grupomur.com**

VILLAVERDE Hotel Rural Mahoh

Sitio de Juan Bello, 35660   928 868 050   FAX 928 868 612   *Zimmer 9*

Das Haus aus dem 19. Jahrhundert wurde aus Holz und Vulkangestein erbaut und steht im Kontrast zu den Hotels an der Küste. Die Zimmer strahlen rustikalen Charme aus, manche haben ein Himmelbett. Es gibt ein Restaurant, einen Pool und einen Reitstall. Das Meer erreicht man mit dem Auto in zehn Minuten. **www.mahoh.com**

Lanzarote

ARRECIFE Lancelot

Avda. Mancomunidad 9, 35500   928 805 099   FAX 928 805 039   *Zimmer 112*

In der Nähe des modernen Hotels im Zentrum von Arrecife befinden sich gute Lokale. Zum Haus gehören ein Restaurant mit Meerblick, ein kleiner Pool und ein kleines Fitnesscenter. Der größte Pluspunkt ist jedoch die Lage direkt am Strand El Reducto, der goldenen Sand und türkisfarbenes Wasser bietet. **www.hotellancelot.com**

ARRECIFE Miramar

Avda. Coll 2, 35500   928 812 600   FAX 928 801 533   *Zimmer 85*

Das moderne Hotel mit schickem Innendesign liegt zwischen dem Meer und dem pittoresken Puente de las Bolas. Die in mutigen Farbkombinationen gehaltenen Zimmer haben Meerblick, Satelliten-TV und Internetzugang. Das Haus ist für die Erkundung der historischen Altstadt von Arrecife ideal gelegen. **www.hmiramar.com**

COSTA TEGUISE Hotel Be Live Lanzarote Resort

Avda. del Mar, 35509   902 433 366   FAX 928 590 791   *Zimmer 372*

Alle Zimmer dieser riesigen Anlage, die neben einer von Palmengärten gesäumten Bucht liegt, haben Seeblick. Zu den Einrichtungen auf dem Gelände gehören ein Kino, eine Sauna, ein Jacuzzi, ein türkisches Bad und ein Schönheitssalon. **www.believehotels.com**

COSTA TEGUISE Meliá Salinas

Avda. Islas Canarias s/n, 35509   928 590 040   FAX 928 590 390   *Zimmer 270*

Das moderne Hotel mit großem Atrium besitzt geräumige, elegante Zimmer mit ausladenden Balkonen. Die zahlreichen Restaurants bieten Gerichte aus aller Welt und manchmal Kochshows. Auch Minigolf, Bowling, ein Wellnesscenter und Abendunterhaltung gehören zum Angebot. **www.melia.com**

PLAYA BLANCA H10 Lanzarote Princess

La Maciot 1, 35580   928 517 108   FAX 928 517 011   *Zimmer 407*

Die Lage des Hotels – 300 Meter vom Strand und 500 Meter vom Fischerdorf Playa Blanca entfernt – garantiert den Gästen Erholung direkt am Meer. Die Gärten sind wunderschön, in der Mitte des großen Pools befindet sich eine strohgedeckte Inselbar. **www.h10hotels.com**

PLAYA BLANCA H10 Sentido Bahía Blanca Rock

C/Janubio 1, 35580   928 517 037   FAX 928 517 055   *Zimmer 200*

Der ansehnliche Komplex in traditionellem kanarischem Stil beherbergt 200 gut ausgestattete Apartments, die von einem tropischen Garten umgeben sind. Tag und Nacht werden Aktivprogramme angeboten. Das Büfett mit seiner kinderfreundlichen Ausrichtung macht dieses Hotel zur idealen Wahl für Familien. **www.h10hotels.com**

PLAYA BLANCA Hesperia Playa Dorada €€

Urb. Costa Papagayo, 35580 928 517 120 FAX *928 517 432* **Zimmer** *466*

Das Hotel an der Costa Papagayo verfügt über üppige Gärten und Sonnenterrassen rund um drei Pools. Die geräumigen Zimmer sind schön eingerichtet und haben entweder Balkon oder Terrasse. Zu den Fitnesseinrichtungen zählen ein Jacuzzi, zwei Squashplätze und ein Hallenbad. **www.hesperia.com**

PLAYA BLANCA Iberostar Lanzarote Park Hotel €€

Avda. Archipiélago 7, 35580 928 517 048 FAX *928 517 348* **Zimmer** *332*

Das Hotel liegt direkt am Strand mit Blick auf Fuerteventura. Familien sind hier gut aufgehoben, denn es gibt einen Kinderpool, einen Spielplatz und einen Mini-Club für Vier- bis Zwölfjährige. Zu den Sportangeboten zählen sieben Swimminpools, Volleyball, Bogenschießen, Squashplätze und eine Tennisschule. **www.iberostar.com**

PLAYA BLANCA Iberostar Papagayo €€

C/Las Palmas 5, San Marcial del Rubicón, 35580 928 519 251 FAX *928 518 658* **Zimmer** *291*

Das dreistöckige Hotel in ruhiger Lage überblickt die Bucht von Playa de las Coloradas. Der Papagayos-Strand ist zehn Gehminuten entfernt, der Yachthafen 500 Meter. Die großen Zimmer sind hell und freundlich. Ob Sport, Gesundheit oder Wellness – hier wird für jeden Gast Entsprechendes angeboten. **www.iberostar.com**

PLAYA BLANCA H10 Rubicón Palace €€€

Urb. Montaña Roja, 35580 928 518 500 FAX *928 518 498* **Zimmer** *584*

Das schicke, als Flachbau am Meer errichtete All-inclusive-Hotel bietet u. a. kostenlosen Bustransfer zum Strand. Die Zimmer mit Terrasse sind modern-elegant eingerichtet. Das riesige Areal beherbergt u. a. acht Pools, ein Grillrestaurant, eine Sportbar, eine Pianobar und ein Wellnesscenter. **www.h10hotels.com**

PLAYA BLANCA H10 Timanfaya Palace €€€

C/Gran Canaria 1, 35580 928 517 676 FAX *928 517 035* **Zimmer** *305*

Die bezaubernde arabische Architektur des Hotels fügt sich wunderbar in das Landschaftsbild ein – ideal für Gäste, die Luxus und Umweltschutz kombiniert sehen wollen. Die Zimmer sind geräumig. Zu den Annehmlichkeiten zählen eine Bar mit Livemusik, eine Disco, ein Fitnesscenter und eine Sauna. **www.h10hotels.com**

PUERTO DEL CARMEN Pensión Magec €

C/El Hierro 11, 35510 928 515 120 **Zimmer** *11*

Die Zimmer dieser Pension sind einfach und gepflegt. Die kostengünstige Übernachtungsmöglichkeit ist prefekt für Urlauber, die die Hotelkomplexe am Strand meiden wollen und den Charme des Fischerviertels Puerto del Carmen vorziehen. Wer ein eigenes Badezimmer will, muss dies beim Buchen angeben! **www.pensionmagec.com**

PUERTO DEL CARMEN Hotel Lanzarote Village €€

Avda. de Suiza 1, 35510 928 514 344 FAX *928 512 030* **Zimmer** *211*

Das All-inclusive-Aparthotel befindet sich an der Playa de los Pocillos. Die weißen, flachen Bungalows liegen an einem netten Pool und einer Sonnenterrasse. Zur Anlage gehören Tennisplätze, Tischtennisplatten, Dartboards und Billardtische. Bar und Disco sorgen abends für Stimmung. **www.hotellanzarotevillage.com**

PUERTO DEL CARMEN Hotel Riu Olivina Resort €€

C/Grecia 11, 35510 928 514 393 FAX *928 510 851* **Zimmer** *290*

Nur 300 Meter von der Playa de los Pocillos entfernt lockt dieses von tropischer Vegetation umgebene Hotel. Die Zimmer sind groß und hell, alle haben Balkon oder Terrasse. Das Sportangebot umfasst Tischtennis, Volleyball und Tennis (zwei Plätze). Kinder vergnügen sich im Mini-Club der angrenzenden Riu Olivina Apartments. **www.riu.com**

PUERTO DEL CARMEN Hotel La Geria €€€

Júpiter 5, 35510 928 510 441 FAX *928 511 919* **Zimmer** *240*

Das moderne Hotel befindet sich in unmittelbarer Nähe des langen Sandstrands von Los Pocillos. Trotz der umliegenden Läden, Bars und Restaurants finden Gäste auf der geräumigen Anlage und am Pool Ruhe und Entspannung. Am Strand wird Wassersport, u. a. Tauchen, organisiert. Es gibt einen Fahrradverleih. **www.hipotels.com**

PUERTO DEL CARMEN Los Fariones Hotel €€€

C/Roque del Este 1, 35510 928 510 175 FAX *928 510 202* **Zimmer** *248*

Das Hotel mit tropischen Gärten und Süßwasserpools liegt direkt am Strand, einige Meter entfernt vom Amüsier- und Restaurantviertel von La Tiñosa. Die Zimmer sind groß, modern und hell, alle haben Balkone mit Meerblick. Für Sportfans gibt es eine Tauchschule, einen Tennisplatz und eine Minigolfanlage. **www.farioneshotels.com**

PUERTO DEL CARMEN VIK Hotel San Antonio €€€

Avda. Las Playas 84, 35510 928 514 200 FAX *928 513 080* **Zimmer** *331*

Die geräumigen Zimmer mit Balkonen bieten Blick auf den Strand. Es gibt drei Pools: einen großen zentralen, einen, von dem aus man Fuerteventura sehen kann, und einen für Kinder. Zur Anlage gehören außerdem ein Fitnesscenter, eine Sauna mit Türkischem Bad, zwei Flutlichttennisplätze, ein Grillrestaurant und eine Bar. **www.vikhotels.com**

YAIZA Finca de las Salinas €€

C/La Cuesta 17, 35570 928 830 325 FAX *928 830 329* **Zimmer** *19*

Mit Holzböden und -decken sowie einem glasgedeckten Innenhof strahlt das Herrenhaus aus dem 18. Jahrhundert Ruhe aus. Die höchst geschmackvoll eingerichteten Zimmer sind umgebaute Ställe. In der Bar werden regionale Weine ausgeschenkt. Tennisplatz, Jacuzzi und Fitnesscenter. **www.fincasalinas.com**

Teneriffa

COSTA ADEJE H10 Gran Tinerfe 🔲 🍴 🏊 📺 📋   €€

Avda. Rafael Puig Lluvina 13, 38660 📞 *922 791 200* FAX *922 791 265* **Zimmer** *365*

Das Erwachsenen vorbehaltene Hotel in einem Hochhaus am Meer liegt nahe den Bars und Restaurants der Playa de las Américas sowie dem namengebenden Strand. Zur Anlage gehören drei Pools, vier Bars und ein Freiluftrestaurant mit Meerblick. Hotelgäste haben freien Eintritt im angegliederten Casino. **www.h10hotels.com**

COSTA ADEJE Hotel Fañabe Costa Sur 🔲 🍴 🏊 🎿 📺 📋   €€

Avda. Bruselas 113, 38660 📞 *922 712 900* FAX *922 712 769* **Zimmer** *413*

Das renovierte, preiswerte Hotel im ruhigeren, vornehmeren Teil der Costa Adeje hat sich mit seiner Ausstattung und dem Unterhaltungsangebot weitgehend auf Familien eingerichtet. Fañabe und die angesagte Playa del Duque liegen ein paar Gehminuten den steilen Hügel hinab entfernt. **www.gfhoteles.com**

COSTA ADEJE Iberostar Bouganville Playa 🔲 🍴 🏊 🎿 📺 📋   €€

San Eugenio, 38679 📞 *922 790 200* FAX *922 794 173* **Zimmer** *481*

Die Zimmer des lebhaften Strandhotels sind modern, geräumig und hell. Die Anlage verfügt über einen großen Pool und eine Sonnenterrasse. Für Kinder gib es einen Mini-Club, einen Spielplatz und ein Schwimmbecken. Außerdem vorhanden: Karaoke-Bar, Tennis, Squash sowie Fitnesscenter mit Sauna und Massage. **www.iberostar.com**

COSTA ADEJE Iberostar Torviscas Playa 🔲 🍴 🏊 📺 📋   €€

Avda. Ernesto Sarti 5, 38660 📞 *922 712 300* FAX *922 713 155* **Zimmer** *473*

Das beliebte Hotel steht direkt an der Promenade, 50 Meter vom Strand und ein paar Gehminuten vom Yachthafen Puerto Colón entfernt. Die Zimmer sind geräumig und haben große Balkone. Im Haus gibt es einige Läden, darunter einen Zeitungskiosk, sowie Bars und Restaurants. Den riesigen Pool umgeben Palmen. **www.iberostar.com**

COSTA ADEJE Guayarmina Princess 🔲 🍴 🏊 🎿 📺 📋   €€€€

C/Londres, 1, 38670 📞 *922 712 584* FAX *922 712 000* **Zimmer** *513*

Die Fassade und das riesige Atrium sind äußerst stilvoll gestaltet. Den Pool vor dem Gebäude überspannen mehrere Brücken. Der Strand mit Läden und Restaurants liegt zwei Minuten entfernt. Die Pianobar ist ein beliebter Treffpunkt für Cocktailfans. **www.princess-hotels.com**

COSTA ADEJE Jardín Tropical 🔲 🍴 🏊 🎿 📺 📋   €€€€

C/Gran Bretaña, 38660 📞 *922 746 000* FAX *922 746 060* **Zimmer** *390*

Die Architektur dieses inmitten von tropischen Gärten und Pools gelegenen Hotels verströmt arabisches Flair. Familien schätzen das Hotel, da es einen Kinderclub und Babysitter-Service bietet. Hotelgäste haben bevorzugten Zugang zum hauseigenen Golfplatz, der bestens ausgestattet ist. **www.jardin-tropical.com**

COSTA ADEJE Gran Hotel Bahía del Duque Resort 🔲 🍴 🏊 🎿 📺 📋   €€€€€

Avda. de Bruselas s/n, 38660 📞 *922 746 900* FAX *922 746 916* **Zimmer** *356*

Das vornehme Hotel bietet Stil, Grandezza und exzellenten Service. Pools, Wasserfälle, botanische Gärten, Terrassen und gepflegte Rasenflächen umgeben das Haus an der Playa del Duque. Das Gelände mit mehreren Gebäuden hat die Größe eines Dorfs. Es gibt zwölf Restaurants und viele Freizeitangebote. **www.bahia-duque.com**

GARACHICO Hotel San Roque 🔲 🍴 🏊 📋   €€€€€

C/Esteban de Ponte 32, 38450 📞 *922 133 435* FAX *922 133 406* **Zimmer** *20*

Das Boutiquehotel in der historischen Stadt im Norden der Insel residiert in einem Haus aus dem 18. Jahrhundert. Es hat zwei hübsche Patios und ist stilvoll eingerichtet. Alle Zimmer verfügen über Jacuzzi, Flachbildschirm-TV sowie Video- und DVD-Spieler. Frühstück und Abendessen werden am Pool serviert. **www.hotelsanroque.com**

GUÍA DE ISORA Abama Golf and Spa Resort 🔲 🍴 🏊 🎿 📺 📋   €€€€€

Guía de Isora, 38680 📞 *922 126 000* FAX *922 866 402* **Zimmer** *330*

Das riesige, in maurischem Stil gehaltene Luxushotel nimmt eine wenige Autominuten von der Playa San Juan entfernte Landzunge ein. Es bietet acht Restaurants, eine Tennisschule, einen Spa, einen Musikclub und einen erstklassigen Golfplatz. Es gibt auch einzeln stehende luxuriöse Villen zu mieten. **www.abamahotelresort.com**

LA CALETA Hotel Costa Adeje Palace 🔲 🍴 🏊 🎿 📺 📋   €€€

Playa La Enramada, 38679 📞 *922 714 171* FAX *922 719 206* **Zimmer** *467*

In dem eleganten, beliebten Hotel fallen tagsüber die gedeckten Töne, die raffinierte tropische Bepflanzung sowie die stilvolle Möblierung auf, abends besticht die raffiniert-romantische Beleuchtung. Hübsche Zimmer, gute Küche und ein vielfältiges Freizeitangebot. **www.h10hotels.com**

LA CALETA Hotel Riu Palace Tenerife 🔲 🍴 🏊 🎿 📺 📋   €€€€

Urb. La Herradura, 38679 📞 *922 714 191* FAX *922 719 045* **Zimmer** *296*

Mit seiner einfallsreichen Architektur ist das Hotel typisch für die ruhige westliche Ecke der Costa Adeje. Von den weiten Gärten mit Pools reicht der Blick bis La Gomera. Dank der Themenrestaurants, dem »Body Love«-Center und der Kinderspielplätze kommen Familien wie Pärchen auf ihre Kosten. **www.riu.com**

Preiskategorien *siehe S. 156* **Zeichenerklärung** *siehe hintere Umschlagklappe*

LA CALETA Sheraton La Caleta Resort and Spa €€€€

La Enramada 9, 38670 [922 162 000 *Zimmer 284*

Hotel und Spa liegen in üppigen Gärten direkt am Meer. Man gibt sich modern, warme Farben und viel Glas dominieren. Sämtliche Zimmer haben Balkon oder Terrasse. Vier Restaurants, darunter eines mit *teppanyaki* (japanische Gerichte vom offenen Grillfeld), bieten kulinarische Vielfalt. **www.starwoodhotels.com**

LA LAGUNA Hotel Costa Salada €€€

Camino La Costa s/n, Finca Oasis, 38270 [922 690 000 FAX 922 541 055 *Zimmer 12*

Das Costa Salada ist ein ruhiges Idyll abseits des Trubels. Das Landhotel erstreckt sich über eine Reihe von Terrassen inmitten einer subtropischen Baumschule an der felsigen Nordküste. In den Zimmern harmonieren modernes Dekor und traditionelle Einrichtung. Genießen Sie die Weine aus dem hoteleigenen Keller. **www.costasalada.com**

LA LAGUNA Hotel Laguna Nivaria €€€

Plaza del Adelantado 11, 38002 [922 264 298 FAX 922 259 634 *Zimmer 79*

Das Herrenhaus aus dem 18. Jahrhundert im Zentrum von La Laguna bietet komfortable Zimmer, eine Bar und Squashcourts. Von den Zimmern blickt man auf die Plaza del Adelantado, den Markt und das historische Rathaus. Eine perfekte Basis für Kulturinteressierte, die die einstige Hauptstadt erkunden wollen. **www.hotelnivaria.com**

LA OROTAVA Hotel Rural Orotava €€

Ctra. Escultor Estevez, 38300 [922 322 793 FAX 922 322 725 *Zimmer 8*

Das Hotel in einem 1585 errichteten Gebäude liegt mitten in der Altstadt von La Orotava. Im reizenden, von den typisch kanarischen Holzbalkonen umgebenen Innenhof serviert das Restaurant Sabor Canario das Frühstück. Jedes Zimmer ist individuell eingerichtet. **www.saborcanario.net**

LA OROTAVA Parador de las Cañadas del Teide €€€

Las Cañadas del Teide, 38300 [922 386 415 FAX 922 382 352 *Zimmer 37*

Der moderne *parador* im alpinen Chalet-Stil ist die einzige Unterkunft im Nationalpark. Seine Lage an einem mächtigen Krater unterhalb des Teide ist einzigartig. Tagsüber ist in der Cafeteria und der näheren Umgebung wegen der Tagesausflügler viel los, abends sind Gäste mit den Sternen und dem Vulkan allein. **www.parador.es**

LOS CRISTIANOS Sol Princesa Dacil €€

Avda. Juan Carlos I 25, 38640 [922 753 030 FAX 922 790 658 *Zimmer 364*

Das Hotel liegt nahe dem Strand und der Einkaufsmöglichkeiten. Das Personal ist freundlich, die Zimmer mit Balkon sind sehr geräumig. Tagsüber werden zahlreiche Sportaktivitäten angeboten, abends gibt es Unterhaltungsprogramme und Shows. Es gibt einen Mini-Club für Fünf- bis Zwölfjährige. **www.solmelia.com**

LOS CRISTIANOS Paradise Park Resort and Spa €€€

Avda. de San Francisco 10, 38650 [922 757 227 FAX 922 750 193 *Zimmer 394*

Das Hotel liegt im oberen Bereich von Los Cristianos. Die Zimmer mit Lounge bieten Blick auf die Berge oder das Meer. Die landschaftlich gestalteten Gärten, fünf Swimmingpools, ein Solarium und ein Spa bieten den Gästen viele Möglichkeiten zur Entspannung. **www.hotelparadisepark.com**

LOS CRISTIANOS Spring Arona Gran Hotel €€€€

Avda. Los Cristianos, 38650 [922 750 678 FAX 922 750 243 *Zimmer 391*

Von dem beliebten Hotel am östlichen Ende von Los Cristianos aus blickt man auf den alten Hafen und die Stadt. Ein beeindruckendes Atrium fungiert als Rezeption und Lobby, die Sonnenterrassen sind hübsch bepflanzt und umgeben drei Pools. Die geräumigen Zimmer haben Balkon. Guter Service. **www.aronahotels.com**

PLAYA DE LA ARENA Barceló Varadero €€

Avda. La Gaviota, 1, 38680 [922 869 800 FAX 922 861 726 *Zimmer 317*

Das Hotel in einem Flachbau in einer ruhigen Wohngegend des Familienresorts Playa de la Arena liegt zehn Gehminuten von einem für Kinder und ungeübte Schwimmer geeigneten Strand entfernt. Große Apartments umringen den Pool. Die Abendunterhaltung ist vielfältig. Das Büfett reizt am Wochenende auch Einheimische. **www.barcelo.com**

PLAYA DE LAS AMÉRICAS Hotel Gala €€€

Avda. Arquitecto Gómez Cuesta, 3, 38660 [922 794 513 FAX 922 796 465 *Zimmer 308*

Das Hotel liegt in der Nähe vieler Bars, Clubs und Discos. Die Doppelglasfenster in den Zimmern sorgen für Nachtruhe. Die Zimmer sind von angenehmer Größe und verfügen über schön bepflanzte Balkone. Zur Ausstattung gehören zwei große beheizte Pools sowie ein Wellness- und Fitnesscenter. **www.hotelgala.com**

PLAYA DE LAS AMÉRICAS Hotel Mediterranean Palace €€€

Avda. de las Américas, 38660 [922 753 479 FAX 922 757 545 *Zimmer 535*

Ein riesiger Pool mit Springbrunnen bildet das Herzstück des Hotels mit der auffallend blauen Fassade. Die Terrassen besitzen Hängematten, Liegestühle und Sonnenschirme. Die Zimmer sind blau-gelb gehalten, die Bäder sind aus Marmor. Hausgäste dürfen das Spa des benachbarten Mare Nostrum benutzen. **www.marenostrumresort.com**

PLAYA DE LAS AMÉRICAS Spring Hotel Bitácora €€€

C/California, 1, 38660 [922 791 540 FAX 922 796 677 *Zimmer 314*

Das moderne, von tropischen Gärten umgebene Hotel ragt im Zentrum von Playa de las Américas empor. Der Strand ist ebenso schnell zu erreichen wie die vielen schicken Bars und Restaurants in der Umgebung. Das Büfett ist reichhaltig und gut, für Erwachsene wie Kinder werden zahlreiche Aktivitäten angeboten. **www.hotelbitacora.com**

PLAYA DE LAS AMÉRICAS Spring Hotel Vulcano

Avda. Domínguez Alfonso, 8, 38660 922 787 740 FAX 922 792 853 **Zimmer** *371*

Das große, moderne Hotel ist 300 Meter vom Strand und rund einen Kilometer vom Golfplatz entfernt. Die Läden, Bars und Restaurants der Playa de las Américas sowie das benachbarte Los Cristianos sind schnell zu erreichen. Die Anlage mit zwei Pools gefällt einer eher älteren Klientel. **www.hotelvulcano.com**

PUERTO DE LA CRUZ Hotel Tigaiga

C/Parque de Taoro 28, 38400 922 383 500 FAX 922 384 055 **Zimmer** *83*

Das für sein freundliches Personal bekannte Hotel existiert seit den Anfangstagen des Tourismus auf der Insel. Man erreicht das zentral, doch ruhig gelegene Haus durch den wunderschönen Taoro-Park. Die Zimmer sind groß und bieten Blick auf die exotischen Gärten oder den Teide, den höchsten Berg der Kanaren. **www.tigaiga.com**

PUERTO DE LA CRUZ Hotel Botánico

C/Richard J. Yeoward 1, 38400 922 381 400 FAX 922 381 504 **Zimmer** *252*

Zwei Kilometer vom Stadtkern entfernt steht dieses Hotel mit geschwungenen Treppen, Marmor-Interieur und luxuriösen, in Rot und Gold gehaltenen Zimmern. Im Garten bezaubert ein japanischer Teich mit Koi-Karpfen und schwarzen Schwänen, im arabischen Spa werden die Gäste verwöhnt. **www.hotelbotanico.com**

SANTA CRUZ DE TENERIFE Hotel Contemporáneo

Rambla de Santa Cruz 116, 38001 922 120 329 FAX 922 271 223 **Zimmer** *150*

Das moderne siebenstöckige Hotel liegt im Stadtzentrum. Die Gästezimmer sind geschmackvoll in braunen und cremefarbenen Tönen gehalten. Sie verfügen über Komfortmerkmale wie Flachbildschirm-TV mit Satellitenempfang und (kostenpflichtiges) WLAN. Das Restaurant ist bei Geschäftsleuten beliebt. **www.hotelcontemporaneo.com**

SANTA CRUZ DE TENERIFE Hotel Taburiente

C/Dr. José Navieras 24A, 38001 922 276 000 FAX 922 270 562 **Zimmer** *171*

Moderne Eleganz kombiniert mit altmodischer Klasse sind Markenzeichen dieses schicken, zentral gelegenen Hotels mit Blick auf den Parque García Sanabria. Gäste können am Pool, im Jacuzzi und in der Sauna entspannen. Eine Boutique, Läden und ein Restaurant komplettieren das Angebot. **www.hoteltaburiente.com**

SANTA CRUZ DE TENERIFE Pelinor

C/Bethencourt Alfonso 8, 38002 922 246 875 FAX 922 240 833 **Zimmer** *73*

Das Hotel in der Stadtmitte ist auf Geschäftsreisende ebenso wie auf Urlauber eingestellt. Die zentrale Lage bietet schnellen Zugang zu Parks, Museen, Restaurants, Theatern, dem Auditorio und dem Hafen. Die Zimmer sind komfortabel. Die Cafeteria mit Snackbar serviert das Frühstück. **www.hotelpelinor.com**

SANTA CRUZ DE TENERIFE Iberostar Grand Hotel Mencey

C/Dr. José Naveiras 38, 38004 922 609 900 FAX 922 280 017 **Zimmer** *286*

Das klassische Grandhotel gegenüber dem Parque García Sanabria bietet sich für Urlauber an, die die Stadt erkunden möchten. Elegante Zimmer, opulentes Dekor und freundliches Personal haben bereits Filmstars und Mitglieder von Königshäusern angelockt. Die Grandezza komplettieren Gärten, Pools und Casino. **www.grandhotelmencey.com**

La Gomera

HERMIGUA Ibo Alfaro

Barrio Ibo Alfaro, 38820 922 880 168 FAX 922 881 019 **Zimmer** *17*

Von dem ehemaligen Herrenhaus (19. Jh.) im Dorfkern überblickt man das ganze Tal. Zum Hotel gehören Palmen- und Kakteengärten sowie eine Sonnenterrasse. In den makellos eingerichteten Zimmern mit Badezimmer und Balkon ergänzen sich originale Einrichtungsmerkmale und moderne Technik perfekt. **www.hotel-gomera.com**

PLAYA DE SANTIAGO Apartamentos Bellavista

C/Santa Ana, 38811 922 895 570 FAX 922 895 208 **Zimmer** *10*

Nach fünfminütigem Spaziergang durch eine Bananenplantage erreicht man diese ruhige Anlage mit zehn geräumigen Ein- bzw. Zwei-Zimmer-Apartments, deren Balkone Blick über die Stadt oder das Meer bieten. An der Rezeption organisiert man Wandertouren, Boots- und Tauchausflüge für Gäste. **www.casascanarias.com**

PLAYA DE SANTIAGO Hotel Jardín Tecina

Lomada de Tecina s/n, 38811 922 145 850 FAX 922 145 851 **Zimmer** *434*

In herrlicher Lage, hoch über den Klippen der Playa de Santiago, stehen verstreut in einem tropischen Garten die zweistöckigen Häuser der Anlage. Ein Aufzug bringt die Gäste zu den Wellnesseinrichtungen sowie zum Restaurant *(siehe S. 179)*. Golfplatz, fünf Pools, Sauna, Massage und Tauchunterricht. **www.jardin-tecina.com**

SAN SEBASTIÁN DE LA GOMERA Hotel Garajonay

C/Ruiz de Padrón 17, 38800 922 870 550 FAX 922 870 554 **Zimmer** *29*

Das preiswerte, dreistöckige Hotel liegt in der Innenstadt in der Nähe vieler Läden und Bars sowie des Hafens. Der Strand ist 300 Meter entfernt. Die relativ großen Zimmer sind hell und gepflegt, die Balkone bieten Aussicht über die Stadt. Es gibt einen Speiseraum, in dem nur Frühstück serviert wird, und eine Sonnenterrasse auf dem Dach.

Preiskategorien *siehe S. 156* **Zeichenerklärung** *siehe hintere Umschlagklappe*

SAN SEBASTIÁN DE LA GOMERA Hotel Villa Gomera €

C/Ruiz de Padrón 68, 38800 922 870 020 FAX *922 870 235* **Zimmer** *16*

Das kleine, helle, einladende und zentral gelegene Hotel ist hübsch ausgestattet. Die Zimmer sind komfortabel und gepflegt, manche haben einen eigenen Balkon. Das Preis-Leistungs-Verhältnis in der Villa Gomera ist sehr gut. Es werden auch Apartments mit Wohnzimmer und Terrasse vermietet. **www.hotelvillagomera.com**

SAN SEBASTIÁN DE LA GOMERA Pensión Hesperides €

C/Ruiz de Padrón 24, 38800 922 871 305 **Zimmer** *9*

Von der kleinen, freundlichen und preiswerten Pension im Zentrum der Hauptstadt sind Läden, Restaurants und der Strand schnell erreichbar. Die Zimmer sind gepflegt und gemütlich, Badezimmer muss man sich teilen. Das Hotel ist ein attraktiver Ausgangspunkt für Urlauber, die die Stadt erkunden und Ausflüge unternehmen wollen.

SAN SEBASTIÁN DE LA GOMERA Hotel Torre del Conde €€

C/Ruiz de Padrón 19, 38800 922 870 000 FAX *922 871 314* **Zimmer** *30*

Das Hotel liegt in der Stadtmitte, nahe dem Park und dem gleichnamigen historischen Turm. Die komfortablen Zimmer haben Satelliten-TV. Die Dachterrasse bietet eine herrliche Sicht über die Stadt und auf die benachbarte Torre del Conde. Im Hotelrestaurant serviert man heimische Kost. **www.hoteltorredelconde.com**

SAN SEBASTIÁN DE LA GOMERA Parador de La Gomera €€€

Lomo de la Horca s/n, 38800 922 871 100 FAX *922 871 116* **Zimmer** *60*

Der *parador* bietet eine exzellente Lage auf den Klippen oberhalb des wichtigsten Hafen von La Gomera. Er wurde in traditionell kanarischem Stil erbaut und besitzt maritimes Dekor. Die Zimmer sind schlicht und dunkel gehalten und haben ein gefliestes Bad. Subtropischer Garten mit Blick auf Teneriffa. **www.parador.es**

VALLE GRAN REY Casa Bella Cabellos €

Alameda 36, 38870 922 805 182 **Zimmer** *5*

Dieses restaurierte Landhaus liegt oberhalb der Gemeinde Valle Gran Rey in einem Palmenhain. Der Stil ist typisch kanarisch, die fünf Gästezimmer sind hübsch ausgestattet und zum Teil weitgehend unverändert belassen. Eine freundliche, komfortable Herberge und gute Basis für Wanderausflüge.

VALLE GRAN REY Hotel Gran Rey €€€

Avda. Maritíma 1, 38870 922 805 859 FAX *922 805 651* **Zimmer** *99*

Das Gran Rey ist eine exzellente Unterkunft am Meer mit sandigen Buchten in der Nähe. Das mit Marmor, Stein und Holz gestaltete Öko-Hotel liegt auf halbem Weg zwischen dem belebten La Playa und dem Hafen von Vueltas. Alle Zimmer sowie der Pool auf dem Dach erlauben beste Sicht auf Meer und Tal. **www.hotel-granrey.com**

VALLEHERMOSO Hotel Rural Tamahuche €€

C/La Hoya 20, 38840 922 801 176 FAX *922 801 176* **Zimmer** *10*

Das liebevoll restaurierte kanarische Haus aus dem 19. Jahrhundert besitzt Holzböden, geschnitzte Fensterbänke und Gewölbedecken. Der Blick über das Tal und den Roque Cano ist wunderschön. Weißes Leinen beherrscht die gemütlichen Zimmer. Im Speiseraum werden traditionelle Gerichte serviert. **www.hoteltamahuche.com**

El Hierro

EL PINAR Hotel Pinar €€

Travesia Pino 64, 38914 922 558 008 FAX *922 558 090* **Zimmer** *10*

Das kleine Hotel befindet sich in dem ruhigen Dorf El Pinar. Die schlicht eingerichteten Zimmer verfügen über Fernsehgeräte und Bäder. Im hauseigenen Restaurant und in der Bar werden frisch gefangener Fisch, traditionelle Gerichte aus Herreño und Tapas serviert.

FRONTERA Apartamentos Frontera €€

Ctra. Principal de Tigaday, Valle del Golfo, 38913 922 559 246 FAX *922 559 291* **Zimmer** *18*

Das familiengeführte Hotel im Weinort Tigaday in Herzen des Tals von El Golfo bietet zwölf Apartments und sechs Studios mit komplett ausgestatteten Küchen, Satelliten-TV und Balkon. Die Aussicht auf das Meer und das Tal ist fantastisch. Das Hotel ist eine gute Ausgangsbasis für Wanderer. **www.apartamentosfrontera.com**

FRONTERA Hotel Ida Inés €€

C/Belgara Alta 2, 38911 922 559 445 FAX *922 556 088* **Zimmer** *12*

Das kleine Hotel mit Blick auf den Atlantik steht mitten im Tal von El Golfo. Die gemütlichen Zimmer bieten eine herrliche Sicht auf das Meer und das Tal. Am kleinen Pool gibt es auch ein Solarium. Gäste haben Internetzugang. Das Hotel eignet sich ideal für Wanderer und Mountainbiker. **www.hotelidaines.com**

LA RESTINGA Casa Kai Marino €

Puerto de la Restinga, 38915 922 557 034 FAX *922 557 034* **Zimmer** *7*

Das Aparthotel überblickt den kleinen Strand und den Hafen. Das Haus wird von Deutschen geführt, die die erste Bar der Gegend eröffneten. Diese ist bis zum heutigen Tag bei Tauchern beliebt, die das klare Wasser und die vielfältige Meeresfauna schätzen. Die Zimmer sind hell und gepflegt, der Service ist freundlich. **www.hotelidaines.com**

LAS PUNTAS Apartamentos Roques Salmor   ▨ ▦   €€
Ctra. Punta Grande s/n, 38911 ☎ *922 559 016* FAX *922 559 401* **Zimmer** *5*

Die schlichten, jedoch voll ausgestatteten Bungalows gruppieren sich um einen kleinen Pool. Die Aussicht auf die natürlichen Wasserbecken von Cascadas de Mar, Heimstätte der berühmten Rieseneidechse, ist sensationell. Die nächste Stadt, Tigaday, liegt fünf Kilometer entfernt, nach Valverde benötigt man mit dem Auto 20 Minuten.

LAS PUNTAS Hotel Punta Grande   ▨ ▥   €€
Lugar las Puntas, 38911 ☎ *922 559 081* FAX *922 559 081* **Zimmer** *4*

Vier Zimmer und ein Restaurant verhalfen dem Haus einst zum Eintrag im Guinness-Buch der Rekorde als kleinstes Hotel der Welt. Das Haus liegt so nahe am Ufer, dass man vom Fenster aus angeln könnte. Deshalb verwundert es nicht, dass Fisch die Spezialität des Hauses ist.

SABINOSA Balneario Pozo la Salud   ▥ ▦ ▧   €€
Lugar Pozo de la Salud, 11, 38911 ☎ *922 559 561* FAX *922 559 801* **Zimmer** *18*

Angeblich liegt kein spanisches Hotel weiter westlich als das Pozo de la Salud. Es befindet sich direkt neben der warmen Mineralquelle gleichen Namens. Entsprechend werden hier Heilanwendungen angeboten. Probieren Sie unbedingt die Anti-Stress-Anwendung aus.

VALVERDE Hotel Residencia Casañas   €
C/San Francisco 9, 38900 ☎ *922 550 254* FAX *922 550 254* **Zimmer** *15*

Das Haus steht neben der Kirche Nuestra Señora de la Concepción und den Restaurants der Stadt – ideal, um auf Erkundungsstreifzüge zu gehen. Die Zimmer sind gepflegt, einfach eingerichtet und verfügen über Fernsehgeräte. Gäste genießen einen herrlichen Blick über die Küste und das Meer, der Service ist gut und freundlich.

VALVERDE Boomerang   ▥   €€
C/Dr. Gost 1, 38900 ☎ *922 550 200* FAX *922 550 253* **Zimmer** *17*

Das kleine, schlichte, preiswerte Hotel im Zentrum von Valverde bietet seinen Gästen gepflegte, einfache Zimmer mit TV-Geräten und eigenem Bad. Zum Haus gehören ein Restaurant, ein schöner Garten und eine Terrasse. Für Wanderfreunde ideal gelegen. **www.hotel-boomerang.com**

VALVERDE Casa Rural El Tesón I   €€
C/Esquina Campo 14, San Andrés, 38916 ☎ *922 551 824* FAX *922 550 575* **Zimmer** *2*

Das Bauernhaus steht inmitten von Feldern und Obstplantagen in den Hügeln bei San Andrés. Vier Personen können hier in zwei Zimmern nächtigen, die Waschmaschine benutzen, fernsehen und den Holzofen befeuern. Einen Laden gibt es in der Nähe, zwei Restaurants einen Kilometer entfernt.

VALVERDE Parador de El Hierro   ▥ ▦ ▧ ▤   €€€€
Las Playas s/n, 38900 ☎ *922 558 036* FAX *922 558 086* **Zimmer** *45*

Das moderne Hotel liegt an einem isolierten Strand gegenüber Roque de la Bonanza, umgeben von schwarzen Klippen. Es erstrahlt in elegantem kolonialen Dekor mit weißen Wänden, die Holzbalkone haben Meerblick – ideal für Wanderer und Urlauber, die Ruhe suchen. Im Restaurant serviert man Spezialitäten aus El Hierro. **www.parador.es**

La Palma

BARLOVENTO La Palma Romántica   ▥ ▦ ▨ ▧   €€
Las Llanadas s/n, 38726 ☎ *922 186 221* FAX *922 186 400* **Zimmer** *40*

Hotelleitung und Personal des Hauses stehen für exzellenten, individuellen Service. Das Hotel liegt 600 Meter über dem Meeresspiegel und scheint oft im Nebel zu »schweben«. Stil, Eleganz und Luxus dominieren die Zimmer. Zu den Annehmlichkeiten zählen Bars, Restaurants und ein Fitnesscenter. **www.hotellapalmaromantica.com**

BREÑA BAJA Aparthotel Breñas Garden   ▥ ▦   €€
Urb. Finca Amado II, 38712 ☎ *922 433 175* FAX *922 433 181* **Zimmer** *40*

Das Apartmenthotel liegt in einer ruhigen Gegend am Fuß der Montaña Breña. Die Unterkünfte sind schlicht, aber funktionell. Sie haben Holzdecken, Kamin und Terrasse und bieten Blick aufs Meer. Das Restaurant serviert Frühstück und Abendessen. Der Strand von Los Cancajos liegt sechs Kilometer entfernt. **www.brenasgarden.com**

BREÑA BAJA H10 Taburiente Playa   ▨ ▥ ▦ ▧ ▤ ▤   €€
Urb. Las Salinas, Playa de los Cancajos, 38712 ☎ *922 181 277* FAX *922 181 285* **Zimmer** *292*

300 Meter vom schwarzen Strand von Los Cancajos entfernt, bietet dieses moderne Hotel geräumige Zimmer und einen wunderbaren Blick über die Küste von La Palma. Fitnesscenter, Sauna, Büfettrestaurant, Kinderpark und drei Pools sorgen für entspannte Urlaubstage. Gut erreichbar: Flughafen und Inselhauptstadt. **www.hotasa.es**

BREÑA BAJA Hacienda San Jorge   ▨ ▥ ▦   €€
Playa de los Cancajos 22, 38712 ☎ *922 181 066* FAX *922 434 528* **Zimmer** *155*

Die hübsche Finca in traditioneller Inselarchitektur mit tropischen Gärten überzeugt mit hellen Zimmern mit Balkon und Aussicht aufs Meer, auf den Garten oder die Berge. Pfade führen durch den Garten zum Strand. Für Abwechslung sorgen ein Panoramarestaurant, ein Fitnesscenter, eine Sauna und eine Bar. **www.hsanjorge.com**

BREÑA BAJA Hotel Las Olas

Playa de los Cancajos, 38712 ☎ 922 434 052 ℻ 922 434 085 *Zimmer 182*

Die Anlage am Strand von Los Cancajos bietet moderne elegante Apartments, bestehend aus Schlafzimmer, Bad, Wohnküche, Balkon bzw. Terrasse mit Blick aufs Meer, die Berge oder den Pool. Gäste haben die Wahl zwischen mehreren Pools und Terrassen, eine davon ist für FKK-Freunde. Tauchstunden für Anfänger. **www.hotellasolas.es**

EL PASO Bungalows La Villa

Urbanización Celta s/n, 38750 ☎ 922 402 108 ℻ 922 402 103 *Zimmer 26*

Die Anlage ist die ideale Unterkunft für Wanderer, die die Wege im Umland erkunden möchten. Die nur drei Kilometer von dem lebhaften Los Llanos de Aridane entfernten Bungalows bieten Ruhe abseits des Trubels der Stadt. Die Aussicht auf den Atlantik ist grandios. **www.lavilla-lapalma.com**

FUENCALIENTE Teneguia Princess and Spa

Ctra. La Costa Cerca Vieja 10, 38740 ☎ 922 425 500 ℻ 922 425 509 *Zimmer 378*

Gäste dieses weitläufigen Strandresorts werden in der großen, mit Fachwerk geschmückten Lobby empfangen. Die Anlage beinhaltet einen kleinen Strand, zwölf Pools – einer davon mit Wellenbetrieb –, fünf Restaurants, sieben Bars, eine Disco, Sport- und Wellnessanlagen sowie abendliche Shows. **www.princess-hotels.com**

LOS LLANOS DE ARIDANE Hotel Edén

C/Angel, 1, 38760 ☎ 922 460 104 ℻ 922 460 183 *Zimmer 19*

Das preiswerte Hotel ist zentral am Rand der historischen Plaza de España gelegen. Vom Foyer eröffnet sich ein schöner Blick auf den Platz. Zu den weiteren Vorzügen des Hotels zählen gemütliche Zimmer von akzeptabler Größe, ein Straßencafé und freundliches Personal.

LOS LLANOS DE ARIDANE Valle Aridane Hotel

Glorieta Castillo Olivares 3, 38760 ☎ 922 462 600 ℻ 922 401 019 *Zimmer 43*

Das nahe dem Stadzentrum gelegene Hotel besticht mit origineller Retro-Fassade, großzügig dimensionierten Zimmern und aufmerksamem Personal. Das Haus besitzt neben dem Frühstücksraum eine Bar auf der Dachterrasse, die Aussicht auf die nur zehn Autominuten entfernte Caldera de Taburiente bietet.

LOS LLANOS DE ARIDANE Hotel Trocadero Plaza

C/Las Adelfas 12, 38760 ☎ 922 403 013 ℻ 922 402 903 *Zimmer 18*

Angesichts der guten Lage nahe den Restaurants und Läden der Stadt ist das kleine moderne Hotel mit komfortablen Zimmern, Sonnenterrasse und Café eine exzellente Wahl. Die Mitarbeiter an der Rezeption informieren gern über Ausflugsmöglichkeiten auf der Insel. Hotelparkplatz. **www.hoteltrocaderoplaza.com**

MAZO Arminda

Lugar Lodero 181, 38730 ☎ 922 428 432 *Zimmer 96*

Das reizende Landhotel in einem traditionellen Haus aus dem 18. Jahrhundert liegt auf einer Bananenplantage an den Hängen von Mazo. Vor den fünf reizenden Zimmern mit Bad erstreckt sich eine mit Blumen dekorierte Veranda, auf der Gäste das Frühstück mit Blick auf die Gärten, den Pool, das Meer und La Gomera genießen.

PUERTO NAOS Sol La Palma

Punta del Pozo, 38769 ☎ 922 408 000 ℻ 922 408 014 *Zimmer 307*

Die Unterbringung in diesem Strandresort mit eigenem Supermarkt, Waschsalon und Sternwarte erfolgt in Ein- oder Zwei-Zimmer-Apartments im Hotel bzw. in einem der drei angegliederten Häuser. Die in kanarischem Stil gehaltenen Zimmer mit Terrasse zum Meer oder zu den Bergen haben Satelliten-TV. **www.solmelia.com**

SANTA CRUZ DE LA PALMA Apartamentos La Fuente

C/A. Pérez de Brito 49, 38700 ☎ 922 415 636 ℻ 922 412 303 *Zimmer 9*

Die Lage im verkehrsberuhigten Zentrum der Stadt macht die Apartments zur idealen Basis für Spaziergänge durch den Ort. Das Frühstück wird auf der Dachterrasse serviert. Die Zimmer sind schlicht, aber mit Küchenzeilen, kostenlosem WLAN-Zugang und Satelliten-TV ausgestattet. **www.la-fuente.com**

SANTA CRUZ DE LA PALMA Aparthotel Castillete

Avda. Marítima 75, 38700 ☎ 922 420 840 ℻ 922 420 067 *Zimmer 42*

Die Lage des Apartmenthauses an der Promenade, nur wenige Gehminuten vom Stadtzentrum entfernt, ist exzellent. Fast alle der gemütlichen, mit Küche und TV-Geräten ausgestatteten Zimmer bieten vom Balkon aus Meerblick. Im Restaurant oder im Dachterrassen-Pool lässt man den Alltag hinter sich. **www.aparthotelcastillete.com**

SANTA CRUZ DE LA PALMA Parador de la Palma

Ctra. de el Zumacal s/n, 38720 ☎ 922 435 828 ℻ 922 435 999 *Zimmer 78*

Der *parador* ist ein im kanarischen Stil errichteter Zweckbau mit Türmen, Holzbalkonen und einladenden Innenhöfen. Von den geräumigen Zimmern und der weitläufigen Poollandschaft eröffnet sich das bezaubernde Panorama der Küste von Santa Cruz. **www.parador.es**

TAZACORTE Apartamentos Atlantis

C/Mariano Benliure 14, 38770 ☎ 922 406 146 ℻ 922 406 146 *Zimmer 23*

Am Rand des Dorfs Tazacorte liegt dieses gepflegte, helle Apartmenthaus mit Blick auf Bananenplantagen, die Caldera de Taburiente und El Time. Die Apartments bestehen aus Küche, Bad sowie ein oder zwei Zimmern mit Schiebetür zum Balkon. Garten, Pool, Dachterrasse und Waschküche. **www.atlantis-lapalma.com**

Restaurants

Spanien gilt zwar nicht gerade als Land der Gourmets, aber wie auf dem Festland kann man auch auf den Kanaren sehr gut essen. Die Küche weist regionale Spezialitäten auf, oft stehen frischer Fisch und Meeresfrüchte auf der Karte. Auch Einflüsse fremder Kulturen sind auf den Inseln deutlich erkennbar. Man findet bei Gerichten Elemente aus dem Nahen

Fliesenschmuck an einem Restaurant

Osten, aber auch französische, italienische, chinesische, indische und deutsche Akzente. Viele Küchenchefs verwenden frische Erzeugnisse aus der Region, experimentieren mit kulinarischen Traditionen und schaffen neue Kreationen. Wer nicht teuer und aufwendig speisen möchte, bekommt in den meisten Bars einfache, aber schmackhafte Gerichte serviert.

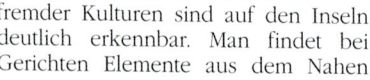

Einfaches Restaurant in einer der ruhigen Straßen von El Golfo

Restaurants und Bars

Die Auswahl an Restaurants und Bars ist groß. Auch außerhalb der großen Ferienorte findet man viele Speiselokale. Die meisten Restaurants haben nur mittags und abends zur Essenszeit geöffnet. Ein Tipp: Vor allem am Wochenende gehen auch die Einheimischen gern essen. Lokale, die sie besuchen, sind meist nicht die schlechtesten. Manche Restaurants haben sich auf Seafood spezialisiert und nennen sich *marisquería*.

In puncto Dresscode geht es meist zwanglos zu. Lediglich in einigen exklusiven Restaurants wird formelle Kleidung erwartet. Badekleidung ist in keinem Speiselokal gern gesehen.

Natürlich haben sich auch auf den Kanaren Fast-Food-Ketten angesiedelt, so McDonald's, TelePizza, Slow Boat (chinesisch) und Little Italy (Pizza und Pasta). Kanarische Gerichte bekommt man eher im Landesinneren. Die Lokale der Ferienorte, die sich *típico* nennen, sind es meist nicht.

Kanarische Küche

Die Küche der Kanarischen Inseln unterscheidet sich nicht wesentlich von der anderer Mittelmeerländer. Es gibt viel Fisch, als Fleisch neben Rind oft Lamm oder Ziege. Beilagen sind Reis, Mais, Kartoffeln und verschiedene Gemüse. Frisches Obst ist ebenfalls beliebt. Unter den Fischgerichten sind

Restaurant Lagomar, Lanzarote (siehe S. 175)

dorada (Goldbrasse) und *pez espada* (Schwertfisch) häufig.

In der Regel ist die Zubereitung eher schlicht: Fisch und Fleisch werden meist gegrillt. Eine Besonderheit ist die Sauce: *Mojo* besteht aus Olivenöl, zerstoßenen Kräutern und Gewürzen und wird *verde* (grün) oder *picón* (rot) serviert.

In Bars bestellt man *tapas* oder *raciones*. *Tortilla de patata* (Omelett mit Kartoffeln), *jamón Serrano* (luftgetrockneter Schinken) und *queso* (meist Hartkäsearten) sind als Imbiss beliebt. Wer etwas mehr Hunger hat, ist mit preiswerten *platos combinados* gut beraten: Auf dem »kombinierten Teller« wird entweder Fisch oder gegrilltes Fleisch angerichtet, dazu gibt es Pommes frites, Spiegelei und etwas Salat oder Gemüse.

Eintöpfe sind oft köstlich. Eine typische Beilage ist *gofio*, ein mehr oder weniger fester Brei aus geröstetem Mais und Getreide.

Essenszeiten

Auf den Kanaren wird spät gegessen. Mittagessen (*la comida*) gibt es frühestens ab 13 Uhr. Die Einheimischen gehen auf keinen Fall vor 21 Uhr, oft auch deutlich später, zum Abendessen (*la cena*). Dafür bekommt man fast überall bis 23 Uhr oder auch bis Mitternacht warme Gerichte serviert und darf in Ruhe sitzen bleiben, bis man alle Gänge ver-

Restaurant am Hafen von Puerto de Mogán

zehrt hat. In den Ferienorten gibt es eigene Gesetzmäßigkeiten: Hier orientieren sich die Wirte daran, wann die Gäste auftauchen.

Um den Hunger zwischendurch zu überbrücken, eignen sich Bars. Sie bieten meist eine große Auswahl *tapas* an. Wer mehr Appetit hat, kann die gleichen Speisen auch als *ración* bestellen – was dann fast einer vollwertigen Mahlzeit gleichkommt, dabei aber deutlich preiswerter ist.

Während man mittags in vielen Restaurants ein verbilligtes Tagesmenü bekommt, wird abends in der Regel *à la carte* gegessen. In den Restaurants ist es üblich, Vorspeise, Hauptgericht und Dessert zu bestellen.

Das spanische Frühstück *(el desayuno)* ist nicht besonders üppig. Wer den Tag stilgerecht spanisch beginnen will, gibt sich mit Milchkaffee und einem süßen Teilchen zufrieden. Eine herzhaftere Alternative ist ein Toast: Käse und/oder Schinken zwischen zwei Weißbrotscheiben, die beidseitig geröstet werden. Die Frühstücksbüfetts der Hotels sind in der Regel international ausgerichtet.

Reservierung

Meist ist es kein Problem, auch ohne Reservierung einen Tisch zu bekommen, denn es stehen genügend Lokale zur Auswahl. Nur wenn Sie sich ein ganz besonderes Restaurant ausgesucht haben und eventuell dafür weit fahren müssen, lohnt sich ein Anruf.

Vegetarische Gerichte

Spezielle vegetarische Gerichte sind auf den Inseln kaum bekannt, jedoch kann man sich überall problemlos Mahlzeiten ohne Fleisch oder Fisch zusammenstellen – die Auswahl an Salat und Gemüse ist meist groß.

Restaurant Orangerie im Hotel Palm Beach, Gran Canaria *(siehe S. 173)*

Preise

Die Preise der Restaurants variieren erheblich. In gehobenen Restaurants fallen mit Wein oft 50 Euro pro Person an. Dagegen ist es in Regionen mit wenig Fremdenverkehr möglich, ähnliche Gerichte für rund 15 Euro zu bekommen. In einer Bar kostet eine *ración* selten mehr als ein paar Euro.

Mittags bieten viele Restaurants ein Tagesmenü *(menú del día)* an. Üblich sind drei (einfache) Gänge. Gedeck, Brot und oft auch ein Getränk (Softdrink, Bier oder Wein) sind dann im Preis (normalerweise zwischen fünf und zehn Euro) inbegriffen.

In exklusiven Restaurants kann man häufig ein sogenanntes »Probiermenü« bestellen. Achtung: Die Empfehlungen des Küchenchefs sind in der Regel nicht gerade billig!

Kreditkarten

Fast jedes auf Urlauber ausgerichtete Restaurant und viele Bars akzeptieren Kreditkarten. In kleinen Bars, abgelegenen Lokalen und bei einer Rechnung unter 30 Euro wird allerdings oft Barzahlung verlangt. Auch auf den Kanaren sieht man meist an der Eingangstür, welche Karten akzeptiert werden. Oft wird um die Vorlage des Personalausweises gebeten. Um zu bezahlen, verlangt man *la cuenta* (die Rechnung).

Trinkgeld und Steuer

Mehrwertsteuer (die IGIC-Inselsteuer von sieben Prozent) ist in der Rechnung eingeschlossen, Trinkgeld ist zwar nicht obligatorisch, aber üblich. Wenn Sie nicht ausgesprochen unzufrieden sind, runden Sie den Betrag auf – zehn Prozent der Rechnungssumme sind das Maximum.

Restaurants an der Strandpromenade von Playa de las Américas

Die Küche der Kanaren

Die exotischen Früchte und Gemüse, die im subtropischen Klima der Kanaren wachsen, sowie der Fisch, der in den heimischen Gewässern gefangen wird, haben zum Teil ganz andere Essgewohnheiten als auf der Iberischen Halbinsel hervorgebracht. Von den Ureinwohnern, den Guanchen, stammen Grundnahrungsmittel wie *gofio* (Maismehl). Die Küche basiert primär auf frischen regionalen Produkten, die Vielfalt stammt von spanischen, portugiesischen und nordafrikanischen Einflüssen. Es sind verschiedenste Delikatessen erhältlich, von schmackhaftem Papageifisch bis zu süßem tropischem Obst.

Mais

Fangfrischer Fisch, zur Konservierung zum Trocknen aufgehängt

Seafood und Fleisch

Die Kanaren verfügen über eine unglaubliche Vielfalt an Seafood. Delikatessen wie *lapas* (Napfschnecken) serviert man nur während der Sommermonate, normalerweise einfach gegrillt *(a la plancha)*. Weitere seltene Spezialitäten sind Wrackbarsch, Riffbarsch, Zahnbrasse und Papageifisch. Diese Sorten werden, wie auch die gängigeren Arten, frittiert, im Salzmantel gebacken oder getrocknet.

Bei Fleisch folgt man iberischen Traditionen. Man isst Schwein, Ziege und Rind, oft nach traditionellen Guanchen-Rezepten zubereitet.

Früchte und Gemüse

Im milden, stabilen Klima der Kanaren gedeihen viele tropische Früchte – vor allem Bananen. Exotische Gemüse wachsen hier – neben Tomaten und Kartoffeln – ebenfalls gut. Die Kartoffel wurde im 16. Jahrhundert aus dem damals gerade entdeckten Amerika eingeführt. Auf den Kanaren gibt es einige anderswo unbekannte Sorten. Eine Spezialität sind *papas arrugadas* («runzelige Kartoffeln»): in sehr salzigem Wasser, zuweilen sogar Meerwasser, gekochte Kartoffeln.

Mangos   Bananen   Ananas   Papayas

Datteln   Guaven

Auswahl an frischen Früchten von den Kanarischen Inseln

Typische Gerichte

Die Griechen nannten die Kanaren «die glücklichen Inseln», und tatsächlich ist man hier in Sachen frische und vielfältige regionale Produkte verwöhnt. Was auch immer Sie essen, wundern Sie sich nicht, wenn Sie dazu eine Schüssel *mojo*-Sauce gereicht bekommen. Diese aromatische kanarische Kreation gibt es in verschiedenen Varianten: Die rote *picón* ist mit Pfeffer und Paprika gewürzt, die grüne mit Petersilie und Koriander. Das kanarische Grundnahrungsmittel *gofio* (geröstetes Maismehl) gibt es zum Frühstück und findet in Gerichten wie *gofio de almendras*, einem Mandeldessert, Verwendung. Berühmt sind die Inseln für ihr Gebäck, etwa das mit Honig überzogene *bienmesabes* (zu Deutsch «schmeckt mir gut»), und die heimischen Käsesorten.

Mandeln

Sopa de pescados tinerfeña *ist Fischsuppe aus Seebarsch und Kartoffeln, gewürzt mit Safran und Kreuzkümmel.*

Restaurantauswahl

Nachfolgende Restaurants wurden – unter Berücksichtigung regionaler Küche und Spezialitäten – wegen ihrer ansprechenden Qualität und Lage ausgewählt. Die Auflistung entspricht der Reihenfolge der Inseln, die Lokale selbst sind alphabetisch geordnet (weitere Infos zu Essen und Restaurants *siehe S. 168–170*).

PREISKATEGORIEN

Die Preise beziehen sich auf ein Drei-Gänge-Menü für eine Person inklusive Wein und Steuern (ohne Trinkgeld).

€ unter 15 Euro
€€ 15–20 Euro
€€€ 20–25 Euro
€€€€ 25–30 Euro
€€€€€ über 30 Euro

Gran Canaria

AGAETE El Puerto de Laguete
Tapas 目 & 🎵 🚻 €€

Nuestra Señora de las Nieves 9, Puerto de las Nieves, 35489 ☎ *928 898 477*

Das Traditionslokal im Puerto de las Nieves, einem verschlafenen Hafen mit weiß-blauen Häusern, ist am Wochenende stets gut besucht und bei den mit der Fähre von Teneriffa kommenden Inselbesuchern sehr beliebt. Es bietet Internationales und Kanarisches sowie Kindergerichte.

AGAETE La Palmita
& 🚻 €€

C/Antonio de Armas s/n, 35480 ☎ *928 898 704*

Das Lokal serviert typisch kanarische Gerichte mit frischem Fisch und Kräutern aus der Region. *Sama à la espalda* (gegrillter Fisch) und der Gemüseeintopf des Tages empfehlen sich. Familienfreundlich sind die große Terrasse und der weitläufige Garten. Geschlossen: Di.

AGAETE Restaurante Faneque
目 & 🍷 € €€

Alcalde José de Armas s/n, 35480 ☎ *928 886 256*

Das Restaurant im Vier-Sterne-Hotel Puerto De Las Nieves *(siehe S. 156)* bietet ausgefeilte Variationen klassischer kanarischer Küche. Nach traditionellen *papas arrugadas con mojo* lohnt es sich, eine Tasse des im nahe gelegenen Valle de Agaete, dem einzigen Anbaugebiet innerhalb Europas, geernteten Kaffees zu genießen. Geschlossen: Di.

AGÜIMES La Farola
目 & 🍷 €€€€€

C/Alcalá Galiano 3, 35118 ☎ *928 180 410*

Das unweit des Flughafens in Arinaga Playa gelegene Lokal ist auf Seafood spezialisiert. Besonders empfehlenswert sind der gebackene Salzfisch und die Paella, wahlweise mit Fisch oder Meeresfrüchten. Hausgemachte Nachspeisen wie die *tarta de turrón* (Mandel-Nougat-Kuchen) setzen den Schlussakzent. Di–So 13–18 Uhr.

ARUCAS El Mesón de la Montaña
Tapas 目 & 🎵 🚻 €€€

C/Montaña de Arucas s/n, 35400 ☎ *928 600 844*

Eine kurvenreiche Straße führt zu dem auf einem Berg außerhalb von Arucas gelgenen Restaurant. Das Mesón bietet bei grandiosem Ausblick über den Norden der Insel gutes Seafood und internationale sowie kanarische Gerichte, von denen einige im Voraus bestellt werden müssen. Große Gruppen willkommen, Kinderspielplatz vorhanden.

ARUCAS Casa Brito
目 & 🍷 €€€€

Pasaje del Teror 17, 35400 ☎ *928 622 323*

Argentinisches Fleisch, aber auch gute Fischgerichte – beides vom Holzofen – sind Spezialitäten dieses rustikalen Restaurants. Lecker: die Vorspeise *Potaje de berros* (Eintopf mit Brunnenkresse) sowie das Dessert aus Blätterteig, Mandeln und Honig. Die Auswahl an Weinen ist groß. Geschlossen: Mo, Di.

LAS PALMAS DE GRAN CANARIA Asturias
目 €€€

C/Capitán Lucena 6, 35468 ☎ *928 274 219*

Das Restaurant liegt im Labyrinth der Gassen um die Playa de las Canteras. Wie der Name verrät, werden Gerichte aus dem nordspanischen Asturien serviert. Die Küche ist herzhaft und üppig, mit einem Schwerpunkt auf Fleisch- und Bohneneintöpfen, Fisch und Meeresfrüchten, Schinken, Chorizos und Käse.

LAS PALMAS DE GRAN CANARIA La Chacalote
Tapas 目 & 🎵 🚻 🍷 €€€

C/Proa 3, 35016 ☎ *928 312 140*

Das freundliche, große Fischlokal mit nautischem Dekor und Ambiente existiert seit den 1970er Jahren. Die authentische spanische Küche mit Spezialitäten wie Fisch im Salzteig und frischen Meeresfrüchten lockt eine treue Stammkundschaft an. Auch größere Gruppen sind willkommen.

LAS PALMAS DE GRAN CANARIA La Dolce Vita
🍷 €€€

C/Agustín Millares 5, 35001 ☎ *928 310 463*

Gäste des Pizzeria-Restaurants werden durch italienische Filmposter an den Wänden auf Italien eingestimmt. Die Speisekarte, auf der auch Vegetarier eine große Auswahl finden, führt viele wunderbare Pastagerichte auf. Auch die Weinkarte kann sich sehen lassen. Geschlossen: So, Mi abends.

Zeichenerklärung *siehe hintere Umschlagklappe*

LAS PALMAS DE GRAN CANARIA Casa de Galicia 🪟🍷 €€€€

C/Salvador Cuyás 8, 35008 ☎ 928 279 855

Das Restaurant lässt in seinem Bemühen um authentische Geschmackserlebnisse regelmäßig Zutaten aus Galicien einfliegen. Es erfreut sich besonderer Beliebtheit bei Einheimischen, die die Fleischpasteten, die Eintöpfe und das exzellente Seafood schätzen. Die Weinkarte ist umfangreich.

LAS PALMAS DE GRAN CANARIA Cho-Zacarias *Tapas* 🪟♿🍷 €€€€

Audiencia 7, Vegueta, 35001 ☎ 928 331 374

Das mit Antiquitäten ausgestattete, elegante Restaurant befindet sich in einem historischen Haus inmitten des Viertels Vegueta. Es ist verdientermaßen für die traditionelle kanarische Küche und den Weinkeller, der die besten spanischen Lagen führt, berühmt. Geschlossen: So, Mo.

LAS PALMAS DE GRAN CANARIA Clandestino 🪟♿🍷 €€€€

C/Dr. Miguel Rosas 8, 35007 ☎ 928 229 603

In dem Restaurant locken Fleischgerichte mit exotischem Touch. Die Küche ist auf kreative Varianten von Gerichten der Kanaren und aus deren weiterem Umfeld spezialisiert. Das Preis-Leistungs-Verhältnis ist gut. Das im historischen Hafenviertel gelegene Restaurant eignet sich für ein romantisches Dinner ebenso wie für ein Geschäftsessen.

LAS PALMAS DE GRAN CANARIA El Novillo Precoz 🪟♿🍷 €€€€

C/Portugal 4, 35010 ☎ 928 221 659

Filetsteak vom Holzgrill ist die Spezialität dieses Familienbetriebs. Bei den Einheimischen hat sich das in den 1970er Jahren eröffnete Restaurant als Institution etabliert. Daher ist Reservierung empfehlenswert, vor allem am Sonntagmittag. Geschlossen: Mo.

LAS PALMAS DE GRAN CANARIA Kamakura 🪟🍷 €€€€

C/Galileo Galilei 4, 35010 ☎ 928 222 670

Das kleine japanische Restaurant unweit der Playa de las Canteras serviert an der Sushi-Bar und an den Tischen sorgfältig zubereitete Speisen wie *tempura* (frittierte Gerichte, z. B. Garnelen), Fischtartar mit aromatischen Kräutern oder *sashimi* (roher geschnittener Fisch). Geschlossen: Mo mittags; So; Aug.

LAS PALMAS DE GRAN CANARIA Mesón La Cuadra *Tapas* 🪟♿ €€€€

C/del General Mas de Gaminde, 32, 35006 ☎ 928 230 542

Ein wunderbares Restaurant mit fantastischer Speisekarte, deren Schwerpunkt auf traditionellen kastilischen und kanarischen Gerichten wie Eintopf mit Brunnenkresse, Lammbraten und gegrilltem Seebarsch liegt. Viele Zutaten stammen aus Eigenproduktion. Die kleine Auswahl an Weinen ist spanisch ausgerichtet. Geschlossen: Mo.

LAS PALMAS DE GRAN CANARIA Restaurante La Marinera 🪟♿🍴 €€€€

Paseo de las Canteras 1, 35007 ☎ 928 468 802

Der hohe Qualitätsstandard bei Speisen und Service sowie der fantastische Blick über den Strand von Las Canteras machen das Restaurant zu einem der besten des Stadt. Der fangfrische Fisch stammt von einheimischen Fischerbooten. Die große Terrasse fasst bis zu 250 Gäste; es sind auch separat zu mietende Räume vorhanden.

LAS PALMAS DE GRAN CANARIA Amaiur 🪟🍴🍷 €€€€€

C/Pérez Galdós 2, 35002 ☎ 928 370 717

In einem Kolonialbau aus dem 19. Jahrhundert bietet dieses von zwei Brüdern geführte Restaurant zeitgenössische baskische Küche, wobei auf frische Zutaten der Saison Wert gelegt wird. Highlights sind Gerichte wie Foie gras mit Traubensauce und Armagnac sowie Seehecht mit Meeresfrüchten. Geschlossen: So.

LAS PALMAS DE GRAN CANARIA Deliciosa Marta 🪟♿🍴🍷 €€€€€

C/Pérez Galdós 23, 35002 ☎ 928 370 717

In dem eleganten Restaurant in einer hübschen verkehrsberuhigten Straße nahe dem Shoppingviertel von Triana locken vor allem die Tische im Freien. Die einfallsreichen Gerichte sind ebenso beeindruckend wie das Ambiente. Das Restaurant ist nur abends geöffnet. Geschlossen: zwei Wochen im Feb und Aug.

LAS PALMAS DE GRAN CANARIA La Cabana Criolla 🪟 €€€€€

Los Martínez de Escobar 37, 35007 ☎ 928 370 882

Das einfache rustikale Restaurant bietet gute und preiswerte Speisen. Serviert werden südamerikanische, vor allem argentinische Grillspezialitäten, aber auch einige wenige Fischgerichte. Die Weinkarte ist überschaubar, die Atmosphäre entspannt, die Bedienung freundlich. Geschlossen: Mo, So mittags.

LAS PALMAS DE GRAN CANARIA La Hacienda *Tapas* 🪟 €€€€€

Profesor Augustín Millares Carló 9, 35003 ☎ 928 373 197

In minimalistischem Dekor werden erstklassige Gerichte mediterraner Provenienz serviert. Kosten Sie Ente mit Ingwer und Moschuskraut oder Kabeljau mit gebratenen grünen Tomaten sowie *soufflé cremoso* als Dessert. Mittags empfiehlt sich das *menú de degustación*. Geschlossen: So.

LAS PALMAS DE GRAN CANARIA Rias Bajas *Tapas* 🪟🍷 €€€€€

C/Simón Bolivar 3, 35007 ☎ 928 271 316

Das galicische Restaurant im Herzen des Vergnügungsviertels gilt als eines der besten der Stadt. Es gefällt als Oase der Ruhe und des Luxus. Das Restaurant ist auf erstklassige Seafood-Gerichte spezialisiert. Es bietet eine Auswahl an Weinen an, die den Köstlichkeiten auf der Speisekarte nicht nachstehen.

Preiskategorien *siehe S. 171* **Zeichenerklärung** *siehe hintere Umschlagklappe*

Maspalomas El Salsete
目 と P €€€€€

C/Segundo Delgado 4–5, 35100 928 778 255

Das eine Taxifahrt von Maspalomas entfernt gelegene Restaurant bietet zeitgenössische Variationen traditioneller kanarischer Gerichte. Mit seiner Mischung aus Eleganz und Schlichtheit eignet es sich hervorragend für die Feier von Geburts- oder Hochzeitstagen. Reservierung wird in dem beliebten Restaurant empfohlen. Geschlossen: So.

MASPALOMAS Orangerie
目 & 🚻 P €€€€€

Hotel Palm Beach, Avenida Oasis, 35290 928 140 806

Das Restaurant im am Strand gelegenen Hotel Palm Beach *(siehe S. 169)* gilt vielen als das beste der Insel. Die zeitgenössisch-kreative Küche serviert kunstvoll angerichtete Speisen. Der Umgang mit internationalen und regionalen Zutaten ist einfallsreich. Es gibt auch einen Außenbereich. Geschlossen: Di, Do, So.

MOGÁN Acaymo
Tapas & 🚻 €€

El Tostador 14, 35138 928 569 263

Das schlichte rustikale Restaurant im hübschen Ort Mogán bietet kreative kanarische Küche neben internationalen Fleisch- und Fischgerichten, Tapas für den kleinen Hunger sowie eine kleine Auswahl an Weinen. Sonntagmittags empfiehlt es sich zu reservieren. Gute Parkmöglichkeiten. Geschlossen: Mo, Sa abends.

PLAYA DEL INGLÉS Las Cumbres
目 & P €€€

Avda. de Tirajana 11, 35100 928 760 941

Landwirtschaftliche Werkzeuge und andere rustikale Elemente zieren das hübsche Strandrestaurant, das traditionelle kanarische Gerichte serviert. Die saftigen Lammgerichte sind bei Einheimischen beliebt, aber auch das Seafood ist exzellent. Die *crema catalana* sollte man nicht versäumen. Geschlossen: Di; Mai.

PLAYA DEL INGLÉS El Portalon
目 & 🎵 🚻 P €€€€€

Avda. Tirajana 27, 352900 928 771 622

Das auf baskische Küche spezialisierte Restaurant im Hotel Barbacan serviert schmackhafte Speisen, der Service ist aufmerksam. Die Gartenterrasse bietet Tische im Freien. Die mit Foie gras und Trüffeln gefüllte Lammkeule und die Sorbets mit tropischen Früchten sind sehr empfehlenswert. Die Weinkarte ist gut.

PUERTO DE MOGÁN Tu Casa
Tapas 目 & 🚻 P €€€

C/La Zanja 2, 35138 928 565 078

In dem freundlichen Restaurant am goldenen Strand von Puerto de Mogán kann man auch auf der großen überdachten Terrasse zu Abend essen. Das Tu Casa ist bekannt für seine Paella und für die als Dessert oder in einem cremigen Milchshake servierten tropischen Früchte aus eigenem Anbau.

PUERTO DE MOGÁN Qué Tal by Stena
目 🚻 P €€€

C/El Paseo de Mi Padre s/n, 35138 928 565 534

Das schicke, zeitgenössische Restaurant im hübschen Hafen Puerto de Mogán bietet eine kleine Auswahl internationaler Speisen. Die Atmosphäre ist entspannt. Für das Gourmet-Dinner, das zehn Gänge mit kreativen Gerichten beinhaltet, ist Reservierung erforderlich. Abendessen Di–Sa. Geschlossen: Mai.

SAN AGUSTÍN Anno Domini
目 & 🚻 P €€€€€

CC San Agustín, Local 82–85, 35100 928 762 915

Der Eigentümer und Chefkoch Jaques Truyol erhält das elegante Flair des tadellosen französisch-italienischen Restaurants in dem trubeligen Einkaufszentrum aufrecht. Kosten Sie die Schnecken auf Burgunder Art und die Tournedos Rossini zusammen mit einem der exzellenten Weine. Geschlossen: So; Sep.

SANTA BRÍGIDA Bentayga
Tapas 目 & 🚻 P €€€

Carretera Monte Lentiscal, 35310 928 355 186

Am Wochenende zieht das große familiengeführte Restaurant mit zuvorkommendem Service und breit gefächertem Angebot einheimische Familien in Scharen an. Die regionale Küche zeigt internationale Einflüsse. Das Filetsteak ist besonders empfehlenswert. Für Kinder gibt es eine spezielle Karte. Große Gesellschaften sind willkommen.

SANTA BRÍGIDA Las Grutas de Artiles
Tapas & 🎵 🚻 P €€€

Carretera de Las Meleguinas, 35309 928 640 575

Dieses Restaurant ist Teil eines Freizeitkomplexes mit Naturhöhlen, mehreren Terrassen und einem Pool. Die Küche bietet typisch kanarische Gerichte wie *pescado al mojo verde* (Fisch mit scharfer grüner Sauce) oder *buñuelos de plátano al vino tinto* (Bananenklöße in Rotwein), die man auch auf der Pool-Terrasse einnehmen kann.

SANTA BRÍGIDA Satautey
目 & €€€€€

C/Real de Coello 2, Monte Lentiscal, 35310 928 478 400

Die eifrigen und kreativen Schüler der Hotelfachschule sorgen im Restaurant des Satautey für ausgezeichnetes Essen und für den guten Ruf. Die kanarische Vorspeisenauswahl ist ein wunderbarer Auftakt zu einer Reihe von Inselspezialitäten. Auch die Desserts erfreuen sich großer Beliebtheit.

VEGA DE SAN MATEO La Veguetilla
Tapas & 🚻 €€€€€

C/La Veguetilla 49, 35320 928 660 764

Das Restaurant im Chalet-Stil mit Terrasse und Garten bietet Platz für viele Gäste. Auf der Speisekarte führt eine Mischung aus internationalen und kanarischen Gerichten wie mit Kabeljau gefüllten Kürbis, Filetsteak in grüner Pfeffersauce und *sole meunière*.

Fuerteventura

BETANCURIA Valtarajal   €€

C/Roberto Roldán s/n, 35637 630 884 945

Das *carne de cabra* (Ziegenfleisch) sollte man sich in diesem bodenständigen, bei Einheimischen sehr beliebten Restaurant in einer der hübschesten Gegenden der Insel nicht entgehen lassen. Die unverfälschte kanarische Küche in eher spartanischem Interieur wird von freundlichem Personal serviert. Nur mittags geöffnet. Geschlossen: Mi.

BETANCURIA La Fabiola   €€€

C/Real 1, La Ampuyenta, 35637 928 174 605

Angesichts der äußerst begrenzten Öffnungszeiten des eleganten und einzigartigen Restaurants in belgischer Hand erscheint ein Besuch als besonderes Erlebnis. Die kleine Auswahl an Gerichten bietet manche Überraschung wie Currykäse und Kaninchen in Vanillesauce. Do – Sa 8.30 – 22.30 Uhr.

BETANCURIA Casa Santa María   *Tapas*   €€€€€

Plaza de Santa María de Betancuria, 35637 928 878 036

Das Restaurant mit Garten und Weinschänke ist in einem Gebäude aus dem 16. Jahrhundert in unmittelbarer Nähe der Iglesia de Santa María (15. Jh.) ansässig. Das traditionelle Gericht *puchero canario* (kanarischer Eintopf) und die *crema canaria* zum Dessert sind ein Muss. Reservierung unabdingbar. Geschlossen: Mo.

CORRALEJO Cofradia de Pescadores   *Tapas*   €€

Muelle Chico 5 s/n, 35660 928 867 773

Die Atmosphäre in dem Restaurant der Fischergenossenschaft am Strand von Corralejo ist lebendig. Das Lokal bietet Blick auf die Bucht der Stadt. Es ist für Familien gut geeignet, denn die Eltern können in Ruhe essen, während die Kinder im Sand spielen. Hier gibt es frischen Fisch zu sehr vernünftigen Preisen. Die Weinauswahl ist begrenzt.

CORRALEJO Infusion Restaurante   €€€

C/Crucero Baleares 21, 35660 633 551 354

Das hinter dem Hauptstrand der Stadt gelegene traditionelle Bistro wird von Briten geführt. Die Speisekarte bietet viele beliebte klassische Gerichte. Der gelegentliche moderne Touch sorgt für schmackhafte Überraschungen. Die treue Kundschaft setzt sich aus Auswanderern und Urlaubern zusammen. Nur abends geöffnet.

CORRALEJO La Marquesina   *Tapas*   €€€€€

Muelle Chico s/n, 35660 928 535 435

Das familienfreundliche Restaurant bietet eine schöne Aussicht über den Strand und die Bucht von Corralejo. Die international ausgerichtete Karte mit Grillspezialitäten und frischem Fisch zeigt kanarische Einflüsse. Sehr beliebt ist der Hummer, der, wie alle anderen Gerichte auch, durchaus erschwinglich ist. Kleine Weinkarte.

EL COTILLO El Patio de Lajares   €€€€

C/La Cerca 9, La Oliva, 35650 650 134 030

Das Restaurant, das zu einem kleinen, von Rainer und Hannah Feuchter geführten Hotel im ländlichen Fuerteventura gehört, bietet klassische deutsche Küche mit einer großzügigen Portion spanischen Sonnenscheins. Samstags lässt Rainer Feuchter in Kochkursen Gäste an seiner kulinarischen Expertise teilhaben.

PAJARA Restaurante Laja   €€€

Avda. Tomas Grau Gurrea s/n, Morro Jable, 35625 928 542 054

Das seit den 1970er Jahren bestehende lebendige Restaurant bereitet hervorragende Fischgerichte zu. Zu den vegetarischen Optionen zählen Ziegenkäse und *pimientos de padrón* (leicht gebratene Paprikas). Der gut sortierte Weinkeller liefert für jeden Anlass das passende Getränk.

PUERTO DEL ROSARIO Casa Pon   €€

Sotero Rodriguez Umpierez, Caseno Puertito de los Molinos, 35600 654 931 181

Das Strandrestaurant mit charmant-schäbiger Atmosphäre bietet seinen Gästen eine Einführung in die bodenständige Küche der Kanaren. Die Seafood-Gerichte wechseln täglich je nach Fang der örtlichen Fischer. Die Auswahl an Bieren und Schnäpsen ist größer als die an Weinen. Täglich 10 – 18 Uhr (an Wochenenden im Sommer bis 22 Uhr).

PUERTO DEL ROSARIO Mesón a Roda   €€

C/Beethoven 1, 35600 928 877 826

Das Tapas-Menü des freundlichen, preiswerten Restaurants im Herzen der Hauptstadt von Fuerteventura entführt die Gäste auf das spanische Festland. Wer Lust auf ein umfangreicheres Mahl hat, findet in den traditionellen galicischen Gerichten eine gute Alternative.

PUERTO DEL ROSARIO La Barca del Pescador   €€€€

Avda. José Franchy Rocá, 35610 928 163 500

Fisch und Meeresfrüchte aus Galicien bilden die Basis der in dem zweistöckigen Restaurant traditionell zubereiteten Gerichte. Empfehlenswert: eine *crema de berros* (Eintopf mit Brunnenkresse), gefolgt von einem Seebarsch in Salzkruste und einem *tocino de cielo* (Karamellpudding). Es werden spanische Weine angeboten.

Preiskategorien *siehe S. 171* **Zeichenerklärung** *siehe hintere Umschlagklappe*

Lanzarote

ARRECIFE Altamar
🍽 ♿ 🍷 €€€€€

Arrecife Gran Hotel, Parque Islas Canarias, 35500 ☎ *928 800 000*

Das Restaurant ist im obersten Stockwerk des Arrecife Gran Hotel, des einzigen Fünf-Sterne-Hotels der Stadt, untergebracht. Die Aussicht ist erstklassig. Die Speisekarte verbindet mediterrane mit internationalen Gerichten. Der Käsekuchen als Dessert ist wunderbar, der Service exzellent. Weinkarte mit vielen regionalen Tropfen.

ARRECIFE Castillo de San José
🍽 ♿ 🍷 €€€€€

C/Castillo de San José, Ctra. de Puerto Nao, 35500 ☎ *928 812 321*

Die 1779 errichtete Festung von Puerto Nao wurde 1970 von César Manrique restauriert. Sie beherbergt heute neben einer Galerie für zeitgenössische Kunst ein Restaurant, das Gaumenfreuden, Kunstgenuss und herrlichen Hafenblick bietet. Die Tageskarte weist ein gutes Preis-Leistungs-Verhältnis auf.

COSTA TEGUISE Chu-Lin
🍽 🍷 €€

Avda. del Jablillo 8, 35508 ☎ *928 592 011*

Im Herzen von Costa Teguise sorgt dieses beliebte, etablierte chinesische Restaurant für fernöstliche Gaumenfreuden, ob es sich um die üblichen Standards wie *chow mein* und *chop suey* oder um ganze Festessen handelt. Alle Gerichte gibt es auch zum Mitnehmen. Die Weinauswahl ist beachtlich.

COSTA TEGUISE Neptuno
Tapas 🍽 ♿ 🍴 🍷 €€€

Avda. del Jabillo, Centro Comercial Neptuno, local 6, 35500 ☎ *928 590 378*

Das Lokal in einem Shoppingcenter offeriert traditionelle Inselküche, dazu regionale Weine und Käse. Die Speisekarte führt neben vielen Fleischgerichten auch einige fabelhafte Optionen mit Fisch, zum Beispiel *atún adobado al horno* (Thunfisch aus dem Ofen) oder *salmón ahumado de Uga* (geräucherter Lachs).

COSTA TEGUISE Mesón La Jordana
🍽 ♿ 🍴 🍷 €€€€

CC Lanzarote Bay, C/los Geranios 35, 35509 ☎ *928 590 328*

König Hussein von Jordanien war einst Gast in diesem beliebten Restaurant in einem Shoppingcenter. Das Lokal bietet regionale Küche mit französischer Note. Probieren Sie Burgunderschnecken als Vorspeise, als Hauptgang Rebhuhn, Ente oder Seezunge mit Mandeln, dann Papayasorbet oder *crêpe suzette*. Geschlossen: So.

MÁCHER La Tegala
🍽 ♿ 🍷 €€€€€

C/de Tias a Yaiza 60, 35572 ☎ *928 524 524*

Das Restaurant richtet sich an Geschäftsleute und eine Klientel, die bereit ist, für kanarische Küche der Spitzenklasse etwas tiefer in die Tasche zu greifen. Das La Tegala verfügt zudem über zwei separate Räume mit jeweils zwölf Plätzen für private Veranstaltungen. Die Aussicht auf die Küstenlinie und das benachbarte Fuerteventura ist grandios.

NAZARET Lagomar
Tapas 🎵 🍴 €€€€€

C/Los Loros 2, 35509 ☎ *928 845 665*

Das helle, geräumige Restaurant befindet sich in einer von César Manrique entworfenen Villa. Das Anwesen gehörte einst Omar Sharif, der es beim Bridge verspielte. Im Lagomar wird mediterrane Küche mit Spezialitäten wie Ente *magret* und Lachs *papillote* serviert. Sonntagnachmittags gibt es Live-Jazz. Geschlossen: Mo.

PARQUE NACIONAL DE TIMANFAYA El Diablo
🎵 🍴 €€€

Parque Nacional de Timanfaya, 35509 ☎ *928 173 105*

Im Herzen des Nationalparks Timanfaya liegt dieses Restaurant, das die Hitze eines Vulkans nutzt, um die Speisen zuzubereiten. Die geschwungenen Fenster gestatten einen grandiosen Ausblick über die bizarre Kraterlandschaft. Kinder kommen hier voll auf ihre Kosten. Täglich 9–17 Uhr.

PLAYA BLANCA Casa Brígida
Tapas 🍴 🍷 €€

Puerto Deportivo Marina Rubicón, Playa Blanca, 35570 ☎ *928 519 190*

Der Besitzer des reizenden, behaglichen Restaurants ist freundlich. Der Schwerpunkt der Küche liegt auf Fisch und Meeresfrüchten. Die Preise sind überaus vernünftig, die Qualität der Speisen ist gut. Obwohl das Lokal klein ist, kann sich die Weinkarte mit vorzüglichen Lanzaroter Lagen sehen lassen. Geschlossen: Mo; Juli.

PLAYA BLANCA La Cocina de Colacho
🍷 €€€€

C/Velázquez 15, 35570, Castillo de Águila 35580 ☎ *928 519 691*

In dem schicken, hellen Restaurant trifft Kunst auf Küche. Mitbesitzerin Anabel Machin ist zugeich Malerin und zeigt im Lokal ihre Werke. Ihr Ehemann Nicolás zaubert nicht minder kreativ in der Küche. Er verbindet mediterrane und kanarische Einflüsse zu wunderbaren Gerichten wie Filetsteak mit Calvados. Abendessen nur Mi–Mi.

PLAYA BLANCA Almacen de la Sal
🍽 🎵 🍴 €€€

Avda. Maritima 87, 35580 ☎ *928 517 885*

Das Restaurant in einer ehemaligen Salzlagerhalle überblickt den Strand. Es zählt zu den Attraktionen Lanzarotes. Steinwände, die originelle Dekoration und Live-Klaviermusik unterstreichen die einzigartige Atmosphäre. Service und Küche – vor allem das Lamm – überzeugen. Es gibt auch Tische im Freien.

PUERTO DEL CARMEN El Tomate €€

C/Los Jameos 8, 35510 928 511 985

Das etablierte Restaurant wird auch von Prominenten besucht, die das moderne, helle Interieur sowie die internationale Küche schätzen. Das El Tomate ist für seinen warmen Joachim-Rosenthal-Salat mit Speck und Knoblauch sowie für die verlockenden Desserts berühmt. Reservierung wird empfohlen. Täglich nur abends geöffnet.

PUERTO DEL CARMEN La Canada *Tapas* €€€

C/César Manrique 3, 35510 928 512 108

La Canada ist ein von Michelin empfohlenes elegantes Restaurant, das internationale und kanarische Gerichte serviert. Flambierte Seezunge mit grünem Pfeffer und Lammbraten sind Spezialitäten des Hauses. Das Interieur mit der von Balken gestützten Holzdecke sorgt für Behaglichkeit. Es ist möglich, separate Räume zu mieten.

PUERTO DEL CARMEN El Asador €€€€

Avda. Varadero s/n, 35510 928 515 821

Das Lokal mit original spanischem Fleischbüfett wirbt damit, den einzigen Holzofen der Insel zu betreiben. Es erfreut sich vor allem bei Familien großer Beliebtheit und bietet zudem einen wunderbaren Hafenblick. Der knusprige Wildschweinbraten ist exzellent und auch die Spareribs sind hervorragend.

PUERTO DEL CARMEN O Botafumeiro *Tapas* €€€€

C/Alemania 9, Centro Comercial Costa Luz, 35510 928 511 503

Das lebhafte galizische Restaurant ist bei den einheimischen Stammgästen beliebt. Es besticht durch sein freundliches Personal. Seafood ist die Spezialität des Hauses, die flambierten Kaisergranaten sind besonders zu empfehlen. Es gibt neben Tapas auch alle Arten von Fleischgerichten, u. a. riesige T-Bone-Steaks. Geschlossen: Mo.

YAIZA La Casona de Yaiza *Tapas* €€€€

C/Valle de Fenauso 11, 35570 928 836 262

Die kleine Bodega gehört zu einem Boutique-Hotel gleichen Namens und galt lange als bestes Restaurant auf Lanzarote. Das Interieur wurde von Künstlern mitgestaltet. Der Küchenchef verbindet auf einzigartige Weise kanarische und mediterrane Traditionen. Dabei werden Zutaten aus der Region verwendet. Geschlossen: Do.

Teneriffa

ADEJE Restaurante Oasis €

C/Grande 5, 38670 922 780 827

Adeje ist für seine Hühnchen-Lokale bekannt. Das Oasis ist nicht das eleganteste Etablissement, doch das Knoblauchhuhn nach Geheimrezept überzeugt. Die Einrichtung ist schlicht, der Service unprätentiös, das Geflügel exzeptionell, die Gerichte sind preiswert. Es gibt eine kleine Terrasse, die jedoch direkt neben der Straße liegt.

ARONA Mesón Las Rejas €€€€€

Ctra. General del Sur 31, La Camella, 38626 922 720 894

Das angesehene Lokal gilt als eines der elegantesten im ganzen Süden. Kanarische Artefakte und Möbel zieren das getäfelte Speisezimmer. Besonders stolz ist der Besitzer auf seinen Weinkeller, in dem mehr als 200 spanische Weine lagern. Spezialitäten sind das Filetsteak im Salzmantel und der Wildschweinbraten.

ARONA Verna's Restaurante €€€€€

TF-51, La Camella, 38627 922 725 643

Das freundliche Restaurant liegt in den Hügeln oberhalb von La Camella. Die Speisekarte führt Klassisches wie Steaks, Fisch und Paella sowie einige authentische kanarische Speisen, für die regionale Produkte verwendet werden. Verlassen Sie sich auf die Empfehlungen des Küchenchefs. Gute Weinkarte.

BUENAVISTA El Burgado *Tapas* €€

Avda. El Rincón s/n, 38480 922 127 831

Der Ausblick über den Atlantik ist einer von vielen Pluspunkten des traditionell-gediegenen Seafood-Restaurants. Das Lokal bietet eine große Auswahl an fangfrischem Fisch sowie *paella* und andere Reisspeisen. Probieren Sie zumindest eines der zahlreichen einfachen Fischgerichte oder eines der typisch kanarischen Desserts.

CANDELARIA El Archete *Tapas* €€€€

C/Aroba 2, 38530 922 500 354

Dem Restaurant in rustikalem kanarischem Stil verleihen Kandelabern und Holzdecke bodenständige Eleganz. Das marinierte Kaninchen und der gesalzene Kabeljau sind empfehlenswert. Besonders stolz ist der Besitzer auf seine Weinauswahl. Eher ungewöhnlich für Teneriffa sind die zahlreichen Parkplätze.

EL SAUZAL Casa Del Vino La Baranda *Tapas* €€€€

C/San Simon 49, 38360 922 572 535

Das in einem alten Haus an der Nordwestküste bei Tacoronte untergebrachte Museum informiert über den Weinbau auf der Insel. Im angeschlossenen Restaurant setzt man auf moderne kanarische Gerichte und frische Zutaten. Wein steht gleichwohl im Zentrum des Interesses. Im Patio finden im Sommer manchmal Konzerte statt. Geschlossen: Mo.

Preiskategorien *siehe S. 171* **Zeichenerklärung** *siehe hintere Umschlagklappe*

GRANADILLA DE ABONA Restaurante El Jable

Tapas 📋 ♿ 🅿️ €€€€

C/Betejuí 9, 38611 📞 *922 390 698*

Das typisch kanarische Restaurant serviert traditionelle, aber auch zeitgenössische Speisen. Der Schwerpunkt liegt auf Fischgerichten. Auf der Speisekarte stehen *potaje de berros*, warmer Fischsalat mit Thymian und Barsch in Tomaten-Vinaigrette mit Linsen. Probieren Sie die *tarta de millo* als Nachspeise.

GUÍA DE ISORA El Mirador

📋 ♿ 🎵 🏠 🍽 🅿️ €€€€€

Abama Golf and Spa Resort, Guía de Isora, 38687 📞 *922 126 000*

Im Restaurant im vornehmen Abama Golf and Spa Resort *(siehe S. 162)* kann man wunderbar zu Mittag oder zu Abend essen. Für die einfallsreichen Gerichte werden frische Zutaten verwendet. Das Seafood ist besonders beliebt. An dem abgeschiedenen Infinity Pool werden Cocktails und Tapas serviert.

LA CALETA Restaurante La Vieja

Tapas 📋 ♿ 🏠 🅿️ €€€€€

Avda. Las Gaviotas 4, 38679 📞 *922 711 548*

Zum maritimen Interieur des besten Seafood-Restaurants im Fischerdorf La Caleta gehört ein farbenfrohes Fischerboot als Bar. Strahlend weißes Leinen ziert die Tische. Auf der Terrasse mit Meerblick wird u. a. der namensgebende Fisch *vieja* serviert.

LA CALETA Rosso Sul Mare

♿ 🏠 🅿️ €€€€€

Avda. Las Gaviotas 4, 38679 📞 *922 782 374*

Das schicke italienische Restaurant überblickt die Bucht von La Caleta. Hier kann man wunderbar zu Mittag oder zu Abend essen oder einfach bei einem Drink die Aussicht genießen. Auf der Karte finden sich Oktopus mit jungen Kartoffeln und Hummer-Spaghetti. Kinder können sich auf dem hauseigenen Spielplatz vergnügen.

LA MATANZA Casa Juan

Tapas ♿ 🏠 €€€

C/Acentejo 77, 38370 📞 *922 577 012*

Der freundliche Familienbetrieb setzt auf geräucherten Fisch und verschiedene gegrillte Fleischgerichte, doch auch Vegetarier kommen auf ihre Kosten. Der große Garten, der offene Kamin und die elegant gedeckten Tische schaffen eine nette und keineswegs antiquierte Landhausatmosphäre. Kinderspielplatz. Geschlossen: Mo, Di.

LOS ABRIGOS Los Roques

📋 🏠 🅿️ €€€€€

C/Marina 16, 38618 📞 *922 749 401*

Die mediterrane Küche wird durch marokkanische und asiatische Zutaten bereichert. Die Speisen sind exzellent, die Weinkarte ist ansehnlich, die Terrasse – vor allem in der Dämmerung einladend. Die mit Foie gras gefüllten Jakobsmuscheln sowie die Krabben-Hummer-*tangine* sind köstlich. Geschlossen: So, Mo.

LOS CRISTIANOS La Tasca de Mi Abuelo

Tapas 🍴 ♿ 🏠 🅿️ €€€

CC San Marino, local 13, 38660 📞 *922 794 466*

In dem winzigen Restaurant gibt es keine Karte – der Eigentümer setzt sich zu seinen Gästen und zählt die Tagesgerichte auf. Typische kastilische und kanarische Speisen werden hier solide zubereitet. Es gibt Tapas sowie eine überraschend gute Weinauswahl. Freitagabends spielt der Besitzer auf seiner Gitarre.

LOS CRISTIANOS The Surrey Arms

🏠 €€€

Paloma Beach, 38660 📞 *922 797 070*

Das Lokal am Rand von Los Cristianos verströmt einen Hauch Großbritannien. Es gibt all die beliebten traditionellen Köstlichkeiten zur Teestunde, den traditionellen Sonntagsbraten sollte man nicht versäumen. Das Pub-ähnliche Restaurant bietet eine lebhafte Atmosphäre und effizienten, freundlichen Service. Die Preise sind moderat.

LOS REALEJOS La Finca

Tapas ♿ 🏠 🅿️ €€€

El Monturio 12, 38418 📞 *922 362 143*

Das preisgekrönte Restaurant im Norden ist nicht nur für seine Tapas berühmt, sondern auch für die einfallsreichen Hauptspeisen. Das Interieur ist nautischen Stils: Die Wände zieren Bootsteile, Fischernetze und andere Utensilien. Der Schwerpunkt der Speisekarte liegt auf Seafood. Geschlossen: So.

PALM MAR Rancho El Palm Mar

♿ 🏠 €

Ctra. Palm Mar–Guaza, 38627 📞 *922 732 424*

Das rustikale Lokal wird gern von größeren Gruppen und Gesellschaften besucht, die die quirlige Atmosphäre und das ausgezeichnete Preis-Leistungs-Verhältnis schätzen. Die Speisekarte ist umfangreich, es gibt Fisch, Fleisch und Pasta. Geschlossen: Di.

PLAYA DE LA ARENA Casa Pancho

♿ 🏠 🅿️ €€€€€

C/Playa de la Arena, 38683 📞 *922 861 323*

Die Gartenterrasse des Restaurants bietet den womöglich schönsten Blick der Insel aufs Meer. Das Lokal ist auf kanarische und spanische Küche spezialisiert. Das Seafood und die hausgemachten Desserts sind köstlich. Im optimal temperierten Keller lagern 200 Weine.

PLAYA DE LAS AMÉRICAS Bianco

📋 ♿ 🏠 🅿️ €€€

CC Safari, Playa de Las Américas, 38660 📞 *922 788 697*

Das italienische Restaurant liegt im Zentrum von Playa de las Américas. Der Küchenchef Marcelo Corrao serviert traditionelle *cucina italiana*, darunter gegrilltes Fleisch. Die große Auswahl an Pastagerichten beinhaltet auch vegetarische Optionen. Außerdem sind mehr als ein Dutzend Pizzas erhältlich.

PUERTO DE LA CRUZ La Gañania
Tapas 📋 ♿ 🚻 🍷   €€€
Camino del Durazno 71, 38400 📞 *922 376 204*

Das Restaurant ist eines der besten in Puerto de la Cruz. Mit seinen üppigen Gärten ist es auch für Hochzeitsfeiern sehr attraktiv. Die Speisekarte ist eher übersichtlich und konzentriert sich auf traditionelle kanarische Gerichte – kreative Überraschungen inklusive. Gute Auswahl regionaler Weine.

Puerto DE LA CRUZ El Magnolia
🚻 🍷   €€€€€
Avda. Marqués de Villanueva del Prado, 38400 📞 *922 385 614*

In dem legeren, doch schicken Lokal nahe dem Hotel Botánico *(siehe S. 164)* werden katalanische und internationale Speisen serviert. Spezialitäten sind das Hecht- und Lachs-Carpaccio, Filet mit grüner Pfeffersauce und *crema catalana*. Freundlicher Service, solide Weinkarte. Geschlossen: Di.

PUERTO DE LA CRUZ Régulo
Tapas 📋 ♿ 🚻 🍷   €€€€€
C/Pérez Zamora 16, 38400 📞 *922 384 506*

Ein Haus aus dem 18. Jahrhundert mit Patio, nahe der Plaza del Charco in der Stadtmitte, beherbergt das Régulo. Fisch aus der Region und gebratenes Lamm argentinischer Art zählen zu den Spezialitäten. Probieren Sie unbedingt die Feigen-Mousse als Dessert. Geschlossen: Mo mittags, So.

SAN JUAN DE LA RAMBLA Las Aguas
Tapas 🚻 🍷   €€
C/de la Destila 20, 38420 📞 *922 360 428*

Dies ist eines von nur zwei Lokalen in der Gegend. Das Las Aguas lockt mit seinen vorzüglichen Reisgerichten viele Stammgäste aus der Inselhauptstadt an. Man kann im gemütlichen Innenraum oder auf der Terrasse mit Meerblick mittags und abends herrlich speisen. Gute Weine vom Festland und aus der Region.

SAN MIGUEL DE ABONA Los Braseros Criollos
Tapas 📋 🎵 🚻 🍷   €€€€
Las Chafiras 33, 38630 📞 *922 735 137*

Einrichtung und Speisekarte des Restaurants sind typisch kanarisch. Das Lokal liegt im Gewerbegebiet von Las Chafiras. Die riesigen Steaks werden direkt am Tisch zubereitet – für Fleischgenießer einfach paradiesisch. Die hausgemachten Desserts sind ebenfalls empfehlenswert.

SANTA CRUZ DE TENERIFE El Líbano
📋 ♿   €€
C/Santiago Cuadrado 36, 38006 📞 *922 285 914*

Das bei Einheimischen beliebte Lokal, das libanesische Gerichte serviert, liegt in einer kleinen Seitenstraße. Es ist seit Langem bei Einheimischen und Urlaubern beliebt. Die Einrichtung ist schlicht, die Speisen sind exzellent. Die Karte ist lang, die Kebabs und die gefüllten Weinblätter sind zu empfehlen. Vegetarier finden viele Optionen.

SANTA CRUZ DE TENERIFE La Hierbita
📋 ♿ 🍷   €€
C/de Clavel 19, 38003 📞 *922 244 617*

Das beliebte Lokal ist in einem kanarischen Herrenhaus (19. Jh.) mit knarrenden Holzdielen und winzigen Kämmerchen untergebracht. Die erstklassigen traditionellen Gerichte und die gute Weinkarte locken Einheimische und Urlauber an. Für schöne Aussicht ist rechtzeitig einen Balkonplatz zu reservieren. Geschlossen: So.

SANTA CRUZ DE TENERIFE Viva Mexico
📋 ♿   €€
C/Santa Clara 8, 38002 📞 *922 296 088*

Wer Speisen mit einem gewissen Pfiff schätzt, findet in diesem Restaurant die beste Option in der Inselhauptstadt. Die Tex-Mex-Speisekarte passt hervorragend zum geschmackvollen mexikanischen Interieur. Kinder können von einer eigenen Karte auswählen.

SANTA CRUZ DE TENERIFE Cofradía de Pescadores
Tapas ♿ 🚻   €€€
Playa de Teresitas, 38001 📞 *922 549 436*

Die Atmosphäre in diesem kleinen, stets gut besuchten Restaurant nahe dem Strand von Las Teresitas ist fröhlich und ausgelassen. Inmitten von angeregt plaudernden Einheimischen kann man hier bei Sonnenuntergang den Tag mit Seafood und einer gut gekühlten Flasche Weißwein entspannt und preiswert ausklingen lassen.

SANTA CRUZ DE TENERIFE Da Gigi
📋 ♿ 🚻 🍷   €€€
Avda. de Anaga 43, 38001 📞 *922 242 017*

Da Gigi ist ein klassischer »Italiener« im Herzen von Santa Cruz, der neben den üblichen Pizza- und Pastagerichten eine Auswahl an italienischen Likören anbietet. Neben den großen Innenräumen gibt es auch eine Terrasse, die aber all jenen vorbehalten bleibt, denen es nichts ausmacht, mitten im tosenden Verkehr zu sitzen.

SANTA CRUZ DE TENERIFE Marisquería de Ramón
Tapas 📋 ♿ 🍷   €€€
C/Dique 23, 38120 📞 *922 549 308*

Das einfache Restaurant liegt nahe dem Strand von Las Teresitas und nur wenig außerhalb von Santa Cruz. Die Einrichtung ist schlicht, aber das frische Seafood, die *paellas* und die Reisgerichte sind hervorragend. Die für den Norden herausragende Qualität hat allerdings ihren Preis.

SANTA CRUZ DE TENERIFE La Cazuela
Tapas 📋 🚻 🍷   €€€€
C/Robayna 34, 38004 📞 *922 272 300*

Ein historisches Gebäude in der Altstadt beherbergt dieses renommierte Restaurant – ein Mekka für Gourmets, die kreative baskische Küche unter Verwendung regionaler Produkte schätzen. Kosten Sie das gegrillte Thunfischsteak mit Knoblauch und schwarzen Kartoffeln. Hervorragender Weinkeller. Geschlossen: So.

Preiskategorien *siehe S. 171* **Zeichenerklärung** *siehe hintere Umschlagklappe*

SANTA CRUZ DE TENERIFE Bacalao de la Cazuela   📋 🔊   €€€€€
C/General Goded 11, 38006   📞 *922 293 249*

Die baskische Küche zeigt kanarische Einflüsse. Probieren Sie den Toast mit hausgemachtem Foie gras und Zwiebel-marmelade, bestellen Sie statt Fisch *cerdo iberico en salsa de vino tinto* (Schwein in Rotweinsauce). Zum Nachtisch gibt es *tarta de queso fresco y mango* (Käsekuchen mit Mango). Geschlossen: Sa mittags, So abends.

SANTA CRUZ DE TENERIFE El Coto Antonio   📋 🎵 🍷   €€€€€
C/Perdón 13, 38006   📞 *922 272 105*

Das exzellente Restaurant ist bei Geschäftsleuten und Prominenten beliebt. Küche und Service hohen Niveaus sind garantiert, was sich auch im Preis niederschlägt. Besonders zu empfehlen sind schwarzer Kartoffelsalat mit Salz-dorsch, Paprika und Olivenöl sowie Barsch in Koriandersauce.

SANTA CRUZ DE TENERIFE Los Menceyes   *Tapas* 📋 🔊 🎵 🍴 🍷   €€€€€
C/Dr. José Naveiras, 38, 38001   📞 *922 609 900*

Das Restaurant im luxuriösen Iberostar Grand Hotel *(siehe S. 164)* wird häufig von Würdenträgern oder hochkaräti-gen Geschäftsleuten besucht, die hier logieren oder von außerhalb anreisen. Die Kochkunst korrespondiert mit dem klassisch-eleganten Interieur. Seebarsch auf Blätterteig ist eine Kreation des preisgekrönten Küchenchefs.

SANTA CRUZ DE TENERIFE Mesón Castellano   *Tapas* 📋 🍷   €€€€€
C/Callao Lima, 4, 38003   📞 *922 271 074*

Kastilische Fleisch- und Fischgerichte sowie auffallend viele Gerichte auf Wurstbasis stehen auf der Karte dieses Kellerrestaurants. Die Speisen sind nicht preiswert, aber die Qualität und die lebhafte Atmosphäre entschädigen für das Minus im Portemonnaie. Sehr empfehlenswert ist der Kalbsbraten.

SANTA CRUZ DE TENERIFE Rasoi   📋   €€€€€
Rambla de General Franco 25, 38006   📞 *922 244 505*

Das opulente indische Restaurant – sein Name bedeutet auf Hindi »die Küche« – hat sich in Santa Cruz rasch eine treue Kundschaft erarbeitet. Spezialität des Hauses ist *murgh pastoom*, zartes Huhn mit cremiger Tomatensauce, aber auch die vielen anderen Gerichte bestätigen den hohen Standard des Hauses.

TACORONTE Los Limoneros   📋 🔊 🍷   €€€€€
Ctra. General del Norte 447, 38340   📞 *922 636 144*

In dem Lokal in einem alten kanarischen Gebäude diniert man in einem Ambiente aus gestärktem Leinen und glän-zendem Tafelsilber. Die Speisekarte ist international, der Service tadellos, die Einrichtung exquisit. Der exzellente Ruf des Restaurants ist gerechtfertigt. Parkplatz vorhanden. Geschlossen: So abends.

La Gomera

AGULO La Vieja Escuela   *Tapas* 🔊   €
C/Poeta Trujillo Armas 2, 38830   📞 *922 146 004*

Die alte Dorfschule, ein weiß getünchtes Landhaus mit Holzbalkendecken, beherbergt dieses schlichte Bar-Restau-rant. Serviert werden regionale Gerichte und hausgemachte Suppen, frisches Seafood, Ziegenfleisch sowie *almo-grote*, eine pikante Pastete aus geräuchertem Käse aus La Gomera, Tomaten und scharfem Pfeffer. Geschlossen: So.

PLAYA DE SANTIAGO El Laurel   *Tapas* 🎵 🍴 🍷   €€€€
Lomada de Tecina, 38811   📞 *922 145 850*

In dem preisgekrönten À-la-carte-Restaurant, Teil des riesigen Hotels Jardín Tecina *(siehe S. 164)*, treffen poliertes Besteck und gestärkte Tischwäsche auf rustikale Steinwände und hölzerne Deckenbalken. Der Blick aufs Meer und den tropischen Garten macht einen Besuch des Restaurants zum Erlebnis. Reservierung wird empfohlen.

SAN SEBASTIÁN DE LA GOMERA Cuatro Caminos   €€
C/Ruiz de Padrón 36, San Sebastián, 38800   📞 *922 141 260*

In dem kleinen Speisesaal auf der Veranda wird bodenständige kanarische Küche zu vernünftigen Preisen geboten. Das Lokal ist schlicht, es serviert keine Haute Cuisine, doch das Preis-Leistungs-Verhältnis stimmt. Auf der Karte ste-hen Grillgerichte, Suppen, Eintöpfe und kastilische Spezialitäten wie *cochinillo* (Spanferkel).

SAN SEBASTIÁN DE LA GOMERA Tasca La Salamandra   🍴   €€
C/República de Chile 5, 38800   📞 *626 223 301*

Das nette kleine Restuarant macht mit einer pink gestrichenen Fassade und dem Bild einer Eidechse auf sich auf-merksam. Die kanarischen Gerichte haben kreativen Touch. Aufgrund der begrenzten Anzahl Tische empfiehlt es sich, frühzeitig zu erscheinen.

SAN SEBASTIÁN DE LA GOMERA Casa del Mar   *Tapas* 📋 🔊   €€€€
Paseo Fred Olsen 2, 38800   📞 *922 870 320*

Das familiengeführte Restaurant im Hafen serviert Seafood sowie typisch kanarische Gerichte. Die Preise sind ange-messen. Wählen Sie zwischen Eintöpfen, *paella* oder fangfrischem gegrilltem Fisch. Hier kann man gut auf die näch-ste Fähre warten. Die Weinauswahl ist überschaubar, doch es gibt reichlich Spirituosen.

SAN SEBASTIÁN DE LA GOMERA El Charcón

€€€€€

Playa de la Cueva, 38800 922 141 898

Das kleine Seafood-Restaurant befindet sich in einer Höhle, die nahe dem Hafen in eine Felswand geschlagen wurde. Die Auswahl an schmackhaften Fischgerichten ist groß, der Ausblick übers Meer und auf die Nachbarinsel Teneriffa atemberaubend.

SAN SEBASTIÁN DE LA GOMERA El Silbo

Tapas €€€€€

Ctra. General de Hermigua 102, 38800 922 880 304

Das bodenständige Restaurant am Strand von Hermigua bietet einfache klassische Gerichte und eine kleine Auswahl an Weinen. Ein typisches Mittagessen besteht aus *croquetas de pescado* (Fischkroketten), *filetes de atún en adobo* (Thunfisch in Sauce) und mit heimischem Palmhonig beträufelten Bananen.

SAN SEBASTIÁN DE LA GOMERA Hotel Parador de la Gomera

Tapas €€€€€

Llano de la Horca s/n, 38800 922 871 100

Das elegante, klimatisierte Restaurant liegt in einem *parador* mit Blick auf San Sebastián *(siehe S. 165)*. Das traditionell gekleidete Personal und die klassischen kanarischen Gerichte schaffen eine authentische Atmosphäre. Seafood dominiert die kleine Auswahl an Speisen. Kosten Sie den Seebarsch im Salzmantel.

VALLE GRAN REY Mango

€€

Avda. Marítima, Charco del Cunde 5, 38870 928 805 961

Die Küche des am Strand gelegenen, gemütlichen, aber unkonventionellen Restaurants schöpft aus der landwirtschaftlichen Tradition der Region. Frische Salate und Frucht-Smoothies zählen zum Angebot. Der Service ist effizient und freundlich. Im Mango kann man wunderbar bei einer Tasse Kaffee entspannen.

El Hierro

FRONTERA El Pollo Asado

Tapas €€

C/Las Lajas 4B, 38911 922 555 051

Das preiswerte Bar-Restaurant bietet gute deftige Speisen und eine lebendige Atmosphäre. Zu den einfachen kanarischen Tapas gehören Ziegenkäse, pikante Wurst und gesüßte Blutwurst. Das »Hausgericht« nach Geheimrezept ist ein raffiniert gewürztes Brathähnchen. Es gibt auch eine Terrasse. Geschlossen: Mo.

FRONTERA Restaurant La Maceta

Tapas €€

C/de los Arroyos s/n, 38911 922 556 020

Obwohl das am Meer gelegene Lokal auch einen Gastraum besitzt, lohnt es sich, mit Blick auf die natürlichen Salzwasser-Schwimmbecken im Freien zu speisen. Fangfrischer Fisch und kanarische Gerichte sind die Spezialitäten dieses Restaurants. Kleine Weinauswahl.

LA RESTINGA Casa Juan

Tapas €€€

C/Juan Gutiérrez Monteverde 23, 38915 922 557 102

Das bei Einheimischen beliebte Restaurant befindet sich 38 Kilometer von Valverde entfernt. Die schlichte, unprätentiöse Ausstattung des Lokals korrespondiert mit der bodenständigen Küche. Die Speisen sind erstklassig. Probieren Sie den Fisch des Tages, meist *vieja* oder *cherne,* in der traditionellen, würzigen *Mojo*-Sauce.

VALVERDE La Taberna de la Villa

Tapas €€

C/de la Constitución, 38900 922 551 907

Das bodenständige Restaurant in der Fußgängerzone von Valverde verwandelt sich nach Mitternacht in ein »Pub«, in dem oft Live-Musik zu hören ist. Serviert werden überwiegend italienische Gerichte, die Pasta ist hervorragend. Wein- und Bierauswahl lassen nichts zu wünschen übrig. Geschlossen: So.

VALVERDE El Mirador de la Peña

Tapas €€€

Mirador de la Peña, Guarazoca, 38900 922 550 300

Das in einen Felsen gebaute Haus an der Nordküste mit herrlichem Blick über den Valle del Golfo wurde von dem kanarischen Architekten César Manrique entworfen. Zu den typischen Inselgerichten zählen *ensalada templada de ventresca de bonito* (warmer Thunfischsalat) und *mousse de gofio.*

VALVERDE Mango La Higuera de la Abuela

€€

Avda. Marítima, Charco del Cunde 5, 38870 928 805 961

Rund zehn Kilometer nördlich von Valverde steht ein Gebäude mit farbenfrohen Wänden und einem Innenhof voller Kakteen. Im La Higuera de la Abuela gibt es traditionelle Hausmannskost, darunter *cordero herreño a la herreña* (El-Hierro-Lamm nach El-Hierro-Art) und verschiedene Gerichte mit einheimischem Fisch. Geschlossen: Di.

VALVERDE Parador del Hierro

Tapas €€€€€

Las Playas s/n, 38900 922 558 036

Die grandiose Lage auf einem Hügel mit Blick über den Atlantik und die elegante Atmosphäre empfehlen das Restaurant für besondere Anlässe. Zu den regionalen Speisen wird eine große Auswahl an spanischen Weinen geboten. Außergewöhnliche Gerichte sind faschierte Laibchen in Napfschnecken- und Seeigelsauce sowie Käsesuppe.

Preiskategorien *siehe S. 171* **Zeichenerklärung** *siehe hintere Umschlagklappe*

La Palma

BARLOVENTO La Palma Romántica
Tapas 🚻 ⬛ €€€€

Ctra. General Las Llanadas s/n, 38726 📞 *922 186 221*

Das elegante Restaurant befindet sich in dem eine halbe Stunde Fahrt von Santa Cruz de La Palma entfernt gelegenen Hotel La Palma Romántica. Inmitten herrlicher tropischer Gärten wählen Gäste aus dem breit gefächerten Angebot kanarischer und internationaler Speisen. Der Service ist freundlich und entspannt.

BREÑA ALTA La Fontana
⬛ ⬛ €€

C/Los Cancajos, 38712 📞 *922 434 729*

Die Fleisch- und Fischgerichte in dem italienischen Strandrestaurant weisen ein gutes Preis-Leistungs-Verhältnis auf. Wählen Sie aus traditionellen Klassikern wie Pizzas, Pasta und Risotto. Die Terrasse bietet Tische im Freien. Der Service ist nicht unbedingt flink, doch die Qualität der Speisen ist gut. Geschlossen: Di.

BREÑA ALTA Las Tres Chimeneas
🚻 ⬛ €€€€

Ctra. de la Cumbre 29, 38713 📞 *922 429 470*

An der Hauptstraße von Santa Cruz nach Los Llanos liegt dieses kleine Restaurant, das bei seinem Streben nach Grandeur beim Dekor und den Preisen leider ein wenig übertreibt. Die Speisekarte führt viele kanarische Fleisch- und Fischgerichte sowie leckere Desserts. Der Schokoladenkuchen ist ein Muss. Geschlossen: Mo abends, Di.

EL PASO Franchipani
Tapas €€€€

Ctra. General Empalma Dos Pinos 57, 38750 📞 *922 402 305*

Die Atmosphäre in dem eleganten, aber gemütlichen, nur von Frauen geführten Lokal ist fröhlich. Die Zutaten für die internationalen Gerichte stammen aus biologischem Anbau, die Speisen werden ansprechend präsentiert. Die Speisekarte wechselt jedes Jahr im August, es gibt aber auch Tagesangebote, darunter kreative vegetarische Optionen.

LOS LLANOS DE ARIDANE El Bernegal
€€

C/Díaz y Suárez 5, Santo Domingo, Garafía, 38787 📞 *922 400 480*

Das Restaurant in einem historischen Haus an der Westküste ist auf traditionelle kanarische Küche und vegetarische Speisen spezialisiert – etwa *potaje de berros* und, wenn Sie Zicklein lieben, *cabrito palmero*. Zum Dessert gibt es *delicias con naranja* (eine Art Biskuit mit Orange).

LOS LLANOS DE ARIDANE San Petronio
⬛ 🚻 ⬛ 🍷 €€€

Cno. Pino de Santiago 40, 38760 📞 *922 462 403*

Das Restaurant und Gästehaus im Chalet-Stil ist nicht leicht zu finden, doch die Suche lohnt sich. Auf der Karte stehen überwiegend italienische Gerichte, aber auch einige preiswerte internationale Speisen. Es gibt einen Garten, eine Terrasse und Parkplätze. Geschlossen: So, Mo; Juni.

SANTA CRUZ DE LA PALMA Chipi-Chipi
Tapas 🚻 ⬛ 🍷 €

C/Juan Mayor 42 📞 *922 411 024*

Das preiswerte Restaurant mit tropisch bepflanztem Innenhof liegt etwa sechs Kilometer von der Inselhauptstadt entfernt. Es ist auf Grillgerichte und einheimische Speisen wie Kichererbsensuppe, gebratenen Käse mit *mojo verde* sowie Zicklein spezialisiert. Das Haus bietet auch Übernachtungsmöglichkeiten.

SANTA CRUZ DE LA PALMA La Bodeguita del Medio
Tapas €

Álvarez de Abreu 58, 38700 📞 *922 415 912*

Das lebendige Bar-Restaurant ist seit den 1990er Jahren bei Einheimischen und Urlaubern beliebt. Je nach Appetit kann man Tapas oder ein ganzes Menü bestellen. Die Karte führt einige einfache, gleichwohl schmackhafte kanarische Spezialitäten.

SANTA CRUZ DE LA PALMA Pizzeria Alameda
⬛ ⬛ 🍷 €

C/Perez de Brito 15, 38700 📞 *922 420 865*

Das authentische italienische Restaurant in der Altstadt bewirtet seine Gäste mit frischer Pasta, einer Reihe italienischer und internationaler Gerichte sowie mit Weinen, die aus Italien oder von der Insel stammen. Zum Nachtisch sollte man sich keinesfalls den Apfelstrudel entgehen lassen. Kindergerichte.

SANTA CRUZ DE LA PALMA La Placeta
⬛ 🍷 🎵 €€€

Placeta Borrero 1, 38700 📞 *922 415 273*

Das beliebte Restaurant in einem Haus aus dem 18. Jahrhundert ist für seine vegetarischen Speisen bekannt, man kann aber auch nur einen Drink genießen, etwa auf der Terrasse oder im Garten. Die Speisekarte wird durch Gerichte mit Fisch oder Kaninchen ergänzt. Gute Weinauswahl.

TAZACORTE Playa Mont
Tapas 🚻 ⬛ 🍷 €

El Puerto s/n, 38770 📞 *922 480 045*

Dieses äußerst beliebte, preisgekrönte Terrassen-Restaurant liegt direkt hinter dem langen, wunderschönen schwarzen Sandstrand von Tazacorte. Spezialität des Hauses ist Seafood, auf der Karte finden sich vielerlei Zubereitungsarten. Auch die Weinauswahl ist beeindruckend. Geschlossen: Mi abends, Do.

Shopping

So wie fast jede spanische Region haben auch die Kanarischen Inseln ihre kulinarischen Spezialitäten. Viele Besucher schätzen sie als Erinnerung an den »Geschmack der Kanaren«. Vor allem Ziegenkäse, Rum, Wein und *mojo* im Glas werden oft gekauft. Auch Topfpflanzen sind beliebte Souvenirs von den Inseln. Kleine Bananenstauden, Palmen und die bizarren Drachenbäume rufen zu Hause ganz besondere Erinnerungen an den Urlaub wach. Zu den beliebten Kunst-

Weinetikett für Malvasía

handwerksprodukten zählen Stickereien und Spitze sowie Leder-, Korb- und Tonwaren. Die auffallende Preisdifferenz zum spanischen Festland liegt zum einen in der Vergangenheit der Inseln als Freihandelszone begründet, zum anderen basiert sie darauf, dass die Kanaren bis 2019 steuerlich begünstigt werden. Produkte wie Alkohol, Zigaretten, Parfüms, Sonnenbrillen und Elektronikartikel sind im Allgemeinen auf den Inseln günstiger als auf dem europäischen Festland.

Eingang zum Shopping-Center von Playa de las Américas

Läden

Sowohl in den Städten als auch in den Feriengebieten gibt es jede Menge Einkaufszentren. Hier findet man alles – von Lebensmitteln für ein Picknick über Sonnencreme und Kleidung bis zu den üblichen Mitbringseln. Oft laden Bars und Restaurants zu einer Pause zwischen den Einkäufen ein.

Daneben bieten in den Ferienorten ganz verschiedene kleine Läden ihre Waren an: Souvenirs, Mode, Kosmetik und auch viele elektronische Produkte. Über den Preis kann man reden – ein wenig Geschick beim Handeln kann sich auszahlen.

Zahlreich sind auch die Läden mit der Aufschrift *artesanía*. Hier findet man allerlei, von Kitsch bis Kunst, oft auch

solides Kunsthandwerk. Auch hier ist der Preis in der Regel Verhandlungssache. Wer auf der Suche nach Typischem ist, kann die Läden in den kleineren Orten besuchen. Oft findet man hier Dinge, die gar nicht zum Verkauf in die großen Kaufhäuser kommen. Vor allem Lebensmittel aus der Region schmecken hier meist besser als die übliche Ware aus dem Supermarkt. In vielen Orten stößt man auch auf Künstler und Handwerker, die direkt ab Studio oder Werkstatt verkaufen.

Öffnungszeiten

Große Shoppingcenter haben meist montags bis samstags von 9 bis 21 Uhr geöffnet, die kleineren schließen zur *siesta* von 13 oder 14 bis 16 oder 17 Uhr. Viele

Vase mit traditionellem Muster aus La Orotava

Läden in den Ferienorten scheinen keine festen Geschäftszeiten zu kennen. Häufig kann man Lebensmittel noch spätnachts erwerben.

Die Öffnungszeiten sind meist nicht genau festgelegt: Nicht selten steht man einfach vor verschlossener Tür oder wundert sich darüber, dass der Laden noch offen ist. In den Dörfern läuft das Leben geregelter und langsamer ab: Läden schließen pünktlich, aber auch oft früher.

Kreditkarten

Die meisten Läden in Urlaubsorten akzeptieren Kreditkarten – am häufigsten Visa und MasterCard. In ländlichen Gebieten, in kleinen Läden und auf Straßenmärkten braucht man nach wie vor Bargeld.

Afrikanische Schnitzereien auf dem Sonntagsmarkt in Teguise

Straßenmärkte

Märkte gehören zum Straßenbild der Kanarischen Inseln. Vor allem in den kleineren Städten sind sie nicht auf Urlauber ausgerichtet, sondern versorgen vor allem die Einheimischen. Angeboten werden landwirtschaftliche Produkte und Gegenstände, die man im Haus oder auf dem Hof braucht. Die Preise sind niedriger als in den Städten. Obst, Käse und Oliven verführen auch Besucher zum Probieren und zum Kauf.

In größeren Städten werden die Märkte häufig »Basar« genannt – der arabische Name soll vor allem Urlauber anlocken. Auch wenn die Preise hier relativ hoch sind, findet man doch manches schöne Stück. In größeren Städten gibt es auch wöchentliche Flohmärkte, bei denen Sammler fündig werden können.

Auf Gran Canaria und Lanzarote bieten relativ viele afrikanische Händler ihre Waren an. Diese haben zwar nichts mit den Kanarischen Inseln zu tun, und das Angebotene ist sicher auch nicht »einzigartig« – dennoch ergibt sich hier eine gute Möglichkeit, afrikanische Handwerksprodukte von solider Qualität in einem europäischen Land zu erstehen.

(Kunst-)Handwerk

Zu den bekannten Handwerksprodukten der Inseln zählt das »Kanarische Messer« *cuchillo canario*. Denken Sie vor Ihrem Rückflug in die Heimat daran: Ein solches Messer gehört keinesfalls ins Handgepäck!

Ein als Souvenir beliebtes Musikinstrument der Kanaren ist die *timple*, ein Saiteninstrument, das der Ukulele ähnelt. Auch andere Gegenstände aus Holz – Schachteln, Schalen, Pfeifen und sogar Kastagnetten – werden angeboten, haben aber wenig mit den Kanaren zu tun.

Die auf den Inseln gefertigten Korbwaren weisen individuelle Muster und Formen auf. Die Gestaltung von Ton-

Stände auf dem Wochenmarkt in Puerto de Mogán

Palmenhonig

waren geht oft auf Keramikfunde aus der Guanchen-Zeit zurück, die mit typischen Mustern versehen sind. Statuetten und Vasen, Krüge und Schalen können daher ein reizvolles Souvenir sein.

Zu den beliebtesten Textilien zählen Stickereien, geklöppelte Spitze und handgewebte Decken. Man kann oft in Werkstätten bei der Herstellung dieser Waren zusehen.

Spezialitäten

Ziegenkäse gehört zu den typischen kanarischen Lebensmitteln. Der *majorero* aus Fuerteventura und der *queso herreño* aus El Hierro zählen zu den bekannten Sorten. Vor allem in kleineren Orten bekommt man manch-

mal die Gelegenheit, ganz besondere regionale Erzeugnisse zu kosten und zu kaufen.

Unter den Alkoholika sind kanarischer Rum und dessen mit Honig versetzte Variante *ron miel*, aber auch der Wein Malvasía begehrte Mitbringsel. Weine der Inseln werden zwar in manchen Lokalen ausgeschenkt, haben aber nie große Bekanntheit erlangt.

Eine weitere Spezialität ist *gomerón* aus La Gomera, der aus Palmensaft und einer grappaähnlichen Spirituose hergestellt wird. Auch die allgegenwärtigen grünen oder roten scharfen Saucen, *mojos* genannt, sind im Glas ein beliebtes Mitbringsel. Man bekommt mehrere Sorten von ihnen in jedem Supermarkt. Supermärkte eignen sich überhaupt am besten, um Lebensmittel zum Mitnehmen einzukaufen. Die Auswahl ist groß, die Preise sind angemessen.

Bekannt sind die Zigarren aus La Palma, die *puros palmeros*. Sie sind zwar nicht ganz so berühmt wie die kubanischen, Kenner schätzen sie jedoch, und selbst der königliche Hof in Madrid kauft sie.

Ein anderes Souvenir sind *estrelitsias* (Strelizien oder Paradiesblumen). Sie werden oft am Flughafen angeboten und erinnern zu Hause noch zwei bis drei Wochen lang an den Urlaub.

Triana, die Haupteinkaufsstraße in Las Palmas

Unterhaltung

Urlaub ist Erholung und Spaß – folglich stehen Besuchern in den Ferienorten zahlreiche Veranstaltungsangebote zur Verfügung, die der Unterhaltung von Jung und Alt dienen. Vom Volkstanz bis zur *Lucha Canaria*, dem Kanarischen Ringkampf, gibt es einiges an Traditionen und Bräuchen zu sehen. Die moderne Form des abendlichen Amüsements findet in unzähligen Bars, Clubs, Casinos und Discos statt. Kino, Theater und Konzerte gibt es allerdings meist nur in größeren Städten zu besuchen. Für den Spaß tagsüber ist überall gesorgt: Zoos, Parkanlagen und botanische Gärten präsentieren wilde Tiere und exotische Pflanzen. Ausflüge mit (Glasboden-)Booten machen mit dem faszinierenden Leben unter Wasser bekannt. Die vielen Wasserparks lassen vor allem Kinderherzen höherschlagen, bieten aber auch Erwachsenen Unterhaltung.

Schild des Parque Las Aguilas

Casinos sind auf den Kanaren sehr beliebt

Information

Zeiten, Orte und Preise von Konzerten und anderen Veranstaltungen finden Sie – wie überall – in den Lokalzeitungen. Fast jedes Event wird aber auch auf großen Plakaten angekündigt – Sie müssen nur die Augen offen halten. Bei den Informationsstellen der Fremdenverkehrsämter und in Hotels liegen meist Prospekte und Flyer aus.

Nachtleben

Zahlreiche Clubs, Discos, Casinos und Karaoke-Bars werben in den Urlaubsorten um Gäste – wer sich ins Nachtleben stürzen will, hat die volle Auswahl. Zwar gibt es in einigen Städten seit Kurzem Auflagen hinsichtlich der Lärmbelästigung, die jedoch wenig Wirkung zeigen.

Auf den Inseln findet man zwei Arten von Bars: Eine *taberna* hat meist den ganzen Tag über geöffnet. Hier trinkt man Bier oder Wein und bekommt auch etwas zu essen. Oft sind diese Bars am frühen Abend sehr belebt. In Spanien gehört es einfach dazu, den Abend mit Freunden bei einem Glas Wein zu beginnen. Eine *cervecería* dagegen ist mehr auf das Nachtleben ausgerichtet. Wein gibt es hier selten, dafür spielt man Musik, oft kann man auch tanzen.

Discos öffnen spät und bleiben bis 5 Uhr morgens geöffnet. Voll werden sie meist erst um 1 Uhr, wenn die anderen Lokale schließen.

Unterhaltung am Tag

Langeweile kann auch tagsüber nicht aufkommen. Bootsausflüge werden überall angeboten. Eine Fahrt mit einem Glasbodenboot oder mit einem Tauchboot ist spannend. Es gibt auch Trips, die zur Delfin- oder Walbeobachtung aufs Meer hinausführen (im Preis ist meist ein Mittagessen an Bord inbegriffen).

An Land kann man eine »Safari« mit dem Jeep unternehmen oder die Landschaft vom Rücken eines Dromedars aus erkunden.

Für jüngere Gäste gibt es Wasserparks mit Rutschen und Karussellen. Zoologische und botanische Gärten wie **Palmitos Park** und **Loro Parque** veranstalten Shows mit Papageien und Delfinen, die speziell Kinder ansprechen.

Kino und Theater

Nur in größeren Städten gibt es Kinos und Theater. Meist werden internationale Filmproduktionen gezeigt – in der Regel in der spanischen Synchronfassung.

Im Loro Parque auf Teneriffa führen Seelöwen Kunststücke vor

Auf dem Filmfestival in Las Palmas

Musik und Konzerte

Die größte Musikveranstaltung auf den Kanaren ist das **Festival de Música de Canarias**, ein Festival klassischer Musik, das im Januar und Februar stattfindet. Das Womad (World of Music, Arts and Dance), eines der bekanntesten Festivals für Weltmusik, fiel 2012 Budgetkürzungen zum Opfer. Auf den einzelnen Inseln gibt es aber Pop- und Rockkonzerte.

In Maspalomas bietet das **Gran Canaria Summer Festival** im August Dance Music.

Das **Festival Internacional Canarias Jazz & Más** beinhaltet Konzerte auf Gran Canaria, Lanzarote und Teneriffa.

Wer klassische Musik hören will, findet Konzertsäle in Las Palmas de Gran Canaria und Santa Cruz de Tenerife. Für das Festival klassischer Musik der Kanaren sind die Hauptveranstaltungsorte das **Auditorio Alfredo Kraus** (Las Palmas de Gran Canaria) und das **Auditorio de Tenerife** (Santa Cruz de Tenerife).

Das ganze Jahr über kann man in vielen großen Hotels diverse Flamenco- und Volkstanzdarbietungen sehen.

Events und Festivals

Das attraktivste Event auf den Kanaren ist natürlich der Karneval im Februar/März. Die Umzüge und Feiern in Santa Cruz de Tenerife werden oft mit denen von Rio de Janeiro verglichen.

Agüimes auf Gran Canaria ist alljährlich in den ersten Septemberwochen Schauplatz eines ungewöhnlichen Theaterfestivals. Beim **Encuentro Internacional Tres Continentes**, auf der Insel auch Festival del Sur genannt, treten Gruppen aus Europa, Afrika und Lateinamerika auf.

Beim **Festival Internacional de Cine Las Palmas de Gran Canaria** in Las Palmas (März) werden internationale Filmproduktionen gezeigt. Auch europäische, afrikanische und lateinamerikanische Filme sind vertreten. Eine Reihe gilt dem kanarischen Film bzw. Filmen, die sich mit den Kanaren beschäftigen.

MASDANZA ist eine internationale Choreografie- und Tanzveranstaltung auf Gran Canaria.

Fiestas

Fiestas, Feste zu Ehren eines Schutzpatrons, sind religiösen Ursprungs: Im Zentrum steht meist die Prozession, bei der die Heiligenfigur durch die Straßen getragen wird. Daneben bieten Fiestas aber auch Anlass für allerlei Feierlichkeiten, von Paraden bis zu Tanz und Rummel. Gefeiert wird oft einige Tage lang, dann haben die Läden und auch viele Restaurants und Bars geschlossen.

Ein Fliesenbild erinnert an den Karneval 1981

AUF EINEN BLICK

Theater

Teatro Cine Victor
Avda. Asucionistas, 1.
Santa Cruz de Tenerife.
922 287 574.
www.teatrocinevictor.com

Teatro Guimerá
Pl. Isla de la Madera, s/n.
Santa Cruz de Tenerife.
922 609 407.
www.teatroguimera.es

Teatro Pérez Galdós
Plaza de Stagno.
Las Palmas de Gran Canaria.
928 433 334.
www.teatroperezgaldos.es

Konzertsäle

Auditorio Alfredo Kraus
Avda. Principe de Asturias, s/n.
Las Palmas de Gran Canaria.
928 491 770.
www.auditorio-alfredokraus.com

Auditorio de Puerto del Rosario
Puerto del Rosario.
928 532 186.

Auditorio de Tenerife
Avda. de la Constitución, 1.
Santa Cruz de Tenerife.
922 568 600.
www.auditoriodetenerife.com

Sala »Teobaldo Power«
C/del Calvario, 4, La Orotava.
922 330 224.

Volkstanzgruppe auf Gran Canaria

Sport und Aktivurlaub

Das Klima auf den Kanarischen Inseln ist geradezu ideal für Unternehmungen im Freien. Wer das Sonnenbaden durch Aktivitäten ergänzen will, findet unter den zahlreichen Möglichkeiten und Angeboten bestimmt etwas für sich. Man kann natürlich allen Arten von Wassersport nachgehen. Pozo Izquierdo auf Gran Canaria ist einer der

Windsurfer auf Fuerteventura

weltweit besten Plätze für Windsurfer. Das Meer vor den Inseln bietet attraktive Tauchgründe. Teneriffa, aber auch die anderen Inseln haben ideale Orte zum Paragliden. Ob Golf, Tennis, Reiten, Wandern, Radfahren oder Mountainbiken – für alle erdenklichen Sportarten finden sich auf den Inseln einzigartige Möglichkeiten und professionelle Unterstützung.

Joggen

Wer laufen will, kann dies auf den Kanaren fast überall tun: im Sand am Strand entlang oder auf der Strandpromenade. Auch im Inselinneren findet jeder eine Strecke, obwohl es in den Bergregionen manchmal steil ist. Denken Sie daran: In der Mittagszeit brennt die Sonne selbst im Winter oft heftig. Die beste Zeit zum Joggen ist der frühe Morgen oder die Zeit vor Sonnenuntergang.

Wandern

Eine extrem abwechslungsreiche Landschaft und das zu jeder Jahreszeit gemäßigte Klima machen die Kanarischen Inseln zum Wanderparadies. Besonders attraktiv sind Nationalparks und Schutzgebiete. Tipps für die Wanderwege erhalten Sie in einer der Informationsstellen.

Die Nationalparks, inklusive des Gebiets um den Teide auf Teneriffa, bieten zahlreiche ausgewiesene Routen aller Schwierigkeitsgrade. Die Wege, die um eine Insel herumführen, sind – gerade für weniger Geübte – oft die beste Empfehlung. Sie sind meist nicht allzu schwierig, auch wenn viele Routen felsiges Terrain passieren.

Wer zwischen hohen Bergen und Tälern unterwegs ist, sollte natürlich die üblichen Regeln beachten: In höheren Lagen kann es selbst im Sommer recht kalt werden – nehmen Sie also warme Kleidung mit. Reichlich Wasser, etwas zu essen und eine Sonnencreme mit hohem Lichtschutzfaktor sollten in keinem Rucksack fehlen.

Tennis

Viele Hotels haben sehr gepflegte Tennisplätze, manche sind sogar abends mit Flutlicht bespielbar. In der Regel kann man die Plätze auch dann buchen, wenn man nicht Hotelgast ist. Trainer stehen überall zur Verfügung, Schläger kann man sich ausleihen. Informationen zu gezielten Tennisurlauben bekommt man von der Real Federación Española de Tenis.

Auch Squash-Spieler finden einige Hallen auf den Inseln vor, die meisten innerhalb der großen Hotelanlagen.

Auf dem Pferderücken am Strand von Valle Gran Rey

Reiten

Reiten ist kein typischer kanarischer Sport. Für Pferdehufe ist das Gelände fast überall auf den Inseln zu steinig – nicht ohne Grund wurden früher eher Esel oder Dromedare als Arbeitstiere in der Landwirtschaft eingesetzt.

Dennoch kann man natürlich mittlerweile auch auf den Kanaren am Strand entlanggaloppieren. Einige Veranstalter bieten kurze Ausritte auch für Anfänger an. Allein mit einem Pferd loszuziehen ist allerdings so gut wie nirgendwo möglich. Man reitet in der Regel in einer kleinen Gruppe mit einem erfahrenen Reitlehrer, der die Pferde und die Gegend genau kennt.

Zu den interessantesten Ausflügen hoch zu Ross gehören die von Reitschulen wie dem auf Gran Canaria ansässigen **Real Club de Golf** organisierten Touren.

Wanderer auf La Gomera

Ein Stopp am Castillo Santa Bárbara bei Teguise

Radfahren

Das gebirgige Terrain der Inseln ist für ambitionierte Radfahrer eine Herausforderung. Oft sieht man sie in Gruppen auf den steilen Straßen, die zu Gebirgspässen führen. Da Radfahrer, das Tempo lieben, sich die Straßen mit Autos teilen müssen, ist auf den Kanaren Umsicht gefordert.

Wer auf Tempo verzichtet und ein Rad mit stabilen Reifen und festem Rahmen wählt, kann auf den Kanarischen Inseln ganz besondere Erfahrungen machen. Mit einem Führer ist es möglich, selbst die abgelegensten Gebiete zu befahren – vorausgesetzt, man bringt die nötige Kondition mit. Die Nationalparks sind für solche Unternehmungen am besten geeignet. Einige Veranstalter bieten Touren an. Der Transport zum Start- bzw. Endpunkt und die Leihgebühr für das Rad sind im Preis inbegriffen.

Auch für weniger sportliche Menschen ist das Fahrrad auf den Inseln ein ideales Transportmittel – leider sind die Stellen, wo man die nützlichen Zweiräder ausleihen kann, ziemlich dünn gesät.

Segeln

Fast an jeder Küstenseite gibt es einen Hafen. Seit Kolumbus waren diese Zwischenstopps auf der Transatlantikroute wichtig. Auch heute liegen in den Marinas Yachten aus allen Ländern vor Anker. Auf den Kanaren kann man sein Boot überholen lassen, Vorräte kaufen oder noch einmal vor der großen Fahrt Land betreten.

Zum Segeln sind die Bedingungen um die Kanarischen Inseln das ganze Jahr über

Yachten im Hafen von Puerto de Mogán

gut. Mit dem entsprechenden Segelschein ist es einfach, eine Jolle, einen Katamaran oder eine Yacht zu chartern. Wer den Schein nicht besitzt, kann sich einen Tag oder auch länger auf eine Fahrt mit Kapitän begeben.

Wer die Gelegenheit nutzen möchte, einen Anfängerkurs im Segeln zu belegen, ist hier goldrichtig. Auf allen Inseln gibt es mehrere Segelschulen. Erwachsene dürfen auf Katamaranen üben. Kinder lernen – wesentlich sicherer – auf kleinen Jollen, die geschützt in Buchten liegen.

Angeln

Die Gewässer rund um die Kanarischen Inseln sind voller Fische, die jeden Angler faszinieren. Zwar greifen seit einiger Zeit Regulierungen, die das Angeln einschränken, aber es gibt auf fast jeder Insel Angebote zum Hochseefischen. Einmal im Jahr findet sogar ein Wettbewerb für die Jagd auf Marline statt. Die aussichtsreichsten Fangplätze für Marline liegen im Gebiet um La Graciosa nördlich von Lanzarote. Zu den anderen großen Fischen, die hier anbeißen, zählen Thunfische, Barrakudas und kleine Haie. Man kann ein Boot mieten oder sich einer Tour anschließen – die Ausrüstung wird gestellt.

FKK

An fast allen Stränden der Kanarischen Inseln ist das hüllenlose Sonnenbaden offiziell erlaubt. Gleichwohl sollte man hierfür weniger überlaufene Strände wählen und nicht etwa von Familien besuchte Abschnitte. Es gibt einige beliebte FKK-Strände, z. B. im Südosten von Teneriffa oder die Playa Guasimeta beim Flughafen Arrecife auf Lanzarote.

Warten auf einen Fang bei Puerto de las Nieves, Gran Canaria

Paragliding

Gleitschirmfliegen gehört zu den aufregenden Betätigungen. Ob man von steilen Klippen oder von sanften Hängen aus startet – der Blick von oben ist spektakulär. Vor allem auf Gran Canaria herrschen gute Bedingungen fürs Gleitschirmfliegen, aber auch Teneriffa bietet gute Möglichkeiten. Für Anfänger werden Kurse angeboten. In der Regel finden diese im Inselinneren statt, da hier stabilere Luftverhältnisse mit Aufwinden herrschen. Bei günstigen Bedingungen kann man so über die ganze Insel gleiten.

Weniger Können setzt der Spaß voraus, der an vielen Stränden angeboten wird: Man kann den Gleitschirm vom Motorboot ziehen lassen.

Motorsport auf dem Wasser

Motorbootrennen sieht man auf den Inseln eher selten, dafür kann man an vielen Orten Jetski mieten. Beliebt sind auch Wasserski. Weniger Wagemutige und Kinder haben Spaß daran, sich auf großen Gummiobjekten von Motorbooten über das Wasser ziehen zu lassen.

Tauchen

Zum Schnorcheln und Tauchen sind die klaren Gewässer um die Inseln geradezu ideal. Unter Wasser kann man Rochen, Barrakudas, Schildkröten und eine Vielzahl tropischer Fischarten bestaunen. Selbst kleine (ungefährliche) Haie sind absolut keine Seltenheit.

Mit dem Gleitschirm hinterm Boot bei den Klippen von Los Gigantes

In jedem Ferienort gibt es eine Anzahl von Veranstaltern und Tauchzentren (centro de buceo). Hier bekommt man die Ausrüstung gestellt und kann Kurse für jeden Schwierigkeitsgrad buchen. Um ohne Lehrer mit Geräten zu tauchen, ist auch in Spanien ein Tauchschein erforderlich: Akzeptiert werden u. a. PADI, CUC, CMAS/FEDAS und SSI. Es geht auch ohne: Schon Schnorcheln entlang den Felsküsten ist ein Erlebnis.

Windsurfen

Wind gibt es reichlich auf den Kanaren. Zudem ist das Wasser das ganze Jahr hindurch warm – kein Wunder, dass Windsurfen zu den beliebtesten Sportarten zählt. Es gibt in fast jedem Ferienort eine Reihe von Zentren, wo man Boards mieten kann oder die Kunst erlernt, darauf zu stehen.

Anfänger sollten unter den Augen eines Lehrers unbedingt in geschützten Buchten bleiben. Für Könner (oder windsurfistas, wie sie hier genannt werden) bieten sich vor allem die Strände El Mé-

dano auf Teneriffa, Playa de Sotavento auf Fuerteventura und Pozo Izquierdo auf Gran Canaria an. Hier werden auch internationale Wettbewerbe ausgetragen.

Auch wenn Sie noch so sicher auf dem Brett sind – denken Sie daran: Sie surfen im Atlantik, und der kann gefährlich werden. Der Wind erreicht oft hohe Geschwindigkeiten (am stärksten weht er zwischen April und September). Auch die Wellen sind nicht zu unterschätzen und im Winter sehr hoch. Erkundigen Sie sich unbedingt nach den Strömungen.

Windsurfistas – die Windverhältnisse vor den Inseln sind ideal

Surfen

An fast allen Stränden der Kanaren sieht man Menschen, die mit kleinen Brettern auf den Wellen experimentieren und viel Spaß dabei haben. Auf den größeren Inseln gibt es Schulen, in denen man das Surfen erlernen kann. An Orten, die besonders günstige Bedingungen zum Wellenreiten bieten (wie etwa Cantera auf Gran Canaria), kann man Surfboards auch mieten.

Bei den jungen Insulanern ist Surfen ein beliebter Sport. Wer die Bedingungen um die Inseln jedoch nicht genau kennt, sollte Vorsicht walten lassen. Vor allem an den Nordküsten sind die Wellen oft höher, als sie vom Ufer aus scheinen. Strömungen können recht trügerisch sein, auch gibt es unter Wasser oft verborgene Felsen.

Tauchen – eine der populärsten Sportarten auf den Kanaren

AUF EINEN BLICK

Reiten

Centro Hípico del Sur
Camino Los Migueles, 82,
Buzanada, Tenerife.
☏ 922 720 643.
www.centrohipicodelsur.com

Lanzarote a Caballo
Ctra. Arrecife – Yaiza,
17 km.
☏ 928 830 038.

Mamio Verde
C/Los Olivos, 39,
La Orotava, Tenerife.
☏ 653 736 704.
www.mamioverde.com

Real Club de Golf de Las Palmas
Ctra. De Bandama.
Santa Brigida, Las Plamas.
☏ 928 350 104.
www.realclubdegolfdelaspalmas.com

Sociedad Hípica Miranda
Lugar Caserío Miranda s/n,
Breña Alta, La Palma.
☏ 922 437 696.

Radfahren

Bike'n Fun
C/Calvo Sotelo, 20,
Los Llanos de Aridane,
La Palma.
☏ 922 401 927.
www.bikeanfun.de

Cycle Gran Canaria
PO Box 416, Maspalomas.
☏ 617 799 924.
www.cyclegrancanaria.com

Segeln

Club de Mar de Radazul
Avda. Colón s/n, Radazul,
El Rosario, Tenerife.
☏ 922 680 908..
www.clubradazul.com

Real Club Náutico de Gran Canaria
C/León y Castillo, 308,
Las Palmas de
Gran Canaria.
☏ 928 234 566.
www.rcngc.com

Real Club Náutico de Tenerife
Avda. Francisco La Roche,
s/n, Santa Cruz de Tenerife.
☏ 922 574 088.
www.rcnt.es

Angeln

Carp Gran Canaria
☏ 637 939 680.
www.carpgrancanaria.com

FKK

Charco Natural
(FKK-Bungalowanlage)
Charco Natural,
C/Montaña Redonda s/n,
Lanzarote.
☏ 928 529 595.
www.charconatural.com

Federación Españo-la de Naturismo
(Liste der FKK-Strände)
www.naturismo.org

Magnolias Natura
(FKK-Bungalowanlage)
Maspalomas,
Gran Canaria.
☏ 928 770 122.
www.canariasnatura.com

Monte Marina Apartments
(FKK-Apartmentanlage)
Jandía, Fuerteventura.
☏ 928 544 052.
www.montemarinaplaya.com

International Naturist Federation
www.inffni.org

Puerto Palace Hotel
(FKK-freundliches Hotel)
C/Dr. Cobiella Zaera, s/n,
Puerto de la Cruz,
Tenerife.
☏ 922 372 460.
FAX 922 373 523.
www.puertopalace.com

Paragliding

Club Guelillas del Hierro
C/Doctor Quintero, 23,
Valverde.
☏ 922 551 824.
www.clubguelillas.com

Club Parapente Izaña
El Socorro,
Güímar, Tenerife.
☏ 609 647 103.
www.clubparapenteizana.com

Escuela Parapente Palmasur
C/La Cruz, 2,
Los Quemados.
☏ 609 647 103.

Skydive Canarias
Aeródromo El Berriel, Ctra.
General Del Sur, km 46,5,
San Bartolomé de Tirajana,
Gran Canaria.
☏ 928 157 000.
www.skydivecanarias.com

Skydive Gran Canaria
Aeródromo El Berriel, Ctra.
General Del Sur, km 46,5,
San Bartolomé de Tirajana,
Gran Canaria.
☏ 928 157 325.
www.skydivegrancanaria.net

Tauchen

Blue Explorers Gran Canaria
Locales Commerciales 4/5,
Paseo Marítimo de Playa
de Taurito, Gran Canaria.
☏ 928 567 595.
www.blue-explorers.com

Blue Explorers Tenerife
C/10 de Agosto.
☏ 655 573 098.
www.blue-explorers.com

Dive Academy Gran Canaria
Club Amigos del Atlantico,
C/La Lajilla s/n, Gran
Canaria.
☏ 928 736 196.
www.diveacademygrancanaria. com

Dive Center
C/Nuestra Señora
del Pino, 22,
Corralejo, Fuerteventura.
☏ 928 535 906.
www.divecentercorralejo.com

Diving Centre Barakuda Club
Lago Playa Paraíso,
Adeje, Tenerife.
☏ 929 554 172.
www.buceo-tenerife.com

El Submarino
Avda. Marítima, 2,
La Restinga, El Hierro.
☏ 922 557 075.

Windsurfen

Centro Insular de Deportes Maríti-mos de Tenerife
Ctra. a San Andrés,
38150.
☏ 922 597 525.

Flag Beach Windsurf Centre
Apto de Correos 285,
Corralejo.
☏ 609 029 804.
www.flagbeach.com

René Egli
Hotel Meliá Los Gorriones,
Sotavento.
☏ 928 547 483.
www.rene-egli.com

Windsurfing Club Las Cucharas
CC Las Maretas 2,
Lanzarote.
☏ 928 590 731.
www.lanzarotewindsurf.com

Golf

D ie Kanarischen Inseln sind vor allem für die bei Partygängern beliebten Clubs bekannt. Inzwischen hat sich auf den Kanaren aber auch eine andere Clubszene angesiedelt – die der Golfer. Der Golfmarkt floriert weltweit, die Fremdenverkehrsämter der Kanaren haben das frühzeitig erkannt und entsprechend reagiert. Es gibt 20 große Golfplätze auf dem Archipel, verteilt auf fünf der sieben Inseln. Das subtropische Klima mit ganzjährig gutem Wetter, die Fairways am Atlantik und die exzellenten Anlagen der Clubs locken Golfer aller Leistungsklassen aus ganz Europa an.

Herrlicher Blick auf den Atlantik vom Golfplatz Buenavista auf Teneriffa

Information

A lle Golfplätze auf den Kanaren stehen auch Besuchern offen. Einige Anlagen sind zusätzlich mit Swimmingpools, Tennisplätzen und Restaurants ausgestattet. Zum Standard gehören eine Driving-Range, ein Laden und Buggy-Verleih. Zahlreiche Hotels und Feriendörfer bieten Golfkurse mit Trainern und Rundumbetreuung an. Die Platzgebühren variieren je nach Jahreszeit: Am höchsten sind die Preise zwischen Oktober und April, am günstigsten zwischen Mai und September. Golfer, die mehrere Runden vorab reservieren, erhalten häufig einen Preisnachlass.

Bei den PGA Spanish Open auf dem Platz von Abama Golf, Teneriffa

Teneriffa

T eneriffa ist mit neun Plätzen die bedeutendste »Golfinsel« der Kanaren. Es gibt Anlagen für jedes Spielerprofil, von leichten Par-27-Plätzen bis zum 27-Loch-Turnierplatz **Golf del Sur**. In den letzten Jahren wurden mehrere Spiele der PGA Spanish Open auf den Greens der Insel ausgetragen. **Abama Golf** ist der jüngste Austragungsort neben bekannten Wettkampfplätzen wie **Golf Costa Adeje**. Ein schöner Platz im Süden der Insel ist **Golf Las Américas** zwischen Las Américas und Los Cristianos. Legendär ist der von Seve Ballesteros entworfene Platz **Buenavista Golf**, bei dessen Erschließung man erfreulicherweise auf so wenige Eingriffe in die Natur wie nur möglich achtete. Der **Real Club de Golf de Tenerife** ist der zweitälteste Club in Spanien. Er besitzt auch heute noch britisches Flair.

Gran Canaria

D ie acht Golfplätze auf Gran Canaria zeichnen sich durch ihre unterschiedliche Kulisse aus: von den weichen Sanddünen entlang den Fairways von **Campo de Golf**

de Maspalomas bis zu der zerklüfteten Vulkanlandschaft um den **Real Club de Golf de Las Palmas**. Letzterer wurde bereits 1891 gegründet und ist damit einer der ältesten Clubs des Landes. 1956 wurde er hierher verlegt. Ein weiterer Club im Norden der Insel ist **El Cortijo Club de Campo**. Hier wurden bereits mehrere internationale Meisterschaften ausgetragen, darunter die Canaries Open. Der **Las Palmeras Golf** ist ein 18-Loch-Par-3-Platz nahe beim Stadtzentrum. Er verfügt über Spa, Gymnastikraum, Swimmingpool, Kinderkrippe und ein Restaurant. Die gepflegten Grünanlagen von **Salobre Golf** kontrastieren mit den wie eine raue Mondlandschaft wirkenden Golfbahnen. Der anspruchsvolle 18-Loch-Platz liegt umgeben von Vulkankegeln und trockener Steppe. Vulkane und Seen begrenzen das Grün des 9-Loch-Platzes **Anfi Tauro Golf**. Einzigartig ist **Meloneras Golf** bei Maspalomas, handelt es sich doch um den einzigen Platz, auf dem man direkt am Meer spielt.

Real Club de Golf de Las Palmas auf Gran Canaria

Lanzarote

O bwohl auf Lanzarote seit drei Jahrzehnten Golf gespielt wird, gibt es bis heute nur zwei Plätze: **Lanzarote Golf** bei Puerto del Carmen und **Costa Teguise Golf**. Letzterer wurde von dem britischen Landschaftsarchitekten John Harris gestaltet. Der 18-Loch-Par-72-Platz verläuft entlang einem alten Vulkan mit herrlicher Sicht auf den Atlantik. Abgesehen von der einzigartigen Lage bietet der Club alle Einrichtungen, die man von einem Spitzenclub erwartet: Golfmobile, Laden, Clubhaus, Golfschule und Restaurant. Angesichts des trockenen Klimas der Insel war die Erschließung der Anlage eine anspruchsvolle Aufgabe. Spezielle Pflanzen verhindern das Austrocknen des Bodens und halten die Feuchtigkeit, die für das Wachstum des Rasens zwingend notwendig ist. Hobbygolfer finden auf Lanzarote mit der Hesperia Playa Dorada noch einen Amateurplatz mit kleineren Dimensionen vor.

Fuerteventura

Die drei Golfplätze der Insel haben sich die vergleichsweise flache Topografie von Fuerteventura zunutze gemacht. Lediglich Loch 17 und 18 des **Fuerteventura Golf Club** bei Caleta de Fustes liegen erhöht, was dem anspruchsvollen Platz keineswegs abträglich ist. Drei Seen und mehrere Doglegs sorgen dafür, dass sich die Anzahl der Schläge erhöht. Der Platz ist zugleich die größte Grünfläche auf der gesamten Insel.

Golfspiel vor einzigartiger Kulisse: Golfplatz Tecina auf La Gomera

Im Jahr 2004 war er Austragungsort der Spanish Open. Der Par-70-Platz **Salinas de Antigua** bietet ein ähnlich anspruchsvolles Niveau. Er ist von vielen flachen, gleichwohl tückischen Vulkankegeln durchsetzt. Der Neun-Loch-Platz **Jandía Golf** fordert auch die erfahrensten Spieler.

La Gomera

La Gomera gilt vor allem als Insel für Wanderer. Seit der Eröffnung des ersten Golfplatzes fahren auch viele Sportler von Teneriffa auf ein Spiel hinüber, mit der Fähre erreicht man La Gomera in 45 Minuten. **Tecina Golf** bietet einen einzigartigen 18-Loch-Platz nahe an den Klippen und mit weitem Blick über das Meer. Die Fairways säumen tropische Pflanzen. Schatten spendende Palmen ragen in den blauen Himmel empor. Manche Bereiche des Platzes reichen direkt an die Klippen heran, in der Tiefe rauscht die Brandung. Die beeindruckende Gestaltung des Platzes geht auf den Architekten Donald Steel zurück.

AUF EINEN BLICK

Teneriffa

Abama Golf
Ctra. Gral TF-47, km 9. Playa San Juan. ℂ 902 105 600. **www.** abamahotelresort.com

Buenavista Golf
C/La Finca s/n, Buenavista del Norte. ℂ 922 129 034. www.buenavistagolf.es

Golf Costa Adeje
Finca de los Olivos, s/n. Adeje. ℂ 922 710 000. www.golfcostaadeje.com

Golf del Sur
Urb. Golf del Sur, San Miguel de Abona. ℂ 922 738 170. www.golfdelsur.net

Golf Las Américas
Playa de las Américas. ℂ 922 752 005. www.golf-tenerife.com

Real Club de Golf de Tenerife
C/Campo de Golf, 1, Tacoronte. ℂ 922 636 607 www.rcgt.es

Gran Canaria

Anfi Tauro Golf
Valle de Tauro, s/n, Mogán. ℂ 928 152 990, 928 90 80 00. www.anfi.com

El Cortijo Club de Campo
Autopista GC-1, km 6,4, Telde. ℂ 928 711 111. www.elcortijo.es

Las Palmeras Golf
Avda. Doctor A. Chiscano Díaz, s/n, Las Palmas. ℂ 928 222 333. www.laspalmerasgolf.es

Lopesan Meloneras Golf
GC500 s/n, Meloneras. ℂ 928 145 309.

Maspalomas Golf
Avda. Touroperador, Neckermann s/n, Maspalomas. ℂ 928 762 581. www.maspalomas golf.net

Real Club de Golf de Las Palmas
Ctra. de Bandama, Santa Brígida. ℂ 928 350 104. www.realclubdegolfdelas palmas.com

Salobre Golf
GC-1, km 53, Maspalomas. ℂ 928 010 103. www.salobregolfresort. com

Lanzarote

Costa Teguise Golf
Avda. de Golf s/n. ℂ 928 590 512. www.lanzarote-golf.com

Lanzarote Golf
Ctra. del Puerto del Carmen s/n, Tías.

ℂ 928 514 050. www. lanzarotegolfresort.com

Fuerteventura

Fuerteventura Golf Club
Ctra. de Jandía, km 11, Antigua. ℂ 928 160 034. www.fuerteventura golfclub.com

Golf Club Salinas de Antigua
Ctra. Jandía, km 12, Antigua. ℂ 928 877 272. www.salinasgolf.com

Jandía Golf
Barranco Vinamar s/n, Pájara. ℂ 928 871 858.

La Gomera

Tecina Golf
Lomada de Tecina s/n. ℂ 922 145 950. www.tecinagolf.com

Grund-
informationen

Praktische Hinweise **194–201**

Reiseinformationen **202–205**

Praktische Hinweise

Das wunderbar warme, »afrikanische« Klima macht die Kanaren ganzjährig zum beliebten Reiseziel. Mit enormen Investitionen wurde hier ein Ferienparadies geschaffen, dessen Infrastruktur Millionen von Besuchern genießen: Es gibt zahlreiche Hotels und Unterkünfte für jeden Geschmack, vielfältige Attraktionen und verlockende Freizeitangebote. Regelmäßig fliegen Charterlinien die

Logo der Insel Lanzarote

Inseln an. Exzellente und detaillierte Angebote – vor allem im Internet – machen die Urlaubsplanung zur reinen Freude. Jeder findet problemlos die gewünschten Infos zu Hotels, Mietwagen und Touren, selbstverständlich mit Reservierungs- und Buchungsmöglichkeit. Buchen Sie rechtzeitig, denn die Kanaren sind im Sommer und im Winter gut besucht. Ohne Reservierung findet man kaum ein Zimmer.

Beste Reisezeit

Die Kanarischen Inseln sind das ganze Jahr über beliebt: Von Januar bis Dezember ermöglicht das milde Klima einen erholsamen Urlaub. Vor allem in den Wintermonaten findet sich eine verschworene Fangemeinde ein: Warum nicht einmal Weihnachten ohne Schal auf den Kanaren verbringen?

Aber natürlich ist auch der Sommer eine attraktive Reisezeit: Im Juli und August sind die Inseln voller badelustiger Urlauber. In den letzten Jahren stiegen die Besucherzahlen auch im Frühling stark an. Nur im Spätherbst ist es noch etwas ruhiger.

Die Kanarischen Inseln bieten jedoch nicht nur Sonne und Strände: Zu den größten Attraktionen gehört der Karneval. Vor allem die Umzüge in Santa Cruz de Tenerife oder in Las Palmas de Gran Canaria ziehen Tausende von Zuschauern an. Neben dem Karneval gehören die farbenprächtigen Fiestas wie die Bajada de la Virgen de las Nieves in Santa Cruz de La Palma zu den beliebten Events.

Einreise

Bürger aus EU-Staaten und der Schweiz benötigen für die Einreise lediglich einen gültigen Personalausweis oder einen Reisepass. Seit dem 26. Juni 2012 brauchen auch Kinder jeden Alters einen eigenen Personalausweis oder Reisepass (Kindereinträge in den Pässen der Eltern werden nicht mehr anerkannt).

Bürger aus Nicht-EU-Staaten erhalten ihr Visum in der Regel bei der Einreise. Fragen Sie im Zweifelsfall im Spanischen Konsulat Ihres Heimatlandes nach.

Für Mietwagenverträge und Autofahrten reicht es, den nationalen Führerschein mitzubringen.

Urlauber an einem Aussichtspunkt

Zoll

Die Kanarischen Inseln sind zwar Teil des EU-Zollgebiets, nicht jedoch des Steuergebiets. Es gelten die gleichen Freimengen wie für Drittländer *außerhalb* der EU.

Frei von Zollabgaben sind pro Person (Mindestalter 17 Jahre) wahlweise 200 Zigaretten, 100 Zigarillos, 50 Zigarren, 250 Gramm Rauchtabak oder eine anteilige Zusammenstellung dieser Waren. Zollfrei sind zudem ein Liter Spirituosen über 22% Vol. oder zwei Liter Spirituosen unter 22% Vol. bzw. eine anteilige Kombination sowie vier Liter nicht schäumende Weine und 16 Liter Bier. Andere Waren dürfen einen Wert von 300 Euro nicht übersteigen.

Tiere bzw. Tierprodukte und Pflanzen stehen weitgehend unter dem Washingtoner Artenschutzabkommen und dürfen nur mit Genehmigung ausgeführt werden.

Farbenprächtige Parkbank in Santa Cruz de Tenerife

◁ **Gut besucht: ein Strand bei Maspalomas, Gran Canaria** *(siehe S. 60f)*

Nachtleben in Maspalomas auf Gran Canaria

Sprache

Auf den Kanaren spricht man Spanisch. Zwar gibt es leichte dialektale Unterschiede zwischen dem Festland und den Inseln, doch spielen diese für den Besucher keine Rolle.

Im touristischen Bereich sind Deutsch und Englisch die gängigen Zweitsprachen. Fast alle Schilder, Hinweise und Speisekarten sind mehrsprachig verfasst.

Wie in jedem anderen Land auch ist es hilfreich, wenigstens ein paar Höflichkeitsformeln und Standardausdrücke in der Landessprache zu beherrschen. Auf den Seiten 215f finden Sie einen Sprachführer.

Information

Überall auf den Kanarischen Inseln findet man Informationsbüros: In allen größeren und vielen kleineren Städten gibt es eine *oficina de turismo.* Hier erfahren Sie alles Wissenswerte über den Ort und seine Attraktionen, über Hotels und Privatunterkünfte (inklusive *casas rurales)* und über Veranstaltungen.

Die Mitarbeiter in den Touristeninformationen versorgen Sie mit Faltblättern und Prospekten über die Region, mit praktischen Hinweisen, Karten und Tipps für die schönsten Touren zu Sehenswürdigkeiten in der Gegend.

Die meisten Prospekte sind topaktuell und ortskundig, oft enthalten sie Coupons für bestimmte Läden. Sie sind oft in mehreren Sprachen erhältlich.

In Ihrem Heimatland bieten die spanischen Fremdenverkehrsämter gute und qualifizierte Informationen und Hilfe. Die wichtigsten Adressen und Daten finden Sie im nebenstehenden Kasten.

Eine der besten Informationsquellen stellt das Internet dar. Es gibt kaum eine Ferienregion, die so gut und detailliert im Internet präsentiert wird wie die Kanarischen Inseln. Jede der Inseln, viele Regionen und zahlreiche größere und kleinere Städte haben ihren eigenen Auftritt im Netz.

Prospekte zu den Attraktionen der Inseln

Das spanische Fremdenverkehrsamt *Turespaña* betreibt eine eigene Homepage (www.spain.info) mit zahlreichen nützlichen Informationen in vier Sprachen. Hier finden Sie die Fremdenverkehrsämter aller spanischen Ortschaften, viele Hotels, Campingplätze und touristische Attraktionen.

Informieren Sie sich vorab über Ihr Reiseziel, die Insel, mögliche Hotels, Attraktionen und Veranstaltungen. Es macht auch Spaß, die vielen Erlebnisberichte zu lesen, die Urlauber ins Netz gestellt haben.

AUF EINEN BLICK

Information

Viersprachiges Hauptportal
www.spain.info

D/A/CH
Lietzenburgerstr. 99, 10707 Berlin.
 (030) 882 65 43.

Myliusstr. 14, 60323 Frankfurt/M.
 (069) 72 50 33.

Grafenberger Allee 100,
40237 Düsseldorf.
 (0211) 680 39 80.

Schubertstr. 10, 80051 München.
 (089) 53 07 46 11.

Walfischgasse 8, 1010 Wien.
 (01) 512 95 80-11.

Seefeldstr. 19, 8008 Zürich.
 (044) 253 60 50.

Gran Canaria

C/Triana, 93,
35002 Las Palmas de
Gran Canaria. *928 219 600.*
www.grancanaria.com
www.ecoturismocanarias.com

Fuerteventura

C/Almirante Lallermand, 1,
35600 Puerto del Rosario.
 928 530 844.
www.visitfuerteventura.es

Lanzarote

C/Triana, 38, 35500 Arrecife.
 928 811 762.
www.turismolanzarote.com

Teneriffa

Plaza de España, s/n,
38003 Santa Cruz de Tenerife.
 922 281 287.
www.webtenerife.de

La Gomera

C/Real, 4,
38800 San Sebastián de
La Gomera. *922 141 512.*
www.lagomera.travel

El Hierro

C/Dr. Quintero, 4, 38900 Valverde.
 928 550 302.
www.elhierro.travel

La Palma

Avda. Blas Pérez González, s/n,
38700 Santa Cruz de la Palma.
 922 412 106.
www.lapalmaturismo.com
www.la-palma-turismo-rural.de

Bummel unter Palmen auf dem Paseo de las Canteras in Las Palmas

Studenten und junge Reisende

Mit der International Student Identity Card (ISIC) oder der EURO<26-Karte (www.euro26.de) erhält man auf den Kanarischen Inseln oft Ermäßigungen, z. B. für Fähren, in Museen oder bei Sehenswürdigkeiten. Reisebüros bieten spezielle Preise für Studenten und junge Leute.

Die EURO<26-Karte erhalten Sie entweder an Ihrem Heimatort oder auf Teneriffa und Gran Canaria (Ausweis nicht vergessen!). Für die ISIC-Karte müssen Sie ein Vollzeitstudium nachweisen. Also: zu Hause beantragen!

Mit Kindern reisen

Die Kanarischen Inseln sind ein wahres Familienparadies: Kinder sind überall willkommen. Die Inseln haben sich auch gut auf ihre kleinen Gäste vorbereitet: An vielen Stränden gibt es Spielplätze, die zahlreichen Freizeitparks und Zoos veranstalten Programme mit Papageien und Delfinen, die gerade bei Kindern sehr gut ankommen.

Viele Reiseveranstalter bieten spezielle Familienreisen an, bei denen auch Ausflüge mit Kindern, Wettbewerbe, Spiele und ganztägige Kinderbetreuung inbegriffen sind. So können gestresste Eltern ihren wohlverdienten Urlaub ganz entspannt genießen.

Praktisch in fast jedem Restaurant der Kanarischen Inseln gibt es Kinderportionen, Kinderstühle bzw. Hochsitze, manchmal auch Spielzeug und eine Überraschung für jeden kleinen Gast.

Behinderte Reisende

Für Behinderte sind die Kanarischen Inseln nicht gerade das Paradies: Noch immer sind die wenigsten Restaurants und Hotels für Rollstuhlfahrer ausgelegt, Rampen und behindertengerechte Toiletten findet man selten. Auch die gepflasterten Straßen und Gassen bieten Rollstuhlfahrern so manches Hindernis. Organisierte Rundfahrten und Besichtigungen, die meist mit dem Bus durchgeführt werden, sind für Behinderte häufig nicht möglich.

Zeichen für Behindertenparkplätze

Fragen Sie vor jeder Buchung genau nach den Einrichtungen, die ein Hotel für Sie bietet.

Die »Confederación Española de Personas con Discapacidad Física y Organica« (COCEMFE) berät Behinderte bei der Planung ihrer Reise auf die Kanarischen Inseln. Überaus hilfreich kann in diesem Fall auch die Internet-Seite von »Viajes 2000« sein.

Touren und Ausflüge

Zahlreiche Veranstalter bieten Urlaubern eine Vielzahl von Touren, Ausflügen und Besichtigungsfahrten an. Die Spannweite reicht von Wüstensafaris mit dem Jeep über Kamelritte, Angeltouren, Wanderungen, Unterwasserfahrten oder Ausflüge mit Glasbodenbooten bis zu Führungen durch die Nationalparks oder Besichtigungen von Palmitos Park oder Loro Parque. Die meisten Gäste besuchen nur eine oder zwei der großen Inseln. Für Ausflüge auf die kleineren Inseln gibt es jedoch zahlreiche Fährverbindungen, z. B. von Fuerteventura auf die Isla de los Lobos.

Für alle Arten von Touren gibt es zahlreiche Alternativen: Bei den örtlichen Tourismusinformationen und an der Hotelrezeption findet man Dutzende von Prospekten und Vorschlägen. Ein- und mehrtägige Touren zu den unterschiedlichsten Zielen werden angeboten: Fahrten aufs Meer hinaus oder ins Hinterland, spezielle »Themenfahrten« (Kunsthandwerk, Natur), aber auch Gruppenausflüge zu Shows, Clubs, Discos und Karaoke-Wettbewerben.

Die meisten der angebotenen Tagestouren bewegen sich preislich in einem vernünftigen Rahmen und schließen in der Regel Verpflegung in einem Restaurant ein.

Minigolf – beliebt bei Groß und Klein

OFICINA DE TURISMO

Schriftzug eines Tourismusbüros

Zeitzone

Auf den Kanarischen Inseln gilt die Westeuropäische Zeit (WEZ). Dies bedeutet, dass die Kanaren eine Stunde »hinter« der Mitteleuropäischen Zeit (MEZ) des spanischen Festlands liegen. Die Sommerzeit gilt – wie überall in Europa – vom letzten Sonntag im März bis zum letzten Sonntag im Oktober.

Schilder zu Wanderwegen im Parque Nacional de Garajonay

Stromspannung

Überall auf den Kanaren kommt der Strom mit 230 V und 50 Hz aus der Steckdose (wie in ganz Europa). Normale zweipolige flache Stecker passen immer, ein Adapter ist nicht nötig.

Religion

Wie auf dem spanischen Festland sind die Bewohner der Kanarischen Inseln mehrheitlich römisch-katholischen Glaubens. Das wird vor allem am Festtagskalender der Inseln deutlich: Alle katholischen Feiertage werden weithin eingehalten und entsprechend gefeiert. Auch die beliebten **Fiestas** sind meist katholischen Ursprungs. So überrascht es nicht weiter, dass die überwiegende Mehrheit aller Kirchen katholisch ist. Sie werden zu sehr unterschiedlichen Zeiten geöffnet, manche nur während der Gottesdienste.

Daneben gibt es nur wenige protestantische Kirchen, seit Kurzem aber auch zwei ökumenische Kirchen: eine

(Templo Ecuménico) in Playa del Inglés auf Gran Canaria und eine in Puerto de la Cruz auf Teneriffa.

Öffnungszeiten

Die meisten Sehenswürdigkeiten und Museen haben von Dienstag bis einschließlich Sonntag geöffnet, meist von 10 bis 14 Uhr. Nach der Siesta öffnen sie erneut gegen 16 bis 20 Uhr. Wie Büros und Ämter bleiben auch Museen an Feiertagen und Fiestas geschlossen. In kleineren Städten empfiehlt es sich, vorher anzurufen und nachzufragen. Außerhalb der Touristen-Hochburgen sind Läden und Geschäfte oft am Sonntag geschlossen.

Freizeitparks und botanische Gärten haben zwar die ganze Woche über geöffnet, aber auch sie schließen an den Feiertagen und den Tagen einer Fiesta.

Trinkwasser

Leitungswasser kann auf allen Kanarischen Inseln bedenkenlos getrunken werden, es schmeckt jedoch nicht sonderlich gut, da es sich meist um entsalztes Meerwasser handelt. Die meisten benutzen Leitungswasser zum Kochen und Waschen, getrunken wird Mineralwasser. In den Läden finden Sie eine große Auswahl – von sehr preiswert bis übertrieben teuer. Das Wasser von Firgas auf Gran Canaria ist bei vielen beliebt. Trinken Sie reichlich, mindestens zwei Liter täglich!

Botanischer Garten auf Gran Canaria

AUF EINEN BLICK

Botschaften/Konsulate

Deutschland
C/Fortuny, 8, 28010 Madrid.
91 557 90 95 oder 91 557 90 00. www.madrid.diplo.de

C/Albareda, 3–2°, 35007 Las Palmas de Gran Canaria.
928 491 880.
www.las-palmas.diplo.de

Österreich
Paseo de la Castellana, 91, 28046 Madrid. 91 556 53 15.
www.bmeia.gv.at/botschaft/madrid.html

Avda. de Gran Canaria, 26, 35300 Playa del Ingles (Gran Canaria).
928 762 500.

Schweiz
C/de Núñez de Balboa, 35A, 28001 Madrid. 91 436 39 60.
www.eda.admin.ch/spain

Urbanización Bahía Feliz, Edificio de Oficinas, Local 1, 35107 Playa de Tarajalillo (Gran Canaria).
928 157 979.

Spanien
in Deutschland
Lichtensteinallee 1, 10787 Berlin.
(030) 254 00 70.
www.spanischebotschaft.de

in Österreich
Argentinierstraße 34, 1040 Wien.
(01) 505 57 88.
www.exteriores.gob.es/Embajadas/viena

in der Schweiz
Kalcheggweg 24, 3000 Bern 15.
(031) 350 52 52.
www.exteriores.gob.es/Embajadas/Berna

Studenten

Instituto Canario de la Juventud Gobierno Canarias
C/Prof. Augustín Millares Carló, 18, Las Palmas de Gran Canaria.
928 306 397.
www.juventudcanaria.com

Organisationen für Behinderte

COCEMFE
C/Luis Cabrera, 63, Madrid.
91 744 36 00.
www.cocemfe.es

Viajes 2000
C/Torres, 9, 35002 Las Palmas de Gran Canaria. 928 382 104.
www.viajes2000.com

Sicherheit und Gesundheit

Auf den Kanarischen Inseln können Sie einen sehr »sicheren« Urlaub verbringen: Zwar gibt es an belebten Stellen Taschendiebe, aber die können Sie mit wenigen Sicherheitsmaßnahmen arbeitslos machen: Tragen Sie Geld und Kreditkarten in einem Gürtel. Lassen Sie keine sichtbaren Wertgegenstände im Auto. Bei Notfällen wenden Sie sich an den nächsten Polizisten. Kleine medizinische Probleme löst jede Apotheke. Mit der Europäischen Krankenversichertenkarte (EHIC) erhalten Sie kostenlose Behandlung in allen öffentlichen Krankenhäusern und Kliniken.

Sicherheitshinweise am Strand Amadores auf Gran Canaria

Persönliche Sicherheit

Vor Ihrer Abreise sollten Sie unter Umständen eine Reiseversicherung abschließen, die Ihnen zumindest den finanziellen Schaden bei einem Diebstahl ersetzt. Aber auch ohne Reiseversicherung können Sie mit etwas Vorsicht und gesundem Menschenverstand Schaden vermeiden: Führen Sie keine großen Mengen Bargeld mit sich und bewahren Sie Kredit- bzw. Debitkarten getrennt von der PIN auf.

An belebten Plätzen wie am Flughafen, an Bushaltestellen oder in Warteschlangen ist die Gefahr von Taschendiebstahl am größten. Immer wenn Sie Ihre Papiere und Ihr Geld herausnehmen, sollten Sie besonders vorsichtig sein. Auch manche scheinbar freundlichen Hilfsangebote von Fremden können gefährlich sein, denn der nette Fragende hat eventuell noch einen Komplizen. Lassen Sie Ihr Gepäck nicht unbeobachtet am Flughafen stehen und legen Sie Ihr Portemonnaie in Cafés nicht auf den Tresen.

Wurden Sie trotz aller Vorsicht doch bestohlen, melden Sie dies der Polizei, die Ihnen eine Bestätigung *(denuncia)* für die Versicherung ausstellt.

Polizei

Auf den Kanarischen Inseln gibt es wie in ganz Spanien drei Arten von Polizei: die *Policía Nacional* (staatliche Polizei), die *Policía Municipal*, oft auch *Policía Local* (örtliche Polizei) genannt, und die *Guardia Civil* (Nationalgarde). Die *Policía Nacional* erkennt man an den blauen Uniformen und den weißen Autos mit marineblauen Türen. Man findet sie nur in Städten mit über 30 000 Einwohnern.

Die *Policía Local* ist dagegen in allen kleinen Städten zu finden. Ihre Uniform variiert je nach Ortschaft. Ihre typischen Autos sind unten links zu sehen. Die Verkehrspolizei gehört mit dazu.

Die *Guardia Civil* ist an ihren grauen Uniformen und ihren weiß-grünen Autos mit Vierradantrieb zu erkennen. Sie kontrolliert in der Regel die Fernstraßen.

Die Polizisten auf den Kanaren sind freundlich gegenüber Besuchern – aber streng zu Verkehrssündern. Bußgelder sind deutlich höher als in Deutschland.

Uniform der *Guardia Civil*

Achtung, Sonne!

Natürlich ist die Sonne einer der Gründe für einen Urlaub auf den Kanaren. Aber sie ist nicht ganz ungefährlich: Durch die intensive Sonnenstrahlung herrschen hohe UV-Werte. Wie in allen tropischen Regionen besitzt die Sonne hier weitaus mehr Kraft als in Mitteleuropa. Wer das ganze Jahr über im Büro sitzt, hat dann binnen Tagesfrist einen kräftigen Sonnenbrand. Setzen Sie reichlich Sonnencreme mit hohem Lichtschutzfaktor ein! Vermeiden Sie die heißen Mittagsstunden (13 bis 16 Uhr) am Strand, genießen Sie lieber die Zeit am Morgen und am Nachmittag.

Vor allem in den Bergen besitzt die Sonne viel Kraft, auch wenn es der ständige leichte Wind nicht so heiß erscheinen lässt. Kurz: Unterschätzen Sie die Sonne nicht, beugen Sie einem Sonnenbrand vor.

Gefahren im Ozean

Auch wenn es banal klingt: Wer auf den Kanaren im Meer badet, schwimmt mitten im Atlantik. Viele Badegäste unterschätzen die Kraft und Wucht der Wellen – die Rettungsschwimmer an den Stränden können ein Lied davon singen.

Wer sicher sein will, badet nur an bewachten Stellen. Achten Sie auf die Warnhinweise am Strand. Die Strömungen sind teilweise sehr stark. Einsame Badebuchten sind hinsichtlich unbekannter Strömungen gefährlicher als belebte Strände. Vermeiden Sie es, in den »Revieren« der

Geländegängiger Polizeiwagen (mit Vierradantrieb) der *Policía Local*

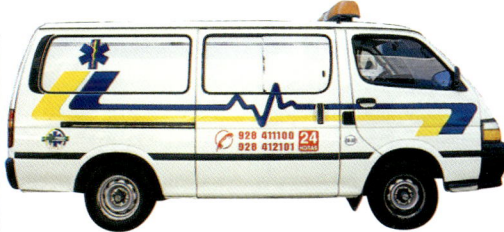

Krankenwagen in Las Palmas de Gran Canaria

(Wind-)Surfer zu schwimmen. Unfälle zwischen Surfern und Schwimmern ereignen sich häufig. Hobbytaucher sollten vor allem auf Küstenfelsen achten. Durch eine Welle wird man leicht an die Felsen gedrückt. Hier ist die Verletzungsgefahr besonders groß.

Es gibt keine Meerestiere, die dem Menschen gefährlich werden können. An manchen Stellen sind allerdings viele Quallen im Wasser, bei Berührung kann die Haut tagelang brennen.

Medizinische Versorgung

Alle Bürger aus EU-Staaten erhalten in Spanien kostenlose medizinische Versorgung. Voraussetzung ist, dass Sie in Ihrem Heimatland gesetzlich krankenversichert sind, damit haben Sie automatisch die Europäische Krankenversicherungskarte (EHIC). Die Karte deckt die unmittelbar erforderliche medizinische Versorgung ab, dazu gehören auch akute Zahnbehandlungen. Gleichwohl ist eine Auslandsreisekrankenversicherung, die beispielsweise Rücktransporte einschließt, überlegenswert.

Falls Sie medizinische Hilfe benötigen, wenden Sie sich am besten an die nächstgelegene Klinik. In Notfällen rufen Sie den Notarzt *(Urgencias)*, bei Unfällen das Rote Kreuz *(Cruz Roja)*. Auch in kleinen Ortschaften gibt es immer einen Allgemeinarzt.

Apotheken

Bei allen kleinen Problemen ist die *farmacia* der ideale Helfer. In manchen Fällen erhalten Sie hier zudem das notwendige Rezept. In vielen Apotheken versteht man auch Deutsch und/oder Englisch. Die Öffnungszeiten der Apotheken sind in der Regel dieselben wie diejenigen der Läden eines Ortes. Sie erkennen jede *farmacia* am leuchtenden grünen Kreuz. Im Fenster sehen Sie, an welchen Tagen welche *farmacia* Nachtdienst hat.

Apotheken erkennt man am grünen Kreuz

Waldbrandgefahr

Durch die lange Sonnenscheindauer sind die Kanaren regelrecht ausgedörrt. Entsprechend groß ist die Brandgefahr, vor allem in bewaldeten Regionen.

Bitte achten Sie peinlich genau auf Ihren Umgang mit Feuer, insbesondere beim Picknicken und Zelten oder beim Rauchen. Nehmen Sie Ihre leeren Flaschen wieder mit, denn diese können als Brennglas fungieren und einen Brand verursachen.

Unterwegs

Manche Hinweisschilder auf den Kanaren sind nur auf Spanisch geschrieben: *Coto de caza* bedeutet Jagdrevier. *Camino particular* steht am Beginn von Privatstraßen, *privado* dagegen heißt, dass das ganze Gebiet im Privatbesitz ist.

Radwege auf den Kanarischen Inseln sind unterschiedlich gut ausgeschildert. Nehmen Sie am besten eine detaillierte Wanderkarte (Maßstab 1:50000) mit. Ein Handy kann auf Touren immer nützlich sein. Informieren Sie Ihr Hotel über Ihre Route.

AUF EINEN BLICK

Notrufnummern

Europäische Notrufnummer
112 (kostenlos).

Policía Nacional
091.

Policía Municipal
092.

Guardia Civil
062.

Ambulanz (Cruz Roja)
061.

Seerettung
900 202 202.

Feuerwehr (Bomberos)
080.

Apotheken-Nachtdienst

www.fefarcan.com

Teneriffa
922 282 424.

Leicht entflammbar: Hinweis auf Brandgefahren im Wald

Kommunikation und Geld

LA CAJA DE CANARIAS
Logo der Caja de Canarias

Öffentliche Telefone gibt es auf den Kanaren reichlich, die meisten werden von der spanischen Telefónica betrieben. Briefe und Postkarten von den Kanaren brauchen manchmal etwas länger zu ihrem Empfänger. Banken finden Sie auf den Kanarischen Inseln ebenfalls oft: Neben einheimischen Banken gibt es auch Niederlassungen internationaler Institute, etwa der Deutschen Bank oder Banesto. Informieren Sie sich zu Hause, bei welcher Bank Sie preisgünstig Geld am Automaten abheben können. Geldautomaten stehen unabhängig von Banköffnungszeiten in großer Zahl zur Verfügung.

Briefkasten der spanischen Post
(correos) in strahlendem Gelb

Telefonieren

Bei öffentlichen Telefonen sind zwei Typen häufig: reine Kartentelefone und Kombigeräte für Karten und Münzen. Immer öfter bieten die Telefondisplays eine mehrsprachige Menüführung.

Die praktischen Telefonkarten erhalten Sie an Zeitungsständen, Kiosken und bei *estancos* (Zigarettenladen).

Beachten Sie bei allen Telefonaten, dass in Spanien die Vorwahl Teil der Nummer ist und mitgewählt werden muss. Für Teneriffa, El Hierro, La Palma und La Gomera lautet die Vorwahl 922, für Gran Canaria, Lanzarote und Fuerteventura 928. Telefongespräche zwischen Inseln einer Vorwahlnummer werden wie normale Ortsgespräche auf der Insel abgerechnet. Für alle anderen Gespräche gelten die spanischen Ferntarife.

Wenn Sie vom Ausland aus die Kanaren anrufen, wählen Sie 0034, dann die Telefonnummer inklusive der Vorwahl (922 oder 928). Bei Handys gilt: 0034 plus komplette Handy-Nummer.

Internationale Telefonate sind ab 20 Uhr und an Sonntagen günstiger. Öffentliche Telefone sind deutlich preiswerter als ein Gespräch vom Hotelzimmer aus.

Die in Europa gängigen GMS-Handys funktionieren auf den Inseln problemlos. Meist ist der Empfang gut. Die Roaming-Verordnung der EU legt verbindliche Obergrenzen für Gespräche innerhalb der EU fest: Der Roaming-Minutenpreis für ein abgehendes Telefonat beträgt seit 1. Juli 2013 0,24 Euro (2014: 0,19 €),

Telefonkarten gibt es mit vielfältigen Motiven

für ein ankommendes 0,07 Euro (2014: 0,05 €). Eine SMS kostet 0,08 Euro (2014: 0,06 €), Daten-Roaming pro MB 0,45 Euro (2014: 0,20 €) – alle Angaben verstehen sich zuzüglich Mehrwertsteuer.

Post

Postämter haben in der Regel werktags von 8.30 bis 13.30 Uhr geöffnet. Hier können Sie Briefmarken kaufen oder Pakete, Telegramme etc. aufgeben. Briefmarken erhalten Sie aber auch an jedem Kiosk mit dem Zeichen *timbre*.

Werfen Sie Ihre Briefe und Postkarten in die gelben Briefkästen mit dem Schriftzug *correos*. Da die spanische Post das Monopol für alle Briefe besitzt, geht es keinesfalls schneller, wenn Sie Ihre Karten im Hotel oder bei einem Postservice abgeben.

Es dauert manchmal lange, bis Ihre Post den Empfänger erreicht. Das ist auf den Kanaren nicht anders als im ganzen Mittelmeerraum.

Die spanische Post hat zwei Portostufen für Urlaubsgrüße: für EU-Länder (0,70 €) und den Rest der Welt (0,85 €). Das Inlandsporto auf den Inseln selbst beträgt 0,36 €.

Währung

Seit Januar 2002 gilt in Spanien der Euro. Alte Peseten sind ungültig, können aber unbefristet bei der Banco de España (www.bde.es) umgetauscht werden.

Münz-Karten-Telefon

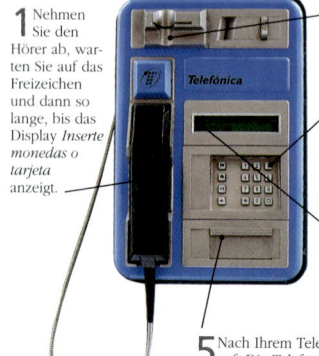

1 Nehmen Sie den Hörer ab, warten Sie auf das Freizeichen und dann so lange, bis das Display *Inserte monedas o tarjeta* anzeigt.

2 Geben Sie Münzen *(monedas)* in den Schlitz rechts oben, oder schieben Sie links eine Telefonkarte *(tarjeta)* ein.

3 Tippen Sie die gewünschte Nummer ein – zügig, aber nicht zu schnell. Die Telefone brauchen eine winzige Pause nach jeder Ziffer.

4 Auf dem Display erscheint die Nummer, die Sie gewählt haben, und der noch zur Verfügung stehende Geldbetrag. Eventuell fehlende Beträge werden ebenfalls hier angezeigt.

5 Nach Ihrem Telefonat legen Sie den Hörer auf. Die Telefonkarte wird Ihnen zurückgegeben, ebenso restliche Münzen.

Geldautomaten

Überall auf den Inseln findet man zahlreiche Bankfilialen und noch weitaus mehr Geldautomaten. Die Banken haben normalerweise werktags von 9 bis 13 Uhr (oder 14 Uhr) geöffnet. Achtung: Manche Banken haben wöchentlich wechselnde Öffnungszeiten!

Fast an jeder Straßenecke befindet sich heute ein Geldautomat. Die Automaten akzeptieren alle gängigen Karten (z. B. die girocard und die meisten Kreditkarten). Für Abhebungen bei »fremden« Banken fallen unterschiedliche Gebühren an. Erkundigen Sie sich bei Ihrer Hausbank, wo Sie kostenfrei oder günstig abheben können.

Schriftzug der Bank Telebanco, die ein Netz von Filialen hat

Kredit- und Debitkarten

Kreditkarten werden praktisch überall akzeptiert, vor allem in den Ferienzentren. Lediglich in kleinen Läden oder Bars ist ausschließlich Barzahlung möglich.

Die höchste Akzeptanz in Spanien besitzt **Visa**, aber auch **MasterCard** und **American Express** werden fast überall gern genommen. Je nach Abrechnungsmodus des jeweiligen Geschäfts wird Ihre Karte nur eingelesen und Sie bekommen einen Beleg zur

**Einige beliebte Tageszeitungen
auf den Kanarischen Inseln**

Unterschrift vorgelegt. In anderen Fällen werden Sie um die Eingabe Ihrer PIN gebeten. Manche Läden verlangen zur Sicherheit bei Zahlungen mit Kreditkarte die Vorlage Ihres Personalausweises oder Reisepasses.

Debitkarten werden immer populärer. Die bekannteste Debitkarte, die **girocard**, gibt es in zwei Ausführungen – mit Maestro oder mit VPay-Logo. Beide Varianten der girocard funktionieren auf den Kanarischen Inseln.

Zeitungen

Auf jeder der Kanarischen Inseln gibt es eine Lokalzeitung. Die Lokalzeitungen beinhalten aktuelle Hinweise auf Veranstaltungen, Festivals und andere Ereignisse.

Darüber hinaus gibt es Publikationen, die auf die gesamten Kanaren ausgerichtet sind. Dazu zählt z. B. *Canarias7*.

Auch einige deutschsprachige Zeitungen sind auf den Kanarischen Inseln erhältlich, etwa das *Wochenblatt*. In vielen größeren Städten werden an den Kiosken auch die überregionalen Zeitungen des europäischen Auslands angeboten. Häufig ist bei der ausländischen Presse allerdings mit höheren Preisen zu rechnen, außerdem sind die Zeitungen meist nicht tagesaktuell, sondern z. B. vom Vortag.

Radio und Fernsehen

Mehrere lokale Radiostationen senden täglich ihr Programm. Televisión Canaria ist der öffentlich-rechtliche Fernsehsender der Kanaren. Daneben empfängt man auf den Inseln die großen spanischen Radio- und TV-Programme. Viele Hotels bieten Fernsehen mit Satellitenempfang an. Meist gibt es auch deutschsprachige Programme.

Internet

In vielen Orten findet man zumindest ein Internet-Café. Einige Hotels bieten Ihren Gästen WLAN-Zugang auf dem Zimmer oder in der Lobby.

**Geldautomaten findet man
buchstäblich an jeder Ecke**

AUF EINEN BLICK

Kartenverlust

Allg. Notrufnummer
0049 116 116.
www.116116.eu

American Express
0049 69 9797 2000.
www.americanexpress.com

Diners Club
0049 7531 3633 111.
www.dinersclub.com

MasterCard
900 971 231.
www.mastercard.com

Visa
900 991 124.
www.visa.com

girocard
0049 69 740 987.

Postämter

Gran Canaria
C/Primero de Mayo, 62,
Las Palmas de Gran Canaria.
928 371 822.

Fuerteventura
Canalejas, 2,
Puerto del Rosario.
928 850 412.

Lanzarote
Avenida del Marino, 8, Arrecife.
928 800 673.

Teneriffa
Plaza de España, 2,
Santa Cruz de Tenerife.
922 533 629.

La Gomera
El Medio, 60,
San Sebastián de La Gomera.
922 871 081.

El Hierro
Correo 3, Valverde.
922 550 291.

La Palma
Plaza de la Constitución, 2,
Santa Cruz de La Palma.
922 411 702.

Reiseinformationen

Die Kanaren werden von fast jedem großen Flughafen in Europa regelmäßig und direkt angeflogen – sei es via Linie oder Charter. Jede Insel verfügt über einen eigenen Flughafen. Die meisten internationalen Flüge landen auf Teneriffa, Gran Canaria oder Lanzarote. Daneben gibt es viele Flugverbindungen vom und zum

Wegweiser zum Flughafen

spanischen Festland sowie zwischen den einzelnen Inseln, meist von Binter Canarias. Die meisten Urlauber kommen per Flugzeug, doch man kann auch mit dem Schiff anreisen: Schnelle Fähren verbinden die Kanaren mit dem spanischen Festland und den nordafrikanischen Häfen – und sie verkehren zwischen den einzelnen Inseln.

Bewachter Parkplatz am Flughafen von Gran Canaria

Flugverbindungen

Die meisten Linienflüge verbinden die Kanarischen Inseln mit dem spanischen Festland – von Madrid nach Gran Canaria sogar stündlich. Auf diesen Routen verkehren Maschinen von Iberia und Air Europa. Iberia fliegt alle Kanarischen Inseln an, Air Europa nur Teneriffa, Gran Canaria und Lanzarote.

Auch von fast allen großen Flughäfen Europas gehen zahlreiche Linienflüge auf die Inseln. Von nordafrikanischen Städten, vor allem von Marokko, fliegen Royal Air Maroc, Mauritania Airlines und Binter Canarias.

Am wichtigsten sind jedoch Hunderte von Charterfliegern, die täglich auf den Kanaren landen und neue Besucher bringen – insbesondere aus Deutschland, Österreich und anderen europäischen Ländern. Diese Flüge kosten oft nur einen Bruchteil eines regulären Linientickets. Sie werden meist zusammen mit

einem Pauschalurlaubspaket gebucht, zunehmend jedoch auch einzeln als Last-Minute-Angebot.

Wenn Sie sich für einen Flug auf die Kanarischen Inseln interessieren, sollten Sie immer auch die Sonderangebote der Reiseveranstalter sowie preisgünstige Angebote im Internet prüfen. Natürlich ist es während der langen Hauptsaison und vor allem während der Weihnachts-, Oster- und Sommerferien schwierig, preisgünstige Flüge zu finden. Eine frühzeitige Recherche zahlt sich jedoch in der Regel aus.

Wenn Sie Ihr Auto oder Motorrad mit auf die Inseln nehmen wollen, sind Sie auf die Fähren angewiesen. Es gibt zahlreiche Fährverbindungen, z. B. regelmäßig von Cádiz nach Teneriffa und nach Gran Canaria. Von hier aus dauert die Überfahrt eineinhalb bis zwei Tage, abhängig vom Zielort. Im Infokasten rechts finden Sie einige Fährlinien mit Telefonnummer und Website.

Flüge zwischen den Inseln

Zwar verfügt jede der Kanarischen Inseln über einen Flughafen, dennoch gibt es nicht von jeder Insel Flüge ins Ausland. La Gomera ist beispielsweise nur regional mit Teneriffa und Gran Canaria verbunden. Die meisten Verbindungen zwischen den Kanarischen Inseln werden von der Gesellschaft Binter Canarias geflogen.

Wenn Sie per Flugzeug »Insel-Hopping« betreiben möchten, können Sie das tun – obwohl es nicht ganz billig ist. Erwarten Sie jedoch nicht zu viel Komfort auf diesen Flügen: Die Maschinen mit ein paar Dutzend Plätzen sind meist sehr klein, die Sitzreihen eng. Aufgrund des knappen Platzangebots können Sie meist nicht viel Handgepäck mitnehmen. Dafür dauern die Flüge zwischen den Inseln nicht lange: Von La Palma nach El Hierro fliegt man nur 20 Minuten, von La Palma nach Lanzarote 50 Minuten.

Broschüre einer Insel-Airline

Der Flughafen von Gran Canaria – direkt am Meer gelegen

Fähre der Líneas Fred Olsen

Flughäfen

Teneriffa besitzt zwei Flughäfen – **Los Rodeos/Tene-
rife Norte** im nördlichen und
Reina Sofía/Tenerife Sur im
südlichen Teil der Insel. Im
Norden starten und landen
meist Flugzeuge zu den anderen Inseln. Die internationalen Flüge und die meisten
Charterflüge werden am mo-
derneren Flughafen Reina
Sofía abgewickelt.

Der kleine Flughafen von El
Hierro befindet sich zwölf Kilometer außerhalb der Inselhauptstadt Valverde. Hier starten die Flieger nach Teneriffa,
La Palma und Gran Canaria.

Der 1999 eröffnete Flughafen auf La Gomera liegt in
der Nähe der Playa de Santiago und 34 Kilometer von der
Inselhauptstadt entfernt. Der
Flughafen bietet hauptsächlich Verbindungen nach
Teneriffa, nach Gran Canaria
und nach La Palma.

La Palmas Flughafen be-
findet sich in der Nähe von
Santa Cruz de La Palma. Hier
starten Flüge nach Gran Canaria, Lanzarote, Teneriffa und
El Hierro.

Gran Canarias einziger Flughafen befindet sich zwischen
Las Palmas de Gran Canaria
und Maspalomas. Es gibt zahlreiche gute Busverbindungen
zu den beiden größten Städten der Insel. Nur von diesem
Flughafen aus kann man alle
anderen Inseln erreichen.

Der Flughafen auf Lanzarote
bietet Verbindungen nach
Gran Canaria, Teneriffa und
nach La Palma. Der Airport,
dem ein Busbahnhof ange-
schlossen ist, befindet sich in
der Nähe von Arrecife.

Von Fuerteventura aus
bestehen Flugverbindungen
nach Gran Canaria und Teneriffa. Es gibt eine gute Busver-
bindung zum sechs Kilometer
entfernten Puerto del Rosario.

Fähren

Fähren leisten einen wichtigen Beitrag zum Transport
zwischen den Inseln. Es bestehen nicht zwischen allen
Inseln direkte Verbindungen,
manchmal muss man mehr-
fach umsteigen. Nur von Teneriffa aus gehen Fähren
direkt (oder mit nur einmal
umsteigen) zu allen anderen
Inseln. Teneriffa bildet den
Mittelpunkt aller Fährlinien
auf den Kanaren *(siehe hintere Umschlaginnenseiten).*

Viel besuchte Ferienorte
bieten mehrmals täglich Di-
rektverbindungen mit schnellen Tragflächenbooten oder
Autofähren, die Bars, Restaurants und Kabinen besitzen.

Bedenken Sie bei Ihrer Rou-
tenplanung für die Kanaren,
dass Fähren viel preiswerter
sind als entsprechende Flugverbindungen. Dafür sind die
Fahrzeiten deutlich länger.
Die längste Verbindung von
Gran Canaria aus zu den abgelegensten Inseln dauert
zwei Tage.

Die Fahrpreise der beiden
großen Linien **Trasmediterránea** und **Líneas Fred Olsen**,
die zwischen den Inseln verkehren, sind ähnlich. Etwas
niedriger liegen die Preise
von **Naviera Armas**.

AUF EINEN BLICK

Flughäfen

☎ *902 404 704 (Infonummer für
alle Flughäfen).*
www.aena-aeropuertos.es

Gran Canaria
Ctra. General del Sur,
35071 Gando/Telde.

Fuerteventura
Carretera El Matorral s/n,
35610 Puerto del Rosario.

Lanzarote
Apdo. Correos 86, 35500 Arrecife.

Tenerife Norte
38297 La Laguna (Teneriffa).

Tenerife Sur
38610 Granadilla de Abona
(Teneriffa).

La Gomera
Carretera Playa de Santiago, s/n,
38812 Alajeró.

El Hierro
Calle El Cangrejo, s/n,
38910 Valverde del Hierro.

La Palma
Carretera La Bajita, s/n,
38739 Mazo.

Fluglinien

Binter Canarias
☎ 902 391 392.
www.bintercanarias.com

Iberia
☎ 902 400 500.
www.iberia.com

Fähren

Líneas Fred Olsen
☎ 902 100 107.
www.fredolsen.es

Naviera Armas
☎ 902 456 500.
www.naviera-armas.com

Trasmediterránea
☎ 902 454 645.
www.trasmediterranea.es

Fährhafen in Las Palmas de Gran Canaria

Auf den Inseln unterwegs

Auf den Kanarischen Inseln haben Sie die volle Auswahl bei den Transportmitteln: Auf den größeren Inseln Teneriffa, Gran Canaria und Lanzarote gibt es ein dichtes Netz von Buslinien, mit denen Sie jeden Punkt der Insel gut erreichen. Auf den kleineren Inseln sollten Sie über ein Mietauto, ein Motorrad oder ein Fahrrad verfügen. Manche Gegenden können Sie nur im Rahmen einer Tour besuchen – meist mit dem Bus und einem Führer.

Bergstraße in der Umgebung von Masca

Manche Aussichtspunkte erreicht man nur über Schotterpisten. Hier empfiehlt sich ein Wagen mit Vierradantrieb. Bei starkem Regen sind diese Wege unpassierbar. Viele solcher Punkte können Sie aber auch im Rahmen einer geführten Tour besuchen.

Die Beschilderung der Straßen ist meist sehr gut. Städte, Sehenswürdigkeiten und Aussichtspunkte sind deutlich ausgeschildert. Nur auf El Hierro hat man manchmal Probleme mit den kleinen Hinweistafeln aus Holz. In den Städten sind alle Straßen, historischen Attraktionen und Museen klar und deutlich ausgeschildert.

Straßen

Wer mit dem Auto auf den Kanaren unterwegs ist, wird vom Straßenzustand begeistert sein: Dank der EU-Förderung sind die Straßen meist in exzellentem Zustand. Jeder Ort ist erreichbar, entlang der Küste verbinden Autobahnen *(autopistas)* die großen Städte, Flughäfen und Ferienorte der Insel.

Die Straßen in den Bergregionen sind zwar eng und kurvenreich, aber dennoch meist gut befahrbar. Viele Tunnels erleichtern die Wegführung. Achten Sie bei Tunnels unbedingt auf Gegenverkehr, denn für große Fahrzeuge (Lastwagen, Bus) sind sie ziemlich eng. Zur Vorsicht hupen viele Autos vor der Einfahrt in einen Tunnel.

Bei Regen und Nebel sollten Sie erhöhte Vorsicht walten lassen – vor allem in bergigen Regionen. Die Straßen werden manchmal ziemlich rutschig und glatt.

Busse und Taxis

Auf den großen Inseln wie Gran Canaria und Teneriffa kommen Sie problemlos mit Bussen überallhin. In kleineren Ortschaften oder Dörfern hingegen verkehren die Busse teilweise nur ein- bis zweimal pro Tag. Manchmal ist es nicht ganz leicht, wieder ins Hotel zurückzukommen.

Von kleinen Orten kommt man auch nur mit Mühe in die Zentren des Nachtlebens. Dort, wo viel los ist, fahren nicht zwangsläufig Busse. Nur in größeren Städten gibt es ein dichtes Busnetz – bis in die Außenbezirke.

Je kleiner die Insel oder der Ort, umso schwieriger gestaltet sich eine Busfahrt – vor allem für Menschen, die nicht mit der Insel vertraut sind.

In den Städten und größeren Freizeitzentren finden Sie problemlos Taxis. Die sind zwar nicht gerade billig, aber bringen Sie schnell und sicher ans Ziel. Taxifahrer sind verpflichtet, den Taxameter einzuschalten, auf dem die zu bezahlende Summe abzulesen ist.

Bei Fahrten vom und zum Flughafen darf ein Aufschlag verlangt werden, ebenso für die Anzahl der Gepäckstücke.

Fahren in der Stadt

Wenn Sie mit einem Mietauto unterwegs sind, sollten Sie sich in den großen Städten gut wappnen: Nicht nur in Las Palmas de Gran Canaria herrscht ein wahrhaft »mediterraner« Verkehrsstil. Legale Parkplätze sind rar. Natürlich wird Falschparken bestraft – und das nicht zu knapp. Nehmen Sie einen bewachten Parkplatz, und bezahlen Sie die geforderte Parkgebühr.

Zahlreiche Mietwagenfirmen werben um Kunden

Autovermietung

Überall auf den Kanaren finden Sie Angebote zahlreicher Mietwagenfirmen. Da gibt es einerseits die großen, weltweit vertretenen Firmen wie **Avis** oder **Hertz**, andererseits zahlreiche regionale Verleiher wie **CICAR**. Wer nicht schon von zu Hause aus

Urlauberbus auf La Gomera

Es gibt ganz unorthodoxe Formen der Fortbewegung auf den Inseln

einen Wagen gebucht hat, der kann am Flughafen der Insel ein Auto anmieten.

Mietwagen sind in Spanien nicht überteuert. Der Preis hängt von mehreren Faktoren ab: Jahreszeit, Größe des Autos etc. Frühbucher erhalten oft Rabatte. Vergleichen Sie die Preise an den Schaltern am Flughafen. Achten Sie allerdings auf versteckte Nebenkosten.

Prüfen Sie zunächst das erhaltene Auto sorgfältig auf Schäden. Wenn Sie nicht gleich reklamieren, sind Sie für den Schaden verantwortlich!

Die Mietverträge sind nicht überall standardisiert: Prüfen Sie den Vertrag genau bezüglich Versicherung, Selbstbeteiligung, Kilometerbegrenzung, Rückgabeort und Tankfüllung. Ausgeschlossen sind: Überfahrt auf einer Fähre und Fahrten auf nicht ausgebauten Straßen.

Motorradverleiher findet man nur vereinzelt. Helmpflicht besteht für alle Klassen. Für Fahrzeuge über 50 Kubikzentimeter Hubraum benötigt man immer einen Führerschein.

Tankstellen

Benzin ist auf den Kanarischen Inseln deutlich preiswerter als auf dem spanischen Festland. Die Tankstellen bieten die üblichen Sorten an bleifreiem Benzin.

Tankstellen mit Selbstbedienung sind sehr rar. Meist erwartet Sie ein Tankwart (Trinkgeld!). Selten sind Tankstellen rund um die Uhr ge-

öffnet. Die Öffnungszeiten variieren sehr stark. Auf kleinen Inseln wie El Hierro gibt es nicht viele Tankstellen. Tanken Sie daher rechtzeitig, und achten Sie bei Touren auf den Benzinstand.

Verkehrsregeln

Auf den Kanaren gelten die normalen spanischen (also europäischen) Verkehrsregeln sowie die internationalen Verkehrszeichen. Die Höchstgeschwindigkeiten betragen: 110 km/h auf Autobahnen, 90 km/h auf Hauptstraßen sowie 50 km/h innerhalb geschlossener Ortschaften. Auch wenn sich viele Spanier nicht daran halten – die Strafen für Verstöße sind deutlich höher als hierzulande.

Ähnliches gilt für Alkoholsünder: Die Promillegrenze beträgt 0,5 (für Fahranfänger 0,3). Das Anlegen der Sicherheitsgurte für alle Autoinsassen ist Pflicht. Beim Verlassen des Fahrzeugs aufgrund einer Panne oder eines Unfalls muss man eine reflektierende Warnweste tragen.

Typische Notrufsäule

AUF EINEN BLICK

ADAC-Notruf

📞 935 082 828.

Mietwagen

Avis
📞 902 135 531.
www.avis.com

CICAR
📞 902 244 444.
www.cicar.com

Europcar
📞 902 503 010.
www.europcar.com

Busbahnhöfe

Gran Canaria
📞 928 368 335.

Fuerteventura
📞 650 532 866.

Lanzarote
📞 928 811 522.

Teneriffa
📞 922 215 669.

La Gomera
📞 922 141 101.

El Hierro
📞 922 551 175.

La Palma
📞 922 411 924.

Karten

Beim Kauf von Karten sollten Sie auf den richtigen Maßstab achten: Der Maßstab 1:100 000 (1 cm = 1 km) eignet sich für Autofahrten. Wanderkarten sollten im Maßstab 1:50 000 sein, Stadtpläne 1:10 000. Kostenlose Karten erhalten Sie auch beim Autoverleih oder von einer »Oficina de Turismo«.

Parkplatz am Aussichtspunkt einer Bergstraße

Textregister

Seitenangaben in **fetter** Schrift
beziehen sich auf Haupteinträge.

A

Acantilados de los Gigantes
(Teneriffa) 117
Acayamo (Mogán) 59
ADAC-Notruf 205
Adelantados 103
Adeje (Teneriffa) Festividad de San
Sebastián 27
Agaete (Gran Canaria) 25, **57**
Hotels 156
Restaurants 171
Agalán (La Gomera) 129
Aguiar, José 121, **127**
Agüimes (Gran Canaria) **64**
Encuentro Internacional Tres
Continentes 26, 185
Hotels 156
Restaurants 171
Agulo (La Gomera) **127**
Ajuy (Fuerteventura) 66, **74**
Alajeró (La Gomera) 125, **129**
Alcáçovas Vertrag von (1479) 32
Alegranza **87**, 88
Alfonso XIII., König von Spanien
53
Almaciga (Teneriffa) 105
Amberes, Guamart de 47
American Express 201
Anaga-Gebirge (Teneriffa) **104f**
Andujar, Martín de 107
Angeln 187, 189
Antigua (Fuerteventura) **73**
Hotels 158
Apartments (Selbstversorgung) **154**
Apotheken 199
Aqualand (Maspalomas) **60**, 61
Aquarium, Loro Parque (Puerto de
la Cruz, Teneriffa) 115
Árbol Santo (El Hierro) 139
Arguineguín (Gran Canaria) 59
Arona (Teneriffa) 176
Arráez, Xabán de 74
Arrecife (Lanzarote) 25, **84**
Hotels 160
Restaurants 175
Strände 95
Arrieta (Lanzarote) 83
Arucas (Gran Canaria) **54**
Restaurants 171
Arure (La Gomera) 128
Atalaya de Femés (Lanzarote)
94
Atlantida 185
Auditorio siehe Konzertsäle
Auswanderung 123
Autofahren 204f
Autovermietung siehe Mietwagen
Avenida Marítima (Santa Cruz de
La Palma) 144f
Ayuntamiento (La Laguna) 103

B

Bahía de Naos (El Hierro) 138
Bahía del Duque (Playa de las
Américas) 117
Bajada de la Virgen de los Reyes
(Valverde) 25, **137**
Bajamar (Teneriffa) **106**
Ballettfestivals 24
Bankautomaten 201
Banken 200, **201**

Barlovento (La Palma) **147**
Hotels 166
Restaurants 181
Barranco de Agaete 57
Barranco de Guayadeque
(Gran Canaria) 65
Barranco de las Hubertas (Teneriffa)
105
Barranco de los Cocos (La Gomera)
129
Barranco de Masca **116**, 117
Barranco de Moya 55
Barranco de Santiago 129
Barranco del Agua (La Palma) 146
Barranco del Infierno (Teneriffa)
117
Bars 184
Basare 183
Basílica siehe Kirchen
Bäume und Sträucher 16f
Árbol Santo (El Hierro) 139
Drachenbäume **16**, 107, 129
Lorbeerwälder 130
»Pino Gordo« (Vilaflor) 120
Wacholderbäume 134
Begräbnis der Sardine 23
Behinderte Reisende **196**, 197
Benahoares **147**, 150
Benedikt XIV., Papst 33
Benijo (Teneriffa) 105
Benzoni, Girolamo 32
Berthelot, Sabino 34
Besichtigungen siehe Sightseeing
Bétancourt, Augustín de 112
Betancourt, Rómulo, Präsident von
Venezuela 119
Betancuria (Fuerteventura) 25, 67, **74**
Museum 20
Restaurants 174
Béthencourt, Jean de **73**
auf El Hierro 29, 138
auf Fuerteventura 29, 67, 74, 78
auf Isla Graciosa 87
auf Lanzarote 29, 81, 91
auf Los Lobos 71
Bevölkerungszahl 12
Billancourt, Jean-Paul de 144
Binter Canarias 202
Bobadilla, Beatriz de 126
Boca de Tauce (Teneriffa) 118
Bocciardo, Pasquale 100
Bolívar, Simón 53, **107**
Borges Lineres, Juan 73
Botschaften 197
Bravo Murillo (Las Palmas de Gran
Canaria) 46
Breña Alta (La Palma) 181
Breña Baja (La Palma)
Hotels 166
Brueghel, Jan 101
Buenavista (Teneriffa) 116
Burgen
Castillo de la Luz (Las Palmas de
Gran Canaria) 44
Castillo de las Coloradas (Punta del
Aguila) 91
Castillo de Mata (Las Palmas de
Gran Canaria) 46
Castillo de San Felipe (Puerto de la
Cruz, Teneriffa) 113
Castillo de San Gabriel (Arrecife) 84
Castillo de San Juan (Santa Cruz de
Teneriffa) 102
Castillo de San Miguel (Garachico)
32, 107

Castillo de Santa Bárbara (Teguise)
89
Castillo de Santa Catalina (Santa
Cruz de La Palma) 145
Castillo San Miguel (Garachico) 32
El Castillo (Caleta de Fuste) 79
Fortaleza del Tostón (El Cortillo) 72
Los Realejos (Teneriffa) 106f
Busse **204f**

C

Cabildo Insular (Santa Cruz de
Tenerife) 100
Cabrera Felipe, Blas 84
Cabrera, Manuel Velázquez 34
Cactualdea (San Nicolás de
Tolentino) 58
Cala del Tacorón (El Hierro) 138
Caldera de Bandama (Gran Canaria)
52
Caldera de Gaíra (Fuerteventura) 79
Caldera de Marcos y Cordero
(La Palma) 146
Caldera de Taburiente siehe
Nationalparks
Caldera Pinos de Gáldar
(Gran Canaria) 62
Caleta de Fuste (Fuerteventura) **79**
Hotels 158f
Caleta del Sebo (Isla Graciosa) 87
Calle Carrera Escultor Estévez
(La Orotava) 108
Calle Castillo (Santa Cruz de Tenerife)
101
Calle de San Telmo (Puerto de la
Cruz, Teneriffa) 112
Calle Mayor de Triana (Las Palmas de
Gran Canaria) 46
Calle O'Daly (Santa Cruz de
La Palma) 144
Calle Quintana (Puerto de la Cruz,
Teneriffa) 112
Calle Tomás Zerolo (La Orotava) 110
Camino de la Virgen de Lourdes 116
Camping **155**
Candelaria (Teneriffa) 27, **120f**
Restaurants 176
Carlos III., König von Spanien 113
Carracci, Brüder 49
Casa Alvaro Bragamonte (La Laguna)
103
Casa de Colón (Las Palmas de Gran
Canaria) **48f**
Casa de Colón (San Sebastián de
La Gomera) 126
Casa de la Alhondiga (La Laguna)
103
Casa de la Cultura (Garchico) 107
Casa de la Cultura Augustín de la
Hoz (Arrecife) 84
Casa de la Real Aduana (Puerto de la
Cruz, Teneriffa) 112
Casa de los Arroyo (Arrecife) 84
Casa de los Balcones (La Orotava)
110
Casa de los Capitanes (La Laguna)
103
Casa de los Coroneles (La Oliva) 34,
72
Casa de Miranda (Puerto de la Cruz,
Teneriffa) 112
Casa de Santa María (Betancuria) 69
Casa de Tafuriaste (La Orotava) 111
Casa del Capellán (La Oliva) 72
Casa del Corregidor (La Laguna) 103

Casa del Turista (La Orotava) 110
Casa Lercaro (La Laguna) 103
Casa Mesa (La Laguna) 103
Casa Museo *siehe* Museen und
  Sammlungen
Casa Perdomo (San Bartolomé) 90
Casa Pinto (Santa Cruz de La Palma)
  144
Casa Torrehermosa (La Orotava) 110
Casas Consistoriales (Santa Cruz de
  La Palma) 144
Casas de Guinea (El Hierro) 136
Casas de los Balcones (Santa Cruz de
  La Palma) 145
Casas rurales 133, 154, **155**
Casillas del Ángel (Fuerteventura)
  70
Casino de La Laguna (La Laguna) 103
Cassio, Mariano de 144
Castillo *siehe* Burgen
Cenobio de Valerón (Gran Canaria)
  55
Centro Atlántico de Arte Moderno
  (CAAM) (Las Palmas de Gran
  Canaria) **47**
Centro Científico Cultural Blas
  Cabrera (Arrecife) 84
Centro de Artesanía Molinos de
  Antigua (Antigua) 73
Centro de Interpretación de los
  Molinos (Tiscamanita) 73
Cerámica el Molino (Mazo) 148
Chamorga (Teneriffa) 105
Charco Azul (El Hierro) 137
Charco Azul (La Palma) 143, **147**
Charco de San Ginés (Arrecife) 84
Charco Manso (El Hierro) 133, **136**
Charco Verde (La Palma) 148
Charterflüge 202
Chinobre (Teneriffa) 104, **105**
Chipude (La Gomera) **129**, 130
Chirino, Martín 47
Ciudad Jardín (Las Palmas de Gran
  Canaria) 46
Cleve, Joos van 57
Coello, Dimas 121
Cofete (Fuerteventura) **76**, 78
Corralejo (Fuerteventura) 67, **70f**
  Hotels 159
  Restaurants 174
Costa Adeje (Teneriffa) **117**
  Hotels 162
Costa Calma (Fuerteventura) **75**, 79
  Hotels 159
Costa Canaria 59
Costa del Silencio (Teneriffa) 120
Costa Teguise (Lanzarote) **84f**
  Hotels 160
  Restaurants 175
  Strände 95
Cráter del Duraznero (La Palma) 149
Cráter del Hoyo Negro (La Palma)
  149
Cruz de Tejeda (Gran Canaria) **63**
  Hotels 156
Cuatro Puertas (Gran Canaria) 64
Cueva *siehe* Höhlen
Cumbre Vieja (La Palma) 149

D

Damme, Daniel von 52
De la Salle, Gadifer 67, 71, 74
Delfinarium, Loro Parque (Puerto de
  la Cruz, Teneriffa) 114
Diebstahl 198

Diners Club 201
Drachenbäume **16**
  Drago de Agalán (Agalán) 129
  Drago Milenario (Icod de los
    Vinos) 107
Drake, Sir Francis 26, 145
Dulcert, Angelino 67
Dunas de Maspalomas (Gran Canaria)
  60

E

Echadero de los Camellos (Lanzarote)
  92
EC-Karte *siehe* girocard
Ecomuseo de la Alcogida (Tefía) 73
Ecomuseo Poblado de Guinea
  (El Hierro) 136f
Eduardo, Antonio José 57
Einkaufen *siehe* Shopping
Einreise 194
Einwohnerzahl 12
El Bailadero (Teneriffa) 105
El Barco de la Virgen (Santa Cruz de
  La Palma) 145
El Cercado (La Gomera) **128f**, 130
El Cotillo (Fuerteventura) **72**
  Restaurants 174
El Diablo (Lanzarote) **93**
El Golfo (El Hierro) 136f
El Golfo (Lanzarote) 14, **91**
El Grifo, Weinberg (Lanzarote) 95
El Hierro 12, **132–139**
  Anreise 135
  Bajada de la Virgen de los Reyes
    25
  Bevölkerung 133
  Flughafen 203
  Geschichte 133
  Hotels 165f
  Inselkarte 134f
  Landschaft 134
  Restaurants 180
El Médano (Teneriffa) 99, **120**, 121
El Palmar (Teneriffa) 116
El Paso (La Palma) **148**
  Restaurants 181
El Pinar (El Hierro) 139
El Portillo, Besucherzentrum (Parque
  Nacional del Teide) 118
El Pozo (Lanzarote) 91
El Pueblo Guanche (La Orotava)
  108
El Sabinar (El Hierro) 38, 134, **137**
El Sauzal (Teneriffa) **106**
  Restaurants 176
El Silbo Gomera (Pfeifsprache) 127,
  128
El Tigre (Cañon) 102
El Triunfo de la Candelaria (Santa
  Cruz de Tenerife) 100
Elektrische Geräte 197
Entstehung der Inseln **14f**
Escuela Insular de Artesanía (Mazo)
  148
Espellosa y Vallabridge, Jeronimo de
  107
Essen und Trinken
  Kanarische Küche 168, **170**
  Restaurants 171–181
  Shopping 183
Estévez, Fernando
  Basílica de Nuestra Señora de
    Candelaria 121
  Convento de Santo Domingo de
    Guzmán 127

Iglesia de El Salvador (Santa Cruz
  de La Palma) 144
Iglesia de la Concepción
  (La Orotava) 108
Iglesia San Juan Bautista
  (La Orotava) 110
Nuestra Señora de la Peña de
  Francia (Puerto de la Cruz) 112
Europäische Krankenversicherungs-
  karte (EHIC) 199

F

Fähren **203**
Fahrradfahren 187, 189
Faro de Anaga (Teneriffa) 105
Faro de Orchilla (El Hierro) 138
Fataga (Gran Canaria) **61**
Feiertage 27
  siehe auch Feste und Festivals
Felsmalereien 30
  La Zarza (La Palma) 147
  Roque Bentaiga (Gran Canaria) 62
Femés (Lanzarote) 25, 92, **94**
Fernsehen 201
Feste und Festivals **24–27**, 185
  Filmfestivals **24**, 185
Festival Internacional Canarias Jazz &
  Más **25**, 185
Fiestas *siehe* Festivals
Firgas (Gran Canaria) **54**
Fische 18f
Fischen *siehe* Angeln
FKK 187, 189
Flora **16f**
  Anaga-Gebirge (Teneriffa) 104
  Kakteen 86
  Orchideen 39, 61
  siehe auch Bäume und Sträucher
Flughäfen 203
Flugreisen **202f**
Fortaleza del Tostón (El Cortillo) 72
Fraile (Fuerteventura) 76
Franco, General Francisco **34f**, 71, 76
Fremdenverkehr *siehe* Tourismus
Fronleichnam 25, **111**
  La Orotava 108
Frontera (El Hierro) **136**
  Hotels 165
Fuencaliente de La Palma **148**, 149
Fuerteventura **66–79**
  Anreise 69
  Bevölkerung 67
  Feste und Festivals 24–27
  Flughafen 203
  Hotels 158–160
  Inselkarte 68f
  Klima 67
  Restaurants 174
  Strände 78f

G

Gabriel, Peter 185
Gáldar (Gran Canaria) 25, **57**
Galerien *siehe* Museen und
  Sammlungen
Garachico (Teneriffa) 32, 33, **107**
Garajonay, El Alto de (La Gomera) **131**
Geld **200f**
Geldwechsel 201
Geologie *siehe* Entstehung der Inseln
Geschichte der Kanarischen Inseln
  28–35
Geschwindigkeitsbeschränkung 205
Gesundheit **198f**
Geysire 93

girocard 201
Gobierno Militar (Las Palmas de
  Gran Canaria) 46
Gofio-Mühlen (La Orotava) 110
Golf **190f**
Golf del Sur (Teneriffa) 120
González, Manuel Martín 121
Graciosa *siehe* Isla Graciosa
Gran Canaria **40–65**
  Anreise 42
  Bevölkerung 41
  Feste und Festivals 24–27
  Gebirge 62f
  Geschichte 41
  Hotels 156–158
  Inselkarte 42f
  Klima 41
  Restaurants 171–173
  Strände 58f
Gran Melia Salinas (Costa Teguise) 84
Gran Tarajal (Fuerteventura) **78**
Gran Valle (Fuerteventura) 76
Grand Hotel Taoro (Puerto de la
  Cruz) 97
Guadarfía, Guanchen-Anführer 88
Guanchen 29, **30f**, 32
  Barranco de Guayadeque 65
  Bronzestatuen (Candelaria) 121
  El Pueblo Guanche (La Orotava) 108
  Mundo Aborigen 61
  Museo Canario 47
  Tonwaren 20
  Túmulo de la Guancha 57
Guatiza (Lanzarote) **86**
Guercino, Giovanni 47
Guía de Isora (Teneriffa) 26
Güimar (Teneriffa) **121**
Guinate (Lanzarote) 39, **88**

H

Haría (Lanzarote) 13, 39, **88**
Heredad de Aguas de Arucas y Firgas
  (Arucas) 54
Hermigua (La Gomera) 38, **126f**
  Hotels 164
Hernández, Manuel Díaz 144
Herschel, William 150
Heyerdahl, Thor 121
Hijuela del Botánico (La Orotava) 109
Höhlen
  Cenobio de Valerón (Gran Canaria)
    55
  Cuatro Puertas (Gran Canaria) 64
  Cueva de Belmaco (La Palma) 148
  Cueva de los Verdes (Lanzarote)
    86f
  Cueva del Hermano Pedro
    (Teneriffa) 120
  Cueva Don Justo (El Hierro) 138
  Cueva Pintada de Gáldar
    (Gran Canaria) 30, 48, **57**
  Jameos del Agua (Lanzarote) 86
  Los Hervideros (Lanzarote) 91
Höhlenwohnungen 29
Holiday World (Maspalomas) 60
Hospital de la Santísima Trinidad
  (La Orotava) 110
Hotel Puntagrande (Las Puntas) 136
Hotels **154–167**
  Buchung 155
  El Hierro 165f
  Fuerteventura 158–160
  Gran Canaria 156–158
  La Gomera 164f
  La Palma 166f

Lanzarote 160f
Paradores 154
Preise 155
Teneriffa 162–164
Huerto de las Flores (Agaete) 57
Humbolt, Alexander von 111

I

Iberia 202, 203
Ibis 39
Icod de los Vinos (Teneriffa) **107**
Iglesia *siehe* Kirchen
Igueste de San Andrés (Teneriffa) 105
Inés Chemida (Telde) 65
Ingenio (Gran Canaria) **64**
Internet 201
Isabella II., Königin 34
Isla de los Lobos 70, **71**
Isla Graciosa **87**, 88f
Islote de Hilario (Lanzarote) 93
Isora (El Hierro) **138f**
Izaña-Observatorium (Teneriffa) 111,
  119

J

Jameos del Agua (Lanzarote) **86**
Jandía Península *siehe* Península de
  Jandía
Jardín Botánico (Teneriffa) 109, **113**
Jardín Botánico Viera y Clavijo
  (Gran Canaria) 52
Jardín de Cactus (Guatiza) 86
Jardín Tecina (La Gomera) 129
Jardín Victoria (La Orotava) 111
Jazz **25**, 185
Joggen 186
Jones, Sir Alfred Lewis 44
Juan Carlos, König von Spanien 85,
  150
Jugendliche Reisende **196**, 197

K

Kakteen 86
Kamelritte 91, **92**
Karneval **22f**, 27, 185
Karten
  El Hierro 134f
  Fuerteventura 68f
  Gran Canaria 42f
  Kanarische Inseln 12f
  Kaufen 205
  La Gomera 124f
  La Orotava (Teneriffa) 109
  La Palma 142f
  Lanzarote 82f
  Las Palmas de Gran Canaria 44f
  Maßstab 205
  Parque Nacional de Garajonay
    (La Gomera) 130f
  Parque Nacional del Teide
    (Teneriffa) 118f
  Puerto de la Cruz (Teneriffa) 113
  Ruta de los Volcanes (La Palma)
    149
  Santa Cruz de La Palma 145
  Santa Cruz de Tenerife 101
  Teneriffa 98f
  Überblick 38f
Kathedralen
  Catedral de Santa Ana (Las Palmas
    de Gran Canaria) **47**
  La Laguna 103
Kinder **196**
  Karneval 23
Kino 184

Kirchen
  Basílica de Nuestra Señora de
    Candelaria (Candelaria) 120f
  Ermita de la Virgen de la
    Concepción de la Bonanza
    (La Palma) 148
  Ermita de las Nieves (Puerto de
    las Nieves) 57
  Ermita de Nuestra Señora de
    Guadalupe (La Gomera) 126
  Ermita de Nuestra Señora de la Luz
    (Santa Cruz de La Palma) 144
  Ermita de San Pedro (Arucas) 54
  Ermita de San Sebastián (San
    Sebastián de La Gomera) 126
  Ermita de San Sebastián (Santa
    Cruz de La Palma) 144
  Ermita San Isidoro (Alajeró) 125
  Ermita San Marcial del Rubicón
    (Femés) 94
  Iglesia de El Salvador (Santa Cruz
    de La Palma) 144
  Iglesia de la Candelaria (Frontera)
    136
  Iglesia de la Concepción
    (La Orotava) 108
  Iglesia de la Encarnación
    (Hermigua) 127
  Iglesia de la Virgen de la Asunción
    (San Sebastián de La Gomera) 126
  Iglesia de la Virgen de la
    Candelaria (Chipude) 129
  Iglesia del Cristo de los Dolores
    (Tacoronte) 106
  Iglesia del Salvador (Alajeró) 129
  Nuestra Señora (La Palma) 147
  Nuestra Señora de Antigua
    (Antigua) 73
  Nuestra Señora de Guadalupe
    (Teguise) 89
  Nuestra Señora de la Candelaria
    (Gran Tarajal) 78
  Nuestra Señora de la Candelaria
    (Ingenio) 64
  Nuestra Señora de la Candelaria
    (La Oliva) 72
  Nuestra Señora de la Concepción
    (La Laguna) 103
  Nuestra Señora de la Concepción
    (Santa Cruz de Tenerife) 100
  Nuestra Señora de la Encarnación
    (Haría) 88
  Nuestra Señora de la Peña de
    Francia (Teneriffa) 112
  Nuestra Señora de la Peña (Vega
    de Río Palmas) 75
  Nuestra Señora de la Regla (Pájara)
    33, **75**
  Nuestra Señora de los Remedios
    (Los Llanos de Aridane) 148
  Nuestra Señora de los Remedios
    (Yaiza) 90f
  Nuestra Señora de Montserrat
    (Los Sauces) 146f
  Nuestra Señora de Regla (Santa
    Cruz de Tenerife) 102
  Nuestra Señora del Pino (Teror) 53
  Nuestra Señora del Rosario (Puerto
    del Rosario) 70
  San Agustín (La Orotava) 109
  San Andrés Apóstol (San Andrés,
    La Palma) 146
  San Bartolomé (San Bartolomé) 82,
    90
  San Blás (Mazo) 148

San Fernando (Santiago del Teide) 116
San Francisco (La Orotava) 110
San Francisco (Puerto de la Cruz, Teneriffa) 112
San Francisco (Santa Cruz de La Palma) 145
San Francisco (Santa Cruz de Teneriffa) 101
San Ginés (Arrecife) 84
San Juan (Arucas) 54
San Juan Bautista (La Orotava) 110
San Juan Bautista (Telde) 65
San Juan Bautista (Vallehermoso) 127
San Marcos (Agulo) 127
San Marcos (Icod de los Vinos) 107
San Miguel (La Laguna) 103
San Miguel Arcángel (Tazacorte) 147
San Nicolás (La Aldea de San Nicolás) 58
San Pedro (Vilaflor) 120
San Pedro Apóstol (Güimar) 121
San Pedro de Alcántara (Ampuyenta) 73
San Sebastián (Agüimes) 64
Santa Ana (Candelaria) 121
Santa Ana (Casillas del Ángel) 70
Santa Ana (Garachico) 107
Santa Brígida (Gran Canaria) 52
Santa Catalina (Tacoronte) 106
Santa Lucía (Santa Lucía) 64
Santa Margarita (Guatiza) 86
Santa María (Betancuria) 74
Santa María de Guía (Gran Canaria) 55
Santa María de la Concepción (Valverde) 135, **136**
Santiago Apóstol (Los Realejos) 106
Santiago de los Caballeros (Gáldar) 57
Santuario de Cristo (La Laguna) 103
Santuario de la Virgen de las Nieves (La Palma) 146
Santuario de Nuestra Señora de los Reyes (El Hierro) 137, **138**
Templo Ecuménico (Maspalomas) 60
siehe auch Kathedralen; Klöster
Klima **24–27**
Klöster
San Francisco (La Madre de Miraflores; Teguise) 89
San Francisco Nuestra Señora de los Angeles (Garachico) 107
Santa Catalina de Siena (La Laguna) 103
Santo Domingo de Guzmán (Hermigua) 127
Santo Domingo (Garachico) 107
Santo Domingo (La Orotava) 110, **111**
Santo Domingo (Teguise) 89
Kolumbus, Christoph 28, 32, **126**
Büste (Las Palmas de Gran Canaria) 46
Casa de Colón (La Gomera) 126
Casa de Colón (Las Palmas de Gran Canaria) **48f**
Pozo de Colón 126
Santa María (Nachbau) 38, **145**
Semana Colombina (Kolumbus-Woche) 26, 126
Kommunikation **200f**

Konsulate 197
Konzerte 185
Konzertsäle
Auditorio Alfredo Kraus (Las Palmas de Gran Canaria) 185
Auditorio de Puerto del Rosario 185
Auditorio de Tenerife (Santa Cruz de Tenerife) **102**, 185
Sala »Teobaldo Power« (La Orotava) 185
Koschenilleschildlaus 33, 34
Kreditkarten **201**
beim Shopping 182
in Hotels 155
in Restaurants 169
Kunstgalerien *siehe* Museen und Sammlungen
Kunsthandwerk **20f**
Shopping 183

L

La Aldea de San Nicolás (Gran Canaria) 58
La Ampuyenta (Fuerteventura) 73
La Calera (La Gomera) 128
La Caleta de Famara (Lanzarote) **89**
La Casa del Vino La Baranda (El Sauzal) 106
La Cumbrecita (La Palma) 151
La Dama (La Gomera) 129
La Degollada de Becerra (Gran Canaria) 63
La Dehesa (El Hierro) 24
La Fortaleza (La Gomera) 129
La Geria (Lanzarote) 14, 80, **94f**
La Gomera **122–131**
Anreise 125
Flughafen 203
Hotels 164f
Inselkarte 124f
Landschaft 124
Restaurants 179f
La Graciosa *siehe* Isla Graciosa
La Isleta (Las Palmas de Gran Canaria)
La Laguna (Teneriffa) 100, **103**
Feste und Festivals 26
Fronleichnam 25
Hotels 163
Universität 33
La Laguna Grande (La Gomera) 129, **130**
La Lajita (Fuerteventura) 24, **75**
La Manteca (La Gomera) 129
La Matanza (Teneriffa) 177
La Niña, Modell und Rekonstruktion 48
La Oliva (Fuerteventura) **72**
La Orotava (Teneriffa) **108–111**
Fronleichnam 25, 108, **111**
Hotels 163
Zentrumskarte 109
La Palma **140–151**
Anreise 142
Flughafen 203
Hotels 166f
Inselkarte 142f
Klima 141
Landschaft 141, 142
Restaurants 181
La Palmita (La Gomera) 127
La Pared (Fuerteventura) 68f, **75**
La Pinta, Modell 46
La Playa (La Gomera) 128

La Puntilla (La Gomera) 128
La Rambla de Santa Cruz (Teneriffa) 102
La Restinga (El Hierro) 15, **138**
Hotels 165
Restaurants 180
La Zarza (La Palma) **147**
Lagartario (El Hierro) 137
Lago Martiánez (Puerto de la Cruz, Teneriffa) 112, **113**
Lago Verde (El Golfo) 91
Lanzarote **80–95**
Anreise 82
Flughafen 203
Geschichte 81
Hotels 160f
Inselkarte 82f
Landschaft 82
Meerwasser-Entsalzung 81
Restaurants 175f
Strände 94f
Las Cañadas (Teneriffa) 119
Las Casas (El Hierro) 139
Las Mercedes, Plateau (Teneriffa) 104
Las Nieves (La Palma) **146**
Las Palmas de Gran Canaria 42, **44–51**
Festival de Ballet y Danza 24
Festival Internacional de Cine 26, 185
Fronleichnam 25
Geschichte 34, 44
Hafen 44
Hotels 156f
La Vegueta (Stadtteil) 47
Restaurants 171f
Romería de Nuestra Señora de la Luz 26
Triana (Stadtteil) 46
Vegueta 47
Zentrumskarte 44f
Las Playitas (Fuerteventura) 78
Las Puntas (El Hierro) **136f**
Hotels 165f
Las Rosas (La Gomera) **127**, 131
León y Castillo, Fernando de 48, **65**
Lepanto, Schlacht von 147
Liceo de Taoro (La Orotava) 111
Líneas Fred Olsen 203
Llano de Ucanca (Teneriffa) 118
Lomo de las Chozas (La Palma) 151
López de Echegarret, José A. 54
Lorbeerwälder 17, **130**
Loro Parque (Puerto de la Cruz, Teneriffa) **114f**
Los Abrigos (Teneriffa) 120
Los Ajaches (Lanzarote) 91
Los Azulejos (Gran Canaria) 14
Los Cristianos (Teneriffa) 97, **117**
Hotels 163
Strände 120
Los Frailes Hotel (Tarifa Alta) 52
Los Gigantes (Teneriffa) **117**
Los Hervideros (Lanzarote) **91**
Los Llanillos (El Hierro) 137
Los Llanos de Aridane (La Palma) **148**
Hotels 167
Restaurants 181
Los Lobos *siehe* Isla de los Lobos
Los Organos (La Gomera) **127**, 128
Los Realejos (Teneriffa) **106**
Restaurants 177
Los Roques (La Gomera) 131

Los Roques de García (Teneriffa) 118
Los Sauces (La Palma) 146f
Los Silos (Teneriffa) 116
Los Tilos (La Palma) **146**
Lucha Canaria 26, 139
Lugo, Alonso Fernández de 32, 100, 103, 145, 147
Luján Pérez, José **55**
  Catedral de Santa Ana (Las Palmas de Gran Canaria) 47
  Iglesia de la Concepción (La Orotava) 108
  Iglesia de Nuestra Señora de la Peña de Francia (Puerto de la Cruz, Teneriffa) 112
  Iglesia San Juan Bautista (La Orotava) 110
  Nuestra Señora de la Concepción (Santa Cruz de Tenerife) 100
  San Nicolás (La Aldea de San Nicolás) 58
  Santiago de los Caballeros (Gáldar) 57
Lutzardo de Franchy, Juan Antonio 112

M

Macizo de Teno (Teneriffa) 116
Malocello, Lancelotto 29, 81
Malpaís 15
Malpaís Chico (Fuerteventura) **78f**
Malpaís de la Corona (Lanzarote) **87**
Malpaís Grande (Fuerteventura) **78f**
Malvasía-Wein 14, 33, **95**
Mancha Blanca (Lanzarote) 26
Manrique, César 35, 38, 81, **85**
  Aussichtspunkt, Valle Gran Rey (La Gomera) 128
  Casa-Museo del Timple Palacio Spínola (Teguise) 89
  Castillo de San José (Arrecife) 84
  Centro de Artesanía Molinos de Antigua (Antigua) 73
  Fundación César Manrique (Tahíche) 82, **85**
  Jameos del Agua (Lanzarote) 86
  Jardín de Cactus (Guatiza) 86
  Lago Martiánez (Puerto de la Cruz, Teneriffa) 113
  Mirador de La Peña (El Hierro) 136
  Mirador del Río (Lanzarote) 88
  Monumento al Campesino (Lanzarote) 90
  Parque Marítimo (Santa Cruz de Tenerife) 102
  Parque Nacional de Timanfaya (Lanzarote) 92f
Mariposario del Drago (Icod de los Vinos) 107
Märkte 183
  Mercado de Nuestra Señora de África (Santa Cruz de Tenerife) 101
Marrero, José Enrique 100
Martin III., Papst 74
Masca (Teneriffa) 98, **116**
Maspalomas (Gran Canaria) 42, **60f**
  Fußballturnier 27
  Hotels 157
  Restaurants 173
  Strände 35, 40, **59**
MasterCard 201
Mazo (La Palma) **148**
Medina, Nicolas 74

Medizinische Versorgung 199
Meer *siehe* Unterwasserwelt
Mercado *siehe* Märkte
Mietwagen **204f**
Mirador de Abrante (La Gomera) 127
Mirador de Basco (El Hierro) 137
Mirador de Guriete (Gran Canaria) 64
Mirador de Haría (Lanzarote) 88
Mirador de Humboldt (Teneriffa) 111
Mirador de Isora (El Hierro) 139
Mirador de Jinama (El Hierro) 139
Mirador de la Hila (La Gomera) 126
Mirador de La Peña (El Hierro) 136
Mirador de las Barandas (La Palma) 146
Mirador de las Playas (El Hierro) 138, **139**
Mirador de los Andenes (La Palma) 151
Mirador de Morro Velosa (Fuerteventura) 74
Mirador de Vallehermoso (La Gomera) 131
Mirador del Balcón (Gran Canaria) 58
Mirador del Río (Lanzarote) **88**
Mirador del Santo (La Gomera) 128
Mirador del Time (La Palma) 147
Mirador el Bailadero (La Gomera) 131
Mirador la Graciosa (Lanzarote) 88
Mirador Pico del Inglés (Teneriffa) 104f
Miranda, Juan de 72
Miró, Joan 85
Mogán (Gran Canaria) **59**
  Restaurants 59, **173**
Molino de Gofio (Firgas) 54
Monopol Hotel (Puerto de la Cruz, Teneriffa) 112
Montaña Clara **87**, 88
Montaña de Arucas (Gran Canaria) 54
Montaña de los Charcos (La Palma) 149
Montaña de Talavera (Teneriffa) 116
Montaña Quemada (Fuerteventura) 73
Montaña Roja (Teneriffa) 120
Montañas del Fuego (Lanzarote) **92f**
Monte Corona (Lanzarote) 86, **87**, 88
Monte de las Mercedes (Teneriffa) 106
Monumento al Campesino (Lanzarote) 90
Monumento de los Caídos (Santa Cruz de Tenerife) 100
Moore, Henry 102
Morales, Tomás 55
Morro Jable (Fuerteventura) **76**, 79
  Hotels 160
Mountainbike-Fahren 188f
Moya (Gran Canaria) **55**
MPAIC-Bewegung 35
Muelle de Santa Catalina (Las Palmas de Gran Canaria) 45
Mundo Aborigen (Gran Canaria) 31, **61**
Murillo, Bartolomé 107
Museen und Sammlungen
  Casa de Colón (Las Palmas de Gran Canaria) **48f**
  Casa de la Cultura (Garachico) 107
  Casa de los Balcones (La Orotava) 110
  Casa Museo de los Patrones de la Virgen (Teror) 53

  Casa Museo de Unamuno (Puerto del Rosario) 70
  Casa-Museo del Timple Palacio Spínola (Teguise) 89
  Casa Museo Monumento al Campesino (Lanzarote) 90
  Casa-Museo Pérez Galdós (Las Palmas de Gran Canaria) 47
  Casa Museo Tomás Morales (Moya) 55
  Casa Torrehermosa (La Orotava) 110
  Centro Atlántico de Arte Moderno (CAAM) (Las Palmas de Gran Canaria) **47**
  Centro Científico Cultural Blas Cabrera (Arrecife) 84
  Centro de Artesanía Molinos de Antigua (Antigua) 73
  Centro de Interpretación de los Molinos (Tiscamanita) 73
  Ecomuseo Poblado de Guinea (El Hierro) 136f
  Ecomuseo de la Alcogida (Tefía) 73
  El Pueblo Guanche (La Orotava) 108
  Museo Agrícola El Patio (Tiagua) 90
  Museo Arqueológico (Betancuria) 74
  Museo Arqueológico (Puerto de la Cruz, Teneriffa) 112f
  Museo Canario (Las Palmas de Gran Canaria) **47**, 57
  Museo de Arte Contemporáneo (Garachico) 107
  Museo de Arte Sacro (Betancuria) 74
  Museo de Arte Sacro (Icod de los Vinos) 107
  Museo de Artesanía Iberoamericana (La Orotava) 111
  Museo de Cerámica (La Orotava) 111
  Museo de Corpus (Mazo) 148
  Museo de Historia y Antropología de Tenerife (La Laguna) 103
  Museo de la Naturaleza y el Hombre (Santa Cruz de Tenerife) 31, **100**
  Museo de Piedras y Artesanía (Ingenio) 64
  Museo del Castillo de la Fortaleza (Santa Lucía) 64
  Museo del Emigrante Canario (Teguise) 89
  Museo del Grano (La Oliva) 72
  Museo del Vino de Lanzarote 95
  Museo Etnográfico Tanit (San Bartolomé) 90
  Museo Insular (Santa Cruz de La Palma) 145
  Museo Internacional de Arte Contemporáneo (Arrecife) 84
  Museo Militar (Santa Cruz de Tenerife) 102
  Museo Municipal de Bellas Artes (Santa Cruz de Tenerife) 101
  Museo Naval (Santa Cruz de La Palma) 145
  Parque Cultural La Zarza (La Palma) **147**
  Parque Etnográfico Pirámides de Güimar 121

Museo *siehe* Museen und
  Sammlungen
Musik **185**
  Feste und Festivals 24–27

N

Nachtleben 184
Namenstage der Heiligen 24–27
Nationalparks/Naturparks
  Dunas de Maspalomas
    (Gran Canaria) 60
  Los Ajaches (Lanzarote) 91
  Parque Nacional de Garajonay
    (La Gomera) 123, **130f**
  Parque Nacional de la Caldera de
    Taburiente (La Palma) 140, **150f**
  Parque Nacional de Timanfaya
    (Lanzarote) 81, **92f**, 175
  Parque Nacional del Teide
    (Teneriffa) **118f**
  Parque Natural de las Dunas
    (Fuerteventura) 70
Nava y Grimón, Alonso de
  113
Naviera Armas 203
Nazaret (Lanzarote) 175
Nelson, Admiral Horatio
  Iglesia de Nuestra Señora de la
    Concepción 100
  Museo Militar de Canarias 102
  Niederlage bei Santa Cruz de
    Tenerife 25, 33
Nicolás, Diego 108
Notfälle 199
Nova Gimón, Alonso de 113

O

Observatorium (La Palma) 150
Öffnungszeiten **197**
  Läden 182
  Restaurants 168f
Olsen, Fred 121
Orchideen 39, **61**
Órzola (Lanzarote) 87

P

Paisaje Lunar (Teneriffa) 120
Pájara (Fuerteventura) 33, **75**
  Restaurants 174
Palacios
  Palacio de Carta (Santa Cruz de
    Tenerife) 100
  Palacio de los Condes de la
    Gomera (Garachico) 107
  Palacio de Nava (La Laguna) 103
  Palacio de Salazar (Santa Cruz de
    La Palma) 144
  Palacio Episcopal (La Laguna) 103
  Palacio Municipal (La Orotava) 109
  Palacio Spínola (Teguise) 89
Palmitos Park (Gran Canaria) 39, **61**,
  184
Paradores **154**
  de San Sebastián (La Gomera) 124,
    126
  del Hierro 139
Paragliding 188f
Parken 204
Parkplätze 204
Parks und Gärten
  Arucas 54
  Cactualdea (San Nicolás de
    Tolentino) 58
  Casa de Santa María (Betancuria)
    69

Guinate Tropical Park (Guinate) 39,
  88
Hijuela del Botánico (La Orotava)
  109
Huerto de las Flores (Agaete) 57
Jardín Botánico Viera y Clavijo
  (Gran Canaria) 52
Jardín Botánico (Puerto de la Cruz,
  Teneriffa) 109, **113**
Jardín de Cactus (Guatiza) 86
Jardín Risco Bello Acuático (Puerto
  de la Cruz, Teneriffa) 113
Jardín Victoria (La Orotava) 111
Loro Parque (Puerto de la Cruz,
  Teneriffa) **114f**, 184
Oasis Park (La Lajita) 75
Palmetum (Santa Cruz de Tenerife)
  102
Palmitos Park (Gran Canaria) 39,
  61, 184
Parque Cultural La Zarza
  (La Palma) 147
Parque de los Cocodrilos
  (Agüimes) 64
Parque Doramas (Las Palmas de
  Gran Canaria) 46
Parque Ecológico Las Águilas del
  Teide (Teneriffa) 117
Parque Etnográfico Pirámides de
  Güimar 121
Parque García Sanabria (Santa Cruz
  de Tenerife) 102
Parque Marítimo (Santa Cruz de
  Tenerife) 102
Parque Natural de Betancuria 74
Parque Natural de las Dunas de
  Corralejo (Fuerteventura) 70
Parque Naturel de Jandía 76
Parque Paraíso de las Aves
  (La Palma) 148
Parque Rural de Anaga 104f
Parque San Telmo (Las Palmas de
  Gran Canaria) 46
Parque Santa Catalina (Las Palmas
  de Gran Canaria) 45
Parque Taoro (Puerto de la Cruz,
  Teneriffa) 113
  Vallehermoso 127
  siehe auch Nationalparks; Zoos
Parque Nacional *siehe* Nationalparks
Península de Jandía (Fuerteventura)
  76, 78
Peraza, Hernán 126
Pérez Galdós, Benito 47
Pfeifsprache *siehe* El Silbo
Pflanzenwelt *siehe* Flora
Philipp II., König von Spanien 144
Picasso, Pablo 85
Pico de Bandama (Gran Canaria) 52
Pico de la Cruz (La Palma) 141, 151
Pico de la Zarza (Fuerteventura) 76
Pico de las Nieves (Gran Canaria) 41,
  62f
Pico del Teide 38, 96, **118f**
  Fiesta del Pico del Teide 26
Pico Portido (Lanzarote) 92
Pico Viejo (Teneriffa) 118
›Pino Gordo‹ (Vilaflor) 120
Pintor y Ocete, Antonio 127
Piscinas de Fajana (La Palma) 147
Pius XII., Papst 53
Platon 29
Playa Blanca (Lanzarote) **91**
  Hotels 160f
  Restaurants 175

Playa de las Américas (Teneriffa) 97,
  117
  Hotels 163f
  Restaurants 177
  Strände 99, 120
Playa de Santiago (La Gomera) **129**
  Hotels 164
  Restaurants 179
Playa del Confital (Teneriffa) 121
Playa del Cura (Gran Canaria) 59
Playa del Inglés (Gran Canaria) 42,
  60
  Hotels 157
  Strände 58f
Playa *siehe auch* Strände
Poblado de Guinea (El Hierro) 136
Polizei **198**, 199
Ponte del Castillo, Diego 111
Post **200**, 201
Pourbus, Pieter 147
Pozo de Colón (San Sebastián de
  La Gomera) 126
Pozo de la Salud (El Hierro) 137
Pozo de las Calcosas (El Hierro) 136
Pozo del Diablo (Betancuria) 74
Prado (Madrid) 101
Präkolumbische Kunst
  Casa de Colón (Las Palmas de Gran
    Canaria) 49
  Museo de la Naturaleza y el
    Hombre (Santa Cruz de Tenerife)
    100
Presa de los Hornos (Gran Canaria)
  42, 63
Ptolemäus 29, 138
Pubs 184
Pueblo Majorero (Caleta de Fuste) 79
Puerto Calero (Lanzarote) **95**
Puerto de la Cruz (Fuerteventura) 76,
  78
Puerto de la Cruz (Teneriffa) **112f**
  Hotels 164
  Restaurants 178
  Zentrumskarte 113
Puerto de la Estaca (El Hierro) 134,
  139
Puerto de las Nieves (Gran Canaria)
  57
Puerto de Mogán (Gran Canaria) 41,
  58f
  Restaurants 173
Puerto de Santiago (Teneriffa) **117**
Puerto del Carmen (Lanzarote) 94, **95**
  Hotels 161
  Restaurants 176
Puerto del Rosario (Fuerteventura)
  70
  Restaurants 174
Puerto Naos (La Palma) **148**
  Hotels 167
Puerto Pesquero (Puerto de la Cruz,
  Teneriffa) 112
Puerto Rico (Gran Canaria) 39, **60**
  Hafen 36f
  Strand 59
Punta Cumplida (La Palma) 147
Punta de Aguila (Lanzarote) 91
Punta de la Entallada (Fuerteventura)
  78
Punta de Mujeres (Lanzarote) 87
Punta del Hidalgo (Teneriffa) 106
Punta del Viento (Puerto de la Cruz,
  Teneriffa) 112
Punta de Fuencaliente (La Palma) 148
Punta Roja (Teneriffa) 120

Puntallana (La Gomera), Bajada de la
Virgen de Guadalupe 26
Puntallana (La Palma) 147
Pyramiden (Güimar) 121

Q

Queso de flor 55

R

Radio 201
Ramos, Manuel 54
Real Club Náutico (Las Palmas de
Gran Canaria) 45
Refugio de Altavista (Teneriffa) 119
Refugio del Pilar (La Palma) 149
Regenfälle 26
Reiseinformationen **202–205**
Anreise 202
Benzin 205
Busse 204
Fähren 202f
Flugverbindungen 202f
Landkarten 205
Mietwagen 204f
Schiffe 202f
Straßenverkehr 204f
Taxis 204
Reisezeit, beste 194
Reiten 186, **189**
Rejón, Juan 32
Religion 197
Reni, Guido 49
Restaurants **168–181**
Bezahlung 169
El Hierro 180
Essenszeiten 168f
Fuerteventura 174
Gran Canaria 171–173
Kinder 196
Kreditkarten 169
La Gomera 179f
La Palma 181
Lanzarote 175f
Preise 169
Reservierung 169
Restaurantwahl 168
Spezialitäten 168, **170**
Teneriffa 176–179
Trinkgeld 169
Vegetarische Gerichte 169
Ribera, José de 101
Rivera, Primo de 71
Rodríguez y Gonzáles, Juán 73
Rodríguez, Ventury 108
Roque Bentayga (Gran Canaria) 62
Roque Cano (La Gomera) 127
Roque Cinchado (Teneriffa) 119
Roque de la Bonanza (El Hierro) 139
Roque de las Ánimas (Teneriffa) 104
Roque de las Bodegas (Teneriffa) 105
Roque de los Muchachos (La Palma)
143, **150f**
Roque del Este 87
Roque Nublo (Gran Canaria) 24, **62**
Roques de Salmor 136
Rumherstellung **56**
Fabrik, Arucas 54
Ruta de los Volcanes (La Palma) **149**
Ruta de los Volcanes (Lanzarote) **93**

S

Sabinosa (El Hierro) **137**, 166
Sainz de Oiza, Francisco 47
Salinas de Janubio (Lanzarote) **91**
Salzgewinnung 91

San Agustín (Gran Canaria) 59, 60
Hotels 158
San Andrés (El Hierro) **139**
San Andrés (La Palma) **146f**
San Andrés (Teneriffa) 105
Fiestas de San Andrés 26
San Bartolomé (Lanzarote) 82, **90**
Festival 25
San Bartolomé de Tirajana
(Gran Canaria) **61**, 63
Hotels 158
San Buenaventura, Abtei (Betancuria)
74
San Fernando, Universität
(La Laguna) 103
San Juan de la Rambla (Teneriffa) 178
San Marcial del Rubicón (Lanzarote)
91
San Mateo, Fiestas de (Gran Canaria)
26
San Nicolás (La Palma) 26
San Sebastián de La Gomera 123, **126**
Angriff der britischen Flotte 33
Hotels 164f
Restaurants 179f
Semana Colombina (Kolumbus-
Woche) 26
Strand 125
Sandskulpturen 70f
Santa Brígida (Gran Canaria) **52**
Hotels 158
Restaurants 173
Santa Catalina (Las Palmas de Gran
Canaria) 45
Santa Catalina Hotel (Las Palmas de
Gran Canaria) 46
Santa Cruz de La Palma 142, **144f**
Bajada de Nuestra Señora de las
Nieves 25
Hotels 167
Restaurants 181
Santa María (Modell) 38
Zentrumskarte 145
Santa Cruz de Tenerife 25, **100–102**,
104
Geschichte 32–34
Hotels 164
Karneval 22f
Restaurants 178f
Zentrumskarte 101
Santa Lucía (Gran Canaria) **64**
Santa María de Betancuria *siehe*
Betancuria
Santa María de Guía de Gran Canaria
24, **55**
Santa María
Modell (Las Palmas de Gran
Canaria) 46
Nachbau (Santa Cruz de La Palma)
38, **145**
Santiago del Teide (Teneriffa) **116**
Santuario *siehe* Kirchen
Sanza y Carta, Valentín 101
Sardina del Norte (Gran Canaria) 43, **57**
Schiffsreisen 202, **203**
Schlösser *siehe* Burgen
Schnorcheln 19, **188f**
Seepferdchen 18
Segeln 187, **189**
Seilbahn (Pico del Teide) 119
Semana Colombina (Kolumbus-
Woche) 26, 126
Semana Santa 24
Shopping **182f**
Bezahlung 182

Kunst und Kunsthandwerk 183
Läden 182
Öffnungszeiten 182
Spezialitäten 183
Straßenmärkte 183
Siam Park (Teneriffa) 117
Sicherheit, persönliche **198f**
Sightseeing 196
Silbo, El *siehe* El Silbo
Sonnenscheindauer 25, 198
Soto, Jesús 85, 90
Spanische Eroberung 32
Spanischer Bürgerkrieg **35**
Denkmal (Moya) 55
Monumento de los Caídos (Santa
Cruz de Tenerife) 100
Spitze 21
Sport
Aktivitäten im Freien **186–189**
Angeln 187, 189
Golf **190f**
Information 189
Joggen 186
Paragliding 188f
Radfahren 187, 189
Reiten 186, 189
Segeln 187, 189
Surfen 188
Tauchen und Schnorcheln 17, 188f
Tennis 186
Veranstaltungen 24–27
Wandern 186
Wassersport 188
Windsurfen 188f
Sprache 195
Sprachführer 215f
St. Lucia (de Amberes) 46
Stickereien 20, 64
Strände
Costa Teguise (Lanzarote) **84f**, 95
Fuerteventura 78f
Gran Canaria 58f
Lanzarote 94f
Los Cristianos (Teneriffa) **117**, 120
Maspalomas (Gran Canaria) 59,
60f
Playa de Alcaravaneras
(Gran Canaria) 45
Playa de Famara (Lanzarote) 89
Playa de las Américas (Teneriffa)
99, **117**, 120
Playa de las Canteras (Las Palmas
de Gran Canaria) 44
Playa de las Conchas (Isla
Graciosa) 87
Playa de las Teresitas (Teneriffa)
105, 120
Playa de Papagayo (Lanzarote) 83,
91, 94
Playa de Santiago (La Gomera) 129
Playa de Sotavento (Fuerteventura)
79
Playa del Inglés (Gran Canaria) **42**,
59
Playa Jardín (Puerto de la Cruz,
Teneriffa) 113
Puerto Rico (Gran Canaria) 59, **60**
Teneriffa 120f
Studenten **196**, 197
Surfen 188
Sventenius, Eric 52

T

Tacoronte (Teneriffa) **106**
Restaurants 179

Tafira Alta (Gran Canaria) 52
Taganana (Teneriffa) 104
Tageszeitungen 201
Tahiche (Lanzarote) **85**
  Fundación César Manrique 82, 85
Taibique (El Hierro) 139
Tamaduste (El Hierro) 136
Tankstellen 205
Tanzfestivals 24
Tàpies, Antoni 85
Taro de Tahiche (Tahiche) 85
Tauchen 19, **188f**
Taumaturgo (Telde), Fiestas
  Patronales en Honor a San
  Gregorio 26
Taurito (Gran Canaria) 58
  Hotels 158
Taxis 204
Tazacorte (La Palma) **147**, 163
  Restaurants 181
TEA (Tenerife Espacio de las Artes)
  101
Teatro *siehe* Theater
Tefía (Fuerteventura) **73**
Teguise (Lanzarote) 21, 81, **88f**
Teguise, Prinzessin 88
Teide *siehe* Pico del Teide
Tejeda (Gran Canaria) 24, **62**
Telde (Gran Canaria) **65**
Telefonieren **200**
Temperaturen 27
Templo Ecuménico (Maspalomas) 60
Teneriffa **96–121**
  Anreise 98
  Bevölkerung 97
  Flughäfen 203
  Hotels 162–164
  Inselkarte 98f
  Karneval 98
  Klima 97
  Landschaft 97
  Restaurants 176–179
  Satellitenfoto 12
  Strände 120f
  Tourismus 97
Tennis 186
Teppiche 21
Teror (Gran Canaria) 26, **53**
Tetir (Fuerteventura) **73**
Theater **184**
  Feste und Festivals 26, 185
  Teatro Cine Victor (Santa Cruz de
    Tenerife) 185
  Teatro Guimerá (Santa Cruz de
    Tenerife) 185
  Teatro Pérez Galdós (Las Palmas
    de Gran Canaria) **47**, 185
Themenparks
  Aqualand (Maspalomas) 60f
  Holiday World (Maspalomas) 60
  Siam Park (Teneriffa) 117
  Sioux City (Gran Canaria) 61
Tiagua (Lanzarote) **90**
Tierwelt
  Unterwasserwelt **18f**
  siehe auch Zoos
Tigaday (El Hierro) 136
Timple (Musikinstrument) 21, 111
Tiscamanita (Fuerteventura) 73
Tonwaren 20

Torre del Conde (San Sebastián de
  La Gomera) 126
Torre, Miguel Martín-Fernández de la
  47
Torre, Néstor Martín-Fernández de la
  46, 47
Torriani, Leonardo 32, 84
Touren
  Parque Rural de Anaga (Teneriffa)
    104f
  Ruta de los Volcanes (La Palma)
    149
  Um den Pico de las Nieves (Gran
    Canaria) 62f
Tourismus 35
Touristeninformation 195
Trasmediterránea 203
Triana, Stadtteil (Las Palmas de Gran
  Canaria) 46
Trinkgeld 169
Trinkwasser 197
Túmulo de la Guancha
  (Gran Canaria) 57

U

Uga (Lanzarote) 24, **91**, 94
Unamuno, Miguel 63, **71**
  Büste (Tefía) 73
  Casa Museo de Unamuno 70
  Monument (Tefía) 73
UNESCO 81, 130, 146
Unterhaltung **184f**
  Aktivitäten im Freien 186–189
  Bars 184
  Discos 184
  Festivals 24–27, 185
  Information 184
  Karneval 22f
  Kino und Theater 184f
  Musik und Konzerte 185
  Nachtleben 184
  Untertags 184
  Veranstaltungen 24–27
Unterwasserwelt 18f
Unterwegs auf den Inseln 204f
Urbanizacíon Famara (Lanzarote) 89

V

Vaga de Río Palmas (Fuertventura) 75
Valle Gran Rey (La Gomera) 122, **128**
  Hotels 165
  Restaurants 180
Vallehermoso (La Gomera) **127**
Valsequillo (Gran Canaria) 24
  Fiestas del Almendro en Flor 27
Valverde (El Hierro) **136**
  Bajada de la Virgen de los Reyes
    25, **137**
  Hotels 166
  Restaurants 180
Vega de Río Palmas (Fuertventura)
  75
Vega de San Mateo (Gran Canaria) **53**
  Hotels 158
  Restaurants 173
Vega i March, Manuel 54
Vegetarische Gerichte 169
Vegueta (Stadtteil; Las Palmas de
  Gran Canaria) 47
Vera, Juana 52

Vera, Pedro de 41
Verkehrsregeln 205
Viera y Clavijo, José de 47, 52
Vilaflor (Teneriffa) **120**
Visa 201
Visum 194
Volcán Martín (La Palma) 149
Vorwahlnummern 200
Vueltas (La Gomera) 128
Vulkane **14f**
  Montañas del Fuego (Lanzarote)
    92f
  Pico del Teide (Teneriffa) 97, **118f**
  Ruta de los Volcanes (La Palma) 149
  Ruta de los Volcanes (Lanzarote) 93

W

Wacholderbäume 134, 137
Währung 200
Waldbrände 199
Wale 18
Wandern 186
Wanderungen *siehe* Touren
Wasserparks **184**
  Aqualand (Maspalomas) 60f
Wassersport
  Gefahren 198f
  Motorsport auf dem Wasser 188
Weben 21
Wechselstuben
Wein 94f, 106
  Geschichte 33
Windmühlen **77**
  Centro de Artesanía Molinos de
    Antigua 73
  Centro de Interpretación de los
    Molinos (Tiscamanita) 73
Windparks
  Parque Eólico de Granadilla
    (Teneriffa) 120
Windsurfen 188, **189**
  vor Teneriffa 120f
Winter, Gustav 76
Womad, Festival 185

Y

Yaiza (Lanzarote) **90f**
  Hotels 161
  Restaurants 176
Yumbo (Maspalomas) 60

Z

Zadivar, Enrique César 100
Zeitungen 201
Zeitzone 197
Zoll 194
Zoos
  Guinate Tropical Park (Guinate) 88
  Loro Parque (Puerto de la Cruz,
    Teneriffa) **114f**, 184
  Mariposario del Drago (Icod de
    los Vinos) 107
  Oasis Park (La Lajita) 75
  Parque de los Cocodrilos
    (Agüimes) 64
  Parque Ecológico Las Águilas del
    Teide (Teneriffa) 117
  Parque Paraíso de las Aves
    (La Palma) 148
Zuckerherstellung 32

Danksagung und Bildnachweis

Dorling Kindersley bedankt sich bei folgenden Personen für ihre Mitarbeit an diesem Reiseführer: Jürgen Bingel, Magdalena Borzęcka, Zbigniew Dybowski, Joanna Egert-Romanowska, Daniel Poch, Javier Lopez Silvosa, Damian Sosa.

Zusätzliche Texte
Joe Cawley

Zusätzliche Fotografien
Antony Souter

Für Dorling Kindersley
Publisher Douglas Amrine
Publishing Manager Helen Townsend
Managing Art Editors Kate Poole, Ian Midson
Senior Editor Jacky Jackson
Aktualisierung Emma Anacootee, Claire Baranowski, Jill Benjamin, Marian Broderick, Jo Cowen, Conrad van Dyk, Maite Lantaron, Jude Ledger, Carly Madden, Kate Molan, Helen Peters, Sands Publishing Solutions, Lucinda Smith, Stewart Wild
Zusätzliche Bildrecherche Rachel Barber
DTP Vinod Harish, Azeem Siddiqui, Vincent Kurien
Kartografie Uma Bhattacharya, Mohammed Hassan, Jasneet Kaur

Dorling Kindersley bedankt sich bei allen Personen, Institutionen und Bildarchiven, die uns freundlicherweise die Wiedergabe von Fotografien aus ihrem Besitz und ihren Archiven gestattet haben.

AFP (Piotr Ufnal); Casa de Colón, Las Palmas de Gran Canaria (Elena Acosta Guerrero, Ramon Gil); Casino Las Palmas, Las Palmas de Gran Canaria (Victoria Rivero); CORBIS (Małgorzata Gajdzińska); Fundacíon César Manrique (Bianca Visser); Hotel Rural Finca de Salinas, Yaiza; Hotel Santa Catalina, Las Palmas de Gran Canaria (Kati von Poroszlay); Loro Parque (Grettel Pérez Darias); Museo Arqueológico de Tenerife, Santa Cruz de Tenerife (Néstor Yanes); Museo de Cerámica, Casa Tafuriaste, La Orotava (Antonio Cid Menchen); Museo de Historia de Tenerife, La Laguna (Ana Moreno, Jorge Gorrin Morales); Museo Etnográfico Tanit, San Bartolomé (Remy de Quintana); Museo Municipal de Bellas Artes (María del Carmen Duque Hernández); Museo Néstor, Las Palmas de Gran Canaria (Pedro Luis Rosales Pedrero); Patronato de Turismo de Fuerteventura; Patronato de Turismo de Gran Canaria (Alfonso Falcón); Sociedad de Promoción de Las Palmas de Gran Canaria (Candelaria Delgado); ZEFA (Ewa Kozłowska); ZOOM s.c.

Bildnachweis
o = oben; u = unten; m = Mitte; r = rechts; l = links.

Alamy Images: Alan Dawson Photography 53ol, 190mr; FAN travelstock/Katja Kreder 10ul; Eddie Gerald 45ur; LOOK Die Bildagentur der Fotografen GmbH/Juergen Richter 11ul, 44mlo; Nicholas Pitt 10mru; Profimedia International s.r.o. 170ml; David Robertson 11mr; Peter Titmuss 182ml
Buenavista Golf: 190ml
Carnaval Las Palmas de Gran Canaria: www.laspalmascarnaval.com 45om
Corbis: 12o, 25u, 28, 71or; Jack Fields 111u; Robert Holmes 192–193; Robert Krist 25m; José F. Poblete 199u; Roger Ressmeyer 150u; Nik Wheeler 24u, 122, 132, 137o
www.designhotels.com: 169m
DK Images: 5mr, 18u, 19ol, 35ul, 40; 196m, 188m; Max Alexander 197o, 198m; Philip Gatward 121mu; Sven Larrson 56o; Neil Lukas 199m, 200or; Ian O'Leary 5mu, 170or, 170mru, 170ul, 170ur; Brian Pitkin 188u; Kim Sayer 10om, 14ul, 24mr, 26u, 39ol, 41o, 62o, 81u; Tony Souter 187ur; Linda Whitwam 19or
Fundación César Manrique: 85u
Getty Images: Stuart Franklin 190ul
Hacienda del Buen Suceso: 154ur
José Miquel Hernández Hernández: 100ur
Hotel San Roque: 155um
Hotel Santa Catalina – Las Palmas de Gran Canaria: 184m
Andrzej Lisowski: 120u, 123u
Loro Parque: 114o, 114m, 114u, 115o, 115mo, 115mu, 115u, 184u
Mary Evans Picture Library: 37mo
Carlos Minguel: 18o, 18ol, 18ml, 18ul, 19m, 19ul, 19ur
Paweł Murzyn: 36–37
Museo Arqueológico de Tenerife – Santa Cruz de Tenerife: 30mu, 31ur
Museo Néstor – Las Palmas de Gran Canaria: 46ul
Oronoz: 30–31, 35o
Robert G. Pasieczny: 17om, 17or, 17ul, 17um, 31ol, 32mo, 38mo, 52o, 64u, 65u, 67o, 68o, 69o, 70m, 71ol, 72m, 74o, 75m, 76u, 77ur, 78o, 78m, 81o, 82o, 94m, 95u, 97o, 100m, 106o, 108o, 117o, 119o, 119ul, 137u, 138m, 140, 141u, 143o, 154o, 168o, 168u, 169u, 186o, 186mr, 188o, 194m, 204u
Piotr Paszkiewicz: 26o, 54o, 54u, 123o
Patronato de Turismo de Gran Canaria: 185u
Ángel Gómez Pinchetti: 48o, 48m, 48u, 49o, 49mu, 49u
Magdalena Polak: 130o, 149ml, 149mr, 149u
PunchStock: Digital Vision/Manchan 50–51
Maria Ángeles Sanchez: 22m, 23u, 27u, 128u, 149o, 150m
Sociedad de Promoción de Las Palmas de Gran Canaria: 4u, 22o, 22u, 23o, 23m, 185o
Tecina Golf: 191or

Umschlag
Vorderseite: **Corbis:** Zefa/Karl Kinne
Rückseite: **DK Images:** Pawel Wjcik ul, mlo, ol
Buchrücken: **Photolibrary:** Bridge o; **DK Images:** u

Alle anderen Bilder © Dorling Kindersley.
Weitere Informationen unter
www.dkimages.com

Sprachführer Spanisch

Das auf den Kanarischen Inseln gesprochene Spanisch entspricht größtenteils dem *castellano*, wie es auf dem spanischen Festland gebräuchlich ist. Daneben gibt es einen kanarischen Dialekt mit Eigenheiten in der Aussprache und einem charakteristischen Vokabular. Das »s« kann wie ein »h« klingen, wenn es vor einem anderen Konsonanten oder am Wortende steht, wie z. B. in »tres« – »treh«; es kann auch gar nicht mitgesprochen werden wie in »dos« – »do«. Wie in einigen südamerikanischen Ländern werden »c« (vor i und e) und »z« wie »s« ausgesprochen und nicht wie im kastilischen Spanisch als englisches »th«. Das Vokabular unterscheidet sich lediglich in einzelnen Wörtern, die vor allem dem Altspanischen entlehnt sind.

Notfälle

Hilfe!	¡Socorro!	[so'kɔrɔ]
Stopp!	¡Pare!	[pare]
Polizei!	¡Policía!	[poli'sia]
Rufen Sie einen Arzt!	¡Llame a un médico!	[ʒame a 'un 'méðiko]
Rufen Sie einen Krankenwagen!	¡Llame a una ambulancia!	[ʒame a 'una ambu'lansĭa]
Wo ist das nächste Krankenhaus?	¿Dónde está el hospital más próximo?	[dɔnde está ɛl ɔspi'tal mas 'prɔɣsimo]
Können Sie mir helfen?	¿Me puede ayudar?	[me pŭeðe aʒu'ðar]
Man hat mir mein … gestohlen.	Me robaron mi …	[me rro'baron mi…]

Grundwortschatz

Ja	Sí	[si]
Nein	No	[no]
Bitte	Por favor	[pɔr fa'bɔr]
Danke	Gracias	[grasĭas]
Verzeihung	Perdone	[pɛr'ðne]
Entschuldigung	Disculpe	[dis'kulpe]
Tut mir leid	Lo siento	[lo 'sĭento]
Hallo	¡Hola!	[ola]
Guten Tag	Buenos días	['bŭenos 'dias]
Guten Tag (nachmittags)	Buenas tardes	['bŭenas 'tarðes]
Guten Abend	Buenas noches	['bŭenas notʃes]
Nacht	noche	[notʃe]
morgens (Tageszeit)	mañana	[ma'ɲana]
gestern	ayer	[a'jɛr]
hier	aquí	[a'ki]
Wie?	¿Cómo?	[komo]
Wann?	¿Cuándo?	['kŭando]
Warum?	¿Por qué?	[pɔr ke]
Wie geht's?	¿Qué tal?	[ke tal]
Sehr gut, danke.	Muy bien, gracias.	[mŭi bĭen, 'grasĭas]
angenehm	encantado/a	[eŋkan'taðo/a]
Sehr erfreut!	¡Mucho gusto!	[mutʃo 'gusto]

Nützliche Redewendungen

Das ist in Ordnung.	Está bien.	[esta 'bĭen]
Sprechen Sie ein bisschen Deutsch/ Englisch?	¿Habla un poco de alemán/ inglés?	['abla 'un 'poko de ale'man/ iŋ'gles]
Ich verstehe nicht.	No entiendo.	[no en'tĭendo]
Könnten Sie etwas langsamer sprechen, bitte?	¿Puede hablar más despacio, por favor?	['pŭeðe a'blar mas des'pasĭo, pɔr fa'bɔr]
In Ordnung/okay.	De acuerdo/ bueno	[de a'kŭerðo/ 'bŭeno]
Alles klar!	¡Claro que sí!	['klaro ke si]
Wie kommt man nach …?	¿Cómo se llega a …?	['komo se ʒega a…]
Wie komme ich nach …?	¿Cómo se llega a …?	['komo se ʒega a…]

Nützliche Wörter

groß	grande	['grande]
klein	pequeño	[pe'kɲo]
heiß	caliente	[ka'lĭente]
kalt	frío	['frio]
gut	bueno	['bŭeno]
gut (Adv.)	bien	[bĭen]
schlecht	malo	['malo]
genug	suficiente	['sufi'sĭente]

geöffnet	abierto	[a'bĭɛrto]
geschlossen	cerrado	[se'rraðo]
Eingang	la entrada	[en'traða]
Ausgang	la salida	[sa'liða]
voll	lleno	[ʒeno]
leer	vacío	['ba'sio]
rechts	derecha	[de'retʃa]
links	izquierda	[is'kĭerða]
(immer) geradeaus	(todo) recto	['toðo 'rrekto]
unter, unten	debajo	[de'baxo]
oben, hinauf	arriba	[a'rriba]
bald	pronto	['prɔnto]
früh	temprano	[tem'prano]
spät	tarde	['tarðe]
jetzt	ahora	[a'ɔra]
mehr	más	[mas]
weniger	menos	['menos]
wenig	poco	['poko]
viel	mucho	[mutʃo]
sehr	muy	[mŭi]
erster Stock	segundo piso	[se'gundo 'piso]
Erdgeschoss	primer piso	[pri'mer 'piso]
Fahrstuhl	ascensor	[assen'sɔr]
Bad	baño	['baɲo]
Frauen	mujeres	[mu'xeres]
Männer	hombres	['ɔmbres]
Toilettenpapier	papel higiénico	[pa'pel i'xĭeniko]
Kamera	cámara	[ka'mara]
Reisepass	pasaporte	[pasa'pɔrte]
Visum	visa	['bisa]

Gesundheit

Ich fühle mich schlecht.	Me siento mal.	[me 'sĭento mal]
Ich habe Bauch-/ Kopfschmerzen.	Me duele el estómago/ la cabeza.	[me 'dŭele ɛl es'tomago/ la ka'besa]
Er/sie ist krank.	Está enfermo/ enferma.	[esta em'fɛrmo/ em'fɛrma]
Ich muss ausruhen.	Necesito descansar.	[nese'sito deskan'sar]
Apotheke	la farmacia	[far'masĭa]

Post/Bank

Bank	el banco	['baŋko]
Wechselstube	la casa de cambio	['kasa de 'kambĭo]
Postamt	la oficina de correos	[ofi'sina de ko'rreos]
Ich möchte einen Brief versenden.	Quiero enviar una carta.	['kĭero em'bĭar 'una 'karta]
Brief	una carta	['karta]
Postkarte	la postal	[pɔs'tal]
Briefmarke	el sello	['seʎo]
Geld abheben	sacar dinero	[sa'kar di'nero]

Shopping

Ich hätte gern …	Me gustaría/ quiero …	[me gus'taria/ 'kĭero…]
Haben Sie …?	¿Tiene …?	['tĭene…]
Wie viel kostet das?	¿Cuanto cuesta?	['kŭanto 'kŭesta]
Wann öffnen/ schließen Sie?	¿A qué hora abre/cierra?	[a 'ke 'ora abre/ sierra]
Kann ich mit Kreditkarte zahlen?	¿Puedo pagar con tarjeta de crédito?	['pŭeðo pa'gar kon tar'xeta de 'kreðito]

Sightseeing

Strand	la playa	['plaja]
Festung, Burg	el castillo	[kas'tiʒo]
Fremdenführer	el guía	['gia]
Landstraße	la carretera	[ka'rretera]
Autobahn	la autopista	[aŭto'pista]
Straße/Gasse	la calle/ el callejón	[ka'ʒe/ kaʒe'xɔn]
Garten	el jardín	[xar'ðin]
Kathedrale	la catedral	[kate'ðral]
Kirche	la iglesia	[i'glesĭa]
Museum	el museo	[mu'seo]
Park	el parque	['parke]
Platz	la plaza	['plasa]
Rathaus	el ayuntamiento	[ajunta'mĭento]
Fremdenverkehrs- büro	la oficina de turismo	[ofi'sina de tu'rismo]
Viertel	el barrio	['barrĭo]

Transport

Wann fährt der nächste Zug/Bus nach …?	¿A qué hora sale el próximo tren/bus a …?	[a 'ke 'ora sa'le εl 'prɔɤsimo tren/bus a …]
Könnten Sie mir ein Taxi rufen?	¿Me puede llamar un taxi?	[me 'pŭeðe ʒamar 'un 'taɤsi]
Flughafen	el aeropuerto	[aero'pŭerto]
Bahnhof	la estación de ferrocarriles	[esta'sŏon de ferrɔka'rriles]
Busstation	la terminal de buses	[terminal de buses]
Einschiffungshafen	el puerto de embarque	['pŭerto de em'barke]
Autovermietung	alquiler de autos	[alki'ler de aŭtos]
Fahrrad	la bicicleta	[bisi'kleta]
Fahrpreis	la tarifa	[ta'rifa]
Versicherung	el seguro	[se'ɤuro]
Tankstelle	la estación de gasolina	[esta'sŏon de gaso'lina]
Ich habe eine Reifenpanne.	Se me pinchó una goma.	[se me 'pintʃo 'una goma]

Im Hotel

Ich habe reserviert.	Tengo una reserva.	['teŋgo 'una rrε'serβa]
Haben Sie noch Zimmer frei?	¿Tiene habitaciones disponibles?	['tŏene aβi'tasŏones dispo'niβles]
Einzel-/Doppelzimmer	la habitación sencilla/doble	[aβi'tasŏon'sen'siʒa/'doβle]
Dusche/Bad	la ducha/ la bañera	['dutʃa/ 'baɲera]
Ich möchte um … geweckt werden.	Necesito que me despierten a las …	[nese'sito ke me des'pŏerten a las …]
warmes/kaltes Wasser	la agua caliente/ fría	['aɡŭa ka'lŏente/ 'fria]
Seife	el jabón	[xa'βɔn]
Handtuch	la toalla	[to'aʒa]
Schlüssel	la llave	['ʒaβe]

Im Lokal

Ich bin Vegetarier.	Soy vegetariano.	[sɔi βexeta'rĭano]
Kann ich bitte die Speisekarte sehen?	¿Me deja ver el menú, por favor?	[me 'dexa βer εl me'nu, pɔr fa'βɔr]
Festpreis	precio fijo	['presŏo 'fixo]
Die Rechnung, bitte.	La cuenta, por favor.	[la 'kŭenta, pɔr fa'βɔr]
Ich hätte gern etwas Wasser.	Quiero un poco de agua.	['kŏero 'un 'poko de aɡŭa]
Wein	vino	['bino]
Frühstück	desayuno	[desa'juno]
Mittagessen	almuerzo	[al'mŭerso]
Abendessen	comida	[ko'miða]

Auf der Speisekarte (siehe auch S. 170)

al horno	[al 'orno]	gebacken
asado	[a'sado]	geröstet/ gebraten
frito	[fri'to]	frittiert
seco	[se'ko]	trocken
el aceite	[a'sεite]	Öl
el agua mineral	['aɡŭa mine'ral]	Mineralwasser
sin gas/ con gas	[sin gas/ kɔn gas]	still/mit Kohlensäure
el ajo	['axo]	Knoblauch
el arroz	[a'rrɔs]	Reis
el atún	[a'tun]	Thunfisch
el azúcar	[a'sukar]	Zucker
el bacalao	[baka'lao]	Kabeljau
los camarones	[kama'rɔnes]	Garnelen
la carne	['karne]	Fleisch
la cebolla	[se'boʎa]	Zwiebel
el cerdo	[serðo]	Schwein
la cerveza	[ser'βesa]	Bier
el chocolate	[tʃoko'late]	Schokolade
el chorizo	[tʃo'riso]	Wurst
el cordero	[kɔr'ðero]	Lamm
el huevo	['ŭeβo]	Ei
el jugo	['xugo]	Fruchtsaft
la langosta	[lan'gɔsta]	Languste
la leche	['letʃe]	Milch
la mantequilla	[mante'kiʒa]	Butter
el marisco	[ma'risko]	Meeresfrucht
el pan	[pan]	Brot
el panecillo	[pane'siʎo]	Brötchen
la patata	[pa'ta'ta]	Kartoffel
el pescado	[pes'kaðo]	Fisch
el pollo	['poʒo]	Hühnchen
el postre	['pɔstre]	Dessert
el potaje	[po'taxe]	Gemüsesuppe
la sal	[sal]	Salz
la salsa	['salsa]	Sauce
el solomillo	[solo'miʎo]	Filet
la sopa	['sopa]	Suppe
el té	[te]	Tee
la ternera	[ter'nera]	Kalb
el vinagre	[bi'nagre]	Essig

Zeit

eine Minute	un minuto	['un mi'nuto]
eine Stunde	una hora	['una 'ora]
halbe Stunde	una media hora	['meðia 'ora]
Viertelstunde	un cuarto de hora	['un 'kŭarto de 'ora]
Woche	la semana	[se'mana]
Monat	el mes	[mes]
Montag	lunes	['lunes]
Dienstag	martes	['martes]
Mittwoch	miércoles	['mŏerkoles]
Donnerstag	jueves	['ʒŭeβes]
Freitag	viernes	[' bĭernes]
Samstag	sábado	['saβaðo]
Sonntag	domingo	[do'mingo]
Januar	enero	[e'nero]
Februar	febrero	[fe'brero]
März	marzo	['marso]
April	abril	[a'bril]
Mai	mayo	['majo]
Juni	junio	['xunĭo]
Juli	julio	['xulĭo]
August	agosto	[a'gɔsto]
September	septiembre	[se'tĭembre]
Oktober	octubre	[ɔk'tuβre]
November	noviembre	[no'βĭembre]
Dezember	diciembre	[di'sĭembre]

Zahlen

0	zero	['sero]
1	un/uno	['un/uno]
2	dos	['dos]
3	tres	['tres]
4	cuatro	['kŭatro]
5	cinco	['sinko]
6	seis	['sεis]
7	siete	['sĭete]
8	ocho	['otʃo]
9	nueve	['nŭeβe]
10	diez	['dĭes]
11	once	['onse]
12	doce	['dose]
13	trece	['trece]
14	catorce	['katorse]
15	quince	['kinse]
16	dieciséis	['dĭesi'sεis]
17	diecisiete	['dĭesi'sĭete]
18	dieciocho	['dĭesi'otʃo]
19	diecinueve	['dĭesi'nŭeβe]
20	veinte	['be'inte]
30	treinta	['trεinta]
40	cuarenta	['kŭa'renta]
50	cincuenta	['cin'kŭenta]
60	sesenta	['sesenta]
70	setenta	['setenta]
80	ochenta	['otʃenta]
90	noventa	['no'βenta]
100	cien/ciento	['sĭen/ 'sĭento]
500	quinientos	['ki'nĭentos]
1000	mil	['mil]
erste/r	primera/o	['pri'mera/o]
zweite/r	segunda/o	['se'gunda/o]
dritte/r	tercera/o	['ter'sera/o]
vierte/r	cuarta/o	['kŭarta/o]
fünfte/r	quinta/o	['kinta/o]
sechste/r	sexta/o	['sesta/o]
siebte/r	sétima/o	['sétima/o]
achte/r	octava/o	['oktaβa/o]
neunte/r	novena/o	['novena/o]
zehnte/r	décima/o	['desima/o]

Dorling Kindersley   Vis-à-Vis

Vis-à-Vis-Reiseführer

Ägypten Alaska Amsterdam Apulien Argentinien
Australien Bali & Lombok Baltikum Barcelona &
Katalonien Beijing & Shanghai Belgien &
Luxemburg Berlin Bologna & Emilia-Romagna
Brasilien Bretagne Brüssel Budapest Bulgarien
Chile Chicago China Costa Rica Dänemark
Danzig & Ostpommern Delhi, Agra &
Jaipur Deutschland Dresden Dublin
Florenz & Toskana Florida
Frankreich Genua & Ligurien
Griechenland Griechische Inseln
Großbritannien Hamburg Hawaii Indien Irland Istanbul
Italien Japan Jerusalem Kalifornien Kambodscha & Laos
Kanada Kanarische Inseln Karibik Kenia Korsika
Krakau Kroatien Kuba Las Vegas Lissabon Loire-Tal
London Madrid Mailand Malaysia & Singapur
Mallorca, Menorca & Ibiza Marokko Mexiko Moskau
München & Südbayern Neapel Neuengland
Neuseeland New Orleans New York Niederlande
Nordspanien Norwegen Österreich Paris Peru Polen
Portugal Prag Provence & Côte d'Azur Rom
San Francisco St. Petersburg Sardinien
Schottland Schweden Schweiz Sevilla & Andalusien
Sizilien Slowenien Spanien Stockholm
Straßburg & Elsass Südafrika Südtirol & Trentino
Südwestfrankreich Thailand Thailand –
Strände & Inseln Tokyo Tschechien & Slowakei
Türkei USA USA Nordwesten & Vancouver
USA Südwesten & Las Vegas Venedig & Veneto
Vietnam & Angkor Washington, DC Wien

DORLING KINDERSLEY
www.dorlingkindersley.de

Vis-à-Vis

Fährlinien zwischen den Kanarischen Inseln

LA PALMA

Santa Cruz de la Palma

LA GOMERA

San Sebastián de La Gomera

Los Cristianos

Santa Cruz de Tenerife

TENERIFE

Puerto de la Estaca

EL HIERRO

Atlantischer Ozean

Fährlinien

Trasmediterránea
902 454 645.
www.trasmediterranea.es

Líneas Fred Olsen
902 100 107.
www.fredolsen.es

Teneriffa
Santa Cruz de Tenerife
922 628 200.

La Gomera
San Sebastián de La Gomera
922 871 007.

La Palma
Santa Cruz de La Palma
922 415 433.

Naviera Armas
902 456 500.
www.naviera-armas.com

Gran Canaria
Las Palmas de Gran Canaria
928 327 383.

Fuerteventura
Puerto del Rosario
928 851 542.
Morro Jable
928 542 113.
Corralejo
928 867 080.

Lanzarote
Arrecife
902 220 225.
Playa Blanca
928 517 912.

Teneriffa
Santa Cruz de Tenerife
922 534 050.

La Palma
Santa Cruz de La Palma
922 411 445.

Líneas Marítimas Romero
www.lineasromero.com

La Graciosa
902 401 666.

0 Kilometer   30

LEGENDE

— Fährlinie
— Autobahn
— Hauptstraße
= Andere Straße
• Fährhafen
 Flughafen